黎明、白昼与黄昏

尹永平 著

加拿大国际出版社

Canada International Press

书名：黎明、白昼与黄昏
作者：尹永平
出版：加拿大国际出版社 www.intlpressca.com
Email: service@intlpressca.com
2024 年 3 月加拿大第一版
2024 年 3 月第一次印刷
印刷版国际书号 ISBN: 978-1-990872-86-0

9 781990 872860

电子版国际书号 ISBN: 978-1-990872-87-7

Title: Dawn, Daytime and Dusk
Author: Yongping Yin
Publisher: Canada International Press
www.intlpressca.com
Email: service@intlpressca.com
First Edition in Canada, Mar 2024
First Printing, Mar 2024
Printed Edition ISBN: 978-1-990872-86-0
E-Book ISBN: 978-1-990872-87-7

目录

黎明

白昼

黄昏

黎明

在科幻小说领域，阿西莫夫的《基地》无疑占据着极其重要的地位。《基地》里是这样描述故事背景的，银河帝国是一个统治银河系长达一万两千年的政权，整个帝国的人口多达 8 万亿，在帝国边缘存在不少的不受帝国统治的所谓"蛮荒"星球...

自四个世纪前开始，帝国一直由"三个帝王"统治着：幼年的"黎明"壮年的"白昼"以及老年的"黄昏"，但是"三个帝王"又可以说是"同一个人"他们是处于不同年纪的皇帝克里昂一世的克隆体...代表了一个人人生之中的三个阶段，分别掌管不同的事务，分工合作。

对于当前人类世界的描述，我同样想从黎明，白昼，黄昏进行目录编辑和展开。

当前的黎明社会（世界），我所描述的应该属于那些"缺少智齿，精神布满创伤和罪恶"的第二威权社会（世界）。罪恶应该属于黑夜，但是如果罪得到救赎，那么黑夜的尽头黎明就会出现。黑夜、黎明与白昼此时交替，太阳尚未出地平线，但天际已显一线生机。黑暗即将过去，黎明就要到来，带给人们一线的希望。

而我们所属的正常人类和正常社会（世界），应该属于一个光明，自由的白昼社会（世界）；白天为人，夜晚为魔。许多人的内心都经历过这样的转变。我看过一条有趣评论：当你开始有"谁能帮我毁灭世界"这种负面想法时，就代表你真的累了，你该好好睡一觉。第二天早上，当你精力充沛，你或许就会乐观地想"我应该亲手建设一个新世界"，那么你又苏醒了。所以当曙光照耀天边，星收敛了光芒，躲进了苍穹，天空更蓝，朝霞瑰丽，金乌正当。人，醒来！应该如何建立这个世界？

而黄昏社会（世界）指的则是处于白昼和黎明夹层的一个失去自我意识、自我人性，没有目标、没有方向的体制社会。黄昏又名日暮，此时太阳已经落山，天地昏黄，一片朦胧。黄昏阴气渐盛，人适宜静默，反思自我，思索人生和世界。黄昏早或者迟，都会没落和消亡，迎接新的黎明和白昼，因为黄昏之下，黑暗笼罩，人性的罪恶都在黑暗之中滋生！黄昏之下，人类社会或迟或早都将没落和消亡，但人类在消失之前，我们应该反思未来的社会（世界）我们应该如何行走？因为只有正确的反思和思想反刍，人类才能迎接更好的黎明，并在黎明之下建设人类社会更好的白昼乐园。

"第二威权社会控制理论"

内容提要：一个社会现代化的标志并不在于拥有多少高楼大厦，拥有多少高科技产品，而关键在于是否形成了比较成熟的公民社会以及如何看待他人罪恶的意识。罪犯是人，是人就必须有人权。"人权是作为一名个体人所享有或应享有的基本权利"，是人类社会最高形式和最具普遍性的权利。它包括生命权和生存权、政治权和公民权、经济社会和文化权、民族权与和平权等等，这些权利是密不可分的。每个人，都有其作为社会个体而生来具有的基本权利，比如生命、健康、财产等等。

如何关于通过一个威权体系，一个制度体系，从新建立起人们内心道德信仰的坍塌、从新加强人们社会控制力、自我心理控制力，以及外在的自我行为控制力，如何通过在一个威权的监狱内建立一个"社会"，同时让人们寻求到政治代理人，以避免绝对法限的滋生和人类自由的彻底失落。

关键词：威权社会、体制化、监狱、自由、死刑

人类有罪

今天人类的本身，经历了几千万年的进化和适应，终于高居食物链的顶端，统治这个星球。人类寻求对自然界动物、植物的统治，并进一步寻求对同类——另一部分人的统治。为了获取到对他人的统治，不惜残杀和杀戮，甚至血流成河。人类的内心始终都有一把带血的刀，杀人者有罪，被杀者也会有罪，甚至那把刀也是有罪的。当然会有许多人和我辩解刀的无罪和被杀者的无辜，但是如果我们以宗教，特别是佛教的眼，看这些事物，就会发现万物皆罪。人有人罪，物有物罪，任何事物的存在就确定了他的价值和他的罪。太阳耀照万物，但是同时太阳黑子也会对人类的生活产生不利的影响。对于人类而言，进化是一种罪。人类的进化包括两个方面，一种是劣根性的进化，一种是非劣根性的进化，人类不可能在进化过程中只进化好的方面，而把坏的留在森林里。所以人类的进化扩大了人类的罪，但是人类不进化，原有的罪还是依旧存在，更进一步的说，人类只要存在就是罪，既有的罪，固定的罪，原始的罪。人类有罪，文明之罪，意识之罪，行走之罪，这些罪构成了人类的原始之罪，原罪。

原罪这一概念是怎么产生的，它是先从人类的意识中滋生的。人类有了思想意识，才有了原罪的滋生，也就是说原罪是思想意识的一种意识分子。一头猪没有思想意识，那么它的头脑中就不会滋生原罪的概念。原罪的建立必须是建立在自我意识上，如果一个个体无意识，原罪这一概念就不会出现和滋生。存在即有罪，这是一种本我之罪，原我之罪。同时人类具有思想意识也是一种罪，如果一团混沌的事物，天道自然生成的事物，白云，花，清风，树荫等等，由于无意识，无思想而混沌的东西，不可能产生罪过，自然生成自然消亡的无意识的事物，没有罪的概念。这就相对于对于佛家而言，一个人杀了一百个人，但是他的头脑中没有罪的概念和意识，那么这个人就不认为自己是有罪的，同样一个人不小心踩死一个癞蛤蟆，而这个人立即就产生到了罪的概念和意识，那么这个人就是有罪的，这是一种意识之罪。这样就说明为什么恶人、有罪的人放下屠刀，就能立即成佛，而无罪的好人却要经历九九八十一难才能成功的原因了。无意识者无罪，有意识者有罪。当人类从本我意识中把自我意识分离出来后，由自我意识导致的行为和结果，都是有罪的，一种自我意识之罪。

我们看圣经中亚当和夏娃偷吃伊甸园的禁果后，复苏了自我意识后，就开始有罪了。没有吃果子之前，亚当和夏娃意识不清，不具备行为能力和意识能力，是一团混沌的人，所以无罪，而吃下果子后，神志清晰，开始具备了承担自我行为能力和意识能力的意识，那么具备之后的人类就需要对自己的行为和意识负责了，所以人类就需要开始背负自己的罪了。自我之罪又进一步把人类劣根性中的本我之罪，进行激发和扩大，所以今天的人类就产生了两种罪，一种是存在之罪，一种是意识之罪；一种是本我之罪，一种是自我之罪。

人类依靠思想意识建立文明体系，人类的文明包括国家，民族，宗教文化等等。而国家文明又细化为律法，行政，选举等等。没有律法的诠释，原罪就不会从人们的大脑中出现。意识是把原罪在人们的头脑中滋生出来，而律法则是将原罪从人们的头脑中诠释出来，解读出来。所以意识是形，律法是体。意识是虚，律法是实。人类的意识和文明的推动是建立在行走的基础上的完成和完善的，人类从树上跳下来，进行直立行走，行走就意味着人类开始脱离野兽群体，进行意识思考和文明建立。野兽无罪，任何野兽的行为都是一种达尔文式的物竞天择，适者生存的行为，所以野兽无罪，因为兽类不会行走，没有意识，没有文明律法诠释。而人类有罪，人类的罪是建立在从树上跳下来直立行走陆地的那一刻，人类有罪是建立在思想意识滋生的那一刻，人类有罪是建立在文明推动律法诠释的那一刻。人类的罪从达尔文笔下进化的那一刻就开始了。这是人类的原始进化之罪，所以人人有罪。西方圣经是以神创论的角度诠释人的罪，而我则是从达尔文的进化论中诠释人类的罪。虽然源头不同，但是结果却是一样的。人类才园子里出来，或者从树上掉下来，开始对自己的行为和意识负责，由集结成群建立部族，国家，民族，进入世俗社会，开始由律法来管束人类的罪。由于人类"后园子"的意识影响和渴望再次回到园子的原因，人类于是产生宗教律法，希望可以由神来继续掌管自己，由此又滋生神权律法对人们的控制。所以今天的人类一部分由凯撒审判，一部分由神灵审判；一部分鞭挞人类的肉体，一部分审判人类的灵魂。

当然在本书中我们探讨的不是人类的原罪问题，而是探讨的是"由人类的本权本罪所引发的罪恶救恕，以及救恕之后人性的走向问题"。本权本罪不同于西方国家基督教中的"原罪",原罪是原始基因中,人类与生俱来的罪行,那是人类的先天之罪,而本权、本罪,是指人类"背负某种权限之后,由于主观和客观事物的影响,以及人的原罪引导下所引发的后天之罪",其实作为有尾的灵长类人类,当我们从树上跳下时,人类就背负了这种权力,一种"想继续行走,用下肢行走,而不是用四肢行走的权力",人类与动物的区别就是人类的头脑中背负了这种权力,创建了人类文明,而动物们由于不需要背负权力,所以它们继续用"四肢"行走,行走在蛮荒中。人类的头脑中滋生了权力(律法),得以让人类用不同于动物法则的方式生存和生活,但是由于人类动物野性的原因,我们身上背负的权力,有时候也会演变成一种"恶",众人有众人的恶,即平庸之恶,当然我们今天探讨的不是人类的原罪的问题,而是众人之罪和权力之罪的问题,当人类背负着权力之皮,行走于陆地时,那就决定了谁背负权力,那么谁就有可能是有罪的定律。所以世人背负着权力,就意味着背负犯错和错误。在人类普遍"行走"和普遍背负权力之下,那么人类的罪该怎么承担??

饶恕

西方圣经中有一段关于救赎的故事：一个妇女他在行淫的过程被抓住了。按照当时犹太人的习惯风俗，她要被用石头打死。而当这一个人被抓到之时，正好众人在场，耶稣在场。众人就要以这一个妇女的犯罪来试探耶稣，来难为耶稣。众人对耶稣说："夫子，这妇人是正行淫之时被拿的。你说该把她怎么样呢？"耶稣低头在地上画字，然后抬起头来对他们说："你们中间谁是没有罪的，谁就可以先拿石头打死她。"于是众人就低头离开了现场。然后，耶稣就对这位妇人说："那些人在哪里呢？没有人定你的罪吗？"耶稣说："我也不定你的罪，去吧！从此不要再犯罪了。"

耶稣为什么不定这一位妇人的罪呢？耶稣在这一个事件当中，让我们只少看到有两点：第一，出于耶稣对她的怜悯和慈爱，耶稣怜悯她，耶稣爱她。第二个原因是什么呢？是耶稣对她的赦免、饶恕、宽恕。反过来讲，我们如果不饶恕他人的过犯，上帝也不会饶恕我们的过犯，这是一个定理。当我们饶恕别人的时候，上帝才会饶恕我们。当我们赦免别人的时候，上帝他也在赦免我们。如同我们每天在主祷文祷告时，"免了我们的债，如同我们免了他人的债"。基督教的"原罪说"揭示了人类的有限性和缺陷性，包括人的认识能力的有限性和缺陷性，人的道德觉悟的欠缺性，人的行为能力的不完善性，人类的这些原本就有的缺陷，...因为人类都是亚当和夏娃的後代，所以人人有罪，而这个罪一直延续到子孙後代，这就是一生下来就有的罪，所以叫原罪。基督教原罪的观点在西方近代宗教改革的新教领袖——路德、加尔文那里更是获得了极端的发挥，他们索性明指，任何人生来即是恶人，只有笃信上帝，才可能获得灵魂的拯救。在西方天主教里，"7"是个意味深长的数字。自十六世纪以后，天主教用撒旦的七个恶魔的形象来代表七种罪恶：傲慢、嫉妒，暴怒、懒惰、贪婪、饕餮以及淫欲。七宗罪，正式译名为七罪宗，属于人类恶行的分类。基督教教义发展了这一观点认为原罪类似于中国的性恶论，是每个人生来就有的。在基督教看来，每个人身上都会有原罪的表现，就算是圣人也不可避免。而我们这样的凡人就自是不必说了！原罪存在于内心的隐秘之处，而释放原罪的一个很大因素就是我们都存在某种心性，当某种外力恰好作用于这种心性，每个人都会在瞬间丧失理智，显露出罪性，沦为疯子。"原罪"被认为是人思想与行为上犯罪的根源，是各种罪恶滋生的根，会把人引向罪恶的深渊，又是使人难以自拔的原因。有人说，"原罪是人有生命以来所具有的罪。其实罪不是某一种行为，而是人与神，生命断开的状态。罪在形成一个行为之前，罪首先是一种状态，而这种罪的状态带出了罪的行为。一般我们要解决的那一些罪的问题，其实在求解决的是那些罪的行为和外显的问题。所以你如果是从神的眼光来看，罪的本质并不是我们犯下的坏行为，而是关乎于我们所选择的源头是什么？如果我的灵魂里面没有神，我里面是空虚，没有生命的，我就是被死亡所充满的，而这就叫做罪的状态。总之人的"原罪"就是在亚当里传承下来，这种灵里已死的、灵魂体里败坏了的罪身形状，是人与神隔绝了以来的且承受着神的咒诅的结果，是一种坠落后的生命形式，是一种以自我为中心的人性，自我意志失控有着犯罪倾向和性情的人性之罪。西方文化的人性观，既非主性善，亦非主性恶，而是说由天赋的善，通过理性和意志的抉择而变恶。这个恶，不是天赋的恶，而是人的罪，必须由人负责。基督教中认为破除原罪的唯一道路就是必须遵循上帝的旨意，向上帝忏悔，得到上帝的宽恕后，才能得到救赎。所以耶稣说："称我主啊的人，不能都去天国，唯独遵循我父旨意的，才可以去"。

人类为什么会产生犯罪？？

在基督教之前，在神还没有出现之前，关于对罪行的救赎希伯来文中有"托辣"一词，一般译作"法律"，但更准确的意思是"教诲"，即同时是教导，又是指令。基督教的基本理论前提也是人性恶，惟其恶，才需要忏悔，才需要救赎，才需要法律的出现。奥古斯丁生活于古罗马帝国晚期，其思想开创了中世纪基督教哲学先河，奥古斯丁的思想中最精深之意，于我们今天的法学研究犹有巨大意义。奥古斯丁对人有限性的分析，他关于人们应该超越世俗、跃入神圣的呼唤等，在今日这个特殊时代中，不能不引起我们在一定程度上文明的共鸣。

基督教中对原罪个体人的宗教审判，并不需要个人去披枷带锁，去承受痛苦和苦难，个体只需要就悔罪的心理和行为的自省就代表着已经得到救赎了，而痛苦和苦难自有上帝之子耶稣来承受。这有点像佛教中的放下屠刀立地成佛的教义，只要放下心中的恶刀，你就立即会成为善佛。这种通过对神的供奉和对神教条的敬服，来激化个人内心善的激发，而同时束缚心内的恶，在古代中国也有。相传上古时刑律宽缓，在地上画圈，令罪人立圈中以示惩罚，如后代的牢狱。《武王伐纣平话》卷中："扣姬昌呴画地为牢，刻木为吏；洽政恤民，囹圄皆空。"《封神演义》第二三回："文王曰：'武吉既打死王相，理当抵命。'随即就在南门画地为牢，竖木为吏，将武吉禁于此间。"古代中国有画地为牢一说，就是依靠个体内心的自我道德教条的束缚，在没有外界外力的张扬之下进行的一种自我罪行捆缚。

笼统的来说，人类的犯罪从谋划到实施，是一门学科，也是一种暴力艺术。犯罪学，理论概述犯罪学是在资本主义社会里形成、发展起来的，其内容和范围随着资本主义的发展和犯罪现象研究的逐步深入而有所变化。犯罪学偏重于社会学和心理学层面上的研究，和法律、法学一样。在 1885 年，意大利的法学教授加罗法洛创造了"犯罪学"这个专有名词，约同一时间法国人类学者托皮纳德首次应用犯罪学于法国。把犯罪和犯罪者作为整体进行分析综合研究，探索犯罪发生的原因及其规律，称犯罪原因学，也就是狭义的犯罪学。研究犯罪原因及其规律，是为了有效地处理和预防犯罪，从而又须寻求相应而有效的犯罪对策，以此为目的进行研究的称为刑事政策学。广义的犯罪学包括犯罪原因论和犯罪对策论。在长期的研究中，有的学者侧重研究犯罪者生理的或心理的特征，试图探明什么样的人会成为犯罪者，这方面的学说有犯罪人类学、犯罪生理学、犯罪心理学等，统称犯罪生物学；有的侧重研究大量的犯罪现象，分析什么样的社会环境条件会导致犯罪发生，这方面的学说就是犯罪社会学。在这种学说中，犯罪统计学起着重要的作用。上述两类学说都有其侧重点。其中，从个人和社会环境诸因素的相互作用中寻求犯罪原因而又有所侧重的学者也不少。

关于犯罪原因的学说，在西方社会比较受人注意的有下面几种。

实证主义者认为犯罪是出于一些个人所不能控制的因素，无论是内在的还是外在的。犯罪学上的实证主义由生理实证主义、心理实证主义和社会实证主义三者构成。

生理实证

　　一个 19 世纪末的监狱医生切萨雷·龙勃罗梭被认为是犯罪学之父，他是生理实证主义的主要奠基者。龙勃罗梭首先从人类学的角度对犯罪者进行研究。他根据自己对精神病人和服刑犯人的观察和检定的结果，于 1876 年发表《犯罪人论》，提出天生犯罪人类型说。他认为，这一类犯人由于有着与生俱来的身体构造方面的特征，必然会走上犯罪道路。天生犯罪人是由隔世遗传而来的野蛮人的返祖现象，是人类学上的变种。天生犯罪人说问世以后，受到来自各方面的抨击。这种学说本身虽没有实际的科学价值，但对犯罪者进行研究的方向却被继承了下来。他坚持以经验证据来审视犯罪，并建议用观察一些物理特征——诸如颧骨、发线等——如果有返回尼安德特人的返祖现象，则标示着犯罪的可能。这种进化可能受着骨相学或达尔文的物种进化论影响。龙勃罗梭的学生恩里科·菲利相信社会与及生理都在犯罪行为中扮演重要的角色。他相信罪犯不需要为其罪行负责，因为犯罪的原因并不是他们所能控制的。但因为龙勃罗梭的研究缺乏实验对照组，故此未能在学界中取得认受。进入 20 世纪，一些犯罪学者提出了犯罪者是不是异常人的命题，广泛地从生物学、生理学、心理学、精神病学等方面进行研究。其中属于犯罪生物学方面的，除体质性格类型学外，还包括关于内分泌腺、遗传负因、犯罪者家族、孪生儿等与产生犯罪的关系的研究。犯罪生物学不像龙勃罗梭那样，认为犯罪者具有与社会、个人环境无关的必然陷于犯罪的素质，而是广泛地研究体质、性格、环境与犯罪的关系，这就在某种程度上避免了犯罪人类学派的武断性。

心理实证

　　英国心理学家汉斯·艾森克，认为个性和神经机能更可能导致犯罪行为。研究人的心理状态同犯罪的关系的一种理论。关于犯罪心理学的早期研究，一般都从精神病理学入手，例如法国医师代斯皮纳认为犯罪者缺乏道德感情，刑罚对他不起作用，重要的是要予以教育或隔离。龙勃罗梭提到过天生犯罪人的精神特征是变质的精神状态。其学生加罗法洛则提到由于缺乏基本的道德感情（同情、正直）而实施的犯罪，属于自然犯的行为，其人则是典型的犯罪者。在这方面具有一定代表性的是弗洛伊德的精神分析学和他的学生阿德勒的个性心理学。弗洛伊德认为人的个性或人格是由"本我"、"自我"和"超我"形成的。"本我"是一切生来本能（如食、色等）的源泉。人们的活动方向，主要是由下意识的性本能决定的，犯罪也是如此。这就是有名的泛性欲说。从他的论述中可以看到，当"自我"要求获得本能的满足而又不能按照"超我"所要求的、能为人们所接受的方式来实现时，就可能走上犯罪的道路。所以弗洛伊德认为刑罚是没有意义的。阿德勒不同意泛性欲说，认为犯罪的主要原因是"自卑感复合"。当人的生活本能在社会生活进程中受到压制，便产生自卑感，更由于不自觉的欲求及不自控的行为而产生犯罪，其原动力则是遗传的与生俱来的征服欲或权势欲。伴随着资本主义而来的贫富悬殊，经济的社会的压迫加剧，又使自卑感和罪恶感增强。

社会实证

　　社会实证主义凯特勒认为诸如贫穷、次文化与及低教育水平是驱使犯罪行为的深层原因。凯特勒透过统计分析审视犯罪和社会因素的关系。他发现年龄、性别、贫穷、教育和酗酒是犯罪的主要因素。从统计中发现人口密度和罪案率之间的关系，挤拥的城市诱导着罪行的发生。迪尔凯姆则以为犯罪是社会不可避免的。西方社会实证主义犯罪学又进一步细化为三大理论：即差异交往理论，紧张理论（又称"失范理论"）和社会控制理论。

　　萨瑟兰与差异交往理论。根据这一理论，萨瑟兰认为一个人的行为主要是由他的社会交往所决定的，一个人犯罪行为的形成，主要是由于同有犯罪行为的人交往的结果。根据萨瑟兰的这一理论，青少年的犯罪行为如其它行为一样，是从其他人那里学来的。这种学习的过程完成于关系密切的群体中，再加上群体具有的环境影响力，当一个人学习犯罪行为时，也学到了犯罪的技能，同时还学到了犯罪的动机、理由和态度。

　　迪尔凯姆与"失范理论"。迪尔凯姆的失范理论认为，在机械连带的社会中，几乎没有社会分工，社会的团结是以其成员的一致性为特征；社会中的每个社会群体都与其他社会群体相对隔离，基本上是自给自足的。迪尔凯姆在《社会劳动分工论》中首先使用了这个概念，迪尔凯姆认为法国社会的工业化过于迅速，在社会还不可能及时形成足够的调整其人员活动的机制时，导致了社会异常现象的产生。迪尔凯姆认为社会不仅有调整其各个部分的经济互动的功能，也有调整个人如何认识自己需要的功能。失范状态就是社会不能调整人们正确认识自己的需要并用恰当的方式满足自己的需要的状态。可见，"按照失范的观点，犯罪是在缺乏合适的社会规范调整的状态下，个人欲望或需要无限膨胀和用不恰当方式加以满足的产物。"

默顿与"紧张理论"。紧张理论发展和修正了迪尔凯姆的失范理论，提出了社会结构与失范理论。其认为任何社会的文化都有两个共同特征，即确立一些它认为值得追求的目标，并以规范、制度等形式规定了达到目标的手段。尽管社会认可的目标在整个社会中是一致的，但是达到这种目标的合法手段却因阶层和地位的不同而有差别，因此，当下层阶级的人们无法用合法的手段实现社会承认的目标时，就会产生挫折感、愤怒等紧张情绪，这种紧张情绪在那些缺乏合法机会的人中造成一种失范状态，使他们有可能用犯罪的手段去实现目标。犯罪就是用非法手段去实现合法目标的结果。

赫胥与社会控制理论。社会控制理论认为人和社会的连结力量不够，即社会控制力量太弱，是导致偏差犯罪行为的主因。此理论主张人性是追求利益和即时快乐，而犯罪行为通常可带来利益或立即快乐，所以犯罪是自然而不需解释的，反而服从社会规范的行为需要解释。赫希认为当个人与社会的连结力变弱时，社会对其成员的约束力量变少，犯罪就可能因此产生。如果从社会环境方面探索犯罪原因的理论，凯特莱认为，社会本身孕育着犯罪的胚胎，任何社会，作为其必然结果，都会产生一定数量的犯罪。他的结论是，作为一个总体的资本主义社会犯罪现象，其发生是由社会控制低效、低能原因造成的。

综上而论，犯罪有时就像我们儿童时期的蛀牙一样，不可避免，也是人类进化的一个必须部分。但是问题是人类对于"蛀牙"的解决问题却是莫衷一致，有的倾向于修补，有的倾向于拔掉等等，那么对于人类的"意识犯罪"有没有更好一点的方法？？？

不存在的道德完人

在今天世界文明社会，假如仅仅依靠神的审判和个体自我道德的捆缚来完成罪行的救赎，那么今天的世界文明和人类世界就不会进入法治社会，而今天的世界也会满大街行走的都是神和崇高的道德君子了。这并不符合天生就带有劣根性长着尾巴的人类，人类本身就是一种天生带有迷途基因的动物，不犯错或者不犯罪才是奇怪的行为，没有天生基因完美的人类，只是有一些人类错误达不到律法惩罚的程度而已。那么有没有不撒谎的人，有没有永远正确的人。没有，我的答案是没有。

人类有欲望、情感、智慧三种需要构成：生理欲望产生于生殖器官，情感来源于心灵，智慧则来自于大脑。人类的犯罪基本上也分三种，一种是下半身的生理性本能犯罪，一种是上半身的理性的头脑预谋犯罪，还有一种是中间的感性的心理激情犯罪。当然还有一种不入流的无意识的不设防的精神犯罪，即精神病犯罪。人类的犯罪就像是一颗小孩子的蛀牙一样，无法避免，因为人性的劣根性原因以及理性幼稚和感性的不成熟，形成的人的自控力和自制力紊乱，导致人们的蛀牙会不间断的产生，很显然这种蛀牙，当前人类无法根治。没有不犯罪的人类，当然只是有些处于量刑标准，有些处于非量刑标准，就像这个世界上没有不撒谎的人一样自然。

人类的犯罪到底是依靠神的旨意来完成救赎，还是依靠自我内心道德的捆缚来完成救赎，或者依靠别的什么东西来完成救赎？

　　有一则小故事说的是：一天晚上，政府总理要进办公室加班处理公务。当他驾车到办公楼前的时候，猛然发现忘了带钥匙，于是便轻轻敲门。不一会儿，一个睡眼惺忪的男人从地下室走出来，一边打哈欠，一边用钥匙给他开门。

　　总理问道"你是谁？我怎么没有见过你？"

　　男人回答："我是地下室的一名囚犯。"

　　总理问道"你是囚犯怎么会有钥匙呢？"

　　男人回答："看门的警察先生临时有点事，走开了，他让我暂时保管一下钥匙。"

　　总理问道"那你把门打开后，自己怎么办呢？"

　　男人回答"回到自己牢房去呗，自己锁上不就得了，您不必担心。"

　　总理问道"你怎么不跑出去呢？"

　　男人回答"这里的人都认识我，再说，我往哪儿跑啊？"

　　总理说"你可以往国外跑啊"

　　男人回答"您说哪个国家比这里更好呢？"

　　一问一答之后，两人各做各的事，相安无事。

　　还有一则小故事说的是，联合国的托管理事会的一次会议上，几位代表正在闲谈时，英国代表佛特爵士畅谈着英国让其所属殖民地独立的事迹，说及英国对自由民主潮流的迎合。正谈得高兴，苏联代表忽泼其冷水，说：谁都知道英国联邦的各国总理，很多是从前英国监狱里的犯人。不错！佛特爵士回答，把犯人变成总理，总比贵国把总理变成犯人好得多。

1788 年 1 月 26 日，阿瑟.菲利普率领战舰押解 770 名犯人来到一个不毛之地，此后 80 年间共有 16 万英国犯人被流放到此，如今的这块不毛之地的人们生活富余、民主自由，是各国人争先移民之地，这块土地叫做澳大利亚，戏称为囚犯创造的国家。我有一些疑惑美国当年五月花号上挤满了黑耗子，白耗子，英国跑去的囚犯、穷人、当兵的、传教士，基本文化很低，美国当年被称为"囚犯才愿意去的地方"。但时看看今天的美国社会，自由的火炬在全世界闪光。制度决定一切！那怕是一群流氓，靠好的制度也能建立文明的国家。

美国的迈阿密建立于 1896 年。建立之时只有人口 344 人。当时这里的主要产业是农业。1959 年，冷战期间，发生了古巴革命，菲德尔·卡斯特罗成为古巴统治者。大量古巴流亡者渡海逃往美国佛罗里达，迈阿密成为古巴流亡者集中的地区。仅 1965 年一年，就有 10 万古巴人通过每天两次的"自由航班"从哈瓦那来到迈阿密。1980 年，卡斯特罗古巴政府放开对一个港口——马里埃尔港的控制，有 15 万古巴人通过这里一次性渡海到达迈阿密。这是历史上最大的一次非军事渡海行动。跟 1960 年代的那批难民相比，这批难民不但更贫穷，而且其中充满了囚犯、精神病患者和妓女。卡斯特罗通过这次偷渡事件，清除了国内大量的罪犯和精神病患者。

此后，1994 年，古巴政府又一次放松了海岸巡逻，于是，又有好几千名古巴难民来到了迈阿密投亲靠友。除了古巴难民以外，1991 年的海地政变又使得大量海地难民涌入这个地区。这次难民潮的结果是，迈阿密除了原有的西班牙语社区以外，又出现了一个被称为"小海地"的社区。当然，除了这几次重大的难民潮以外，平时的移民进入一直在迈阿密持续进行。目前，在迈阿密地区有大量合法的和非法的阿根廷人、巴哈马人、巴贝多人、巴西人、哥伦比亚人、古巴人、多米尼加人、荷兰人、厄瓜多尔人、法国人、海地人、牙买加人、以色列人、意大利人、墨西哥人、尼加拉瓜人、秘鲁人、俄罗斯人、萨尔瓦多人、南非人、土耳其人、委内瑞拉人，毫不夸张的说迈阿密人群就是一个小型"联合国"。2004 年，联合国开发计划署（UNDP）根据各国城市中出生在国外的居民占该市总人口的百分比排列世界主要城市，迈阿密以 59%排在第一位。

也许在有些人看来，接纳这些来自世界各地的难民和移民的城市，如果能维持和平和基本的秩序，能够避免激烈的社会动荡，能够让这些可怜的难民活下去，就已经几乎是一个奇迹了——想想 1980 年被卡斯特罗清理出来的那些囚犯、妓女和精神病患者，他们的突然涌入很有可能彻底摧毁任何地区的秩序。至于经济发展，那就不要指望了。可实际结果是在这样一个没有什么发展基础的地区，在这样一个普通的小地方，世界却看到了一个繁荣发达的超级大都市。

迈阿密有太多不能发达的理由：贫困的移民、分裂的文化、动荡的国际政治环境、低素质的人口结构——至今迈阿密 23%的 18 岁以上人口没有中学的学历。也许正是因为这些条件的限制，迈阿密目前的人均收入水平在美国属于落后行列，但和世界上那些同等条件的其他城市相比，迈阿密所取得的成就却已经超出了他们最大胆的想象。

　　或许有很多人看到以上这几则小故事会莫名其妙，不解其意，其实第一则故事诠释了人性道德，第二则小故事诠释了政治法理，而余下的故事则讲述的是社会体制及制度规则。根据基督教的原罪说所谓犯罪只是一群犯有"原罪"的人对一群犯有"本罪迷失"的人一种在尘世间的惩罚。在今天我们看来完成自我救赎需要三个先决条件。其一，不能与人性相脱节；其二，不能与政治律法相脱节；其三，不能与社会体制相脱节。这个世界人性没对错，好坏共存才是真实的社会。杀人犯贩毒的也许是孝子、慈父，公认的好人也许是内心最阴险的。罪犯又如何？罪犯在相对的人面前是罪犯，在另外相对的人面前却很可能是另外一种人。你是我的好儿子，好丈夫，好爸爸，好朋友。。。。我依然爱你。罪犯又如何？我在牢里面为我的行为付出代价，这是公平的原则。可是不能阻止儿子对我的思念，妻子对我的爱，朋友对我的关怀，在某种理念和某种特定人群中，我依然是一个------好人。所以西方的文明：宗教、法律、制度等等一直在约束人类的恶。

对于一个假定"好人"的判决和惩罚

　　监狱是人类社会发展到一定历史阶段的产物，它是随着阶级的出现，国家的产生而产生。在人类进入阶级社会以前的原始社会时期，没有阶级，也就没有监狱。原始社会的氏族公社时期，人类社会以血缘关系为基础，人民依靠狩猎为生，生产资料实行公有制，氏族的首领掌管财产的分配。但是由于生产力水平低下，人民的生存很难得以保障。由于不存在国家组织形式，人们之间的冲突以习惯、血腥复仇的方式得以解决。原始社会后期，由于生产力的发展，人民开始结成群体，使用磨制或者打制好的石器进行狩猎，产品有了剩余。氏族首领无偿的占有了剩余产品，于是社会出现了私有制，人类社会出现了两大对立的阶级，即奴隶主阶级和奴隶阶级。人类社会也就从原始社会过渡到奴隶社会，开始进入到第一个阶级社会。伴随着阶级的产生，出现了国家组织形式。掌握国家权利的统治阶级为了维护自己的统治，镇压被统治阶级的反抗，制订了一系列规章制度，并以国家的意志体现出来，这就是法律。违法者视为犯罪，对犯罪者要进行惩罚，由此出现了刑罚和监狱。监狱的产生是随着阶级的变化需要而变化的，是为统治阶级服务的，反映着统治阶级的意志。因此，监狱是阶级社会特有的现象，是阶级矛盾不可调和的产物，是国家的暴力机器之一，是随着阶级、国家的产生而产生，也会随着国家的消亡而消亡。

　　广义的监狱指关押一切犯人的场所，包括监狱，看守所，拘留所等。狭义的监狱指依照刑法和刑事诉讼法的规定，被判处死缓、无期徒刑、有期徒刑的罪犯，在监狱内执行刑罚。对罪犯实行惩罚和改造相结合、教育和劳动相结合的原则，将罪犯改造成为守法公民。监狱的主管部门是监狱管理局，最高行政主管部门是司法部。

1、监狱的惩罚功能是指国家使受刑人的身心置于刑罚的条件下，限制其精神和物质生活而产生的心理痛苦效应的总和。

2、监狱的改造功能是指监狱依据刑罚目的转变罪犯的犯罪思想，培养其成为遵纪守法的教育效应的总和。

3、监狱的防卫功能是指监狱通过对罪犯执行刑罚防止其再犯罪，同时警戒、威慑、教育社会上其他可能犯罪的人，使他们不至于走上犯罪道路的效应的总和。

4、特殊预防是指监狱通过对罪犯执行刑罚，剥夺其人身自由，使他们与社会隔离，失去再犯罪的条件，以防止服刑期间重新违法犯罪的总和。

5、一般预防是指监狱通过对罪犯的惩处以震慑尚未犯罪的人，防止其走上犯罪的道路。

监狱具有严厉的惩罚性，具有鲜明的阶级性。监狱的阶级性是监狱的根本属性。任何国家的监狱都具有镇压敌对阶级和敌对势力反抗和破坏、打击犯罪、惩罚犯罪的作用。惩罚是刑罚所固有属性，维护自己的阶级利益和统治秩序的专政工具之一。惩罚就是统治当局认为某人做或不做某事、是违法行为、并为了使人们的意志因此更好地服从指令而施加的痛苦。惩罚的第一种也是最普遍的分法是分成神的惩罚和人的惩罚。抛开神的惩罚不提，人的惩罚是根据人的命令所施加的惩罚，分为体刑、财产刑、名誉刑、监禁、放逐等，或者是它们的混合。

在今天文明社会犯罪是刑法规定应当受到刑罚惩罚的严重的危害社会的行为。它具有严重的社会危害性、刑事违法性和应受刑法惩罚性的特征。

一、社会危害性

行为具有社会危害性，是犯罪的基本特征。

二、刑事违法性

刑事违法性是指触犯刑律，即某一个人的行为符合刑法分则所规定的犯罪构成要件。刑事违法性是犯罪的法律特征，是对犯罪行为的否定的法律评价。在罪刑法定原则下，没有刑事违法性，也就没有犯罪。因此，刑事违法性是犯罪的基本特征。违法行为的共同特征违反法律规定，因此，法律规定是违法行为产生的法律原因。而法律规定是各种各样的刑法行为其他部门法的制裁力量，其规范主要由假定与处理两部分构成。

三、应受惩罚性

应受惩罚性是犯罪的重要特征，它表明国家对于具有刑事违法性和法益侵害性的行为的刑罚惩罚。犯罪是适用刑罚的前提，刑罚是犯罪的法律后果。在立法上，应受惩罚性对于立法机关将何种行为规定为犯罪具有制约作用。某种行为，只有当立法机关认为需要动用刑罚加以制裁的时候，才会在刑法上将其规定为犯罪，给予这种行为否定的法律评价。在司法上，应受惩罚性对于司法机关划分罪与非罪的界限也具有指导意义。

刑事违法性具有两种情形：一是实害，二是危险。实害是指行为对法益造成的现实侵害，例如故意杀人，已经将人杀死，造成对他人生命法益的侵害。危险是指行为对法益具有侵害的可能，在这种情况下，实际损害并未发生，但社会个人处于遭受侵害的危险状态，因而同样被认为具有侵害性，并具有刑事可罚性。

参照中国的司法体系，严重的刑事惩罚包括下列几种：

剥夺政治权利是指剥夺犯罪人参加国家管理和政治活动权利的刑罚方法。剥夺政治权利是一种资格刑，它以剥夺犯罪人的一定资格为内容。中国刑法中的剥夺政治权利，是以剥夺政治权利这种资格为内容的，具有明显的政治性。从刑法规定看，剥夺政治权利既可以附加适用，也可以独立适用

剥夺政治权利包括剥夺以下四项权利：

1. 担任国家机关职务的权利。

2. 担任国有公司、企业、事业单位和人民团体领导职务的权利。

3. 选举权和被选举权。选举权是指选举法规定的，公民可以参加选举活动，按照本人的自由意志投票选举人民代表等职务的权利，即参加投票选举的权利；被选举权是指根据选举法的规定，公民可以被提名为人民代表等职务的候选人，当选为人民代表等职务的权利。选举权和被选举权是公民的一项基本政治权利，是公民参与国家管理的必要前提和有效途径，被剥夺政治权利的犯罪分子当然不能享有此项权利。

4. 言论、出版、集会、结社、游行、示威自由的权利。

人类社会监狱的两种极端映射

一说到监狱，大家肯定是避而远之，监狱对于所有人的印象就是毫无自由的地方。而非洲有这么一个监狱，犯人进去了就不想出来了，你信吗？

2016 年 9 月 9 日荷兰国王到监狱去了，荷兰国王威廉·阿历山大当然不是因为犯罪而走进监狱，恰恰相反他是去主持一座新监狱的开幕仪式。这可是荷兰有史以来第一次有国王级别的大人物前往监狱。能有幸让荷兰国王亲自探访的监狱，必定也是非同一般的监狱。据了解，这座监狱是全荷兰面积最大、最现代化、最人性化的监狱。不仅设有关押犯人的牢房，还设置了犯人日常生活所需的现代化厨房、健身房和娱乐设施等等，除此之外，还设有一间精神疾病康复中心。据悉，这座监狱可以容纳超过 1000 个人。

让我们再一起来看看这座被称为全荷兰最现代化、最人性化的监狱到底什么样吧！

首先不得不提提这座监狱的标语："让监狱内外的生活保持一致！"真是这样的话，那还算是坐牢吗？也只有如此崇尚自由、高举人权的荷兰人才能说出这样的话了。

前面这些都不算什么，这个监狱最新奇的地方在于，每个犯人甚至都拥有自己牢房的钥匙！他们可以自由地打开房门及监狱楼的大门！就算荷兰人崇尚自由也不带这样的吧，这好歹也是监狱呀！牢房的钥匙都给了，还有什么不能满足囚犯的呢？

这座监狱的条件也是好到不行啊！每个房间均配备私人淋浴室和厕所，舒适的床、桌子、电视那也是必须的，煮水壶、烟灰缸和微波炉也不能少，囚犯想在房间里抽烟或者雪茄都是被允许的。每个房间里还配有专用电话和私人电话卡，每个犯人都可以随意使用电话。并且，他们对外的电话都是收到隐私保护的，除非有逃跑或者犯罪的嫌疑，否则谁都无权监听他们的电话内容。这，简直就是星级酒店的待遇啊！

走出牢房，还有桌上足球和乒乓球，犯人们有兴致，随时都可以来一局。

宽敞的足球场和篮球场也必须得有。

玩累了，监狱食堂也是一个好去处。犯人们想吃什么好吃的，可以直接点菜！不想在食堂吃，也可以带回去自己的小牢房吃！有什么关系呢，反正自个儿都有钥匙。

当然，监狱里也有非常高级的医疗设备，配搭专业医生和护士。

这样的监狱，也真是活久见了。那么问题来了，这么好的条件，难道荷兰人就不担心犯人会更加肆无忌惮地犯罪吗？令人称奇的是，荷兰这些年的犯罪率不断下降，囚犯的人数也是逐年减少。

另外一个事例说的是非洲：非洲有个监狱位于埃塞俄比亚，叫马卡莱监狱。这个监狱是以企业化来运营的，里面有面包房、水果店、美容院等等。囚犯在里面还能够赚钱养家，有人在刑期满了以后还不愿意走，留在监狱工作。监狱里面有各式各样的工作岗位，它完全不像一个监狱，反而像一个社区，只要你有特长或者愿意学习就可以拥有一份带薪的工作。囚犯们可以在里面学习各种专业知识，他们的工作有卖水果、盖房子、美容服务、开商店、种植农作物等等。

在马卡莱监狱，只要你愿意付出，你就能得到相应的报酬，这笔报酬对很多人来说足够养家。监狱最早的时候是由意大利一个发展组织提供资金进行运营，后来它基本能够进行自给自足，目前马卡莱监狱已经在筹划建议分狱。在条件这么好的监狱里，许多人完全没有越狱的想法，反而千方百计想留下来。

监狱有好，也有坏。好的监狱囚犯进去犹如进入天堂，说不定能娶妻生子，坏的犹如人间地狱，甚至比地狱更糟糕。

当然也有世界上最残酷的监狱，如果用人间地狱来形容也不为过，你可能无法想象世界上最残酷的监狱会是什么样？大多数人一辈子都不可能进入监狱，提及最残酷监狱，难免让人心中忐忑，惴惴不安。本来监狱是用来关犯人的，但是近年来监狱里传出的暴力事件不绝于耳，世界上有 11 个最残酷的监狱，人类可能进去就出不来了。

第 11 位：泰国 Bang Kwang 中央监狱

Bang Kwang 中央监狱又被称为"曼谷希尔顿酒店"，是一个臭名昭著的处理死刑犯和重刑犯的最高安全级别的设施，位于曼谷市外。被投入中央监狱后，所有囚犯头 3 个月都要戴上沉重的脚镣，而死刑犯则要永远带着脚镣。新鲜水果、驱蚊剂和番茄酱是奢侈品。自今年 5 月以来，访客已被禁止给囚犯携带食物、衣服和其他物品。

当然也有世界上最残酷的监狱，如果用人间地狱来形容也不为过，你可能无法想象世界上最残酷的监狱会是什么样？大多数人一辈子都不可能进入监狱，提及最残酷监狱，难免让人心中忐忑，惴惴不安。本来监狱是用来关犯人的，但是近年来监狱里传出的暴力事件不绝于耳，世界上有 11 个最残酷的监狱，人类可能进去就出不来了。

第 11 位：泰国 Bang Kwang 中央监狱

Bang Kwang 中央监狱又被称为"曼谷希尔顿酒店"，是一个臭名昭著的处理死刑犯和重刑犯的最高安全级别的设施，位于曼谷市外。被投入中央监狱后，所有囚犯头 3 个月都要戴上沉重的脚镣，而死刑犯则要永远带着脚镣。新鲜水果、驱蚊剂和番茄酱是奢侈品。

第 10 位：肯尼亚的内罗毕监狱

内罗毕监狱建于 1911 年，可容纳 800 名囚犯，但到 2003 年，犯人已经超过了 3000 名。毫无疑问，这里极度拥挤，而且环境卫生和基本生活环境十分恶劣。政府甚至没能向所有的犯人提供足够的制服。内罗毕监狱拥有"迷宫一样的围栏，铁丝网和岗楼"，被认为是世界上最拥挤的监狱。空气中漂着汗水、污垢、排泄物和未经处理的污水的恶臭。

第 9 位：纽约里克斯岛监狱

在 20 世纪 90 年代，纽约里克斯岛监狱因为暴力事件而臭名昭著：持刀伤人、谋杀和攻击狱友和警卫等事件常有发生，也不会导致任何处罚。而且，腐败的警卫人员甚至使用囚犯"执法"调查。2008 年，因为有人举报狱警举办搏击俱乐部。当年 10 月，18 岁的囚犯克里斯托弗·罗宾逊被殴打致死。

第 8 位：赤道几内亚马拉博黑沙滩监狱

黑沙滩监狱位于赤道几内亚。这里鼠患成灾、拥挤不堪、囚犯营养不良，而且嗜血成性的警卫甚至是残暴的代名词。有些囚犯死于慢性疾病，甚至在这个监狱完全消失。虽然黑海滩臭名昭著的老建筑于五年前被新设施取代，并增加了一个医院和药房，但囚犯们仍然要接受每天 12 小时的禁闭。出于对酷刑和殴打的恐惧，许多人尝试自杀。

第 7 位：俄罗斯佩塔克监狱

俄罗斯的 OE-256/5 号监狱通常被称为佩塔克监狱，是专门设计来禁闭最危险的囚犯。像美国著名的恶魔岛一样，佩塔克监狱周围也是水。佩塔克监狱位于白湖地区，这里被认为是俄罗斯最美丽的地方，但与之形成鲜明对比是监狱里面的残酷现实。这里的犯人不用太多担心暴力问题，因为他们几乎不会遇见其它狱友。

第 6 位：秘鲁圣胡安鲁力安切监狱

圣胡安鲁力安切监狱坐落于秘鲁首都利马，通常被称认为是南美最恶劣的监狱之一。监狱的设计容量是 2500 名犯人，但是现在住着约 7000 名囚犯。然而，这里面的管制似乎非常放松。据说，这里有手机可以出租，很多犯人甚至在监狱"市场"里面创业，贩卖水果、蔬菜、衣服、药品和 DVD 等。

第 5 位：格鲁吉亚格尔达尼监狱

2012 年 9 月，格鲁吉亚举国被一段视频震撼了。视频拍摄于的格尔达尼监狱，记录了狱警野蛮对待囚犯的事件，包括强奸和暴力侵犯。似乎得益于对犯罪的零容忍态度，格鲁吉亚是欧洲大陆犯罪率最低的国家之一，但格鲁吉亚拥有欧洲最高的监禁率，无罪释放率低于 0.1%。因此，许多格鲁吉亚监狱人满为患，传染病如肺结核盛行。

第 4 位：卢旺达吉塔拉马中央监狱

吉塔拉马中央监狱被形容为地球上的地狱。《洛杉矶时报》曾报道："地狱中已经没有剩余空间，因为它已经人满为患。囚犯们在没有屋顶的监狱里生活、睡觉、吃饭、腐烂和死亡。平均不到一平方米就挤着四名囚犯。监狱设计容量为 400 人，但 1990 年代中期卢旺达大屠杀后，监狱囚犯人口上升到近 7000 人。

第 3 位：委内瑞拉罗德奥监狱

在总统乌戈·查韦斯的统治下，委内瑞拉的犯罪率飙升，监狱甚至开始出现过度拥挤的情况。去年，该国的监狱人口猛增到 5 万人，其中五分之三的人未受审判。查韦斯本人也形容委内瑞拉监狱系统为"第五地狱的大门"。

第 2 位：叙利亚塔德莫军事监狱

塔德莫军事监狱被认为是在世界上最严厉的监狱之一。国际特赦组织指出，该监狱简直就是为了兽化囚犯而建。在这所监狱发生的暴行令人震惊。

第 1 位：朝鲜会宁集中营

外界对朝鲜臭名昭著的会宁集中营所知甚少，它通常被称为"22 号营"。这是一个政治犯的终身拘留营——也被称为"死亡营"，常被拿去与奥斯威辛集中营作比较。卫星照片显示，这个据称能容纳 5 万名囚犯的集中营是一个大型基地。令人震惊的是，据称，营里关押着持不同政见者家庭的三代人，以确保证持不同政见者的根源完全被清除。

我们再来看看菲律宾的一间典型的人间地狱似得的监狱，每天至少病死 3 个人。

奎松市监狱位于菲律宾的马尼拉，监狱建造于 60 年代初，当初设计的时候只够容纳 800 人，截止今天这个监狱已经关押超过 3200 人。因为这个监狱关押的全都是一些没有定罪的嫌疑犯，属于那种临时性监狱。一个 20 人的小房间，现在要容纳 160 个人以上，实在没地方的人只好晚上在球场，台阶，上睡觉。全部人的疑犯都身穿黄色的球衣，在监狱里面他们可以自己洗澡，煮饭，洗衣服，剪头发。在很小的空间锻炼，运动。由于过度的拥挤，他们只能以非常奇怪的姿势睡觉，所以很多有因为环境的恶劣加上姿势的就去导致中风，在还没有确定自己犯罪之前，很多人都已经提前死亡，真是可悲！一些狭窄的楼梯间都成了奢侈的地方，很多人为了有这样一个睡觉的地方能和别人拼命，在这里，自己睡觉的位置都是要靠实力，抢的。

而且这座监狱的食物是很恐怖的，用犯人的话说，那些食物都是给猪吃的。而且供餐时间不固定，质量差，分量少，虽然食物中可能存在蟑螂，指甲壳，或者其他一些不知名的垃圾，很多人还是会偷其他人的食物。因为分量太少，压根吃不饱！高温，拥挤，缺水，缺食物，空气不流畅，这座监狱，每天起码都有 3 个以上的人病死。到了晚上睡觉，狱警就不管，直接把大门一锁，广场上面犯人们都自己找地方睡觉。但是能有个地方，那真的不容易。

由于犯人太多，他们只好排队接受审判，但是往往没有结果。因为很多人都坚称自己没犯罪，而由于法律的不健全又找不到好的证据，所以往往是人出去了，又回来。久而久之，可能法院都把你忘了！有个小伙子叫雷蒙，他因为被控猥亵小女孩被送到这个监狱。他在监狱待了长达 7 年的时间，7 年时间，小女孩都长大成人了，他才被无罪释放。他把他在监狱里面的所见所闻都给记录下来，他的记录中最有意义的一句话：将近 7 年的时间，我在牢中每个清醒的时光，都在体验死亡。充分说明了这个监狱的可怕！所以说，犯什么都别犯罪。虽然就算是安分守己也可能被误抓，但就算是犯人，也有自己生存的权利。

据心理学分析，人类社会的存在会形成一个意识空间，在这个意识空间内，人是绝对的无限自由的，也就是说被关在笼子里面的人们，还具有自由的独立的思想，还可以通过这些意识思想和身边的人进行对接、联系，即人与人之间的沟通、了解、对话，但是当思想被严格或者残酷的控制秩序禁锢时，人的意识就会格式化，这个意识空间就会撕裂，那么人们剩下的就是漫长的、无休止的黑暗、腐烂和死亡。因为绝对的"法限"权力，控制了人们的一切。

绝对的"法限"暴力事件和人的体制化意识

我们知道绝对的权力会导致绝对的腐败，绝对权是引入绝对腐败和暴力的根源。当然权力也分许多权限，众所周知的三权分立，我们也可以归结为立法权限、行政权限、司法权限。而假如在司法权限领域内司法权处于绝对权的话，这种带有司法、律法性质的绝对权限，我们称之为"绝对的法限"。无论是发达国家，还是发展中国家，对于这种绝对的"法限"暴力死亡事件都无法进行有效的根除和预防。从人类的心理学方面来解读，在人类的头脑中有一种"暴力美学"概念以及"绝对主控"心理，当一群个体或者多数个体对一个单一个体占有绝对优势权限时，当看到单一个体暴露出恐惧和绝望的情绪时，会滋生出一种颤栗的主宰一切的愉悦感，为了保持这种愉悦感的不消退，而会充分利用手中的绝对优势放大单一个体的恐惧。应该承认在某种特定情况和环境下，人类是一种残忍的动物，当一个个体对另一个体因恐惧惧怕而产生绝望情绪而膜拜施暴者时，对于这种因恐惧而膜拜会让施暴者产生征服者心理，从而滋生绝对主宰的愉悦感，这就像动物世界猫逮耗子一样，当猫抓到老鼠以后，不会立即吃掉老鼠，而是会把玩"一番，像玩弄自己的战利品和玩具一样，以此保持自己长久的愉悦感，当老鼠因为恐惧绝望而臣服猫时，这对于猫是最大的心理愉悦，老鼠的恐惧让猫滋生出征服者和绝对主宰的心理愉悦。人人都想寻求做上帝，主宰他人命运的感觉，做他人造物主的感觉，实在是人类追求自我愉悦的一种心理体现。在司法"法限"体制中，当个体因为"蛀牙"犯罪，需要与法限进行角力的时候，会寻求法限的代理人---律法者律师的帮助，以进行法限与法限的对立，对控。当然这种法限与法限的角力，仅仅限于司法程序宣判之前。当司法的大锤敲落时，就意味着法限与法限的角力结束，个体人会进入一个法限无法有效触及的环境----监狱。监狱到底是一个什么概念，一个充斥着暴力、性和帮派斗争的隐秘世界，一个处处有法理但是无秩序的体制化墙砖世界，达尔文的丛林法则在人类这个"小箱子"里面得到了极致的体现。假如我们看看世界上最大的监狱国家——美国或许会明白一点东西。

位于美国佛罗里达州的全美最大女子监狱罗维尔屡屡被媒体曝出丑闻，狱警将数百名女囚视为妓女，逼迫她们卖淫以换取基本的生活物资、保护或奖励，监狱官员还通过走私香烟和毒品挣钱。媒体采访女囚犯时，他们将这个监狱称作妓院。《迈阿密先驱报》报道称，记者在过去一年间采访了30多名正在或曾经在罗维尔监狱服刑的犯人，审查评估了数千页监狱记录。调查结果显示，在这所关押了2696名女囚犯的庞大监狱中，狱警也是罪犯，过去十年间，这里充斥着腐败、折磨和性虐待。厄尔曼表示，她们不得不与看守性交以换取基本生活用品女囚们抱怨说，惩教人员向她们脸上吐唾沫，威胁打她们，还称她们是妓女、母狗。无论男女官员，均利用权力逼迫犯人与他们发生性关系，进行猥亵，以此换取手纸、肥皂和卫生巾等基本必需品。

2011 年至 2015 年间的文件显示，女囚投诉那些性行为发生在浴室、厕所、洗衣房和执勤站。有时狱警还在深夜进入牢房，把女囚带到监狱偏远地区。女犯人哈勃表示，如果她们举报被强奸，就会被带到 4 平方米左右的单独牢房关禁闭，不给任何生活用品，或是没收财务、禁止亲友探监等。大部分女囚都听从狱警摆布，感觉她们别无选择，一些人把这种性行为视为生存问题，以此换取香烟、毒品和金钱，有时还能有化妆品和香水等奖赏。

曾在该监狱服刑的厄尔曼称，她带着 6000 美元离开罗维尔，这些钱是她与狱警性交赚到的。但她说，自己没有丝毫胜利感，"我们是猎物，就像一只狮子和一群羚羊。这里是性侵者的完美滋生地"。调查还指出，罗维尔监狱狱警的收入水平非常低，已经连续 8 年没有加薪，大部分有经验的管理人员都转到当地警察机构等报酬更好的工作岗位。这使得更多没有经验或生活陷入困境者留在州监狱，不少狱警靠在监狱中走私贩卖香烟和毒品挣钱。克里斯特尔·帕斯夸尔表示，有些监狱看守被女囚犯称为"梦之队"，因为这些人在与女囚犯做爱后，会给予女囚犯更大的自由活动空间。早在 2006 年，罗维尔监狱就被评为不合标准，但从那以后只有两名狱警因不当性行为被起诉，两人均未被定罪。该监狱的一名前任狱长透露，至少 40%的监狱工作人员道德败坏涉嫌腐败行为。

而发生在中国司法体系内的躲猫猫事件，凉水门事件，睡觉死，喝水死，以及马三家事件更是层出不穷。。。。悲哀！

人类是一种积聚性群体动物,人类以积聚成国,任何个体都无法剥夺、剥离整体、主体而单独存在。把一个或者一群"迷失"的人从一个国家整体、主体权限中,进行完全的剥离,进行囚禁,剥夺他的一切国家权力、责任、义务,是一种谋杀。犯罪的人其人身生命权和财产权以及相关的政治权利、责任和义务,是最受国家、民族、社会大众人群漠视和践踏的。那么一个政治无知的人,一个没有政治代理的人,一个迷失一次就已经死亡的人,注定要活得像猪狗一样!!!

可怕的同质化监狱墙砖

有人说，上帝想看片，于是有了 1994 年。这一年，让我们无法忘怀和推崇的无疑是那部给予了无数人力量，让人始终无法忘怀的《肖申克的救赎》一片。中国豆瓣评分高达 9.7，超 160 万人评价。豆瓣得到最多人认可的短评说它是男人必看电影的前三名。还有网友说要把它一起带到坟墓。

影片《肖申克的救赎》中讲到一个词语----体制化，用我们现在的专业术语来讲就是斯德哥尔摩综合症，是指犯罪的被害者对于犯罪者产生情感，甚至反过来帮助犯罪者的一种情结。这个情感造成被害人对加害人产生好感、依赖心、甚至协助加害人。"这堵墙非常吊诡，刚入狱的时候，你痛恨周围的高墙；慢慢地，你习惯了生活在其中；最终你会发现，自己不得不依靠它而生存，这就叫体制化，我们会离不开它。在体制化中，我们会不知不觉的变成监狱的一块墙砖，失去正常人的思维，语言和行为"。

瑞德说：监狱是怪地方，当长久地嗅不到阳光的味道，当时光和生命已经不再有价值的时候，便无所谓希望和失望。在我们被束缚和囚禁的时候，我们最奢事的是什么，希望。希望是生命中最好的东西，也许是世上最美好的事物，美好的事物从不消逝。一个具有正常生理情感反应的个人，假如失去了情感表达"希望和失望"的表情，那么就无疑是一具行尸走肉。在影片的开头和结束都有瑞德面对假释委员会的一段对白：我无时无刻不对自己的所作所为深感内疚，这不是因为我在这里（监狱），也不是讨好你们（假释官）。回首曾经走过的弯路，我多么想对那个犯下重罪的愚蠢的年轻人说些什么，告诉他我现在的感受，告诉他还可以有其他的方式解决问题。可是，我做不到了。那个年轻人早已淹没在岁月的长河里，只留下一个老人孤独地面对过去。重新做人？骗人罢了！小子，别再浪费我的时间了，盖你的章吧，说实话，我不在乎我不会再废话了。在肖申克的救赎中瑞德这样对他的假释官这样讲，但是很显然瑞德的一生已经结束或者接近尾声了。似乎瑞德已经幡然悔悟了，但是对于生命而言，对于瑞德的生命而言，他的后半生已经被这里（监狱）体制化了，瑞德已经变成了监狱的某一块墙砖，而沉淀在哪里，而人的一生也快结束，到达上帝的终点了。一个生命的后半生永远生活在笼子里是一种什么概念，或许他没有了亲情，或许他没有了友情，当然他更不可能拥有爱情。一个囚禁至死的生命，就像是一只被阉割了羽翼的鸟一样，永远失去了希望。他当然会悔悟，但是对于生命而言，已经失去了任何意义！

　　在影片肖申克的救赎中，电影中那个图书管理员在肖申克监狱（体制）下被关押了50年，这几乎耗尽了他一生的光阴。然而，当他获知自己即将刑满释放时，不但没有满心欢喜，反而面临精神上的崩溃，因为他离不开这座监狱。为此，他不惜举刀杀人，以求在监狱中继续服刑。他刻骨铭心地爱上了那间剥夺了他的自由的监狱，所以在出狱后，他终于选择了自杀。个体成为环境的一部分，一旦脱离了原有的环境，一切失去了意义。在心理学中当我们对一个环境过渡熟稔的话，就会被"环境同质化"，因为我们已经熟悉了环境给我们的规则感觉，假如我们从这个熟稔的环境中脱离而进入一个陌生的环境里，那么我们会被新环境谋杀。就像我们把一个个体放到一个正方形的框子内，那么这个个体就会逐步熟悉，并进入正方形框子的规则内，但是我们突然把其又放入三角形的框子内，那么很显然在正方形的脑子里生不出三角形的思路和规则，那么个体会处于迷失夭亡状态。

对于习惯遵循有规律生活的人来说，永远都不会有自由的一天，因为控制型的社会从来不缺乏规则，并且它还越来越多。假如遵循者突然自由了，他绝不会欢欣。他会感到自由对他是一种巨大的束缚，正像《肖申克的救赎》里的那个老图书管理员，习惯了顺从和规律的生活，习惯了不自由（不自由意味着可以不作决定，不承担责任），一旦真正的自由到来，他反而不能适应，不知如何是好。想想在监狱呆了那么久，出去会是一个完全陌生的环境，甚至都不知道外面的世界会是什么样，那种对未知世界的恐惧已经扎根于他的心里(这点在他出监狱之后可以体现，过马路对汽车的恐惧，对别人的恐惧)，作为一个即将结束生命的老人，他在内心更希望在一个熟悉的环境里，不用考虑最基本的生活必需品的来源，静静的做一个管理员，做一个受人尊敬的人。很显然影片中老图书管理员从监狱环境踏入新的社会环境后，因为对体制化的不适应，不久就自我吊死在所居住的屋顶上。这只是一个极端，可是，我们中的绝大多数，在体制内生存的人，不都是这样卑微的活着吗？

在现实中当我们面对着压力，尝试和挑战，那是因为我们还年轻，还有勇气挑战。但是像影片中在肖申克渡过了半个世纪的老囚犯在终于获得了他盼望已久的自由之后，竟然无法适应外面的世界而陷入深深的恐惧之中。在监狱中，他是有身份，被人信服的老人，管理图书馆，而在真实社会中，他什么也不是，甚至连一张借书证也办不到，他已经习惯了监狱的生活，并向囚禁屈服。终于，孤独、无所适从和一种对于未来漫长岁月的绝望彻底摧毁了他，他只有在死亡那种终极的宁静中找到了想要的一切。如果一个人被禁闭太久，失去了自由的属性，被彻底改造。自由，在他们看来就会变得可怕，变成恐惧。当冰冷的高墙变成他们思恋的家，这样的人生不是一种悲哀吗？我们不清楚，所有的评判只是猜测。因为舞台上的主角，不是我们。自己的故事，只有自己知道什么才是最好的结局。死亡，在这样的自由面前成了解脱，这或许真的是最好的方式，最美的谢幕。希望，确实很美好，但当我们无权拥有时，只能这样，或许是最恰当的结局，只有故事本身知道。。。。

　　在影片中那个老图书管理员在监狱里思想已经"被改造"，已经被体制化，思想已经麻痹不做赘述，想说的是，影片通过老管理员与主角形成对比，主角那么多年一直再坚持自己的"事业"，不显山不露水，但内心很坚定！通过对比，讽刺了监狱所谓的改造就是"麻痹人的思想"，使之成为国家的"人肉机器"。再拿主角一对比，强大的内心与信念，源于对自由的渴望，直观的阐述了影片的主题！当生存就是一切，规规矩矩的活着就是一切的时候。其实我们已经被看不见的墙体制化了，只是我们没有察觉而已，我们就像生活在一个延绵几千年的骗局和谎言里，劳作，繁殖，忍耐，牺牲，然后死去，从未享受过生活的喜悦。人变成了生存的工具，成为生存延续自身的低价手段。

想想看，我们的身体已经有多大一部分被体制化了？到底是自由，还是毁灭。对我们的大多数而言，存在不是为己的个体性存在，而是一种符号式的集体性存在。我们被淹没在人流中，迷失了自我的道路。人啊，生和死都那么偶然，自由和束缚又都那么艰难，而存在是如此寒冷，我们是如此孤独和脆弱，而看不到希望。我想影片《肖申克的救赎》留给世人的只有一个主题就是：人为什么要如此卑微的活着？？？自由是什么？？？而我们的问题则是如何完成对人救赎？？？如何让人自由的活着？？？

救赎的困局

影片《肖申克的救赎》中有一段安迪播放音乐碟片的场景，瑞德旁白：到今天我还不知道那两个意大利娘们在唱些什么，其实，我也不想知道。有些东西还是留着不说为妙。我想她们该是在唱一些非常美妙动人的故事，美妙得难以用言语来表达，美妙的让你心痛。告诉你吧，这些声音直插云霄，飞得比任何一个人敢想的梦还要遥远。就像一些美丽的鸟儿扑扇着翅膀来到我们褐色牢笼，让那些墙壁消失得无影无踪。就在那一刹那，肖申克监狱的每一个人都感到了自由。我们可以这样感受一下，在体制化之下连人类的"声音"都被格式化，任何外界的不同声音我们都奇异的认为是天籁之音，并且这种声音能让人们感受到自由和飞翔。肖申克的救赎中瑞德说：我们坐在太阳下，感觉就像自由人。见鬼，我好像就是在修自己家的房顶。我们是创造的主人。而安迪——他在这间歇中蹲在绿荫下，一丝奇特的微笑挂在脸上，看着我们喝他的啤酒。你会说他做这些是为了讨好看守。或者也许是为了同我们搞好关系。而我则认为他只是为了再度体验一下正常人的感觉，哪怕只是为了短短的片刻。

所以我们无时无刻不在被"体制化"，或者成为斯德哥尔摩综合症化患者而不自知！

我们的疑问是体制化到底可以给人类造成什么样的精神创伤和精神毁灭？？为什么体制化可以毁掉某些人的一生，

就像魔鬼一样吞噬一个人的灵魂，可是人们还是会爱上这个魔鬼。还是以美国为例——你所不知道的美国监狱生活——10大最糟排行榜

【按】该文作者2008年因为持械抢劫，被判18个月年监禁。上诉后败诉，又追加4个月。在进监狱前他在网上贴了一个消息（没什么特殊的），但是在他出狱后，发现后面的跟贴很长。很多人以为监狱里的强奸是刺激的，其实，那只是一碟小菜，更可怕的还有很多。。。

10.气味：监狱的气味像狗屎，甚至比狗屎更糟。想象一下沼气的味道，想一下吧。而在这里，这种气味是从那些墨西哥人的腋下摩擦出来，就像着了火似的呛鼻子。而且这里从没人拉屎后会冲厕所！

9.白人：在监狱蹲了一年后，我开始为自己是个白人羞耻。在这个世界上，白人有能力做许多伟大的事情，也能做很多坏事。在里面，我们全是一样。"阿兰兄弟会"在我住的区势力不大，但是他们的影响深远，让你简直就希望你的妈妈还不如让一个黑人强奸生了你。而那是你在见到"老板"（狱警）之前。"惩教署"的官员有不同口味，而白人是最坏的。黑人---你知道他们是穷黑鬼---是为了一份糊口的工作，只有白人似乎是很享受这份工作。强奸，尽管有很多谣言，但是其实在里面并不是一件大事，也不是那么频繁。但只要在我们区发生，就是白人干的。另外每次有人被谋杀，也是白人。我在里面的时候，共发生了33起谋杀，12例在我住的区。

8.变肥：监狱里没有健身器材。你以为会有一群人坐在那

里秀出铁一样的身板？想都别想！健身器材属于武器，而武器是禁止的。我们区有一台跑步机，偶尔没坏的话可以用。你每天是吃高脂肪的食物，天天如此。你会很快变得肌肉松弛。唯一一天里占去大部分时间消遣的事情就是找到一个人做些身体上的"运动"。大约 6 个月后我感到我的肌肉块都不见了，所以我就和我的室友每天举起对方几个小时。同性恋的事情你曾见到的和没见到的都会发生，那是打发时间的最大活动了。

7. 幽禁：第一次被单独监禁的时候我给吓坏了，我以为只要注意自己的行为就不会被监禁。但是我很快明白被监禁不是你光管住你的那"家伙"就可以避免的。被监禁其实就是家常便饭，并且你早晚都会被关在那个孤独的监禁室里，有时候根本没有原因。通常会是因为一个被还押候审的囚犯需要在受审之前被总监狱长"回收"，而他们需要你腾出地方。于是你被发送到监禁室，因为没有其他地方有床。我有两个月都是如此度过。没有书，没有毯子，没有灯，23 小时被锁在里面。最多可以做的，就是每个星期让你出来伸伸腿。最糟的情况就是因为你住的区太拥挤，而你得知一周后你又要回监禁室去。你和总监狱长会焦急地等待发落，所以你随时都有被拽回那间孤独的小屋的可能。

6. 毒品：住了一段时间后，毒品就成了里面寻求点变化的选择。这里有各种样式供你挑选。你在世界任何地方可以找到的，在里面都可以找到，并且价格优惠，虽然弄进来也许并不容易。在里面，打上一针那感觉好极了：在你单独被监禁的时候，打上一针可以让你觉得一个星期飞快地度过。但问题是海洛因的供应减少了。面粉，苏打粉，果冻。。。所有不应该进入你血管的东西都会试试。过一阵子，你会做一些在外面做梦都不会去做的事情。我曾幻想自己可能得了爱滋病，于是我在里面的时候只用一个针管。结果针管生了锈，我得了一个月的破伤风。当我没钱买这些东西的时候，我去买可待因药片儿。我等着我拇指的指甲长长，然后在水泥地上磨锋利，这样我就可以用我的拇指指甲刮开我的大腿，然后把药片塞进去。是，就是这么样的！

5. 经济：我曾和我的室友开玩笑说，在这里的第一天，至少全球的金融危机波及不到我们。在这里一包烟的价格可以翻到三倍。这里有直接的经济原因影响着价格，更不要说其他一些物品了。

4. 失去所有你爱的人：第一失去的是你的朋友们。然后想想你的女友，她们也许会说她们会等你，但你知道她们不会。最不用担心的就是她！我的孩子，快一岁了，将永远都不晓得我是谁。她的妈妈在我被带走的第一秒，就把她带走了。从没有给我打过电话。我根本就不知道上哪里去找他们。我父母是最糟的。他们答应我当我在里面的时候，他们不会离弃我，只要我不离弃他们。他们只需要我偶尔打个电话，报告他们我在里面一切 ok，他们也一定会定期来看我。可是我几乎忘了还有探访日。我心里乱糟糟的，告诉看押我的说我不想见他们。

3. 孤独：一个老犯人告诉我，当他在 80 年代给关进了的时候，监狱里都是小集团。有不同的团伙，根据人种或者宗教分派，那时候有爱尔兰天主教集团，穆斯林集团，甚至各阶层也组建了一个集团，避免外人介入。就是在同一个集团之间，也会因为共同的利益关系，个人也会陷入无望的"单一"环境，每个人都会成为一个"分子"。监狱内"老板"做得最好的一件事之一，就是能很好的制造让你陷入妄想症的"绝对孤独"氛围。有时候自己经常处在怀疑意识里，怀疑自己是否还是一个人？

2. 死亡：在里面我看到 12 起死亡。三个是死在狱警的手里。另一个是当一个囚犯想逃跑时，被一枪打进脑袋。还有两个是因为打架，当时我并不知道他们死了。我非常不幸地活生生目睹了一幕惨剧。有一天有两个家伙等着一个新来的"孩子"经过。监狱里有谣传说这个孩子在第一晚已经被人上了，而且有人要求他做某人的老婆，但这孩子还击，并且几乎打掉了那人的睾丸。因此他的"朋友"拿了一个被改造了的牙刷等着他，他们就用塑料牙刷把这年轻人捅倒，有很多人都捅了他，一个人用 T 恤衫从后面勒住年轻人的脖子把他从地上拽起来，其他几个就用牙刷猛捅他的内脏。几下之后，那个从背后勒住他脖子的就把手伸到男孩子的肚子里把里面的肉拽出来。我以为会像恐怖电影里那样从肚子里把肠子拽出来，但没有，他拽出来的是一把黄色的像果冻一样的东西，然后又掏出来一大块肉，就像生肉馅。这时候狱警赶到用电棒击所有在场的人，甚至那个可怜的年轻人。他就在一边，就在我铺位的前方，每一次被点击，他肚子上那个大洞就冒出烟来。当然，如果你正被幽禁，你就看不到这些了。

1 出去：我本来是想说说监狱里的强奸。但又如何呢？那简直就是小事一桩！在每一个区，你会听到超过一打子人告诉你他们喜欢强奸别人，而且他们每次都去找同一个人强奸。因为如果你强奸错了人，你就会像上边提到的那个孩子一样，被人把你的内脏掏出来！在监狱里面，当你用了毒品，当你孤独无聊的时候，你会做一些奇怪的事情。因此除了强奸，第一项我列出来的就是出去。整整18个月后，我觉得我好像一生都是在监狱度过的。监狱的生活，让我每天的睡觉都是乱糟糟的。你从来不会觉得真的很困，因此你从不会真的想睡觉，就是为了打发时间。我觉得自己好像一辈子不用再睡觉了，无聊，麻痹，精神崩溃，就是我的日常状态。出来后，你会觉得完完全全地"迷失"了自己，就好像从一个世界掉进了另一个世界一样的迷失自我，这就是体制化的杰作---迷失。

　　人类发明了很多可以监禁自由的东西，比如监狱，当我们把一只有翅膀的鸟关进笼子内，进行监禁时，那么是否意味着这只鸟再也没有了飞翔的能力。假如监禁的时效太过于长久的话，那么这只鸟的飞翔能力和翅膀会不会退化，对于一只已经退化的鸟而言，它是否还记得自己是一只鸟。监狱作为"强制国家机器"的代表，其本身对人的自由的剥夺赋予了禁锢自由的使命。个人终归是在"强制国家机器"的枪杆下等待被宰杀的动物，如果个人没有"代表性"权利的话，绝对的"法限"就会出现。不屈从于意识形态控制的个体将得不到成为主体的资格，最终被"强制国家机器"所消灭，成为墙砖。个人，有罪的个人作为被放逐的孤独个体。他们的存在、寻找，本质上是一种个体的存在和身份的寻找，他们想找到一个不归属于"强制国家机器"意识形态的控制，又能独立自由地行走于"天地之间"的自己，但正如那绵延到没有尽头的公路，但是在当前世界，这种存在和寻找注定只有起点，而无法到达终点。

拥挤的沙丁鱼罐头

　　美国司法部门的专家称，在即将过去的 2022 年里，吸毒犯以及高犯罪率依然困扰着美国，美国依然是世界上犯人最多的国家，也是世界上入狱服役率最高的国家。据埃菲社援引人权观察组织的调查报道，美国是世界上人均囚犯最多的国家。该组织曾要求美国采取新的定罪方式，以降低囚犯人数。美国司法统计局的数据显示，美国监狱在押囚犯超过 225 万人。该数据指出，平均每 10 万美国居民中就有 751 名囚犯，美国成为世界上人均囚犯最多的国家. 美国司法部公布的一份报告显示，所有在押犯、缓刑犯和假释犯的总数已经达到 700 万人。也就是说，平均每 32 名成年人中就有 1 名犯人。其中，有大约 220 万人处于被关押状态或在监狱中服役。

　　相比美国而言，西方大多数国家被判刑入狱犯人，大概维持在 10 万人有 100 人左右。至于其它西方国家，英国、加拿大和法国每 10 万居民中的囚犯数量分别为 148、107 和 85 人，均低于美国，但是这也是庞大的群体指数。根据公开数据，美国的人均囚犯数量甚至高于利比亚和伊朗，这两个国家每 10 万居民中的囚犯人数分别为 217 和 212 人。人权观察组织美国项目负责人戴维·法蒂在公报中说："这些数字证实了一个无法令人羡慕的纪录。最新的罪犯统计显示，美国如今的入狱人数，远远高于刑满被释放的人数。研究专家提到，占世界人口 5% 的美国，却拥有世界上被关押犯人数的 25%，足以说明美国犯罪的严重性。据悉，美国 700 万犯人中，大概有 200 万在押犯、缓刑犯和假释犯，都涉嫌毒品违法犯罪。有专家表示，与美国强调违法犯罪惩罚相比，其他西方国家更多强调治疗康复。

美国的一些司法专家认为，美国囚犯人数居高不下，与犯罪率高及量刑政策有很大关系。从上世纪 90 年代以来，美国司法部门实行了更为严厉的量刑标准，更强调法律惩罚。由此带来的问题是，监狱人满为患，各监狱过去都在超额运转。美国囚犯人数在最近 30 年间增加了 500%，据预测，这个数字还将进一步增长。美国司法统计局的数据显示，最近 30 年间，美国囚犯人数增加了 500%。美国人口仅占全世界人口的 5%，而囚犯占全球囚犯总数的 25%。平均每 10 万美国居民中就有 751 名囚犯。这还不算，在囚犯中，有 96% 的罪犯刑期在 1 年以上，这意味着每 200 名美国居民中就有 1 人在监狱中服刑 1 年以上。而美国的重新犯罪率还不断上升。据统计，大约有三分之二的囚犯获释后在 3 年内会重新犯罪，每 3 个释放犯中就有 2 名会被重抓，其中 40% 会重入监狱。

在美国蹲监狱是极其危险的，美国监狱的虐囚现象很普遍。据美国司法部 2007 年 12 月统计，全美在押犯人中共有 60500 名罪犯遭遇过性侵犯（不知道是变态多还是憋的），占罪犯总数的 4.5%。有 2.9% 的罪犯被管理人员侵犯，0.5% 的罪犯遭受其他罪犯和管理人员的双重侵犯，全国大约有 0.8% 的罪犯因性侵犯而受伤或死亡。由于同性奸淫、毒品和"人权"的监狱管理，美国监狱犯人因感染艾滋病、医疗设施不全等致死事件经常发生。据美国司法部 2007 年 9 月公布的报告，到 2005 年底，美国联邦和各州监狱关押的犯人中，有 22480

名被感染或确认患有艾滋病。其中，大约有 5620 名罪犯确认患有艾滋病。2005 年，州监狱中有 176 名犯人死于艾滋病，联邦监狱中有 27 名犯人死于艾滋病。

有意思的是在美利坚堪称"监狱之都"的情况下，导致美国监狱系统财政不堪重负，加州竟然尝试让囚犯"交钱坐牢"——美国加利福尼亚州河滨县管理委员会决定，向当地服刑人员每天收取 142.42 美元的监狱食宿费，以为地方财政节约 300 万至 500 万美元。并非所有囚犯都必须交钱坐牢，当地政府会逐一审核囚犯们的个人情况，以便确定哪些犯人能够负担得起。加利福尼亚州长期深陷财政困境，"监狱改制"是其近年来加州用以填补预算缺口的几大措施之一。

并非只有加利福尼亚州正在同财政赤字相抗争，阿拉巴马州杰斐逊县 11 月 9 日正式破产，其财政的落魄程度堪称美国有史以来之最。2011 年 7 月 1 日，明尼苏达州州政府部分部门被迫关闭，直至 20 天后才全面恢复工作；2011 年 3 月 1 日，美国威斯康辛州州长麦迪逊决定大幅度削减政府支出，引发民众游行示威。美国近来有多州在考虑使用非常手段削减与监狱相关的开支。华盛顿州，司法官员们正考虑取消对处于假释中的前犯罪人员的监察；德克萨斯州，数千名囚犯从 2011 年 4 月开始每周末只能吃两顿饭；乔治亚州，康登县官员正计划让囚犯们投身火海，承担消防员的职责。相对而言，有一些州并不认可甚至反对上述做法。2011 年 4 月，明尼苏达州的监狱系统部门指责称，一再削减监狱系统的开支会导致公共安全受到威胁。

同时美国监狱如今时常可以看到坐着轮椅或拄着拐杖走

路的老年囚犯。美联社 29 日报道，美国监狱中老龄囚犯人数近年大幅增加，随之升高的医疗保障费用让监狱管理部门叫苦不迭。

美联社援引美司法部数据说，美联邦和各州监狱中年龄超过 55 岁的囚犯人数在 2015 年至 2020 年增加 33%。在司法规定更为严格的美国南部地区，老龄囚犯人数至今的增长幅度约为 145%。美联社说，老年囚犯人数近年上升，原因之一是上世纪八九十年代，美国各州大多实施更为严格的法律规定。佐治亚州中部州立男子监狱 66 岁囚犯曼森·格里芬说，狱中囚犯平均年龄为 52 岁，年龄最大囚犯已 86 岁。他们这些老年囚犯平日经常聚在一起，许多人患有关节炎和高血压等病症。全美州议会会议统计数据显示，由于老年囚犯增多，各州监狱医疗费用在 2015 至 2016 财政年度中增加 10%，上升趋势有增无减。

这让监狱管理方感到有些吃不消。佐治亚州改造部医疗服务部门负责人阿兰·亚当斯说："医疗费用不断增加。一些老年囚犯已卧床不起，一些人可能将终老狱中。法院要求我们为他们提供医疗保障，但这项工作花销不菲。"前不久美国最高法院判定，加利福尼亚州监狱在押囚犯数量远超设计规模，严重影响囚犯生活和医疗卫生，州立监狱系统应在两年内提前释放或者减少囚犯大约 3.3 万人，但此举普遍引发社会秩序和公众恐慌。

美国加利福尼亚州的监狱向来住宿环境恶劣，导致囚犯自杀率居高不下，囚犯斗殴事件时常发生。其中，由于囚犯人数过多必然导致监狱拥挤不堪，加州奇诺市监狱的一间巨型牢房，居然是由一个大型健身房改装而成的。牢房里共关押了 213 名囚犯。2009 年，加州 3 名法官判定，根源在于囚犯数量过多，应着手减少。当时大约 15.6 万人关押在设计容量为 8 万人的州立监狱系统内。也就是说，额定容量是 8 万，实际容量是其两倍。美国占有世界最大的监狱。其中，罪犯之多，仍然是全球第一。

　　放眼世界各国，囚犯问题更是一个全球问题，莫不如此。我们看美国确实感觉到很奇怪，一方面是绝对的法限暴力；一方面是高额的监狱财政系统不堪支出；一方面是由高犯罪率导致的高禁闭人群爆满。这是否是一个无法破解的困局？？？当然这不仅仅是美国先生的困局，很多的政府先生都存在这个问题。

　　拥挤的沙丁鱼罐头里面，无论任何一个个体的衣食住行，都会对这种拥挤造成冲击，在一个封闭的不流通的体系之内，资源被人为的限制，而“人”这一主体也被冻结，无法进行活动。在无法进行有效的减压之下，人人都会死在这个封闭的罐头里面，而无法得到救助。按照法律“原理”，罪犯应该得到应有的惩罚，这个惩罚是由法律规定的，对罪犯的惩罚就是对其他人的保护和警告。人类在“笼子”里面，唯一学会的就是规则和禁忌，以及突破规则和禁忌而带来的惩罚，当个体人懂得了所有的规则，熟悉了规则的每一条禁忌之后，但是还是不可避免遭受到“强制国家机器”的“绝对法限”的惩罚，以及“笼子”之内他我的欺凌！监狱到底属于人类的一种慢性“生活”，还是一种慢性“自杀”？？？？？相信很多人都有自己的答案，人类的犯罪有司法犯罪，行政犯罪、刑事犯罪、生理犯罪、社会犯罪等等。当人类的犯罪成为一种"慢性自杀"的时候，监狱就成为人类用来自杀的囚笼。一方没有改过自新一说，另一方也没有帮扶惩戒的作用。当我们在牢笼之中像未开化的动物一样用丛林法则生活、生存的时候，有时候想想人类的文明进化，发展到今天到底有什么意义？？我们都有罪，而且无一例外的我们都有罪，我们在天上犯下的罪，在地上继续有罪，当我们在尘世中再次犯罪时，我们还能第二次拥有自由的生命吗？？人类生而为人已经难了，如果有一天在凡间，生命终结，灵魂到达（神灵）"父亲"那里满身失望眼神疲惫，看不到在凡间一丝快乐，或许父亲会心疼莫名。

难道就没有更好的文明，来终结人类的这种"体制化人生"，并进行相关的救赎吗？？人有罪，但是如何在不剥夺个人自由之下，让有罪的人更自由的活着呢？？一个社会现代化的标志并不在于拥有多少高楼大厦，拥有多少高科技产品，而关键在于是否形成了比较成熟的公民社会以及如何看待他人罪恶的意识。罪犯是人，是人就必须有人权。"人权是作为一名个体人所享有或应享有的基本权利"，是人类社会最高形式和最具普遍性的权利。它包括生命权和生存权、政治权和公民权、经济社会和文化权、民族权与和平权等等，这些权利是密不可分的。每个人，都有其作为社会个体而生来具有的基本权利，比如生命、健康、财产等等。

今天所谓犯罪只是一群犯有"原罪"的人对一群犯有"迷失"的人一种在尘世间的惩罚。世人皆有原罪或者说潜在的罪，只是有一些人在俗尘中再一次迷失方向，犯下罪行。刑罚的目的不是惩罚，而是拯救。每一个人都有改过自新的可能，而不是变成体制化墙砖。就像耶稣明明知道世人之罪，仍会宽恕救赎世人一样。刑罚本身对实行反社会行为的行为者具有感化作用，这与报应观念无关。报应观念是人们内心深处隐藏的复仇观念。刑罚不是帮助每一个受害者复仇，而是保护社会本身。报应主义刑法观满足了人们的复仇观念，但不能维持社会的稳定。特别是发展到文明时代，报应主义刑罚观已经过时。尼采说过，与怪兽搏斗的人要谨防自己因此而变成怪兽。我们不是为了杀人而建立刑罚的，而是为了救赎有罪的人，要不然手持正义之剑的人，自己也会变成怪兽。因此，对于犯罪人应当进行改造。所谓"改造"包括感化和教化，感化是通过心理学的感情投入来进行的，刑法的感化力来源于感情的投入，这就是"爱的刑罚观"。

人与社会的关系——威权社会的形成

"在美国做过一个调查,问如果可以隐形的话,你要做什么?……结果美国老百姓很诚实,接受访问的民众 80%都说要抢银行。"好就好在这个故事,比较贴近人性。西方人只觉得自己是一个人,无名无姓的小人物,你问我我直接说,不用掩藏自己的本性。西方人有这样的背景,如果可以隐形就做真正的自己——毫不客气地破坏所有规则。因为人的本性跟社会性约束有着紧张的控制与被控制关系。人类喜欢彻底的自由,没有任何束缚的自由,而社会却像一个有规则的容器,强制着人类去遵守和适应这个容器。人都有向上之心,但在实践的人生中,沉沦似乎是无可避免的。为什么呢?因为我们活在世界上,受的制约太多。社会规则要遵循,游戏规则要遵守,责任得去尽,还要努力取得成就(在这个贫乏的时代,成就只不过是金钱的代名词)。但是如果突破这个心理承受极限,人类就想象着自己戴着可以隐形的帽子一样,去疯狂的和束缚自己的社会秩序去对立,不惜以暴力和残杀来彰显自己终极自由的存在。

人类与社会秩序永远存在着"控与被控"关系,人类的表象之一就是希望脱离"社会秩序的控制而刻意做一个破坏者",以彰显自我的存在价值。无论谁,都在潜意识推卸责任、破坏秩序获取快感,并且永远在寻找机会,冲破秩序制约。赫胥的社会控制理论是犯罪学上一个很重要的理论。在社会学中,社会指的是由有一定联系、相互依存的人们组成的超乎个人的、有机的整体体系。它是人们的社会生活体系器皿。社会是人们通过交往形成的社会关系的总和，是人类生活的共同体，是人类生存及活动范围内的社会物质、精神条件的总和。广义包括整个社会经济文化体系，如生产力、生产关系、社会制度、社会意识和社会文化。狭义仅指人类生活的直接环境，如家庭、劳动组织、学习条件和其它集体性社团等。社会环境对人的形成和发展进化起着重要作用，同时人类活动给予社会环境以深刻的影响，而人类本身在适应改造社会环境的过程中也在不断变化。综合而言，社会具有如下特征及功能：

社会特征

1、是有文化、有组织的系统。是由人群组成一定的文化模式组织起来的。

2、生产活动是一切社会活动的基础，任何一个社会都必须进行生产。

3、任何特定的历史时期，都是人类共同生活的最大社会群体。

4、具体社会有明确的区域界限，存在于一定空间范围之内。

5、有一套自我调节的机制，是一个具有主动性、创造性和改造能力的"活的有机体"，能够主动地调整自身与环境的关系，创造自身生存与发展的条件。

社会的主要功能为：

1、交流功能。社会创造了语言、文字、符号等人类交往的工具，为人类交往提供了必要的场所，从而保持和发展了人们的相互关系。

2、整合功能。社会将无数单个的人组织起来，形成一股合力，调整矛盾、冲突与对立，并将其控制在一定范围内，维持统一的局面。所谓整合主要包括文化整合、规范整合、意见整合和功能整合。

3、导向功能。社会有一整套行为规范，用以维持正常的社会秩序，调整人们之间的关系，规定和指导人们的思想、行为的方向。导向可以是有形的，如通过法律等强制手段或舆论等非强制手段进行；也可以是无形的，如通过风俗习惯等潜移默化地进行。而制度、法律、条约、合同等等契约，都是试图建立道德场来制约社会中的每个人的价值矢量，从而制约人的行为，这是人类社会管理方式的本质。

人类有两大环境，一个是社会环境，一个是家庭环境。人类作为一个群居、群聚物种，离不开社会环境和家庭环境的规则束缚，但人类还具有一个第三方的边缘群体——监狱环境。而监狱环境和人类的社会环境、家庭环境是一个截然不同概念，因为前者是"静止"的，后两者却是"流动"的。当我们脱离社会环境和家庭环境太过于久远的话，我们会不会丧失社会生存的能力和家庭情感纽带的能力，那么"人是否还是人"。我们的问题是，人不应该与社会脱节，因为人人都是"社会人"；人不应该与自由脱节，因为人人都是"自由人"。自由是人类公民天生具有的政治权利和自然属性，而"剥夺人类天生的政治权利"是不合乎也是违背人类的自由属性的，仅针对刑事个案的特定被告人，用一个法定律法流程就剥夺了不特定多数人的天生自由和相关的政治权利的行为，是明显违背"人的基本自由流动属性"的。不可否认人性具有极其幽暗的成分，在某种环境下他是善的，而在某种环境下他又是恶的，但是无论是善还是恶，都具有人类天性之中对"自由"的渴望，除非是心理、心智不健全的人格分裂者。

打个比方人与社会的关系就是鱼和水的关系一样，我们的观点就是人不能与社会脱节，不能与自由脱节。但是很显然监狱和社会的规则属性截然不同，如果根据赫胥的社会控制理论进行延伸，我们是否可以通过某一社会控制体系，去加强对某一个人或者某一特定群体的管理和控制。那么我们是否有必要在监狱内模拟一个社会体系，以保障社会人作为一个人的基本自由属性而不退化。监狱型社会，还是社会型监狱，其实并不是同一个命题。当一个社会制度过于严厉和威权独裁的话，那么无疑这个社会不是监狱也胜似监狱了；而当一个监狱制度充满适量有限的自由后，那么这个监狱就会形成一个自由小社会。我们永远不要小看一个社会体系对人造成的影响力，由社会对人的辐射效能改变，具有无法估量的价值。

想想看，人类的一切个体活动，都离不开社会的承载，如果离开了社会体系，哪还讲什么存在意义？为什么要讲社会体系？因为我们是人。是人，就有社会性本性；有社会性本性，就意味着一个个体的人，如果离开了他人、离开了社会，这个个体就将无法生存。所以，人和人之间必须建立起基本的社会关系衔接，以此维系个体的、也是种群的生存。因为没有社会关系规则意识的本质是社会消亡，而社会消亡，则从根本上动摇了作为人的本性的社会性存在基础，使人类的所有社会活动无法进行。

社会是由两个人或者两个人以上构成的，单人无法成为一个社会。我们当前生活的社会是一个温和的社会，而在一个温和社会中，个体普遍处于社会规则和制约之下，人人都遵循整体的社会"游戏"进行社会生活，而不会产生社会犯罪行为。而当某一个个体人试图冲破和打破这种人人普遍遵循的社会"规则游戏"时，那么很显然这个个体就具备了"社会危害性"，就需要进行惩戒处罚。假如说人类法律惩戒的目的，就是为了把这个个体"体制化"的话，那么这种惩戒就已经失去了任何意义。个体的犯罪一方面是因为个体内心自我的控制力低下，另一方面就是社会的规则和制约过于松懈，而导致犯罪。在一个正常公民社会，社会是一个宽松的、自由的、可以满足个体生理欲望和精神物质欲望的体系结构。很显然在一个宽松自由的社会环境里滋生的蛀牙犯罪行为，必须得到惩罚和教训，假如人人犯罪，而人人得不到惩罚，那么这个社会就会坏掉。

那么我们是不是可以根据赫胥的社会控制理论建立一种"第二威权社会控制"体系，以此来重新建立社会规则和制约，以重新完成和掌控对个体的控制及管理，以重新完成对犯罪人的人性解放和灵魂救赎。社会的本质就是人和组织制度形式的关系，假如说守法的公民是我们的"白天"，那么违法的公民就是我们的"黑夜"，犯罪者是人类社会的蛀牙。当一个温和的社会组织形态控制不了人内心的恶念的时候，那么就有必要把他放进一个威权的社会组织形态之中了。如果我们把蛀虫犯罪从一个宽松自由的环境中放到一个相对威权集权的社会体系中。通过一个社会体系，而不是通过一个监狱体系，在不束缚人的自由流动性前提下，我们来对蛀牙犯罪进行矫正。即把一个违法公民从一个温和社会中放到一个威权社会中，建立自由经济体。那么我们未来的社会发展，需要如何进行呢？

但是我们的问题来了，政治体系就是一个利益体系，虽然说政治人不产生经济行为，但是政治人却能操控经济，当守法公民的纳税单交给一个国家的时候，那么这个国家是否可以拿守法公民的税单去替违法公民去埋单？？？而违法公民的人权保障其实质就是"利益保障"，那么这份天价保单该由谁承担？？？我们知道"利益来源于社会经济活动，而经济活动来源于有人群消费的社会场所和社会环境"。一个静止不动，不流通的区域空间其产生的经济效益和社会利益无疑是最低下的，而监狱的作用就是把一个"活生生，流动的人禁闭成一个静止不动，不流通的体制人"。一个无法产生任何经济效益的群体，是否就真的不能流通而静止不动？？？人是社会组织的一部分，人也是构成社会的一份子。人不能产生经济效益的原因是和社会的隔离、隔绝有关，是因为社会的静止才导致的人的静止，其最终形成利益的低点，而促成社会静止的原因却是由监狱的禁闭而形成的体制化状态。

社会的基本属性的特点之一，就是人和商品的流动性。缺少流动性属性，就必然不成为社会。没有商业活动的社会是停滞的，可以说这个世界上最大文明就是由商业活动行为所带来的社会进步，今天人类所享受的一切物质乃至精神的上舒适和安逸，全部要归功于商业活动的结果。

人类需要生存，本能是利己，而商业行为是利他（服务与他人），这就是在所谓的互利互惠。如果我们让社会"活"起来，需要面临下面几个问题：一方面社会的"活"要产生经济效益，另一方面它还要打破绝对法限暴力的滋生，而另一方面它还要抑制人性中的恶，还要有教育、引导具有"蛀牙"人们的义务和责任。如果要想满足以上几点社会形态，那么我们到底需要建立一个什么样的"社会"？？？人既然是社会的一部分，那么我们有必要从社会中去寻求答案和突破。

按照社会经济系统四要素特点关系：生产、消费、流通与分配。生产是起点，消费是终点，流通是桥梁，分配是"守夜人"，它们各司其职，相互依赖，共同构成社会经济系统。社会是一个经济利益场所，不管是温和社会也好，威权社会也好，只要有人群聚集的地方，就会产生消费行为，犯罪者同样会产生消费需求和市场需要。那么我们需要思考这种供需关系如何调整和调配，谁是供方，谁是需方？？？资本如何介入等等？？

在一个自由市场经济社会中，我们不需要指定特定的供方和需方，根据市场自由关系，有供有需，自由消费。那么在一个威权社会体系之中，人们怎么操作可以相对自由消费，相对自由满足自己一切精神上和物质上的需求呢？如果温和社会中的经济资本、金融资本可以通过政治代理人的许可和司法体系的审核而介入威权社会体系中，以建立自由市场经济。而犯罪者作为威权社会的自由人，可以在市场经济体系中找到自己的位置，或者他可以作为单纯的需方进行消费，或者他可以通过金融资本人的许可和司法体系的审核而从事市场经济活动及职业工作等等，从而成为威权社会的一份子。那么这个"社会"体系，就意味着活了起来。

　　当然在威权社会和经济活动中，枪支、毒品、暴力不容出现，也禁止出现。正常社会就是满足人类欲望需求的场所，假如我们建立社会体系和架构，就必须还得具有正常的社会经济活动和交流。我们可以引进资金，建立相关正常社会的属性场所，例如饮食、饭店、学校、教育、银行、信贷等等，可以有监狱人员负责，以满足社会人的社会特定不退化。犯罪公民拥有有宗教信仰自由，人身自由不受侵犯，人格尊严不受侵犯等等。同时也应具有言论、出版的自由。在某种情况下，司法体系拥有宵禁权、强制权、审核权和突发应急权限，以保障威权社会的稳定和稳固。

　　把人放入社会之中，就是把监狱体系衍化为社会体系，把监狱管理人演化为社会管理人，当然前提这个社会必须具有一定的强制威权集权特点和特色，以保障具有对蛀牙犯罪的惩戒能力和监管能力。现在我们的问题是如何要让监狱形成一个可控社会体系，要让这个可控社会体系形成一个自由经济体。如果我们看看下章的独裁者的秘密，就会明白一个威权社会是如何形成的。

独裁者的秘密

帕尔马索拉是一个位于南美的小村庄，也叫监狱村庄。这里生活着杀人犯、抢劫犯、毒品贩子以及他们的家人。一堵 5 米高的围墙将他们与外部隔离开。当地物价是——房子400 美元；买凶杀人 100 美元；招妓过夜 15 美元；毒品/次 1美元。监狱还有 9 大势力，都是由杀人犯、抢劫犯、毒贩头目组成，他们这些人形成法律体系，或者说他们就是法律。此外监狱还有管理小组，看上去他们好像有非常多的自由，这种以犯制犯的体系其实是让犯人们自生自灭。

坐牢本来是为了对自己的错误付出代价并改正，但是很显然这只是现实版的生存游戏。政治必须介入进行有序管理，司法必须介入进行威权控制，而带脚镣的代理人必须介入进行权力的保障和推进，而不是进行一种无序混乱的自由，自由必须得到保障，只有有序的自由才是真正的自由。在一个特定局域范围内寻找到代理人自由争取特定的权力，并且还要保障这种权力不会失控和失衡，它必须在某种严密的监督和监控之下，让人们享受到特定的自由，这应该就是威权社会控制理论的内核。

或许会有人奇怪为什么我们要给犯罪者那么多的人权待遇？？我们首先应该明白一点的是：人类建立法律体系的目的，不是为了惩罚、惩戒，更不是为了建立法律的权威和恐惧意识，而是"为了让人更自由"，法律的本质就是为了"自由、更自由"，不管是守法公民的自由，还是违法公民的自由。那么违法公民的自由在哪里？？在监狱里当然是无法实现自由，也是不可能实现自由的，所谓的自由它需要一个"大而有序"环境和场所去承载，假如说守法公民的自由在一个温和社会体系中，那么违法公民的自由就应该在一个威权社会体系之中，而不是在监狱内。

或许有人会认为，把一个罪行昭昭的犯罪者，放到一个社会体系之中，不管是温和型的，还是威权型的，会不会给整个社会带来潜在的危害和暴力？？会不会造成整个社会体系的失衡？？对于这样一群犯罪者，如何在一个大而广阔的威权社会中进行控制和管理？？？其实在人类近几千年的奴隶或者封建社会体系中，独裁者们一直都是秘密的利用威权来控制人们和管理人们，那么独裁者的秘密在那里呢？？

独裁者的秘密：一是，控制思想；二是，分散个体；三是，通过某一体系（国家）集成自我权力力量。

控制思想。一般可以通过教育认知，社会教育，报刊，影音，杂志，以及种种人们视觉感官，听觉感官可以看到，听到的任何咨询和媒介；通过篡改历史，树立政治权威和人物神化，以及人为的扭曲国家意识形态，民族意识形态和人们的精神信仰文化，为其政权服务，加固人们对统治者的忠诚度和责任感，让人们误以为国家民族和信仰都是统治者本人，假如失去统治者，人们就会失去国家民族和精神信仰，就会导致可怕的乱局和不可收拾的惨剧。

分散个体。就是让人们从精神认知上让人们感觉自己是孤单的，满大街只有自己穿的是破旧衣服，统治者把人们放到一个个单个的格子里，四面用人们物质生活所需的譬如：

房子，医疗，教育，或者让人们精神生活所需的信仰、精神、
人性隔开，让人们或者在物质生活中疲于奔命，或者让人们
在精神生活中沉于麻醉，或者让人们认为自己物质生活的缺
乏是因为自己不够勤劳，或者让人们相信自己没有坚定信仰
从而遭遇不幸和困苦，从而让人们在物质生活和精神生活双
重世界中无暇去思考统治者的权力问题以及统治者的体制问
题，以保障人们或者成为蚁民，或者成为奴民，总而言之让
人们感受到自己的弱小和无力，从而放弃抵抗意识。

集成力量：俄国沙皇时代，有贵族向沙皇抱怨说，农奴
们不尊敬贵族，竟然不向自己鞠躬，有辱贵族的尊严，请沙
皇严厉禁止。沙皇问，贵族、平民以及农奴居住混杂，服饰各
异，怎么知道谁是贵族，谁是农奴，又怎么去界定在大街上
谁该向谁鞠躬？？贵族说让农奴们穿统一样式的服饰，进行
区分，这样就可以知道谁是农奴，谁是贵族了。沙皇大怒，假
如农奴们穿统一的服饰，那么他们就知道自己有多少人了，
他们就知道自己的力量有多强大了，那个时候，不要说你的
尊严保不住，就是我这个沙皇也得向他们鞠躬或者滚蛋了。

一个是集成，一个是分散。大众思想的被控集成，利于统
治者控制和管理，任何游离于统治者思维之外的个体思想，
对于统治者来说都是危险的，都有可能变成焚烧自己的火。
所以言论上面的控制，思想上面的集成，就像一根根线，最
后都握在统治者的手中，大众不去思考，就不会反思体制的
问题和统治者的问题，那么就不会危及自己的统治地位和政
权稳定。大众行为身体的分散，就等同于把大众的集成合力
和力量，分解成一段段的个体力量，个体的行为力量就像是

一件没有名字的破衣服，而显得无足轻重。

假如所有的破衣服聚集到一个特定的区域，形成集成的力量，那么统治者的地位将会岌岌可危。所以统治者需要蒙蔽人们的思想意识，让人们感觉自己力量的渺小和统治者体制的不可抗性，通过悬殊力量的对比，让人们服从自己的统治地位，当然在更多的情况下，统治者会释放出恐怖的力量直接把个体力量粉碎碾压。当然他所借用的杀人名义，不是自我名义，而是国家名义，民族名义或者是宗教名义。在更多的情况下，有时候统治者会借用外敌，来转移自己国内的矛盾，把内部的动荡不平，贪污腐败，归结于外敌的干扰和干涉，让人们相信自我统治政权的正确性。通过控制人们的思想，让人们服从自己；通过分散人们的力量，让人们惧怕自己，这是独裁者的秘密所在。

历史往往就非常有意思，人们在没有权力之前，往往叫嚣公平，自由，民主，而人们在获取到权力之后，就会变成独裁者，去继续玩弄集中和分散的把戏，其实人人心中都有一个独裁者，只是我们在没有得到权力之前它会隐藏的很好，只是在得到权力之后，它就会肆虐人们。当然这些都是题外话，不属于今天本文威权社会制度的范畴之内。

那么是不是我们准备把威权社会演化为一个独裁社会，答案当然不是。但是独裁者的秘密让我们知道了如何控制和管理一个社会，假如我们给犯罪者灌输的是人性的社会思维以及温和的宗教信仰（伊斯兰宗教的那种极端的、排外的、原教旨的教义需要进行边切），集成的不是某个独裁者的思想，而是人性理念和"爱我爱人"的信仰，那么我们就等同于用人性的鞭子控制了人们的思想。让人们通过某个特定的威权社会体系、政治流程发出自己的声音，为人们建立利于分散的"消防通道"，从而避免人们陷入街头暴力革命的陷阱中；建立一个政治通道，保护和保障人们的正常作为"个体人"的相关权利，那么这种"破衣"集聚性就会显得易于控制。

人类的原罪或者尘世之罪，都是在于缺乏信仰，规则，秩序，社会，生活，希望，以及相关人性缺乏自我控制，性格缺陷、道德缺陷等等造成的。如果通过相关的民主制度和体系建立一个威权社会，把人们的集聚行为放置在一个可控的范围之内，同时鞭打人们的罪进行救赎和人格更新，在新的人格塑造成型之后，把人安放在一个威权的社会体制之中，给予人们"恰当"的自由，进行社会生活和生存，以避免人们沦为体制化的墙砖，而生不如死。所以如果我们建立一个"新的社会体系"，而不是监狱体系，给予他们这些他们缺失的东西，那么人们就能获得新的自由，而不是成为死亡的墙砖。

或许有人会质疑为什么我们要化那么多的时间、精力和资金，去救赎一群违法犯罪的人？美国总统奥巴马连任后的第一份国情咨文，花不少笔墨谈到了美国的教育———奥巴马提到，"我们在高质量学前教育领域投入的每 1 美元，可以为我们节省以后在提升毕业率、降低未成年人怀孕率，甚至削减犯罪率的地方将会用到的 7 美元。假如说你认定这些人是一群有罪的人，那么我们就失去了自我，失去了方向。这只是一群人生失败的人群，而不是绝对犯罪者，其实帮助他们的实质就是帮助我们自己，拯救我们本身的第一温和社会。

假如我们把一个潜在的罪犯放在我们的社会体系之中，他所造成的毁坏和毁灭成本要远远大于我们在威权社会中的支出成本，因为暴力犯罪会形成一个连续的不间断多米诺骨牌效应，在某种程度上一个暴力因子会摧垮我们的社会，或者一个国家。所以对犯罪群体的救赎，不要单纯的着眼于时间、精力和资金要素。也就是说现在我们付出一美元的资金去拯救那些违法犯罪的人，是为了防止这些人在进入我们的社会后给我们带来 7 美元的破坏。英国诗人约翰·堂思的诗句作为引证："谁都不是一座岛屿，自成一体；每个人都是那广袤大陆的一部分。如果海浪冲刷掉一个土块，欧洲就少了一点。任何人的死亡都使我受到损失，因为我包孕在人类之中。所以绝对不必去打听丧钟为谁而鸣；丧钟为你鸣。"

你的代理人是谁？？

自从 1967 年《铁窗喋血》上映这些年来，谈到这片的人点评只需说"我们这里的问题是——沟通失败"，就已经抓住了本片的精髓。影片充满了肉体上的折磨，精神上的摧残，绝望，几乎相当的施虐与受虐。这就是彻底的沟通失败！在这里我认为不是因为沟通失败而失败的，而是根本无法沟通加上注定绝对失败，因为是完全不对等沟通，也没必要平等沟通的失败。沟通失败，和房梁上隐匿的上帝信仰沟通失败，和凡俗的监狱守卫沟通失败，和胆战心惊吃尽苦头的狱友沟通失败，和莫名其貌的制度沟通失败，和宏大摸不到边际的国家沟通失败，和自己沟通失败。反过来看，监狱守卫为什么成为守卫？是因为有羊群一样的犯人可供驱赶？待宰羔羊一般的守卫只需要牧羊犬，囚徒都只是畜牲而已，全都毫无尊严，规则全部都是火星文字。这也是一种无权限沟通，为什么是无权限，因为犯罪者在确定自己的"罪"之后，就丧失了和"外界"沟通的任何权限和资格。自由和高墙的沟通，根本不可能进行，在没有合法的授予和授权于代理人，在没有产生自由的代言人出现之前，在没有建立新的自由规则和高墙规则之前，无法完成沟通，也不可能完成沟通。所以要想完成沟通，第一是必须要具有权限。第二是必须指定某人或者某个团队进行代理，即寻求政治代理人。

在一个社会关系总和中，其社会成员作为政治权力的所有者并不直接行使其权力，而各级社会机构受社会成员重托行使着社会公共政治权力，由此便形成了社会政治生活中的多层次的委托-代理关系，而选民(政治委托人)与社会机构代表(政治代理人)之间的委托代理关系则是多层次政治委托代理链条中最初、也是最基本的一环。代理人是指自然人根据代理契约或授权书，全权或在一定的授权范围内，代表被代理人或者授权单位，在代理期限内行使被代理者的权力，完成相关的使命或者任务。

我也是相对认同美国是一个民主、自由国家的，但是为什么在一个最民主的国家会暴露出那么多的法限问题？？很显然民主权力体系的规则没有进入这样一个"封闭监禁的空间"，才造成了绝对法限暴力的滋生。在一个司法体系和政治体系无法进行完全触及的角落，那么很显然的"文明"法则就不可能介入，那么法限黑暗和暴力就不可避免产生，"人就不可避免的成为暴力美学受虐者的载体"。

怎么样才能打破"绝对的法限规则"，把"光亮"照进来？？现在东西方都在探讨人的权力问题（即人权话题），那么犯罪的人是否还能具备"人的权力"？？其实这是一个不言自明的问题，假如说人类守法就是人，人类违法就不是人，这绝对不是一个成立的命题。决定人类是"人"的标准不应该是守法和违法的问题。人是万物之灵，人类有感性和理性的思想，人类有情感，有良知，有道德等等，从同一个"达尔文细胞"进化而来的人类，都是人。那么既然犯罪的人是"人"，那么谁来保障罪人的人权问题？？或许会有人说，有政府、有国家来承担和保障等等。我们知道我们的"权力法限"来源于谁，我们就会臣服于谁，美国总统的权限是否来源于犯人，美国总统是不是犯人们用选票一票一票投出来的？？假如说答案是"否"的话，那么美国总统就不会承担这份责任。没有"政治代理人"的人群，他迟早会被人"吃掉"，那么他的人权问题就会值得怀疑。就像在司法审判之前，我们拥有司法权限的代理人——律师一样，我们雇佣代理人，而代理人才会为我们服务，我们才不会被司法权限或者别的权限吃掉。打破绝对法限规则的唯一阀门就是——就是寻求直接的代理人，由代理人替代我们完成某种沟通，而不是像电影《铁窗喋血》中主人公永远无法完成"不可能的沟通"一样。法限作为政治环节的一部分，它属于一种司法体系，那么与"法限"进行角力的只能是政治力量。

那么谁最有可能代表这种力量与法限进行角力？？"美国总统"不可能，虽然我们知道这个世界上罪犯最多的国家是美国，但是我们不可能让"主体系、主权力"去承担这份责任和义务，因为美国总统的权力不是这群犯罪者用选票投出来的。当然美国总统也有相关的权限去负责，但是这群犯罪的人已经丧失合法公民的政治权利，而转入司法体制之内。

这一切的社会活动和社会规则，以及人的自由流动，都需要相关的社会管理人员——守夜人去操作、去实施。那么我们需要这种能够实现我们"自由"的政治代理人，可是这个代理人在政治体系中却无法凸显，美国总统不可能随意指定某一人为犯罪者的"政治代理人"，所以黑夜只能来源于黑夜，而不是其他。在绝对法限之下，司法会以法律和律法的名义，垄断一切资源，导致对人自由属性的侵害，形成事实上的律法独裁。所以个体人在威权社会中需拥有相关的政治权限，例如政治选举，选举个体人在威权社会中的政治代理人，拥有相关的言论自由权限，例如写作出版，拥有结社自由的权限，例如成立政党，组成竞选等等。

　　从"黑暗"中走出来的人，或许更明白黑夜的弊端，假如犯罪者群体指定多人或者一个政治、行政团体作为自己的代理人，参与到一个国家的司法体系中，由这个团体对犯罪者进行负责，那么会怎么样？？？那么"绝对法限"能不能打破？？？犯罪者的人权在某种情况下是否可以得到改善？？？或许我们需要这样一个"戴着脚镣、身披枷锁"，由犯罪者直接用"脚"投票，直接来自于犯罪者，而对犯罪者承担直接责任的政治代理人。就像苏联代表嘲笑英国代表的总理来自于监狱一样，其实南非总统曼德拉也是来自于监狱，而美国五月花号上的前住民也是一群被上帝遗弃的囚徒一样。我认为戴着脚镣的政治人，他是属于犯罪者的一员，来自于犯罪者群体，他应该参与到美国总统的政治司法权力体系之中，来保障犯罪者人权的建设和推进。

　　在一个威权社会内建立司法，律法，行政，立法体系，设立由犯罪的人投票选举出来的总统，总理等等若干人员，而不是由某一政治体系和政治人物指定，我把这种具有犯罪性质的政治人员，称之为"黑夜总统"。当然总统，总理的竞选资格，必须得到威权社会管理人的审核与通过，才能具备。前三年或五年内，总统，总理无权介入监狱方对刑罪人员的管理和监禁，但总统保留对刑罪人员的生命安全权限的保护，以及刑罪人员相对财产的管理权限。而监狱方负责保留对刑罪人员宗教信仰，思想意识改造和管理引导，以及刑罪人员的相关通信，集会的监控管理。三年之后或者五年之后，监狱方将以上权限交由"黑夜"总统和整个威权社会体系加以承担。监狱方负责建立社会体系，民生生活体系，以保障人们（犯罪的人）拥有有限的"自由"和安全保障。监督体系有威权社会的最高监狱方来承担监督，拥有宵禁权限和紧急制动权。在威权社会中个体人不得拥有杀伤性枪支武器以及带有游行示威性质的"集成"行为，任何政治异议行为和社会异议行为，必须通过个体人所选举上位的政治代理人进行申诉，通过政治代理人的意见申诉采集向威权社会的管理人递交异议意见书，威权社会管理人成立民主管理小组在职权范围内能进行裁决的进行裁决，无法进行裁定的，可以向其负责的政治代理人递交裁定。如果政治代理人无法进行负责和裁决，可最终由美国（司法）议会进行最后决定，并有美国宪法加以保障实施。个体人在威权社会中个人生活、婚姻、家庭、学习受律法保护，威权社会管理人不得强制涉入，但是威权社会的唯一准则是：其个体人员随时、随地必须接受社会管理人的监督和管理。

违法的政治代理人一定要拥有相对独立的政治行政权限，假如说无法拥有相对独立的政治权限，那么这样的"政治游戏"显然就无法进行和操作，但是从另一方面来说违法的政治代理人要服从司法体系威权社会的的行政审核，双方形成一种和议的机制。假如双方发生争执和争端，可以由美国议会（或者成立具有司法属性独立的美国司法议会）进行仲裁。权力只有和权力的平等或者相对平等，才能打破绝对法限，限制法限暴力。罪犯在入监以后自由等权利就会根据所判的刑期相应的被剥夺，除法律所剥夺的权利，其罪犯人权应当得到尊重和保护。主要包括：生命权、人格权、人身安全、合法财产、基本生活保障、相关政治权和民事权、通信和会见权、劳休权、受教育权申诉、控告、检举、辩护权，以及法律规定的其他权利不容侵犯。当犯罪者群体受绝对法限司法体系的虐待，不满自己的人权待遇时，甚至遭受到生命威胁的时候，都可以通过自己的政治代理人，向司法体系进行抗议、反抗，由美国议会进行仲裁。

虽然说在欧洲国家奉行的是三权分立体制，司法权是独立的，但是在违法者和司法者之间的角力中，司法权不能拥有"全权"仲裁权，假如司法权既是运动员又是裁判员的话，那么这种自我司法仲裁就值得怀疑了，司法权只能服从美国宪法之下的美国（司法）议会或者美国联合大法官的仲裁。这样才能形成和议行政，和议监督，和议立法，最高司法议会独立权的格局。

假如我们这样设计一个场景：全美国的违法犯罪者（当然是心理、心智正常，达到法定年限的成人）用自己的选票从自己的"团体"中选出"自己人"，而这个"自己人"需要利用美国宪法规定的人权及相关律法准则来向自己的团体（犯罪者）负责，提供人权、生命安全、信仰自由、经济活动、社会活动、教育活动、医疗保障、福利待遇，以及人的有限自由等等。想想这样的场景，以及人类的自由沸腾的景象，当"黑夜的自由女神像"手持火炬矗立"罪域"之时，不知道将会给人类世界，带来什么样的冲击和希望。

肖申克的救赎——重建信仰

　　影片《肖申克的救赎》，这个故事像是一个庞大的西方式隐喻，身体里流淌着该隐之血的罪人们寻找着对于与生俱来的原罪的救赎。肖申克里每个人都认为自己是无罪的，但每个人都是有罪的，包括安迪，也忏悔自己对妻子未尽的责任，每个人都需要救赎。作为一个长时间生活在体制内的人，不能获得自由不是因为那堵形而上的高墙，而是思想的束缚。所谓自由并不是冲出高墙才能获得的，它存在于屋顶上的一杯啤酒，回荡在天空的一首费加罗的婚礼乐曲，以及一本本的书中，给囚徒们救赎的不是假释审查委员，而是自己，只有自己才可以在人生中选择为生还是为死而忙碌。

　　人类是一个劣根性动物，或许这是人类从树上跳下时，不小心跌倒导致，又或许是神灵故意考验人类，观察人类，故意把人类造成有缺陷的物种，以观察其进化和演变，又或许这是冥冥之中高于神灵的手，宇宙的天意。人类作为一个"活体的、流动"的物种，是和自由密切相关的，如果说犯罪的人、迷失的人就剥夺其自由的话，那么这是在和其"动物的流动属性"相违背，人类是聚集性物种，通过其聚集性形成社会效应。同时人类又作为一种腔肠动物，而产生消化、排泄反应，那么在这一从嘴到下体的过程中，就会产生经济利益。人类的迷失和犯罪，在于一个温和社会的不可控性，同时也在于个体人的自控性、心理基因、社会基因、道德信仰基因的低下和差异性导致的原因。

一个犯罪者的滋生，一方面固然是社会控制力和约束力低下，另一方面是个体内心道德、信仰的缺失，还有一方面是人类的劣根性使然，根据达尔文的理论，人类只是长着尾巴的猴子进化而来，并不是天神塑造。人类当然不是完美的物种，那么人类就需要对自我内心道德和信仰进行反省和省察，以锤炼自我道德和信仰的强化和控制。人类需要一种信仰或者理念，住在人类柔软的左心房，以指导人类朝善良的方向行进。

苏格拉底的话"没有经过省察的人生，是不值得活的。"如果活着这个事情没想明白的话，一个人是没有办法活下去的。这种观念是不是属于虚无主义？其实不是。这个反省非常重要。这说明信仰是为整体人生提供一个反省的视角和基本的态度，诸如人活着的意义，生命的目的和基础等等，当然这些信仰和道德带有一定的哲学味道。可以说，信仰宗教对于人生是非常有用的，这种用体现在能提供一个照亮人的生命旅程的澄明的灯塔，如果没有这种照亮和澄明，人生就如盲人骑瞎马，夜半临深池，如此我们将生活在无边的黑暗和痛苦之中而不自知。这样的人生当然没有什么价值，所以不值得度过。

为什么很多人喜欢宗教信仰？因为宗教信仰一定会回答一个问题：死了之后的世界。但事实上没有人可以验证死后的世界，到最后宗教很可能留于一种心灵上的安慰，所以宗教领袖是绝对不能腐化的，宗教领袖的腐化比起那些政治人物的腐化严重几百倍。如果宗教里伟大的圣贤被揭穿做了什么坏事，信徒都会崩溃的。所以我们需要时刻警惕人性中的幽暗，对于这些人性中的幽暗，需要我们接受永不过时的常识，即善良，就是不侵害他人。

所谓信仰，就是对生命或者生存的希望，对凯撒的有限服从，对神灵的眷恋。....信仰是人性的衍生品，好的信仰可以衍生出正确的人性，反之坏的信仰则可以毁掉人的一生。人类在衍生初期，由于用地域，文化，历史以及风俗人情的影响，在其身体里在带有无形的信仰烙印。人类的三大宗教信仰，基督教，伊斯兰教，佛教，当然还有别的特定宗教信仰。人是用信仰熏陶的动物，而好的信仰可以延伸出好的人性，而人不能与人性相脱节。那么加强人性道德的砝码，无疑就是正确的信仰理念。

如何控制个人的恶，人的罪恶第一是意识之恶，思想的错误意识导致人的罪恶产生。人类由于自我劣根性缺陷而致使七宗罪的滋生，纠正一个人首先需要通过纠正其思想意识，让人回到某个有信仰的地方，让内心强大的道德思想或者某个宗教神灵去引导人的行为，介入人的意识。在一个正常的温和社会环境里，教堂，清真寺，佛寺，都是寄托人类信仰道德的场所。而在一个威权社会里，这些场所更是必不可少，因为精神的救赎远远要高于对肉体的救赎。无疑，信仰可以洗涤人类内心的灰尘和恶，而激发人类内心的善和美好。

宗教来自于信仰，有一种信仰后整个生命会转化，它的标准在于审美要求，所以耶稣说"要爱你的敌人"，就是通过信仰意识建立自己内心的"善念"，而心存善念，那么看社会万物就是全部"皆善"。我们通过宗教信仰建立内在对"自我"信念的树立，目标在于"立善"。"善"就是人与人之间适当关系的实现，通过重建人们道德信仰要在人们在自我的内心不停的诘问和审查自我？利用道德信仰的鞭打和刺激，要让人们认识到自我存在的真正意义是为了善，而不是为了恶。通过重塑信仰，让人们的思想回到道德的原点。

在一个人人为善的社会体系中，发生"蛀牙"犯罪的概率就会降低和减少。当一个社会体系和规则松懈的时候，人类内心"普遍的恶"就会滋生，那么蛀牙犯罪就会不可避免的产生。我们需要通过建立威权社会控制体系以及在个体内心建立"上帝的眼睛"（即善），就是为了让"人认识自己"（我是谁）以及让人更自由的问题。

人性中的"恶"假如只依靠司法体系来制约，可能无法完成，我们讲每一个违法者可能在社会方面是一个罪犯，但是当他们面对自己的家庭和亲情时，或许他们可能是一个好爸爸、好丈夫、好老头等等。那么在一个威权社会中，可以考虑把罪犯者家庭或者相关亲属，引进社会中，对犯罪者的信仰建立起到一个良好的激励作用。所以犯罪者要拥有通信权、会见权，以及相关的生育、生殖权。通过律法的强制和亲情的激励双重作用下，把犯罪者内心的道德信仰进行确立，以实现"律法是保障人自由而不是监禁"这一最终目的。独裁者们集成的是人们思想中的"恶"，害怕人们会反抗自己的政权；而在威权社会中，社会的管理员们集成的是人们思想中的"善"，让人们安静下来，因为一个安静的"善"是不会危害社会的。危险的不是人，而是人的意识，如果可以强制改变一个人的意识，让他善良下来，那么就能救赎一个人。

威权社会必须是一种民主性威权。民主性是指其社会体系和组织结构需经过相关的既定法定或者宪法程序，有制约、有制衡的对某一问题或者个体进行自主性公正实施。威权是指要对某一个问题或者个体在适当时期、适当时间、用适当的民主性手段"强制"某一问题或者个体得到纠正。民主性威权或者民主性独权，指的是经过相关的民主程序去制止人的"集成"问题。一切带有行为集成意识的行为需要禁止，例如，游行，抗议，示威。一切危及威权社会稳定的具有杀伤性枪械武装强制禁止，例如枪支。一切带有上瘾性嗜好性物品影响人的心理和生理活动现象的物质强制禁止，例如毒品。威权社会个体人的一切问题必须通过相应的威权社会指定程序进行，或者通过其选举出的政治代理人的组织机构所代表的行政行为程序进行，不得自主性通过带有集成性质的抗议，游行，示威活动进行。用民主的机制，去建设一个威权的社会，以修正人们的罪恶，避免让人们被体制化，让人更自由。

或许有人认为对于这种"过度自由"的刑罚和惩罚会不会降低人们对律法畏惧感，而增加社会暴力和犯罪的产生？？？我们讲人性中无所谓天生的善或者天生的恶，我们只是通过一种社会体制和政治体系以及人类自我内心信仰道德的控制，从而把人性慢慢的引向该去的地方，而不是把人们体制化，把人们体制为监狱的一块"墙砖"，从而失去行走的方向和在尘世生活、生存的希望。当然对于那些生理异常犯罪以及心理异常犯罪，以及精神病犯罪和预谋犯罪、谋杀重罪等等，我们还是倾向于对其终身禁闭，以避免在威权社会发生意外悲剧。

但是很显然人类性格的惰性和自我缺陷使然，很难加以立刻操作成功，那么如何培养人们对善良的养成，就牵扯到威权社会鞭子的问题了。

人的习惯培养和鞭子问题

　　一张白纸当被污染和折皱之后，我们很难让它平复如初，因为白纸的折皱"习惯"影响着它的平复，我们需要运用特别的技术手段慢慢的让白纸的折皱"习惯"平复过来。人类的良性行为和不良行为都是"习惯"养成的结果，在一个威权社会中，我们如何让一张折皱的白纸和一个不良的犯罪行为个体人校正过来？？用"鞭打"形成相应威权，用威权形成习惯，促成个体人养成社会信仰（包括国家的、民族的、宗教的正确信仰），通过个体人身边亲情、友情、爱情以及社会的沟通及鼓励，把个体人新的"习惯"道德培育出来，建立个体人内心新的道德价值观和世界意识观，让人们获得新生和相对自由。

　　什么是习惯：我们可以用一个简单的定义来阐述：习惯就是人的行为倾向。也就是说，习惯一定是行为，而且是稳定的、甚至是自动化的行为。用心理学的话来说，习惯是刺激与反应之间的稳固链接。坏习惯是一种藏不住的缺点，别人都看得见，他自己看不见，因为习惯就是一种自动化的行为，潜意识表现的行为，并不一定是他自己希望的行为。我们每个人身上一定有很多好的习惯，也一定有些不好的习惯。

　　20 世纪 60 年代，苏联发射了第一艘载人宇宙飞船，宇航员我们大家都知道叫加加林。当时挑选第一个上太空的人选时，有这么一个插曲，几十个宇航员去参观他们要乘坐的飞船，进舱门的时候，只有加加林一个人把鞋脱下来了。他觉得："这么贵重的一个舱，怎么能穿着鞋进去呢？"就加加林的这一个动作，让主设计师非常感动。他想：只有把这飞船交给一个如此爱惜它的人，我才放心。在他的推荐下，加加林就成了人类第一个飞上太空的宇航员。所以有人开玩笑说，成功从脱鞋开始。实际上就是从好的习惯开始。这样的故事我们还可以讲出很多。我们可以发现根深蒂固的习惯，不好的和好的，几乎都跟教育有关，但是我们却越来越忽略这些问题。

行为心理学的研究表明：21 天以上的重复会形成习惯；90 天的重复会形成稳定的习惯；如果能坚持重复 365 天以上，你想改变都困难。同理，一个想法，重复 21 天，或重复验证 21 次，就会变成习惯性的想法。这样看来，改掉坏习惯，养成好习惯，并没有我们想象中的那么难。这就是说，同一个动作或一个想法，重复 21 天，或者重复验证 21 次，就会变成习惯性的行为和想法。所以，一个观念如果被别人或者自己验证了 21 次以上，它一定已经就了你的信念。

在一个人无法认清自己，无法培养良好的社会习惯和秩序，无法养成对自我对他人以及对整个世界的清醒认知之前，这个人的人性中就有可能存在幽暗。所以在一个威权社会中，我们需要一个人重新培养自己的习惯，通过个体人自觉的或者威权社会方方面面强制辐射的来培养习惯，假如不能培养的话，就用鞭子抽打强制他们培养习惯。那么有宗教的我让他养成宗教习惯，有国家的我让他养成国家习惯，有民族的我让他养成民族习惯，我需要通过他们现有的习惯来培养他们的习惯。也就是说我们需要尊敬他们的历史文化和宗教信仰习惯，通过既定的习惯来培育其"正确"习惯。总而言之一定要把他幽暗的一部分灵魂拿出来"曝晒"，进行灵魂的鞭打，养成在威权社会中的生活秩序和生存秩序。

无可非议，在威权社会中生活的每一个人都背负有罪恶，所以刑罚的惩戒必不可少。根据习惯的培育、培养和养成时效来看，我们需要一个人在三至五年内必须强制接受威权社会的习惯培养。我们需要从个体人的犯罪诱因，犯罪行为以及导致的犯罪后果和个体人的犯罪心理活动等等，建立一系列的个体人档案。通过个体人的犯罪诱因和心理活动，建立强制性培育习惯，我们需要把威权社会的种种行为规则和习惯灌输给个体人员，因为在某种情况下个体人需要在这个社会中生活很久，甚至直到死亡。

为了加强个体人习惯的养成，我们可以通过个体人的外界的社会关系、家庭关系，亲情，友情，情感的激励一起促成个体人习惯的育成。当个体人通过三至五年的习惯育成后，在威权社会管理人的审定通过后，可以从某种固定的强制监禁生活放入到一个相对松散的威权社会体系中，个体人在威权社会中可以向管理人申请学习相关威权社会生活技术和技能，通过技术、技能的学习，可以进一步向管理人申请银行小额贷款，进行社会化市场交易，促成个体人的经济行为，促成流通的市场经济行为，并进行某种情况下的威权社会纳税行为。个体人在威权社会中三至五年内任何大的社会行为和生活行为必须向管理人申报，只有管理人通过后才能进行行为实施。

司法体系的目标就是如何控制人性中"恶"的分子，但同时也要激发出人性中"善"的分子，当一个违法犯罪者步入一个威权社会中，不可能立即就转化为一个合格的社会人。受社会环境的影响以及自我道德低下的影响，我们需要把犯罪者扭曲不良的"脊梁骨和思想"矫正过来，我们需要用强制手段在他们"头脑"中植入威权社会的一切规则体系和运转模式状态，以保障他们踏入威权社会后，以适应社会的运行；我们需要用强制手段为他们建立正确的精神信仰和社会道德，以保障他们未来踏入威权社会或者温和社会，在神灵佑护、凯撒看护下，而不再从事违法行为。所在在最初的 3 至 5 年内，犯罪者需要为在温和社会所犯下的罪行负责，在这 5 年内他们需要在监狱内学习规则，学习体系，建立信仰等等，以保障他们具有正确的"脊梁骨和思想"，而不会为社会带来危害。司法体系有权力对每一个犯罪者"脊梁骨和思想"正确与否进行审核和核实，只有审核通过的犯罪者，才有可能在威权社会中作为一个自由的社会人，从事供需双方职业工作等等。司法体系要为每一个社会人包括监狱人员建立社会档案和心理档案，司法体系有权利在威权社会中实行宵禁，并对特定人员采取强制措施等等。

一个个体人经司法裁决和审判确定之后，就意味着需要立即从一个相对温和的社会体系之内，进入一个由威权控制的集权的社会体系之内。那么威权社会应该如何应对和接纳这名在俗世之内沾染尘灰战战兢兢的不速之客？首先第一我们对该人会确定、调阅和建立相对方面的刑事犯罪档案及案卷，由此对该人的犯罪诱因建立犯罪者心理档案。一般人类的犯罪诱因包括两种方面，一种是个体人自我意识、自我行为的内在心理起伏诱因犯罪，另一种是由社会环境、制度控制缺失的外在犯罪。即一种是感性心理冲动犯罪，另一种是理性的外在的预谋犯罪，前者着眼于情感和心理，后者则着眼于物质欲望。个体人信息在威权社会中的一切社会行为受管理人"永久性"档案管理，其个人信息不向威权社会公开，只在威权社会管理人内部涉密保存。在这种总体正常社会体系下，或许可以引进红灯区妓女，有人说性是肮脏的，其实性只是一种无聊的宣泄，在一个封闭的男男女女相对集中和监禁的"罐头"内，如果没有合理、合法的宣泄，我们无法保障人们的生理和心理反应，不发生异变。当然在一个经济社会，这一切需要合理的货币交付和税赋的发生等等。总而言之，促进人们日常经济利益的发生和供方、收方的交付活动。

人！无论是哪一种犯罪，都预示着人类蛀牙的产生。那么第二步就是全面在威权社会建立具有凯撒威权、权威、服从、鞭子特点的严厉禁闭体系，服从国王和鞭子是威权社会的前提。人类作为记忆动物和环境动物，新的意识形态的养成有利于个体人思想的转变。人类的犯罪说明其记忆形态和环境形态的缺失、缺乏，而教育则是人类思想的管道和养成。教育是改变人类心理意识和行为的""母体机""，在一个已经服从国王和鞭子的个体人社会里，这个个体人还需要学习新的社会教育以满足未来个体人在社会的生活和生存准则，同时还包括人性的基础教育和社会性的规则教育等等。人性的基础教育包括犯罪者个体人对体现生命标注的动物、植物的养护教育，以激发犯罪者内心自我与他人，自我与万物的生命新认知，凸显个体人新的人性教育和尊敬生命意识的建立。

这样通过一系列制度的约束和监督机制，强制人进行转变，从罪恶到善良的改变。用威权的力量，用集权的力量，而不是用独裁，用极权的力量，有罪的人在某种情况下，需要在威权的鞭子下，强制改变和纠正自己的劣根性。但是人不能失去和自己本身属性紧密相连的自由天性，人与自由有关，永远不能剥夺。人能产生经济利益，而且经济利益能活跃市场，存活个人，改进社会。保障人们的生理和心理的有效循环和运行，用威权的鞭子维持社会秩序和人们的相对自由，创建人们内心新的世界观、价值观和信仰的道德星空。

我们为了什么而活着——我是谁？

公元前 431 年，古希腊剧作家索福克勒斯曾写出一部杰出的悲剧《俄狄浦斯王》。他在剧中穿插进了一个非常著名的希腊神话故事——司芬克斯之谜。这故事说的是，在很早很早以前，在维奥蒂亚境内底比斯地方有个人面狮身的怪物，叫司芬克斯，它向所有过路人提出一个谜，凡猜不中谜底者都要被它吃掉。一天，英雄俄狄浦斯路过此地，猜中了这谜的谜底，致使司芬克斯羞愤而死。俄狄浦斯不仅拯救了他自己，而且也拯救了所有的底比斯人。司芬克斯之谜的谜面是：什么东西先用四条腿走路，后用两条腿走路，最后用三条腿走路？其谜底正如英雄俄狄浦斯所猜中的，是"人"。英雄俄狄浦斯不是神，而是人，他之说破司芬克斯之谜的谜底这件事便有一种普遍的人类考古学的意义：这可以看做是古代人类对德尔斐神庙门楣上的"认识你自己"的题辞的最早响应。

人类是神灵的种子，人类的内在和外在的犯罪都是因为信仰的缺失和自我人格的迷失。所以救赎一个人的最好方法就是对个体人信仰的建立和重塑，当然这要在确保人性在信仰之前，即人性信仰要高于宗教信仰。要刻意的让犯罪者从事与建立信仰有关的劳作和活动，例如：修建宗庙和教堂，阅读宗教书籍，从事宗教饰物的雕琢和编制，尽量让神灵的一切凡间事物在人们的双手中，双眼中，双足中衍生，重建神灵信仰在人们内心的位置，以达到神灵对人类的救赎主体。另外要利用犯罪者亲情、友情、感情、家庭的激励，呼唤人性之中自我信念的确立。在经过鞭打、服从、教育、重塑之后，个体人已经无论是内在犯罪，还是外在犯罪都需要得到重塑。人类作为一个天生的流动社会人，社会将是他的必然归宿。当然这里所说的再也不是外面那个温和的社会了，而是那个具有威权属性的集权社会了。犯罪者第一年在熟悉相关威权社会政治规则和社会规则之后，即拥有相关的政治权限，例如：选举权，投票权等等。另外人类的四大自由权限不允许被剥夺，言论自由，宗教信仰自由，免于匮乏的自由，免于恐惧的自由，在有限保障这四种自由的前提下，预示着在威权社会黑夜总统出现，进行监督和实施操作。为什么要赋予犯罪者相关的"政治权限"？？因为根据人类心理学分析，如果你赋予一个被社会抛弃，被群体隔绝，被世界离弃的人群某种责任和价值，那么从心理学上分析该人在心理上立即就会产生自我价值的心理认可和自我肯定，从而振奋精神，带来希望。人类的蜕变或许就是从其心理自我价值开始的，作为一个曾经的犯罪个体人经威权社会管理人认定和认可核准，才有可能踏入威权社会，从事威权社会管理人指定或者自我感兴趣的社会活动，以进行自我的生活和生存。总而言之我们需要通过鞭打习惯——培养技术——健全心理——重建信仰理念——放飞人性自由的思路去实施。

假如说上帝把犯有原罪的亚当和夏娃赶出伊甸园后，人类在凡间创建社会体系，于是一部分人把自己的原罪隐藏的很好，而走向自由；而另一部分人在原罪的刺激下而引发本罪，而走向禁锢。那么所谓的囚笼禁锢是不是一群带有原罪的人对一群带有本罪的人在尘世间的一种惩罚。还有罪犯的社会？只能说明人类的社会体系和制度理念并不完美，虽然说没有一个制度系统是完美的，但是我们要相对建立完美的社会体系和制度理念。而我们给罪犯相应的权力就是对自己系统的一个完善，自信和改进。

人类发明了一个笼子，把人囚禁，却从来没有考虑到这个笼子的钥匙，其实就掌握在自己手中。谨以此思想献给世界上无罪或者有罪在尘世间迷失方向的人们，希望可以把光明照进迷失人们的心灵里，并给他们带来希望。希望是个好东西，当罪犯者在暗无天日的牢狱中被枯燥的岁月体制化的时候，他们会想到，嗯，外面还有一个社会在等着我，虽然说它的社会控制严厉一些，但上帝总是没有抛弃过，外面还有我的家人和孩子，嗯，我的孩子快5岁了吧，我的妻子是否老了。对了我还要找我的政治代理人找一份稳定的工作，我会安静的过完下半辈子的，和我的信仰和我的希望，我会告诉这个世界，我一直都存在，无论是白天还是黑夜。虽然我有罪，是的我有罪，但是上帝一直都没有抛弃我，我的翅膀也一直都在。

"世界上有一种鸟是永远也关不住的，因为它的每一片羽翼上都沾满了自由的光辉。"无论这只鸟是有罪还是无罪，剥夺它的翅膀和飞翔，就是犯罪。人类就是那只鸟，人的本性是自由，而不是囚禁。犯罪是人类不可预防的疾病，就像是蛀牙。假如因为人类的罪，我们就束缚他，囚禁他，让他体制化，格式化，那么就不再是那只自由的鸟了。那么为什么人类这只鸟会失去自由光辉的羽翼？？因为体制化的笼子，让人与社会、情感、亲情隔开，让人类失去自由的羽翼。我希望将来有一天人人都可以自由飞翔，而不是被体制化成为一块墙砖。我希望人人都可以跨越内心的"边境"，与朋友相见握手。我希望太平洋的海水如同梦中一样的蓝。我希望人人可以感受自由。我希望，人人自由，无论是否有罪。

凝望深渊

人类是经过千万年以来在"偶然"状态下而进化而来的物种，当人类像细菌一样布满这个"球域"的时候，当人类站在生物链的顶端，茫然四顾以为可以和神并肩而立的时候，谁在掌控我们的生命？？生命的形态到底是什么，它预示着什么，什么又是死亡？？？

死亡这一非常古老的、差不多与人类同龄的谜，自从哲学问世以来，又成了一个古今中外许多哲学家热衷猜度的谜。回溯哲学史，我们差不多到处都可以看到它的内容截然不同甚至完全相反的谜底。死究竟是什么？毕达哥拉斯说它是灵魂的暂时的解脱；赫拉克利特说它很平常，它就是我们醒时所看见的一切；德谟克利特说它是自然的必然性；蒙太涅和海德格尔则说预谋死亡即预谋自由，向死而在是人的自由原则；塞涅卡说它是我们走向新生的台阶；费尔巴哈则说它完全是一种"属人的规定"；有人说它是世上最大的恶，费尔巴哈说它是地上"最好的医生"，黑格尔说它就是爱本身；萨特说它是一个"偶然的事实"，弗洛伊德说它是人的一种本能，雅斯贝尔斯宣布它是"一种一直渗透到当前现在里面来的势力"。中国哲学家也给出了各色各样的谜底。老子讲"出生入死"；庄子"以生为丧，以死为反"，强调"死生皆有所一体"，并认为死是自然向人宣布的无可逃遁的"天刑"；荀子讲"死，人之终也"；韩非讲"生尽之谓死"；王充讲"死者，生之效"；张载讲"死者，气之'游散'也"；程颢讲"死之事即生是也，更无别理"；王守仁讲"死生即事变，只在人情里"；杨简讲生死无二谓之一"；熊伯龙讲"人老而血气自衰，自然之道也"；冯友兰讲"死虽是人生的否定，而有死却又是人生中的一件大事"，又讲"死而后已，死了即已"。鉴于此，哲学史上又进而出现了关于死亡的"有学问的无知"：苏格拉底宣布，关于死亡本性，"我不自命知之"；萨特也宣布，死亡是一种"双面的雅努斯"。

在日常生活中，我们不难区分一个物体是有生命还是无生命，是"活"的还是"死"的。但是要给生命下一个定义却是非常困难的事。自古以来，有关生命的定义众说纷纭，无论是在哲学或是在自然科学，至今没有一个能被所有人认可的定义。生命是生物的生长、发育、繁殖、代谢、进化、应激、运动、行为、特征、结构所表现出来的生存意识。生命或生存意识是生物的本质、内在规定和组成部分，是生物无穷变化遵循的普遍规律。生物是生命、生存意识和物的统一体。...子曰：逝者如斯夫，不舍昼夜。时间如流水般不分白天黑夜滔滔流逝，生命也在这种流逝中悄无声息地消散，我们来不及仔细体味，来不及用心观察，甚至来不及看清楚它的形态。

人类在建立秩序，发明刑罚，创立文明之后，想的不是如何让我们的文明更进一步，而是如何剥夺他人的生命，用国家的、民族的、宗教的意识形态剥夺他人生命。当然在某种情况下这是正义的行为，他人存在着被剥夺的理由。人类的犯罪以及由犯罪导致的残杀行为属于一种"第二人"（即国家、民族、宗教）无法自知的表现行为，我们无法进行预料和制止，我们无法预知死亡的降临。而当国家、民族、宗教式的

"第二人"剥夺他人生命的时候，却属于一种人人知晓可以预料和制止的"告知"行为，当一个预知行为而不去逆转的话，特别是关系到生命的去与留问题的时候，我们就站在了正义的侩子手位置上。当然我并不是鼓吹杀人者无罪，或者不去承担律法责任，相反我比众人更痛恨这种残杀。我只是认为当一个生命消逝后，让另一个生命去赎罪，对于已经失去生命的那个是否有意义？？在人类的文明发展到今天我们想的是如何剥夺他人的生命，而不是想着如何维护或者塑造他人的生命，以争取让他人更自由的生活和生存的时候，你说人类的文明是前进了，还是退步了？？？一个人的生命既然是自然的衍生和分娩，那么就应该根据自然的"时钟"而自然的死去，而不是用国家、民族、宗教或者其他的方式剥夺一个人的生命。当生命最终归于一捧黄土之时，其形态却会永久地留在世人的心中。这种生命之形会在人们的心中孕育新的希望和生机，并且生生不息，世代流传，归于永生。

德国电影大师沃纳·赫尔佐格的纪录片新作《凝望深渊》，在片中他探讨的依然是人性极端状况的话题。故事的主题是关于"死刑"：他采访了死刑服刑人员、警察、受害者的家人，影片冷酷而阴郁，它迫使我们面对这一道德模糊的领域。而从影片的片名，我们也不难看出赫尔佐格借此"凝望人类灵魂深渊"的目的，这应该让电影与传统的探讨死刑的纪录片有所不同。几乎每个真实案例都让人觉得足以拍成精彩的剧情片。"我其实并没有那么多同情那些犯罪者，我只是尊重人。"赫尔佐格反复强调，自己并不是人性化地表现囚犯，"他们的罪行是凶恶的，但他们并不是怪物。这是最根本的态度。

影片每一章的叙事角度都不一样，但在采访当中赫尔佐格几乎问到每个囚犯他的梦想是什么。巴恩斯回答说："我大多时间都在幻想得到现在没有的东西，比如自由，大热天我可以跳进大海，在干净的水里潜下去再浮上来，就像重生或清洗。我是如此肮脏，洗不干净了，我只能梦想着会怎样洗去污秽。"如果你每天都在混凝土小单间里关23小时，只有一小时能在一个露天的笼子里呆着，你只能活在梦和幻想里。"赫尔佐格说，"他们的人性凝结在梦中。"

影片拍摄到一个退役的行刑队长，在执行了125例死刑之后，他突然崩溃了。"事实上是由于一个女犯的行刑，在那次行刑的两天之后他突然不能控制地颤抖，止不住地哭。那是他一种挥之不去的强烈表达，无意识地反对着死刑。"很明显我认为，人不应该被你的国家处死，这件事一点争论的余地都不存在。一个国家，无论在什么形势什么时间，都不能以任何原因杀死任何人。"赫尔佐格说，"我认为惟一的例外是战争状态。我尊重但不赞同死刑。"他们的罪行是凶恶的怪兽，但他们并不是怪物，就是人。"

第一章：监狱餐厅，光头、穿橙色囚服、戴重镣的巴恩斯坐在摄影机前。赫尔佐格："我理解你希望博得同情以获得改判，但（我的拍摄）并不意味着我必须喜欢你。我好奇的问题是，你在里边能看到天或者树或者小鸟什么的吗？"

"我总在囚室里，与走廊隔着两道栅栏，3米开外有扇窗，但最多看到对面楼里的犯人。往旁边看，5米外的尽头有扇窗，能看到一些绿草，看不见树，七八百米之外可能才有树。"

"能听见鸟叫么？"

"听不见。我喜欢听雨打在房顶上的声音。"

"你还记得最近一次雨点落在身上是什么时候？"

"应该是 2002 年了。是在一个敞顶的地方。"

……

第二章的主角汉克·斯金纳被控杀了女友和她的两个智力迟滞的儿子，他始终声称自己没干。斯金纳天生喜感，镜头前兴致勃勃滔滔不绝，说着话自己就常常笑起来。赫尔佐格对他的兴趣在于他曾离死亡如此之近，而且他对死亡之路的细节记忆无比清晰。

2010 年 3 月 24 日，四名狱警押着斯金纳前往行刑室。他所在的德州州立监狱科纳利监区未设行刑室，必须送到四十多英里外的另一监区。路上会经过一片湖，"我能闻到水的气味。"斯金纳告诉赫尔佐格。

囚车是封闭的，他能看到狱警和他们配备的枪支，非常内行地在赫尔佐格的摄影机前报出每支枪的型号。他看不见外边，却知道跨湖的公路桥很长，因为过桥时车轮每一次"砰砰"，就意味着汽车压过了一道桥梁伸缩缝。"那桥有 46 个'砰砰'。"

坐在离行刑室咫尺之遥的刑前羁押室，牧师已经来了。他能看到通往行刑室的走廊，看到注射床上固定手臂的支架，看到监刑的观察窗。斯金纳临死前胃口大好。赫尔佐格问他都吃了什么，他不停地说了足有 40 秒，连沙拉里的蔬菜和酱料都记得清清楚楚。所以死亡如此之近，近到咫尺；记忆如此清晰，清之静止。

　　死亡从不是生命的终点，对于死者而言它是静谧的回归，即使仓促，即使无奈；对于生者而言它是伟大宝贵的一课，我们都会在悲伤中慢慢成长。纪录片《凝视深渊》，不是对一场官司判决结果的置疑，也不是对一起罪行的痛斥，甚至不是对死刑本身的抗议，而是——正如它的副标题所说——"一个死与生的故事"。它引领观众站在宁静的死亡深渊的边缘，去聆听片中人物对生命的回忆、感悟和留恋。

　　《凝视深渊》是出色的，它从不试图用标语式的大声疾呼去影响观众，它对我们情绪和态度的感染是潜移默化的。从本质上说，赫尔佐格是主张废除死刑的，但他却没有聚焦那些"废除死刑"积极人士，而是让观众看到，对凶手处以极刑确实慰藉了受害者家属的悲痛。本片也没有为那桩残忍罪行追溯任何社会、制度的原因，但通过导演精心筛选的镜头，我们的确看到了康罗镇的阴暗面：被害人的豪宅阔屋与凶手简陋的拖车房屋的反差，彪悍粗犷的民风，高得惊人的犯罪率以及巨大的文盲群体。这些，虽然不是种种罪行发生的借口，却是种种罪恶滋生的土壤。我们常说"杀人偿命"，但是，死刑作为一种法律惩罚，代表的不仅是受害者及其家人的利益，也代表着全体社会成员的利益。一个凶手被处死，会让我们觉得世界更加安全吗？当越来越多的罪行发生是源于酒精、毒品、愤怒和疯狂，对于这些暂时丧失了理智的人，死刑还存在多少威慑作用呢？最关键的是，在一个由人构成的司法体系中，谬误是不可避免的，偏见是必然存在的，我们怎能百分百的确定被处死的人一定就是真凶呢？死者长已矣，而生者可能却要永远背负"错杀好人"的道德枷锁。每个人心中都有一条底线，或早或晚我们都会触碰到它。也许，废除死刑，不是为了同情凶手，而是怜悯生者，怜悯自己。艾伦说："没人有权力夺去他人的生命，不论是以什么名义。"弗里德里希尼采曾经说过：当你凝视深渊时，深渊也在凝视你。

自然而生，自然而死，死刑是对人类生命神圣性的侮辱

　　当1948年联合国通过《人权宣言》时，有14个国家废除了死刑。66年后的今天，已有166个国家废除死刑或者暂停这种刑罚方式。但世界上仍有26个国家与全球趋势背道而驰，在执行死刑。这些国家的理由多种多样，但联合国坚持认为：死刑侵犯了生命权这一基本人权，而且事实证明其惩戒犯罪的作用并非有效，而且，在错判的情况下，死刑的后果无可挽回。一位美国著名人权活动家一度在死刑犯的行列中被洗清冤屈的经历尤其说明了最后一点。

　　一位来自美国的非政府组织"见证无辜"的活动家，他的名字叫克尔克·布莱德华兹。他是美国历史上第一位通过DNA检测而免于死刑的人。当1993年他被无罪释放时，他已经由于一个他根本没有犯的罪行在监狱中度过了八年十个月又十九天。如果当年他被立即执行了死刑的话，这个错判导致的后果永远不可挽回。布莱德华兹："在马里兰州监狱的生活堪称人间地狱。我现在仍然在做噩梦。设想一下住在囚室里，从后墙到前门只有三步距离，只要我伸开双臂就能够摸到左右两边的墙。我的囚室就在用于执行死刑的煤气室下面。狱警觉得提醒我这个问题非常有意思，他们向我形容执行死刑的细节，当面嘲我。"幸运的是，克尔克在恐惧中等待执行

死刑的时间仅有两年。在第二次审判中，法官将他的刑罚减为终身监禁。布莱德华兹："我于是在马里兰州监狱最臭名昭著的南区过了好多年。那里犯人之间的争斗、臭味和其他可怕的经历逼得我想发疯。犯人晚上把卫生纸卷起来堵在耳朵里，不然的话蟑螂会在你脑袋里下蛋。整夜犯人都在尖叫。我的情况就更糟，囚犯们都嘲弄我是强奸儿童并且杀人的变态。我每天都要干活、搬重东西，不得不用很粗暴的方式去对抗不断遭到的各种威胁。"在这样的境遇中，支持克尔克的是家人和坚信他无辜的律师，特别是他的母亲。母亲告诉克尔克，"如果你在一件事情上不坚持，那你就会在所有的事情上都倒下"。母亲去世时，克尔克仍然在服刑。他获准在警察的护送下去参加母亲的葬礼。他带着镣铐在母亲的墓前仅能停留 5 分钟的时间。马里兰州赔偿了克尔克 30 万美元。但他失去的绝不只是金钱和在监狱中度过的 8 年多时光。他的损失永远无法追回。布莱德华兹：并不是每一个被错判死刑的人都像我这样幸运。哪怕是我们杀死了一个清白的人，我们都杀死了太多的人。"

　　死刑是残酷、非人性和令人屈辱的。世界上没有一种罪行必须以死刑来偿还。"不存在一种人道的杀人方式"。"杀人绝对达不到伸张正义的目的"，因为真正的正义是为每个人提供赎罪的机会。梵蒂冈天主教宗方济各曾强调了他反对死刑的坚定立场：死刑是对天主恩典，即人类生命神圣性的侮辱；从刑法角度看，它也是一种失败，"因为杀人绝对达不到伸张正义的目的"。陀思妥耶夫斯基的一句名言说："处死杀人凶手是比罪行本身更重的惩罚，判处死刑比强盗杀人更加可怕"。"人类正义是有缺陷的","执行死刑剥夺了被审判者恢复其造成的毁坏的机会,剥夺了人藉着告解表明自己内心悔改的机会",剥夺了人悔悟的机会,而这样的机会可以将人引向忏悔与补赎,从而与慈悲之爱和医者天主相遇。

教宗再次谈到"隐藏的死刑"——终身监禁的主题,称它不仅剥夺某项罪行责任人的自由,更剥夺了他的"希望"。刑法系统可以"夺走罪犯的时间,但绝不能夺走他们的希望"。教宗吁请"所有基督徒和善心人士"不仅为废除一切形式的死刑而奋斗,更应努力"改善监狱环境、尊重无自由者的人性尊严"。

残酷的死亡刑罚--石刑和死亡之前的破处——人类精神和肉体的极度摧残

石刑是一种钝击致死的死刑执行方式,即埋入沙土用乱石砸死。通常把男性腰以下部位、女性胸以下部位埋入沙土中,施刑者向受刑者反复扔石块。如果是对已婚有孩子的妇女行刑,她的孩子必须到现场观看,并且她的父亲及家人必须宣布这人不再是人女儿,并一同送她到沙土坑里并参与扔石头。行刑用的石块经专门挑选,以保证让受刑者痛苦地死去。

石刑是伊斯兰教法的一种,石刑在国际社会普遍被视为过于残酷,故通常会使用一些较人道的死刑。仍然存在石刑的国家包括没有舍弃伊斯兰教刑法的阿富汗、伊朗、伊拉克、苏丹、阿拉伯联合酋长国、沙特阿拉伯和尼日利亚、文莱。伊斯兰教法中(阿拉伯语称"沙里亚")规定，已婚者犯通奸，只要有四位证人，可以判处乱石砸死；未婚者犯通奸，只要有四位证人，可以判处鞭打 100 下，尤其是伊斯兰刑法对于"通奸"和"偷盗"(砍去手足)的处罚更为严厉。伊斯兰教法伴随着伊斯兰教的产生而兴起，于中世纪和近代曾在伊斯兰国家广泛应用，20 世纪 90 年代，巴达赫尚省有多名妇女和男子被处以石刑。

2003 年 7 月 12 日，土耳其艾里姆一名名叫塞穆瑟·阿拉克的女子，上月被埋进了一处城市公墓的角落里。未婚先孕的塞穆瑟，死于石刑。塞穆瑟和那名使得她怀孕的那个叫希拉·阿西尔的男子，都是她的家人为维护"家族荣誉"而杀害的。希拉和塞穆瑟一道在镇子的野外遭受石刑，他当场就丧了命。塞穆瑟的兄弟穆赫麦特以及其他 4 名亲人，已被指控谋害。希拉和塞穆瑟之所以受石刑，看来是为了遵循中世纪的一种野蛮习俗。

2006 年 5 月 15 日上午，伊朗大不里士，一位全身罩着黑纱的中年女性被带进了法庭。法庭上，她承认在丈夫去世后，她和两名男子发生了"不正当的关系"，由此她被判 99 下鞭刑。这位女性名叫萨基内·穆罕默迪·阿什蒂亚尼，是伊朗的少数民族---阿塞拜疆族人。在被判刑时，她已是两个孩子的母亲。但忍受了 99 下鞭打后，阿什蒂亚尼没能迎来新生活。

2007 年一名 17 岁伊拉克少女被族人用石块砸死。这段过程被拍成录像在互联网上广泛传播，录像显示少女被一群咆哮的男子从屋内拖出，随即被当街拳打脚踢，数秒钟之后，她已像胎儿一样蜷缩在地上，用胳膊护住脑袋，努力抵挡着雨点般的石块。一块水泥砸了她的后脑勺，这致命的一击让她顿时血流成河，很快就一动不动。踢打和石砸仍在继续，接着就是男子们得胜的欢呼。受害女孩名叫朵阿·哈利勒·阿斯瓦德，家住伊拉克摩苏尔市附近的别什卡村。在当地人眼中，她犯下的滔天大罪是爱上了一个异族少年。

2008 年 10 月 29 日，索马里基斯马尤地区一名 23 岁女子因犯私通罪，被当地的部族分子执行石刑。石刑执行者在数百名围观群众面前掩埋该女子至颈部，然后实施石刑，并三次将该女子拖出查看是否死亡。执行过程中，女子的一名亲戚和其他人曾试图营救，但遭到石刑执行人员开火，一名儿童死亡。

2009 年 12 月 13 日索马里首都摩加迪沙市附近 48 岁男子易卜拉欣由于被控和一名少女通奸，被当地名为"伊斯兰解放党"的武装分子处以"石刑"，易卜拉欣苦苦哀求行刑者饶过他的性命，不要对他处以"石刑"，然而那些行刑的武装分子面若冰霜，丝毫不为易卜拉欣的苦苦哀求所动。随后，十来名用布条蒙住脸部的武装分子纷纷捡起堆在一边比拳头大的的石块，然后朝站在坑中只露出上半身的易卜拉欣狠狠砸去。转眼间，易卜拉欣就头破血流，在众目睽睽下被乱石活活砸死。

……

人类的邪恶还远远不止如此，与大数国家不同，在伊朗，女孩只要满 9 岁即可以被追究刑事处罚，儿童的死刑适用于谋杀、贩毒和武装抢劫等犯罪……由于国际公约规定，未满

18 岁不得处以死刑，所以这些未成年囚犯只能在监狱里等待成年后的死刑。在伊朗犯罪青少年矫正中心，在这些孩子达到 18 岁之后，他们就要被判处绞刑。

英国著名摄影师萨迪克苏里（Sadegh Souri）探访了伊朗女子监狱，并拍下一系列震撼人心的图片。画面中，监狱中的囚犯们生活十分悲苦：环境肮脏、食物匮乏，有人还需要照顾自己刚刚出世的婴儿。摄影师花费了四年的时间，访问了伊朗某女子监狱，深入了解他们的生活，通过讲述这群 12-18 岁少女死刑犯的故事，揭露伊朗司法的偏见与漏洞。

Mahsa，今年 17 岁。她曾经爱上了一个男孩，但是父亲不同意，然后她失手用菜刀杀死了父亲，她的家人要求判处她死刑。

Shaqayeq，15 岁。在来看望她的祖母面前哭泣，她曾和男友一起抢劫一家商店，警察来时男友跑了。她被判处死刑，她人生最后的两年时光将在这里度过。

Sowgand，16 岁。当警察进入她的房子搜查后，发现了 250 公斤的鸦片，30 克的可卡因和 20 克海洛因。毒品是她的父亲的，但因为当时只有 Sowgand 在家，所以她被逮捕。她已经被关押了一年，没有一个家人和朋友来看望过她。

Zahra，14 岁结婚，现在 17 岁却有了两个孩子，她多次因为偷手机而入狱，她现在一边服刑一边抚养孩子。

Mahshid，15 岁，她在这里已经关了很久，8 个月后她将被释放，她被指控和别人有不正当关系，和携带毒品。

khatereh，13 岁。在被叔叔强奸后她离家出走。一个星期后，几个年轻的男孩又轮奸了她。为了保护自己，她用一把刀子自卫。

在 2015 年 1 月至 11 月期间，伊朗共对 830 名囚犯执行死刑，其中至少 4 人为未成年人。在女子监狱中，同样有青涩的小女孩，最小的年仅 9 岁，她们因谋杀、贩毒或抢劫等罪名被判处死刑。未成年的女囚犯将被监押至 18 岁，然后被处死。

伊朗是世界上少数仍维持神权至上的国家，《以色列人》报道，伊朗法律规定不得处决年轻处女，但解决之道并非让处女获取死刑的豁免权，而是在处决前先行派狱卒破身破处。

一名不便曝光的伊朗动员穷人组织成员透露，监狱会在行刑前晚，举行"临时结婚"的仪式，这种仪式说穿了，就是让扮演"丈夫"的狱卒将处女破身，解除不得处决处女的障碍。而只要日常表现受长官肯定，就会被委任这项「光荣的任务」。这名成员指出，他 16 岁加入组织，因表现受长官肯定，18 岁被委以运行"临时结婚"的"光荣任务"。这位民兵还透露，年轻处女一定对「临时结婚→隔天的处决」是相当恐惧，因此她们都会极力反抗。为了使「婚礼」顺利进行，狱方有时甚至会在她们的食物中掺入安眠药。这位民兵就曾在 18 岁时曾被委以运行临时婚礼的任务，「即使这临时婚礼是合法的，我却很后悔」。杀害、性侵犯、被处死已经够让人愤慨的了，而更可怕惨无人道的事情在女囚里更是常常发生……堪称处决前精神与肉体的双重折磨！

不管是基督、安拉、释迦摩尼等……我绝对尊重人类所信仰的宗教，但我反对的是在神权国度或者极权国家里那些借着神灵和凯撒的名义故意曲解所谓的真理，仗着神的旨意、凯撒的权威随意剥夺他人的生命，这根本不合乎逻辑！看见孩子们懵懂却还天真的笑脸，我甚至想象不出在等待中接受死亡，不知道是什么滋味？？不知道有没有甚么方法，能为这些国家的弱势女性，提高做人基本的地位？我看没有，因为人类都是丑陋的物种。所以让我们再次倾听那些年幼者的呼喊，他们要伸张正义。天国圣洁的神灵正在等待着我们拿出切实有效措施来，而不是只是谴责。"上帝的臣民不希望只看到"敷衍了事和老调重弹的谴责"，"让我们倾听要求得到公正的孩子们的呼喊。

当然那些打着宗教神灵名义的神权者，会说自己正在维护神灵世界的纯净，我只能祈求他的神灵把他的灵魂打入十八层地狱，万劫不复。律法不是神灵，它无法洞察人心，彻查人性，就是神灵也无法揣摩人类那颗时而理性，时而感性的复杂多变之心，所以世俗的律法不应该剥夺他人的生命，除非是重大的，恶劣的反人类，反人性的极端罪恶个体。疯子尼采曾经说过，当你们死，你们的精神和道德当如辉灿着如落霞之环照耀着世界，否则你们的死就是失败的。那么为什么我们要让有罪的人背负着罪恶离去，而不是让他们在尘世中洗净恶罪，头戴"落霞之环"离开这个大地？？这是否预示着尘世之王对人类的罪束手无策，而只能求助神灵去审判他们"恶"的灵魂？？？

审判在即

　　人类社会产生律法是远远晚于人类本身自我存在的，所以人的生命第一，律法是维护人类生命，维持社会运转而产生的。上帝无法还原百分之一百的案发现场，对于人类人性的解读，上帝也无法完全掌握，所以有时候所谓的"最终真相"，可能只是人类一种天真的"最终幻相"。司法裁判发展到今天受到个人意识、情绪、心理、舆论、科技手段等各种因素的制约，难以实现百分百的司法正确率。所以在无法裁定死刑正确率100%之前，不应该采用暴力剥夺他人生命的刑罚。但是对于那些藐视他人生命和自我生命，以屠戮、残杀他人生命为人生乐事，以满足和快慰自己扭曲变异精神世界的人，不应该坐等时间来终结他的生命流沙，而应该立即为其寻找魔鬼的归宿。

　　下面是近40年来全球各地出现的最残忍的连环杀手：

　　英国人哈罗德·希普曼，被捕前充任家庭医生32年，绰号"死亡医生"。他被认定在1995年3月至1998年7月间杀害15名中年女性病人。2005年一份最终报告认为，他行医期间共杀害约250人。他于2004年1月在狱中自杀。

　　俄罗斯人安德列·奇卡季洛，绰号"罗斯托撕裂者"，1992年被认定谋杀52人，杀人手法残忍，将尸体肢解并煮食。

　　佩德罗·阿隆索·洛佩斯，绰号"安第斯野兽"，在1969-1980年间杀死了110名女童，年龄均为8-12岁。最后被以谋杀110名孩童的罪名被起诉，不过他自己承认杀害了超过

240 名秘鲁失踪的女童。

美国人盖里·里奇韦，卡车油漆匠，绰号"绿河杀手"，杀害 48 人，包括多名妓女和吸毒者，杀人后将尸体抛入流经西雅图市区的绿河河底或河边。2003 年被判处终身监禁。

美国人西奥多·特德·邦迪，供认杀害 36 名年轻女子，并和发生在华盛顿州、犹他州等地的多起谋杀案有关。他曾夸口说自己杀掉了 100 名女子。1989 年被处死。

美国人杰弗里·达摩，13 年中谋杀 17 名年轻男子，将尸体肢解并煮食。1992 年被判处终身监禁，1994 年在狱中被杀。

加拿大人罗伯特·皮克顿，被指控残杀 26 名女子。警方在他的养猪场内发现了至少 31 名失踪女性的脱氧核糖核酸（ＤＮＡ）样本，2007 年 1 月开始受审。

哥伦比亚人佩德罗·阿隆索·洛佩斯，绰号"安第斯野兽"，被指控在哥伦比亚、厄瓜多尔和秘鲁先后杀害了约 300 人，1980 年被判 57 项指控成立。

巴基斯坦人贾韦德·伊克巴尔，因残杀约 100 名儿童于 ２０００２年被判处死刑。

墨西哥姐妹德尔菲娜·德·赫苏斯·冈萨雷斯与玛丽亚·德·赫苏斯·冈萨雷斯，妓院老板，杀害 80 名妇女和至少 11 名男子，1964 年被判 40 年监禁。

哥伦比亚人柳斯·阿尔弗雷多·戈瓦里托，1999 年供认杀害了 140 人。

美国人唐纳德·亨利·加斯金，涉嫌杀害 100 人以上，1991 年被处死。

乌克兰人阿纳托利·奥诺普利恩科，1991 年至 1996 年 5

年内，涉嫌杀害 52 人，1999 年被处死。

艾尔伯特-费雪（1870——1936），他是美国历史上最著名的恋童癖连环杀手，也是被捕时年纪最老的变态罪犯之一，有着一幅弱不禁风善良老人外表的费雪性侵犯过至少 300 名幼童，并杀害了其中的 15 人。

亨利-李-卢卡斯（1936——2001），亨利-李-卢卡斯是美国史上杀人最多、手段最残忍且最猖狂的连环杀手之一。1976年，卢卡斯结识了有异装癖的奥缇斯-艾尔伍德-图勒。卢卡斯有虐待癖和恋尸癖；图勒则是个不折不扣的食人魔，很多受害人都成了他的晚餐。卢卡斯称他在 1975 年到 1983 年里杀害了三千多人，后经"卢卡斯重案组"反复核对，认为比较可信的数字可能是 350 人。随着卢卡斯因心脏病发死在监狱，他究竟杀害了多少人已经不再重要，留在人们记忆中的只剩下卢卡斯在法庭上那令人震惊的辩解："我喜欢杀人，这很普通，就像很多人喜欢出去散步一样，我们只是嗜好不同而已。如果我有这种需要的时候，我就上街去随便找个人……

泰德-邦迪（1946——1989），美国著名的连环强奸杀人犯。从 1974 年到 1977 年，泰德-邦迪的足迹遍及美国。他杀害了至少 28 名妇女，并且强暴了超过一百名女性。

加里-里奇韦（1949——），加里-里奇韦堪称美国历史上杀人最多的连环杀手，由于最初的 5 名受害者遗体是在美国西雅图市南郊的绿河附近被发现，外界称他为"绿河杀手"。加里在 1980 到 2000 年间被确认至少杀死了 48 名受害者，他自己供述的人数达到 71 人，但警方认为还有至少 20 名受害者下落不明。加里在 16 岁的时候袭击了他的第一个受害者—

一一名 6 岁的男孩，但受害人幸免遇难，事后受害人回忆加里把树枝捅进他的肝脏后，边笑边说："我一直就想知道杀人是什么滋味。

佩德罗-阿隆索-洛佩斯(1948——)，佩德罗-阿隆索-洛佩斯 1948 年出生于哥伦比亚，绰号"安第斯野兽"，被指控在哥伦比亚、厄瓜多尔和秘鲁先后奸杀了 300 多名幼女，1980 年被判 57 项指控成立，至今仍在厄瓜多尔服刑。

约翰-韦恩-盖西(1942——1994)，约翰-韦恩-盖西由于常常装扮成一个他自己设计的形象"小丑坡格"参与慈善活动而成被称为"小丑杀手"。从 1972 年开始，盖西至少对 33 名男孩和年轻男性进行了性侵犯和谋杀，受害者大多是逃亡者和男妓。盖西从芝加哥车站或者街上挑选受害者然后将他们诱骗到家里，随后将他们绑住进行性侵犯并残忍杀死。

杰弗瑞-戴默(1960——1994)，戴默是《沉默的羔羊》中食人医生汉尼拔的另一原型，犯罪史上最冷血、最令人发指的同性恋连环杀手。戴默的典型作案步骤是：绑架，杀人，奸尸，而后吃人。常常是把爱吃的部分留在冰箱里面，再用浓硫酸处理掉尸体的其他部分。这样一个残暴冷血的杀手，幼年却"漂亮得像个女孩子"，受到父母格外的疼爱，因此他颇为自恋，然而清秀的面容也招致了邻家男孩的多番骚扰，导致戴默的性心理发生扭曲。10 岁的时候，他就喜欢拿小动物做试验，常常肢解尸体并用硫酸处理尸骨，这让我们不难发现这个杀手日后的作案手段不过是延续了儿时的"玩乐"。

亚历山大-皮丘希金(1974——)，皮丘希金是俄罗斯最臭名昭著的连环杀手，他因为用国际象棋盘记录受害者人数而被俄罗斯媒体称为"棋盘杀手"。每当皮丘希金杀死一人，他会将一枚硬币放在手绘国际象棋棋盘其中的一个格子里，并为格子编上号码。皮丘希金自称在 2001 年至 2006 年期间在比茨维斯基公园杀死了 63 人，震惊了整个俄罗斯。他视谋杀为一种伟大的事业，法庭上他宣称："我是检控官、法官、刽子手。我决定谁可以活在世上。我近乎神。"无可置疑，他将成为俄罗斯最凶残的连环杀手之一。

丹尼尔·卡马戈·巴尔博萨，在 1970 年第一次杀人后，12 年里他先后杀死了多达 72 名孩童，多数为年轻处女。

路易斯·加拉维托，他以涉嫌谋杀 400 余名女童的罪名起诉，并以杀害 139 名少女的罪名定罪。

光看被害人数，你是否已经无法理解他们的病态，又或者你是否已经觉得他们死十次都无法洗清他们的罪孽。可讽刺的是，除了第一位 1994 年在监狱中被一名受害者的表兄杀死外，其他两位根据厄瓜多尔和哥伦比亚的法律，均被判处了最高 30 年的监狱服刑（因为后者现在被改为 60 年），甚至还有在狱中表现良好会得以减刑的优待，而他们至今也还好好的活在这个世上。那么对于受害者的家人而言，还真不如直接就放出来，好亲手去杀死他们。因为有些人他所犯下的罪恶，是不配用时间来偿还的。

记得电影电锯惊魂里有这样一句经典的台词："不珍惜生命的人，不敬畏生命者，不配拥有生命"，这部片子描述的是一个得了绝症的病人，扮演了一个终结那些不爱惜自己生活与生命的黑暗终结者，使用最致命的，最残忍的手段来折磨这些"健全人"。

　　我提出第二威权社会控制理论的初衷，并不是为了证明人人都无罪，而是为了恰恰证明人人都有罪。人类之中有天使，也有魔鬼。人类活在这个世界，要完成对他人的救赎，而不是对他人生命的夺取。但是我的结语是：凡是有重大生理疾病或者重大心理障碍，其行为人的的生理疾病和心理变异行为导致其精神世界缺陷，对他人和社会造成危害和潜在危害的，不在自由之列。凡是行为人恶意犯罪，故意犯罪导致的社会人员重大伤害和死亡的，不配用时间来终结他们的死亡，不配获得自由，自然有世俗的王根据众人的意识，根据司法的独立意识进行裁决，其肉体由众人的王进行鞭打，流血，处决。其灵魂由众人所信奉之神进行裁决，仍进火狱，不在自由之列。

　　死刑的目的不是为了杀人而杀人，是为了震慑恶人，在恶人头上悬着一把随时都有可能落下的刀，让他们动手之前有所顾忌，也许这一点顾忌就能挽救无数无辜者的性命。死刑不能让逝者重生，但能给活下来的人一些安慰，走向新生活。让恶人消失，也会让这个世界多一份安静。多年前，我曾反对死刑，但现在我的观点今天已经稍微发生变化。我们当前的世界不能"因恶而惩罚善"，因为这违背了我们建立新世界的初衷。有时候我们会感性的针对那种忽视公义、滥施恩情的人道主义有着太多的伪善，我们经常会为了假想的"未来"而忽视"现在"，为了抽象的人类"原罪"，而无视具体人的悲苦。所以对于那些极度邪恶的杀人重案，如果不处以极刑，如何能够抚慰仍存于世上之人的泪水呢？看神灵在天空，对于这些亵渎他人生命和自我生命的非人类者，还是立即为他寻找魔鬼的归宿才是正途！！！

后记

　　人类都有罪，是一种作为独立行走，拥有自由思想意识的罪，作为永远无法割除和隔离作为人类劣根性尾巴的罪。我们每一个人都有不堪的过去，每一个人都不是完人，我们既然从天际或者从树林坠落地面，都不免要沾染一身灰尘，宽恕他人的罪，而不是紧紧咬住不放，在救赎他人的同时，我们也在救赎自己。这是第二威权社会控制理论的初衷。我在第二威权社会控制理论中，所要诠释的是如何关于通过一个威权体系，一个制度体系，重新建立起人们内心道德信仰的星空、从新加强人们社会控制力、自我心理控制力，以及外在的自我行为控制力，如何通过在一个威权的监狱内建立一个"社会"，同时让人们寻求到政治代理人，以避免绝对法限的滋生和人类自由的彻底失落。

　　人的生命短暂，人类一代代更替频繁，而社会则是长存的。人类创造的物质和精神文化，通过社会而积累和发展。未来人类社会的发展脉络是：以第一温和社会为主，第二威权社会为辅，推动社会向第三社会发展，这个应该是人类社会发展的必然道路所在。本人不是经济学家，但是我相信"自由"一定可以带来经济繁荣，而世界资本大鳄，也一定可以在第二威权社会寻找到这样的投资热点，同时具有一定政治眼光的政治家如果能够成功建立这样的第二社会体系，一定会青史留名。我希望那些社会理论学家，以及一些专业的政治精英，能够运用他们的专业学识，来构建人类真正的"第二大厦"，我相信很多政治人士和经济学者，会乐于看到一个自由繁荣的第二社会体系，而不是看到一个死气沉沉、一潭死水的体制化监狱系统。

我一直认为，人类是需要秩序的，人类是一种秩序性动物。而我所倡导的第二威权社会控制理论的目的，就是建立某种秩序，一种社会人与自由的秩序。社会秩序的失衡，就会衍变成弱肉强食的丛林世界。秩序是保护每一个人利益的最好办法。因为强中自有强中手，在失序的社会再强大的人也可能变成受害者。让社会井然有序，每个人依据规则来生活，那么每个人都能得到属于自己的东西，这样的社会生活才会变得更美好。我一直认为"自由"是人类的终极梦想，也是永恒的追求。人类建立秩序的意义，就是创建凯撒的意义，最终在威权社会我们会得到一个秩序性的黑夜帝国。人类从本质上属于社会性动物，组建家庭，生育后代，这是我们生而为人的意义。从精神层面上来讲，人生的快乐和幸福，从来不是物质上的给予，而是源于情感上的呵护与依赖。而这一切绝对不会来源于牢笼和束缚，而是来自于人性和自由。

毫无疑问，我将为全世界打开一个新的世界，一扇通往地狱黑暗的门，一个充满了罪恶，惩罚，忏悔，救赎的新大门。毫无疑问，这是一个被遗忘的世界，这是一群被抛弃的人群，一个充满了血与罪的深渊！我深信思想可以改变世界，人类因为思想而存在。三权分立由英国哲学家和政论家洛克首创于英国资产阶级革命初期，法国启蒙学家孟德斯鸠将其发展为一种学说，并由此开创改变了今天西方世界政治制度的先河，并且将继续影响着未来的西方世界制度发展。那么第二威权社会控制理论，不知道会怎么样深深的影响着我们当前、未来，以及 1000 年以后的人类世界？？我深信当"黑夜"的自由女神像手持火炬，矗立那罪恶之地之时，到那时在那片黑暗土地上的人们，将会更自由，毫无疑问！

政府——议会——立法——行政、财政

企业——监狱——审核——威权管理、宵禁等

机构——团体——保障自由、促进经济——黑夜总统

个人——投票、选举——重建自我、改过自新——自由生活

白昼

"世界大一统理论"

内容提要：全球帝国是帝国的一种形式，即全球性或世界性的帝国，属于超级帝国范畴，通常表现为幅员辽阔、在全世界具有影响力的强大国家。"全球"性或"世界"性意味着属于这个国家主权下的领土遍及全世界。一般帝国的色彩往往带有暴力、掠夺、统治的色彩。我更趋向于把今天的世界称之为一个政府，世界政府。

关键词：全球帝国、意识形态、世界大一统、乌托邦、历史的归属、教育的意义

我们的意识为什么会分散

人类从茹毛饮血的自然界中走到今天；人类脱离上肢，开始行走，一直到今天；人类第一次举着上帝之火，将文明延续一直到今天；人类第一次聚集成国，建立社会体系，一直到今天；人类从原始社会的"饮食法则"到"铁血丛林法则"，一直到今天的"普世文明法则"，今天，还是今天，今天的人类世界应该如何进行改变，进入到下一个文明法则中去？？？

文明就是一条小河流，每个民族或者国家都能找到它的文明之源和文明之河，毕竟人类从树上"跳"到陆地上行走，本身就是一种文明的进步，人类经过不同的历史文化、风俗民情的熏陶和沉淀，而形成今天的不同种文明。印度有两河流域文明、中国有炎黄文明，而西方有希腊文明，而非洲大陆更是有许多纷繁复杂的文明支流。各个国家或者民族不同的的文明之源，就像是各个国家或者民族不同的"语言"，人类世界的历史发展是从丛林法则慢慢的过度到今天的文明法则的，在丛林法则时代我们的国家或者民族由于不同的信仰、宗教，而产生历史"隔阂"形成国家战争和民族仇杀，这种仇恨一直延伸到今天的文明法则时代，从而导致"文明与文明之间的黑洞发展"。文明的不同产生思想的不同，思想的差异变乱了人类的"语言"和行为以及意识形态，当陆地遇到海洋，当天空遇到大地，人类是一种受"土壤和环境"影响的物种，而产生意识形态的不同，进行对立，当然我们把这种对立是建立在"国家、民族和宗教之上的正义屠杀"，所以我们会认为夺取他人的生命和文明是理所当然的，也是一种正义的行为。

　　圣经里记载有巴比塔的故事：人类初始，同讲一种语言，因有共同的语言，感情易于交流，思想容易达成共识。当亚当的子孙们繁衍生息，布满整个地上的时候，他们汇聚在一起，打算造一座"通天塔"，并开始了这项伟业。岂料此事惊动了上帝，上帝看见这恐怖的情形以后说：看啊，他们已经具备和我们一样的力量，这怎么能行。他意识到：人类使用同一种语言，就有无所不能的危险性，于是他故意搅乱了人们的语言，使他们彼此无法沟通，上下无法交流，于是人们开始因互相猜疑和无法彼此理解，而逐渐散去……。人与人间，因为语言不通，而形成种族的不同。这不但造成了种族的、区域的不同生活文化，而互相对立；由于语言隔阂，更不断引起了矛盾、冲突、斗争，而对消了人类团结进步的力量。从此，人们的语言各不相同，原来那种非分的"造塔之想"也就无法实现了。《旧约全书》记载，"让人世间的语言发生混乱"，是上帝对人类建造巴别塔的惩罚。

　　创世神话只是传奇故事而已，它试图为世上出现不同语言和种族提供解释。人类最初共同的语言被称为亚当语，历史上曾有学者提出某种语言是原始语言，例如希伯来语、巴斯克语等。时至今日，生活在这个地球上的人们说着近7000种语言，包括彼此不知所云的土语方言，这种语言的多样性到底是如何形成的，是真正值得我们探讨的问题。

　　语言多样性，及所呈现的无比丰富性，正是人类最不同凡响的潜质之一。如果你选取一头在伦敦动物园出生的黑猩猩而将它放归非洲故土，那么它几乎会不费周折地很快跟周遭同类打成一片。那是因为黑猩猩无不共享有频频咕哝、吠叫和鸣响一应俱全的小小招数。我们的大脑能够处理范围极其广泛的抽象概念，所以也就进化成一种可随时予以调整的沟通形式来表达我们的思想。不同地域不同民族的人们，一面竭力适应现存的单词和短语，一面杜撰新的表达方式，随着时间的推移，终于使这类变革累积到各自的语言不再为"局外人"所理解的地步。

但在步入新千年后的文化进化过程中，迄今梳理出数千种相互间晦涩难懂的方言土语，其中大部分现已灭绝。令语言学家更感兴趣的，是什么导致语言的分崩离析和"人类巴别塔的倒塌"？？很显然是不同的历史文化传承、不同的宗教信仰分离、不同的国家民族分化，不同的意识形态"语言"，导致了人类世界巴别塔的坍塌，应该看到分散无组织是当前世界人类文明衰落和死亡的根本原因。

据说首先将文字传入希腊的人是腓尼基王阿基诺尔的儿子卡德谟斯。这是一项伟大发明，可以展现有关过去历史的记忆，延续未来时代发展的脉络，奠定今天的人类存在。当许多人运用同一些语词时，他们可以通过这些语词之间的连系与顺序，互相表达自己对每一件事物所显像的是什么，同时也可以表示他们所向往诱惑、惧怕或恐惧的事物。至于语言的特殊作用则是：第一获得学术知识。第二是：向他人商讨和互教。第三是：使别人知道我们的意愿和目的，以便互助。相应于这几种用处，语言也有三种滥用。第一是用词意义不准，表达思想错误。第二是在隐喻的意义下运用语词—

—也就是不按规定的表达，进而欺骗了别人。第三是用语词把并非自己意愿的事物宣称为自己的意愿，进而欺骗了世界。什么时候人类可以共建一种"语言"，一个灵魂，停止杀戮和流血，不在恐惧外面的世界的时候，我们才能共建巴别之塔。

分散后的意识恐惧以及我们为什么会恐惧

对于生物来说，恐惧与诱惑是其中的两个重要生理特征。今天人类的分散，是因为恐惧，因为由语言差异而带来的意识差异造成的彼此恐惧。一方面我们恐惧宗教意识对我们的控制，同理我们对国家意识和民族意识也是心存恐惧，但是另一方面我们又对这种意识产生了无法分离的诱惑而靠近。从心理学的角度来讲，恐惧是一种有机体企图摆脱、逃避某种情景而又无能为力的情绪心理体验。宗教出现以后，历来的统治者常常把宗教视为圣殿，以宗治国的现象是普遍存在的，他们告诉人民什么是可怕，让大家安心的遵守神设计的秩序，传播恐怖思想意识可以让世人更加拘谨，也容易管理，所以恐怖也是一种意识形态思想。

在一个需要意识统治的今天，我们发觉有时候宗教意识可以给我们带来一种心理上的慰藉，而国家意识和民族意识可以给我们带来一些安全感，所以我们紧紧的抓着这些稻草不放，唯恐被风吹跑，谁也阻止不了人们自动或者被动的接受着这些意识形态，这是否也是一种命运的必然？？？有时候我们认为这些意识形态是否也是一种诱惑的必然？？？

人类的恐惧是与生俱来的，是在拖着尾巴行走的进化时代就带来的，是哺乳动物骨子里的一种动物本能的显像。那么我们为什么会害怕，透过人类的生成基因我们慢慢进行解读。

人类从生命开始萌动开始，在母亲的子宫里就是闭着眼睛开始的。假如我们把子宫看做一个口袋的话，那么这个口袋里没有光亮，没有声音（或许有微弱的外界声音），我们在初期的时候，没有知觉、没有嗅觉，无法感知这个世界，我们只是闭着眼睛在无边无际的黑暗里沉睡。当然这种"黑暗"只能持续十个月左右为止，伴随着"口袋"内部生理机能新陈代谢的"咕噜、咕噜"的声音，我们闭着眼睛生长着在静静酣睡。当十个月后，随着阵阵阵痛，这个"口袋"已经不再欢迎我们这样的"房客"了，于是我们开始迎接一个新的世界。当这个世界的"光亮"刺激我们的大脑时，周围嘈杂的声音充斥在自己周围，我们开始睁开眼睛，不再沉睡，映入我们眼帘的是这个世界的第一丝光线和明亮，以及一些熟悉而又陌生的人们，当然我们管这些人们叫爸爸、妈妈，或者别的什么。对于这些脸孔，我们当然不会抱有任何的好感和恶感，因为我们还小，刚刚在黑暗里沉睡了十个月，我们不具备感知这个世界是非善恶的能力。主要是这些光线太刺眼了，更可能的是我们在口袋里沉睡了十个月之久，当我们睁开眼看到这些明晃晃的线条时，这光线真的是太恐怖了，于是我们开始哇哇大哭了。

　　无法避免，这个世界既然选择了我们，我们就只能也选择这个世界。不管这个世界时黑暗也好，是光明也好，我们只能选择继续生存。这个世界和那个"口袋"世界不同的是：这个世界有白天和黑夜，而那个"口袋"世界只有黑夜，更重要的是现在的我们具备了某种本能的思想发散意识。在我们过去的那个"口袋"世界里，我们并无意识思维，我们是处于一种"无知、无我"的状态，我（当然那个时候的我还是一粒种子，还不能称之为"我"）是不知道什么叫做恐惧和害怕的。但是在我们来到这个世界后，随着由光线构成黑暗和明亮（白天和黑夜），以及在我们意识思想"长大"的情况下，我们慢慢的有了恐惧和害怕，和过去所不同的是，过去我们对明亮充满恐惧，但是现在我们对"黑暗"充满了恐惧和惧怕。

我们的世界有光线和色彩、有黑夜和白天构成和组建，当我们慢慢的长大，开始用树叶和树枝遮挡下体，用自己的牙齿或者野兽的牙齿做成项链，脸上涂满了乱七八糟的色彩和"淤泥"，更重要的是我们的手里有了长矛，开始在黑暗的森林里追逐野兽，以此裹腹了。从一开始我们从森林里"跳"到陆地上的时候，恶劣的自然生态环境常常让我们处于饥饿和"慢"死亡的状态。我们吃森林里的野兽，或者野兽吃掉我们，在这种食不裹腹，死神常常盘旋在头顶的状态下，族里的人口锐减，在很多时候常常我们的父亲出门狩猎，而晚上却都活不见人、死不见尸，被野兽吃掉，男性族人的减少，只能由母亲带领我们继续生存，所以母亲们掌控了族群的很大权力。在另一方面来讲，因为母亲们拥有繁衍种族的"口袋"，它让我们的族群得以继续延续，所以母亲们在族群中也拥有了至高无上的权力，所以在很多情况下，我们只知有"母亲"而不知有"父亲"，当然后代历史学家称我们的这段时期为母系社会，其实这是由特定的生存发展环境决定的。我们在森林里艰难生存着，有时候我们会认为这是自然界神灵给予我们的"天罚"，为了寻求庇护，于是我们开始图腾，祭祀神灵，我们拜山为神，称为山神，跪木为神，称为木神，叩水为神，称为水神，总之我们把所有的自己不能征服的和自己无法理解的一切未知事物，都叩拜为神，以寻求神灵的保护和心灵的慰藉。在更严重的时候，我们有时候不惜向神灵祭献我们的肉体和生命，用自己的尸体或者别人的尸体向神灵表达自己的畏惧和服从。我们大规模的进行图腾叩拜，我们无聊的时候就在自己日常生活居住的壁洞和岩石上刻满了对神灵的"歌颂和敬服"。我们现在的恐惧来自于对自我命运无力掌控和控制下，对自然界神灵的一种敬服和畏惧，因为我们认为自己就是一群被世界遗弃的生物。我们从蛮荒中走来，看到无边无尽的黑暗和黑暗中嗜血野兽的双瞳，我们内心充满了恐惧和惧怕，于是我们产生了宗教信仰，我们妄图依靠神的力量来应对恶劣的自然生存环境和内心的黑暗恐惧，可是这对于已经从伊甸园中走出来的人类，在妄想回到神的怀抱，那是不可能的了。普罗米修斯的降临使我们发现了火，面对这个不在漆黑的世界时，我们内心的恐惧稍稍有所减弱，我们对火的运用和操作，将人类的思想意识推到了一个前所未有的的高峰。当我们的祖先第一次利用钻木取火，取得上帝遗留在人间的火种时，火光照亮了这个世界。人类终于可以生活在一个明亮、温暖的阳光下，黑暗终于被盗火的普罗米修斯击败。火光驱散了远古的怪兽，让人类拥有了明亮、温暖的意识。但是毕竟这火光的普照面积太过狭小，对火光之外的世界，我们永远充满了惧怕、担心和猜疑，于是我们惊恐不已、胆战心惊，那么在黑暗中诞生了我们的神——宗教意识。宗教意识的诞生是因为人类对未知世界的恐惧，而催生的一种心理崇拜和膜拜，以寻求一种心理上一种意识慰藉。

　　虽然说野兽渐渐的离我们远去，但是我们的世界还是处于不安全的境遇,因为在我们身边多了一双"陌生人的眼睛",面对同类陌生的眼神,当食物减少的时候,我们会不会被自己的同类吃掉,为了防卫我们自身的安全,于是我们成立了国家(指部落),由国家意识我们又进一步构建了国家信仰。在以后的日子里,我们继续在黑夜和白天,在光和影之中穿梭着,后来我们发明了刀耕器械工具,同时也驯服了一些野兽为家畜,从而让饮食和食物有了保障。而父亲们再也不用冒着生命危险外出狩猎,采集事物了,在父亲们生命普遍得到保障的情况下,我们的母亲们开始退回历史舞台,回归到生育和育养的状态。随着父亲们集体权力的普遍扩大,我们终于迎来了父系社会时期。在父亲们普遍掌控这个世界的时候,出现了人类世界最迷人也是最阴郁的事物——权力。权力是世界上最迷人的春药,在男人们兽性的淫欲下,权力登上了人类世界的顶峰。权力是男人们掌控了家庭权力之后,又发现自己除了主宰家庭权力也可以主宰别人的命运或者更多人命运之后,所滋生的一种权力的外延,而这种权力的外延最终导致了人类世界权力总结构体系和形态出现——国家(指比砥族部落更大的聚集体)。应该看到国家的出现,是原始社会饮食法则的推动而演变的。从原始社会的饮食法则开始,我们为了在恶劣的自然环境中获取到食物,而进行集体围猎和狩猎活动,在经过相当长的一段时期内,随着火的应用和从石器时代到铁器时代的飞跃以及到栽培技术的成熟,再加上远古人类对野生动物的驯化等等因素,人类的饮食活动得到保障,并出现盈余,对于这些多余"饮食"盈余,就出现了觊觎者,觊觎者为了可以长期的占有和享用这些"饮食"

盈余，而建立国家体系，把自己放在最高的权力顶端，以便更好的占有，这就是国家意识形态的一种出现。

国家形态的出现让男人们的权力膨胀到了一个无以复加的疯狂地步。男人们为了得到权力和巩固权力，必须像野兽一样依靠铁血和杀戮，以维护自己的统治和权力体系得到其他人的承认和认同，在经过相对的纷争和杀戮之后，在欧洲世界诞生了第一个铁血权力帝国——古罗马帝国，而在东方的中国第一个朝代的产生是——夏朝。古罗马的建立，就像它的图腾狼一样，是依靠野兽般尖牙、利爪的杀戮，来完成建立的。人类刚刚从原始的"野兽"森林里走出来，还没有完全褪去身上的兽毛，像一个半兽人一样，所以不可避免身上要印有野兽的足迹和野兽的法则——丛林法则。依靠丛林法则的野兽强权来控制权力，维护统治是古罗马帝国的不二选择。只是和丛林法则所不同的是，前期人类是为了果腹和生存，与野兽斗争，而后期是人类为了权力，而将同类作为野兽，进行斗争。相同的是所有渴求权力的人类都认为自己在战争中有神灵保佑，可以取得最终的胜利。古罗马人认为把敬畏神灵作为自己获取力量的源泉，于是罗马人建立了万神殿和庙宇，他们每赢取一场胜利，就把异族的神灵放进神庙，进行供奉，以或许更多的神灵保护，以保障自己的力量和权力不消失。虽然这种铁血式的古罗马极权统治了很久，但也战争了很久，那些生活在战争纷争社会底层的人们，开始厌倦了这场在神灵之下的人类的自相残杀。他们感觉到了战争的虚伪和万神殿的虚伪，他们认为这所有的战争只是权力者打着神灵的幌子在杀伐世人，他们渴求会有人，而不是虚伪的、冷冰冰的石头雕像来拯救自己，代替自己承受所有的苦难，当然他们也渴求自己所创造的财富可以得到保障。在这种情况下，一种新的宗教意识开始出现，基督降临古罗马，这是一种以人为宗教仪式主角，不再以远古的神兽或者静态的山山水水为神灵崇拜敬服对象。这种宗教意识主角的改变，代表着人类不再对远古的所谓神灵或者神兽恐惧和惧怕，而是对自己的同类开始惧怕，他们惧怕那些那些身体内流淌着铁与火，一步一步血脚印，浑身充满了权欲和暴力的野兽。基督教的降临，说明欧洲世界底层的民众渴望寻求一个受苦受难的"代理人"来替代自己承受恐惧和惧怕，以减缓或者减弱自己的精神承受力，以便寻求一个新的心理慰藉。在古罗马时代我们这群从蛮荒森林里走出来的人类，我们惧怕铁血和火，我们惧怕自己的同类，惧怕那些高高在上披着人皮的野兽同类，而不是树林里那些用四个蹄子走路的野兽。我们的恐惧不再来自远古的那些黑暗神灵，而是来自我们人类本身。

在人类历史发展的一个时期或者阶段，是人类的恐惧时期，在人类饮下权力的春药后，这种恐惧感更是被无限的放大。应该可以看到从世界这片"蛮荒森林"里走出来的原始人类，不管是从亚马逊森林里走出来的，还是从非洲密西西比森林里走出来的，不管是发源于苏米尔文明，还是印度两河文明，或者是北京周口店文明的人类，所有原始人类的进化步调都是相同的或者类同的，都是以"恐惧、未知、黑暗"为神，进行膜拜，在人类发现火光之后，远古的黑暗被驱散，野兽们不敢靠近人类，只能远远的低吼和嘶叫。火的出现让人类战胜了黑暗和恐惧，吃到了熟食，使整个原始社会生产力得到了极大的促进和发展。火光虽然照亮了黑暗，迎来了光明，但是人类在母亲的"口袋"里，那种进化遗传与生俱来的人类内心的黑暗却从来没有被照亮过，火解放了人类，可是人类内心的那种黑暗却滋生了一个束缚人类自我枷锁的意识形态——权力。

在整个原始社会过渡形成国家形态之中，权力是最好的促进剂。接下来的事情是我们为了巩固自己的权力和利益，必须用整个国家权力去压迫自己的同类，以保障自己的国家权力不流失，不消亡。当然这种国家权力我们也可以直接认同为个人利益，因为所谓的国家权力只是个人利益的替代名词，这不仅在远古时代如此，在当前世界也是通用的。在一群人残酷杀戮、压迫另一群自己同类的同时，被压迫者、被杀戮者就希望在自己身边可以有"人"来替代自己承受苦难，所以当基督耶稣沐浴圣光降临人间的时候，于是在全世界范围内就出现了以"人"为代表的拯救者。欧洲出现了基督耶稣，阿拉伯世界出现了伊斯兰教穆罕默德，而亚洲出现了佛教释迦摩尼等等。当我们认为可以有"人"替我们承受苦难，让我们可以喘息一下不再恐惧害怕的时候，这时"神"出现了，让我们像膜拜国家王权一样去膜拜它。于是我们继续穿着粗布衣服恐惧的穿行于欧洲中世纪黑暗神权时代，而生活在别的世界的人们要么在独裁王权下继续恐惧，要么他们的神被王权利用或者他们的神和王权进行勾结，而同样的在黑暗里害怕。我们带着恐惧继续穿行着，就像穿行在漆黑的蛋壳里，当我们的神被魔鬼的瘟疫击败时，我们好像又回到了古罗马时代的王权时期。统治者继续压迫我们，当然他们不再用那种赤裸裸的铁与血的皮鞭抽打我们，而是用一种叫做"国家"的意识形态来迷惑我们，让我们继续拱着身子行走。当这个国家意识形态的头子残暴到无以复加的地步的时候，于是在我们身边站出来了很多的人，很多很多和我们一模一样的人，当然这一次站出来的不再是那些被魔鬼的瘟疫打败的神了，假如是他们的话，我们也不会相信他们了。这些人，这些和我们一模一样的人，集聚起来，用共同的力量吊死了国王，让国王的头颅匍匐在我们脚下，就像千百年来我们恐惧的匍匐在王权脚下一样。我们这些人组成了一个民族，想，妄想用民族的力量保障自己免受恐惧的侵袭，当我们以为自己已经甩掉国家意识形态帽子的时候，可是不知道什么时候我们摸摸自己的头顶，头上还有一顶民族意识形态的帽子束缚在哪里。我们害怕的无以复加，不知道怎么办才好，于是我们惊慌失措四处奔跑，就像无头的苍蝇在千百年的树林里跑一样，所以我们这些头上带有民族意识形态帽子的人和别的世界的人们一样，有时候我们继续匍匐在国家王权下，有时候我们匍匐在民族意识形态下，只是我们听说在别的世界有一个幽灵。当然我们知道这两顶帽子，没有一顶是我们喜欢的，但是我们无处可逃。

　　我们继续带着恐惧穿行着，当有一天我们嘭的一声，撞到墙壁的时候，我们才意识到碰到鸡蛋壳，我们走到了蛋的边缘，于是我们兴奋的撞击着鸡蛋壳的墙壁，想打破这个恐惧的世界，寻找一丝外面的光亮。砰砰，我们打破了墙壁，终于站到了这个鸡蛋的外面，在我们还没有呼吸到外面世界新鲜的空气时，第一次世界大战和第二次世界大战爆发了，这是国家意识形态和民族意识形态的集结号，当然这不是和平的集结，而是战争的集结。这场战争超过了古罗马时代、中世纪时代，超过了我们经过的任何一个时代，恐惧，黑暗，暗无天日，血肉横飞，我们都无法形容。当这场战争的硝烟散尽的时候，我们看到了和我们一模一样的人，和我们一模一样从另外一个鸡蛋壳里走出来的人，我们知道我们都是从同一个树林里跳下来，跳到陆地上行走的人，只是我们向西走了，而他们却向东行进。在我们还没有开口的时候，他们就恐惧的向我们诉说他们在鸡蛋壳里被独裁的王权压迫的事情，而且他们还遭受到可怕幽灵的追杀，他们的恐惧和我们一模一样。或许我们不应该跳到地上来，可是我们回不去了，所以我们只能继续穿行。这时候有人说，为什么还是那么黑呀，我们不是破壳了吗，于是我们抬头发现外面还有一个大大的鸡蛋壳矗立在哪里。原来我们一直都没有走出去，走了几个世纪还是在那个树林里。好大的鸡蛋壳呀，我们继续行走在恐惧里，就像几百万年以前我们像动物一样行走在树林里，恐惧而行走。啊，人类的道路到底在那里，我们轻声呢喃着？

人类的恐惧意志是怎么产生的？

　　人类产生恐惧的原因是什么？恐惧真正的本质可以归为对未来不可预见性所作出的一种本能反应，而这反映的根源又来自于哪里？其实也很简单，来自于知识的匮乏，可以如此理解，假若一个人无所不知，通晓这世界一切的规律，可以看穿万物的本质，那麽他不会对任何事物产生恐惧。原因在于他知道一切的由来，也知道它们如何终结。他知道如何解决问题，所以他的内心里不存在恐惧。从生物学的角度，恐惧属于对生存的本能反映，人对一切未知的东西都存在恐惧。

　　为什么人类对于未知事物感到恐惧？人类恐惧的根源：死亡本能是一种，害怕未知的恐惧是另一种。从机能心理学角度，人类所有的心理都是以生存为目的的。人类对那些庞大的，不可控的东西更会恐惧。比如命运，一些不可抗拒的，以及对未知的恐惧，根源是源于对未来的不可知和无法掌控。恐惧是一种正常的心理和生理反应，每个人都应该有过恐惧心理，只是每个人的反应程度不同。

　　在原始社会的原始森林里，人类在恶劣的生存环境之下而产生恐惧，在饮食得不到保障的情况下，吃人或者被吃，都是一种恐惧的选择。所以人类之间由恐惧而产生互相对立和仇恨，人与人之间互相对立和仇恨的根源在于"在不同的历史环境和民族土壤之下形成的不同的意识形态"而形成的恐惧心理。我们看美国电影《启示录》里有这样一个场景，当以狩猎为生的火石天（中文翻译如此）族群和另一个以牧渔为业的族群在森林里相遇时，就像是"陆地遇到了河流"，两个历史文化完全不相容的族群，因为另外一个强势族群掠杀而需要从火石天的森林里逃亡时，他们之间的相遇有这样一段对话：我是火石天，我成年以后一直在这片林子里打猎，我的父亲也曾和我一起来过这里狩猎，我没出生之前他就在这里打猎，而虎爪，我的儿子，他和我一起在这林子里打猎，我死之后他也会和他的儿子一起来这森林里继续打猎。为什么两个同宗同源的族群会那么小心翼翼的接近，差一点就引发族群之间的杀戮？？？因为文化的不同，因为世界的不同，因为"未知"所以"敌视"，当"陆地遇到河流"的时候，因为未知的历史文化和世界，所以他们需要互相进行沟通"解读"，以完成文化和文化的传承，世界和世界的沟通。当然幸运的是火石天用陆地的祭物（野猪）和另一个族群用河流的祭物（鱼），双方完成了沟通和了解，没有引发战斗，而安然离去。我们的恐惧来自于双方之间缺乏沟通和理解，来自于双方的世界缺乏"共融性"，来自于我们心里面的那片"未知的黑暗"。当水里的鱼注视我们而恐惧，是因为我们是"未知"的；同理当我们注视水里的鲨鱼而恐惧时，也是因为鲨鱼是"未知"的，未知就代表着恐惧和杀戮，因为作为自然界生物链的一环，"我们"都是"嗜血"的。人类是一种容易坠入残暴，也是一种容易坠入仁爱的动物，也就是说人类的一半是天使，另一半是魔鬼，这主要取决于人类所处的"土壤和环境"的导致形成的。假如我们所处的周边环境和土壤是残暴的，那么我们就是残暴的，假如我们所处的周边环境和土壤是仁爱的，那么我们就是仁爱的。

按照英国神学家詹姆士·里德的说法"许多恐惧都是来自我们对我们生活于其中的世界的不理解，来自这个世界对我们的控制。可见，面对世界的无常，人是多么脆弱而无助。还有许多具体的事物，也在威胁着人类的生存，不说人类历史上那些血腥、黑暗的时期，就是现在暴力增加，无处不在的核威胁，等等，都已经把人类推向了危险的边缘。人从文艺复兴之后被确立为目的存在的终极，人便开始要为自己的生存负责，这就好比把亚特拉斯肩上的世界扛在人的肩上一样，最终会被压垮。人作为有限的存在，根本无力为自己承担一切。我现在回忆古代圣徒跪在神面前祷告的情形，他们可以将心中一切的烦恼、痛苦、不幸向那位至高者倾诉、交托，是多么幸福啊！可是，今天的我们离弃了神圣的信仰，除了人的顾影自怜之外，再有谁来安慰我们呢？

总而言之，人类的恐惧是因为先天的人类基因密码的相互排斥导致和后天的由不同宗教、历史、文化、民族风情风俗以及国家理念彼此之间意识形态的不同导致，由恐惧而产生不同的意识形态。

意识形态的分流

　　记得有这样一句话：人是会动的树，都有看不见的根。人类是一株会走动的树，而思想就是树的根须。卢梭先生也曾经说过人类是一株会思考的芦苇，迎风挺立。人类是带着记忆行走的物种。从达尔文先生的进化论来看，灵长类动物，也就是我们的祖先，是自然界颇具思想意识的动物，我们在亿万年进化过程中，在树林里学会了生存和生活的技能，以保障我们的后代可以继续在那片森林里繁衍生息。随着进化论时间鞭子的抽打，我们从树林里跳到了陆地上，学会了直立行走，解放了上肢，我们也学会了利用石头、棍棒进行生存和生活。在亿万年的进化过程中，我们的思想意识决定了我们的进化过程。假如人类没有思想意识的话，那么我们现在还生活在南美或者亚非拉某个大森林里荡秋千，或者说现在我们的屁股上还拖着一条长长的尾巴也说不定。我们对火的运用和操作，将人类的思想意识推到了一个前所未有的的高峰。当我们的祖先第一次利用钻木取火，取得上帝遗留在人间的火种。人类终于可以生活在一个明亮、温暖的阳光下，黑暗终于被盗火的普罗米修斯击败。火光驱散了远古的怪兽，让人类拥有了明亮、温暖的意识。但是毕竟这火光的普照面积太过狭小，对火光之外的世界，我们永远充满了惧怕、担心和猜疑，于是在黑暗中诞生了我们的神————宗教意识。宗教意识的诞生是因为人类对未知世界的恐惧，而催生的一种心理崇拜和膜拜，以寻求一种心理上一种意识慰藉。

以欧洲的历史发展为例，天赋神权是欧洲文明发展的开端，宗教和政治紧密衔接，催生了神权政治，神权治国的宗教意识形态凸显了上帝在人间的代理人宗教权柄教皇的地位。从欧洲中世纪古代，人类就陷入了长达几百年的宗教意识战争，十字军东征，就是宗教意识形态的杀伐征战。宗教意识权柄将人类思想置于一个密不透风、暗无天日的深渊盒子里，任何敢于开启、质疑这个盒子想寻求光亮的人，都会遭到宗教意识的绞杀。虽然上帝的手是光明的，但是上帝在人间的代理人却把人类置于神权的祭台上，随时享用祭品。被宗教火焰活活烧死的布鲁诺，被宗教意识禁言的伽利略等等，不要指摘你的上帝和它在人间的代理人，要维护它们的权威，宗教意识形态是人类自由思想的禁区，它不允许人类的思想触及到那里。于是当人类从树林里跳下来，到陆地上的时候，那一群高举着火把的猴子预示着，光明是人类的，而黑暗是神的，出于对未知的恐惧，人类对黑暗和黑暗中潜伏的神进行膜拜，那么人类就开始生活在宗教意识形态和宗教战争中了。当然那个时候在古老的东方，那里的人们却是生活在天赋君权的意识形态中，无时无刻都处在一种"建立皇帝，推翻皇帝"的束缚中。无论是什么形态，都是一种束缚人类自由思想的枷锁和桎梏，只是欧洲是以宗教、神的意识形态束缚人们，而在亚洲是以君王的意识形态束缚人们而已。让我们再把目光回到欧洲，欧洲的文明变迁诠释了人类意识形态的发展。

第一部共产主义宣言诞生在德国，由马克思和恩格斯于1848 年 2 月著作完成；

第一个建立共产主义事业的是前苏联，由列宁创建第一个，也是世界上第一个苏维埃政权；

第一个说出"上帝已死"的尼采；

第一个死亡的神父和修女；

第一次文艺复兴；

第一次蒙古东征；

第一场鼠疫。。。。。。

根据蝴蝶效应挥发原理，谁能想到一场小小的鼠疫细胞病毒就像潘多拉魔盒一样居然改变了人类世界的最终走向，并最终形成了今天我们这个世界的最终格局。"上帝已死"标志着神权时代的终结，人类思想开始从上帝的阴影中"踱"出来，人类从上帝那里盗取思想的火种，可以自由思索了。卢梭说：人类是一株会思考的芦苇，而且人类一思考，上帝就会发笑。随着欧洲中世纪神权时代的终结，人类头顶上那副"荆棘冠"终于被摘取下来，人类终于迎来了思想复苏的时代，各种各样的人文主义思想层出不穷，出自人类那颗具有自我思想意识和自我解读思绪的大脑。

根据达尔文进化论来看，人类是从一棵树上跳下来的猴子，同属"有尾"物种，只不过有的猴子形成了欧洲文明，有的猴子形成了亚洲文明，而有的猴子形成了别的文明等等。虽然我们的文明历史有长有短，但是我们都经历了类似的发展轨迹和轨道。从欧洲文明发展来看，这块板块大陆发展也是从原始的丛林法则开始建国的，通过原始的罪恶，杀戮，征讨杀伐而建立的铁血法则而形成的帝国统治和传承的。它的内部经历了封建主义到资本主义的过度，而欧洲的封建主义特点是以"天授君权"和"天授神权"两条主线展开的，在欧洲封建主义前期，神权是凌驾于君权之上的，君权是为了神权服务的，而欧洲神权是以一种宗教的意识形态所创立的一种"宗教政治"，所以它大于君权统治。而中世纪欧洲战场之间的杀伐征战固然是因为领土和财富的扩张而战，但是另外一方面主因还是宗教和宗教之间战争，因为彼此的宗教意识不统一而形成的"宗教政治意识"杀伐。在欧洲封建主义后期却是以君权和神权的相对平衡或君权压制神权展开的。随着文艺复兴时期的到来，随着哥伦布大航海时代的到来，神权意识逐步萎缩，君权的权力相对扩张，法兰西帝国皇帝拿破仑就曾经一把抓过神权的桂冠戴在自己头上，而不接受洗礼仪式的。欧洲后期的封建主义文明主要是以领土和财富的扩张为主而展开的，"宗教政治"被淡化，因为经过前期的"宗教政治"杀伐，宗教意识已经相对被"统一、平衡、稳定化"，在加之"上帝已死"呼声的高涨，神权意识已经进入历史的尾声。

在瓦特先生发明蒸汽机怪物之后，大家都被这个喷着气体，满肚子沸腾水汽，可以自动运行操作的机器怪物惊的目瞪口呆。这个时候的场景就像是地球的另一端，大清朝的子民和他们的皇太后第一次看到会跑的小火车怪物一样。机器科技的到来，预示着人类开始进入一个新的时代，一个资本扩张主义的黄金时代，而这个时代的到来，又预示着一个新的政治环境的出现，即天授人权。机器代替人力，形成资本过剩，人们群体生活商品化，经济化，社会化，人类不再需要依靠战争来掠夺财富和资源维持生存，只需要那"呼啦呼啦，会叫的怪物"就可以创造财富了。人类不再为战争狂热，为宗教狂热了，那么这个由铁血时代而建立的丛林法则体系而暂时消亡了，欧洲时代的君王们开始考虑和他的子民们建立契约关系社会了。欧洲时代开始进入资本主义扩张时期，它需要利用经济扩张来主导社会发展了，由于经过欧洲封建主义战争的创伤和欧洲历史上几次著名的大病菌感染，欧洲人口始终处于一个"锐减"发展时期，人口的减少，而造成内需不足这是自然的，那么进行"外围"的资本扩张就是理所当然的，"向外看"是经济扩张的一致选择。那么欧洲文明就带着几百年的神权意识、君权领导和人权思想及经济扩张而来到 1840 年的中国封建文明的这扇大门外。两个文明的碰撞，一个在全球 GDP 中位居第一的王朝，竟然被撞的人仰马翻，一触即溃。谁都没有想到在中国历史文明发展中那位首先发明火药的老祖宗，像一个蝴蝶振翼一样竟然"崩"倒了中国几千年封建思想意识的"城墙"，随着 1912 年清帝爱新觉罗氏傅仪逊位，压在中国人头上，束缚了国人几千年封建皇权思想意识的精神枷锁终于挣脱了。皇帝倒了，辫子割了，这是中国近代史两件最大的事情。皇权思想的消亡，随之引发的是在中国这块古老土地上开始兴盛起多元化意识形态思潮。

在中国的这场思潮暂且不讲，在欧洲大陆有一个叫做"共产主义"的幽灵开始在游荡，这个幽灵出自两个大胡子的手笔。马先生和恩先生绝对没有想到他们所发明的这个主义给人类的历史带来多么沉重的历史烙印，这个主义改变了人类历史文明的发展。在瓦特先生发明蒸汽机以来，机器代替人力，解放了人力劳作，欧洲迎来了辉煌的经济扩张时代，这个蒸汽机怪物的出现，带给欧洲文明两个极端主义，一方是经济极端过剩的资本主义时代；一方面是肠胃过剩的无产主义时代。当资本主义把成吨的牛奶倾倒在河流、湖泊中，以保持由内需不足而造成的通货膨胀时，而无产主义者只能和穷的只剩下自己的影子，聊以自慰了。以无产阶级者代理人自居的共产主义在瓦特先生发明的蒸汽机怪物里孕育产生了。蒸汽机怪物是共产主义的母体，而真正的把马克思主义所创造的"幽灵"，锻炼成国家意识形态的国家结构体系的同样是欧洲的近邻——毁灭俄罗斯彼得大帝后裔的列宁。随着1917 年 11 月 7 日冬宫的炮响，这个秃顶，小矮个的列宁把共产主义锻炼成钢，这就是世界无产阶级大本营的苏联，在列宁之后的斯大林更是把共产主义意识形态的精髓发挥的登峰造极。。。。。。。在马克思之前有别的主义吗？？有，当然有，但是它们都无一例外地的没有经受起历史的检验和验证而消失在茫茫人类思想的"银河"中。

我们不能不佩服在欧洲这块由中世纪古代宗教意识挣脱出来的大陆，总是斐出"伟大"的天才。或许这仍然要归功于瓦特先生发明的这个蒸汽机怪物，这个怪物刺激了经济，给欧洲带来了富足的一代，当人们心满意足吃饱饭，打着酒嗝顾镜自怜时，恩，我的容貌是那么端庄，我的气质是那么高雅，我的血统是那么高贵。或许此时在欧洲德国维也纳街头流浪的希特勒先生带着饥肠辘辘的肠胃，在塞纳河上看着自己的倒影就是这么想的吧。这个让伟大雅利安人种站在上帝肩头的"英雄"，却是以毁灭犹太人血统为基础的。血统论、地缘论、复仇论都是以一种反人类的面目出现的，希特勒把六百万犹太人送进纳粹集中营，并将战争的铁蹄在欧洲整个大陆肆虐，战火燃尽欧洲每一寸土地，这让整个东方、西方世界都感震惊。于是东方的泛阶级者和资产阶级者联合起来一起对抗德意志的纳粹主义者。

　　欧洲战场最显著的是表现在从中世纪开始以来以天授神权的宗教之战向主义之战的过度，这种过度要归功于瓦特先生的蒸汽机怪物的功劳。而中国则是从五千年开始的天授君权的封建思想过度到今天同样的主义之战，这种过度要归功于 1840 年鸦片战争中被西方列强的坚船利炮打破的那层鸡蛋壳式的国门。国门洞开，涌进中国的是德先生和赛先生以及各种各样主义思想，这其中就包括马列主义和三民主义等等。在哥伦布发现新大陆以后，西方列强主义已经开始在全世界进行扑食以满足自己的贪欲了。在 1840 年鸦片战争以后，中国的"世界中心主义"学说开始破灭，而进入一个主义思想多元化的时代。师夷长技以制夷，三民主义，共产主义纷纷在中国抢滩登陆。当然最后的结果是以苏俄模式的共产主义击溃了以美国模式的资本主义和以日本模式的军国主义，最后创立了以马列主义意识形态为首的中华人民共和国。

　　历史像一条河流，总会有所分支，站在历史的河流中，我们总是希望未来的我们可以走的更远一些，更久一些。当前世界经过丛林法则的洗礼而过度到人类文明法则的体系之中，我们看到当前世界的主体主义是共产主义社会思想和资产阶级主义社会思想的对峙局面。一个是公有制的代表，一个是私有制的代表。暂且不说主义的对错，思想的对错。世界上第一个社会主义国家苏维埃在 89 年正式落下帷幕，宣布着一个时代和一个主义即将终结的到来，东欧剧变，两德统一，人类进入艰难的思想主义意识形态转型期。美国总统肯尼迪曾经在倒塌的柏林墙下说：自由有许多困难，民主亦非完美，但民主国家从未建造一堵墙，把人民关进里面，不让人们发出自由的声音，自由是不可分割的，而在这堵墙内只有一人被奴役，全世界都不得自由。柏林墙的一边是人们把权力者关进笼子内，而柏林墙的另一边是权力者把人们关进笼子内，这也是宪政主义和共产主义的体制之墙的对决。人类在"主义"意识形态的墙里面徘徊了好几百年，一直都没有走出"主义"的大门，只是以前我们被神权主义、奴隶主义、封建主义所束缚，在今天同样的我们被"别的主义"所困扰。假如说一种主义是强制性的话，是一堵"墙"主义的话，那么这种思想体系就是赤裸裸的奴役。或许它打的是"自由民主的"墙，但是它不让人"走"，就是一种丑恶的，不要脸的主义，人类只愿意活在"自己"的主义之中，而不是你指定一种"主义"，告诉我们必须这样走。意识形态和意识主义的精神枷锁困扰了人类几千年，欧洲大陆从中世纪最初的神权宗教意识过度到君权主义封建思想，又进一步过度到今天的资产阶级民权思想；而作为世界文明古国的中国则是一直在君权主义里面打转转，虽然在近代也掺杂着一些民权色彩，但是对于拥有五千年君权思想的国家，这种色彩太过于单薄，而无法形成主流。

　　二战之后，世界进入意识形态控国阶段，这以美苏冷战为代表，以意识形态划分东西方两大阵营，应该可以看到在欧洲大陆随着"上帝已死"呼声的高涨，欧洲刚刚打破中世纪宗教的桎梏，走上资本主义高速发展的全球扩展时代，而亚洲大陆则是才挣脱封建主义以及殖民主义的桎梏，又陷入马列主义的精神枷锁。相对而言，欧洲大陆的"资本"枷锁伴随着89年苏联主义模式的解体而结束冷战，随着国内民主呼声和诉求越来越高涨，有着深厚"契约"关系的西方世界开进进入宪政思想。而亚洲世界随着苏联主义宗主国的溃亡而陷入主义阵营的瓦解，但这种瓦解并不彻底，相反在中国这种主义经过60多年的"意识控国"模式的挥发，当代国人集体进入这种"党文化"意识主义的形态束缚之中。主义是人类思想的一个外延，而思想意识是区别人类和动物的差别之一，人类是唯一把思想意识灌输给社会生态和政治体系中的动物，这也是人类世界发展到今天的原因之一。"主义"思想是几千年来，人类从"树上跳下来到陆地上"，就像尾巴一样叮在我们屁股上，所不同的是直到今天我们屁股上尾巴由于进化原因退化不见了，但是我们头脑中的"主义"思想尾巴一直都没有消退。

　　人类世界起于蛮荒，当然不能在归于蛮荒，这个世界由于意识形态的不同，而形成了不同的国家和民族，不同的国家和民族历史文化滋生了不同的王权和神权国家形态。在历史发展到今天，有的王权归于囚笼，有的王权在囚笼之外；有的神权归于人类的内心，守护人类的灵魂，有的神权束缚人类的大脑，捆绑人类的意识。人类无法形成一个"统一世界"是因为意识形态的差异而无法统一，也就是说上帝在变乱我们的"语言"，而让我们无法统一。不同的意识形态是滋生人类恐惧和害怕的主因，在古代丛林社会法则之下，不同的意识形态（包括国家意识形态，民族意识形态和宗教意识形态）互相杀戮，更是把人类的恐惧和害怕发挥到极致，而失控的王权和神权都是滋生意识形态的土壤。如何建立一个统一的"语言"意识形态？？如何把失控的王权和神权关进囚笼？？人类的未来世界在那里？？？

邪恶的意识形态

如果有人问你，世界上最邪恶的动物是什么，你肯定会说，眼镜蛇，蝙蝠等等，这些只是常识性的问题，信息时代，我们还可以百度一下。百度会告诉你 N 多的答案。

或许以我们人类的主观思想判断，人类区别与动物的基本因素，是因为人类具有思想。人类就单方面认为，只有人类才是高于动物的高级生物，所以人类称自己为人。从生物学上来下结论，人类也属于动物，如果这样归类的话，那么世界上最邪恶的动物，就是人类，非人类莫属。人类正是因为具有了思想，才变得邪恶的。其余的区别与人类的动物，只是遵循自然法则，认真地扮演着生物链的固定角色，在按照某种程序在进化着。人类不这样，人类有了思想，就妄想着摆脱自然法则，人为制造着违背自然法则的灾难。人类这种高级生物，所做所为，无不显示出其最邪恶的一面。

战争，是人类有史以来，就具有的邪恶行为。先不说古代，就说近代史上的一战二战，以及正在酝酿的三战，那是机械性的屠杀，人类把同类像剥皮的动物一样屠杀，在自然动物界人类的残忍首屈一指。人类正是因为有思想，才产生了无穷尽的邪恶欲望，为了满足欲望，人类的性质变得不再是我们所渲染的那些虚伪的美丽外形象，他比任何一种动物都要邪恶。

这一切的根源是什么，是人类意识形态思想。人类的意识形态思想是最邪恶最可怕的武器，人类只有不断地修正自己，才能够长久地生存下去，确切地说是共存。如果人类丧失了共存的理念，人类只有灭亡。人类必须与自然界共存，与自己共存。我们现在看看，人类还有共存意识吗？佛说，人只有认知了自己的本性，才能才能修成佛。我们可以先不去想成佛的问题，我们是否能够先做人，先具备了最起码的人性。人没有了人性之后，带来的将是不可避免的灾难。任何贪欲，贪恋世间的权，钱，色等等，而不择手段获取的行为，都是违背自然法则的，都将是毁灭自身的行为。可是人类并不觉醒，人类的生活质量在提高，但是成反比的是，人类的人性意识在降低。

毫无疑问，人类的下半身装满了性欲，色情和兽性，而上半身里装满了权欲，斗争和杀伐。不论古今中外，东方西方，人类进化前和进化后，人类的大脑里就印上了政治，以及和政治有关的权欲，斗争和杀伐。我们翻开古今中外的历史教科书全部毫无疑问都是用"死人的血"写成的，它的一撇一捺，一个标点符号，一个英文字母都是用"死人的血"写成的。在物竞天择、适者生存的自然界是如此，在人类社会丛林法则体系中更是如此，就是在当前所谓的文明法则社会间或也是如此。活人的权力是用死人的血铸就而成，在一个权力体系中，不论是一个家庭，还是一个社会，或者是一个国家，更或者是一个星球体系内，人类对自己的生命毫不珍惜，更不要说去怜惜别人的生命了。在一个权欲社会中，依靠杀人来取得自己的政治权力和力量，是人类的本能。而人与人之间的恐惧，国家与国家之间的恐惧，则是"他会不会杀我"？两个意识形态不同的国家，发生冲突、流血和死亡的概率是非常大的，除非这两个国家的意识形态和国家民族文化历史是相对吻合的，才有可能避免战争。人类之间所有的冲突和战争相对而言都可以归结于意识战争。古代欧洲历史发展很能说明这一点，从古罗马的铁血意识立国开始，欧洲战争就经历了人与人之间的战争，人与神之间的战争，以及神与神之间的战争，当然也包括近代第一次世界大战和第二次世界大战的国家意识形态战争和民族意识形态战争，以及二战之后的东西方之间的冷战和局部区域的热战等等。而古代中国的五千年历史战争却没有那么复杂，一直都是简单的、平行的铁血、还是铁血战争，中国人和西方人的意识形态战争所不同的是中国人信天道，也破天道，中国人崇尚天道轮回，中国人喜欢以五行金木水火土来论证天道循环和朝代更替，例如古代秦朝尚黑，认为水命，西汉尚黄，认为土命，而东汉尚红，认为火命等等，这种通过颜色革命来改朝换代无疑是中国最早的意识形态色彩战争了，当然其实无论中国在这五千年之内崇尚什么颜色，发生什么样的颜色革命，其骨子里都没有摆脱"所有的母猴都归我"的历史宿命，那么中国也就永远无法摆脱历史圆周率的循环。

无论在全世界任何战场，不管是古代欧洲的，还是古代亚洲的，或者是别的什么大陆板块，包括近代战争以及现代战争，人类之间的互相杀伐如果说是战争造成的，不如说是由意识形态的不同而形成的恐惧心理而引发的战争。就像古代欧洲中世纪的十字军东征，就是由于神与神之间的宗教意识形态的不同而引发的神与神之间的战争；而二战时期德国的纳粹民族意识形态和日本的军国主义意识形态，都是因为和西方世界民主、自由的意识形态的不同，而引发的战争，当然我们需要特别说明的是德国、日本的意识形态是建立在反人类的罪恶意识形态上。二战时期作为纳粹意识形态的德国，要将具有共产主义意识形态的苏联从地图上抹去，以及二战以后东方共产主义阵营和西方资本主义阵营的对峙而引发的意识形态冷战和后冷战时期的全球局部热战，都是由于意识形态的不同而引爆的战争。

人类的恐惧在于他人或者他国的意识形态会不会伤害我，改变我、改变我的信仰、文化，甚至危及我的生活和生存等等。在不同的国家主义、民族主义以及宗教信仰主义意识形态下，人类产生不同的意识形态恐惧是一种必然的结果。意识形态的可怕在于它利用了人与人之间不同的国家文化、不同的宗教信仰、不同的人文历史、不同的民族风俗民情。。。。，在人类的内心深处投下一个巨大的黑暗阴影，而这一阴影足以让人类互相残杀，互相吞噬。我们暂且不论谁的意识形态是正确的，谁的意识形态是错误的，假如二战时期德国、意大利、日本和美国、英国的意识形态相同，会不会引发第二次世界大战？假如苏联的意识形态和德国的意识形态相同，那么德苏之间是否存在战争？假如以苏联、中国为首的共产主义意识形态和美英的资本主义意识形态相同，那么会不会有后来的"冷战"？？？

人类是意识形态动物，我们的意识形态的出现是因为对未知世界的恐惧而滋生被庇护的慰藉心理意识形态。我们的意识形态不同是因为我们今天的站立点的不同，或许是因为我们的历史发展不同，或许是我们的宗教信仰不同，或许是我们的国家理念不同，或许是我们的民族特点不同等等。因为我们只能以自己的眼光看待世界与他人，而无法以世界与他人的眼光看待自己。

意识形态的墙

　　人类发生争端的根源是：思想、信仰、意识形态的内在不同，以及在领土、资源、机制的界限不明确而导致的外在争端，它是一种人类在空间、地理、战略以及集成思想不同，而引发的争端，要想消除人类世界的争端，其首要前提是意识思想的统一性和大同意识一体性。丘吉尔说：伟大的事情都很简单。而且大多数都可以被凝结成一个简单的单词：自由；公正；荣誉；责任；仁慈；希望等等精神方面人性化的东西……抛开国家，民族，宗教意识形态争论，全人类的目标都很一致。问题是当宏伟的目标和现实利益发生冲突时，有人的单词就改成了：权位，利益，后代。坚持人性这一目标的，我们叫他政治家和民主国家。放弃的，我们叫他政客和独裁者。可是今天正是有一些"外部的意识形态分子"一定要扭曲"人类内心的人性和本性意识形态"，让人类之间产生隔阂和争斗，甚至自相残杀，人类在这场自相残杀的争斗中，到底能得到什么呢？？

　　世界上有几道墙赫赫有名：德国的柏林墙、中国的长城、耶路撒冷的哭墙、巴以隔离墙。柏林墙把两个不同主义的民族从物质上截然分开，而后寿终正寝，它的倒塌迎来世界的欢呼雀跃；长城在古代承担着抵御外族入侵的职责，如今已成为游览胜地；哭墙是古代犹太国饱经沧桑的第二圣殿残留下来的一小段，寄托着流落在全世界各地犹太人对故土的哀思。以色列前总理本杰明·内塔尼亚胡访华时，曾站在伟大的中国长城上说，以色列也需要这样巨大的墙保障它的人民的安全。其实能给以色列人真正安全保障的是和平而不是这样的混凝土墙。巴以隔离墙，这是一道顶着天下之大不韪而修建且仍然在修建的，要把以色列平民和那些怀揣炸弹的恐怖分子隔离开来的安全之墙。"隔离"两个字有着太深太丑陋的寓意，所以联合国才对以色列隔离墙予以明确的反对。国际社会曾一致认为，隔离墙只会产生消极影响，正如我们将看到的，就连以色列内部也引起了广泛的争论。以色列人权机构"彼茨勒姆"发表了题为"糟糕的墙"的全面报告，详细地叙述了隔离墙对巴勒斯坦人经济社会和政治上的危害。修建隔离墙同时也是对国际人权惯例和法规的践踏，它损害了巴勒斯坦人的行动自由，由于没收土地践踏了他们的财产所有权，对农田的破坏损害了他们的生活来源，隔离墙使他们处于孤立地区，离开正常的生活环境，并摧毁了他们的家园。

希腊神话说，众神之神宙斯在他天上的宝座看到有一群叛教者，没有主，也没有宗教，他们想离开土地、人们、树木、飞鸟、河流，蜗居在一个在远离世人的地方。于是，他们建起一堵墙，与其他人隔离开，想独自享受阳光、空气、泉水、植物和树荫，由于仇恨周围的邻居，他们每天都在不断加高、延长这堵墙。最终，墙愈来愈高遮住了阳光，愈来愈长把他们包围了起来，没有通向世界的窗口和门，没有了太阳，世界被黑暗笼罩，植物死了，树木都垂下了头，隔离墙的俘虏们生活在没有阳光和邻人温暖的世界里，就这样，众神之神宙斯的诅咒降临到他们的头上！

纪录片《倒数到零》剧情：我们将会看到的是一次借助影像的手段、在追踪原子弹的发展历史中所展示出来的最为真实的姿态，从它的起源到目前全球的形式——现在有 9 个国家拥有核武器，更别提还有更多的国家正在争先恐后地想要加入进来……如此看来，维持着整个世界的微妙的平衡关系的局势，很有可能会因为一次恐怖主义袭击、失败的外交政策或简单的意外事故，而彻底地被打破。当全场灯光熄灭的时候，一朵炫目的蘑菇云出现在屏幕中间，随着核弹冲击波的蔓延，我们熟悉的世界正在一点点消失……

核恐怖主义、核扩散、核事故，当这些人们并不熟悉的字眼从屏幕上依次飞过的时候，

这些曾经手握核按钮的政治家们用自己的话语，向观众传递着"零核"的信念。一个网球缓缓滚过大都市上空，让观众形象地认识到，网球大小的浓缩铀就可以毁掉一个上千万人口的都市。《倒数至零》还展现了"原子弹之父"奥本海默博士的珍贵影像。在这段拍摄于 60 多年前的影像中，奥本海默承认，核武器会扩散，人类会被其吞噬。奥本海默说这番话时那悲伤的眼神会铭刻在你的脑海中，挥之难去，迫使你深思，核武的悲剧何时能够终结？迄至于今，世界上已有 9 个国家掌握了这项技术，核弹头数量一度达到 6 万枚之多。这些恐怖武器成为悬在人类头顶上的达摩克利斯宝剑，任何的误判、失误乃至疯狂都会引发人类文明的毁灭。然而重要的原料如铀、钚等却通过各种渠道流出，人们通过核武器相互制衡，甚至不惜将彼此带至深渊……

人类是一个情感认知不规则的感性物种，人类不可能做到像高精尖机器人一样，永远不会出错，就是作为高精尖机器，也会出现机械故障，人类会因为这样、那样情绪、情感、感性、认知等等原因，做出不理智的行为，这就像掌握上帝天火，足以毁灭全人类的武器掌控在人类手中一样，人类的毁灭只是早晚问题。一群感性的人，掌控一把理性的火，灼伤自己只是早晚问题。在没有彻底根除人类对他人的恐惧之前，在人类没有重新构建人类的价值感、生命观和世界意识观之前，这把天火随时会毁灭我们的世界，而使全人类陷入万劫不复的地步，人类的毁灭只在于早晚旦夕之间。

纪录片《达尔文的噩梦》中阐述坦桑尼亚维多利亚湖畔的环保灾难几乎令人无法忍受。该片并无政治布道愿望，导演只是想向观众展示那些贫苦人凄惨的面容。影片以大量细节揭示了当代社会面临的环境污染与生物失衡问题。东非国家坦桑尼亚的维多利亚河流域正在变成一片暴力、疾病与绝望的土地。更为值得关注的是，环境污染与生物失衡不仅发生在非洲，而且发生在世界各地，在非洲发生的悲剧只是全世界每天都在发生的同类悲剧的一个缩影。

以色列的墙----倒数为零的核爆----达尔文的噩梦，在这三者之间有什么必然的关系和内在的衔接吗？人类从降生那一天开始身上就被"后天"的打上国家意识形态和民族主义至上的烙印，由于其信仰、历史、文化的不同，人类从伊甸园中逃离出来后，就陷入"争端论"的桎梏中，争端一切"存疑"的事物，争端可以从言词争端、思想争端、意识争端、信仰争端，以致发展到武力争端、毁灭争端等等。而争端的事物可以小到一个纽扣、发丝、硬币，也可以大到一个国家形态、一个民族主义，或者一个宇宙问题。由意识形态和民族主义的不同而界定出国家战略安全意识和民族主义保护主义，造成了今天的刺猬定理。

根据刺猬定理：每一个国家都在自己的身上布满针刺，树立篱笆城墙体系，以界定安全，以防止被另一个国家"刺猬"扎伤自己。而刺猬与刺猬之间由于国家意识和民族至上形态的不同，都采用一种冷战思维下的"丛林法则"来保护自己，震慑别人。人类是一个脆弱的动物，受制于温度、环境、水分、空气、气候等等制约的物种。于是人类为了保护自己，就拼命发展足以毁灭全人类的武器来武装自己，其实他们保护的是自己吗？？不是，他们想保护的或许是自己的权位、自己的利益、自己的国家意识霸权、自己的民族至上形态等等？

人类都是从同一个"猴子"进化而来的物种，众生平等。当然由于历史发展原因，我们承认文化信仰的不同，政治体制的不同、民族意识的不同、国家结构体系的不同。人类之间的纷争是因为不同宗教意识形态、不同国家意识形态以及不同民族意识形态的理念不同，而形成的纷争。以色列为了预防巴勒斯坦的自杀式炸弹爆炸袭击而修建隔离之墙的时候，是否意识到一堵墙或许可以隔离炸弹，那么假如巴勒斯坦拥有倒数为零的核弹，这堵墙是否可以保护以色列的善良？？在以色列没有根除巴勒斯坦人们内心的炸弹之前，任何的隔离之墙都无法根除巴勒斯坦人们对以色列的仇恨。假如这堵墙有用的话，那么柏林之墙就不会坍塌；假如这堵墙有用的话，那么中国古代第一个大一统国家秦朝就不会灭亡。

墙阻挡不了彼此的仇恨，只会影响彼此的沟通和交流，让仇恨累积。墙不是意味着把单方囚禁，而是把双方囚禁，当以色列认为把邪恶拒之门外的时候，其实也意味着把善良以及和解拒之门外。以色列的善良之墙，更像是坦桑尼亚的维多利亚湖畔，在这个湖畔的两岸住着以色列人们和巴勒斯坦人们，一方面强大的意识形态道德灾难，都把自己放置在意识形态道德的制高点，把彼此都视为魔鬼和邪恶，双方都认为可以通过武力和暴力手段把魔鬼消灭掉；巴勒斯坦人们认为自己的贫穷和困苦都是以色列人造成的，而以色列人认为自己的不安全状态是巴勒斯坦人仇恨的结果。隔离墙隔离不了仇恨，消灭仇恨的唯一方法，就是改变敌人的意识。当你界定别人是恐怖分子的话，那么在恐怖者眼中你也是恐怖者。因为，仇恨和恐怖是双方的。以色列的墙是一堵什么墙，假如说以色列的墙是一堵善良之墙的话，那么是否与以色列一墙之隔的巴勒斯坦就是邪恶的代表？抛开宗教因素和国家民族因素不讲，以色列和巴勒斯坦是属于同一个种族的果子，可是为什么从同一个树上结下的果子有的是善良的，有的是邪恶的？

一个人的危险在于他思想的危险，意识形态的危险，而不在于他的行为，因为是思想决定了行为。在教科文组织总部大楼前的石碑上，用多种语言镌刻着这样一句话："战争起源于人之思想，故务需于人之思想中筑起保卫和平之屏障。"其实战争起源于人之思想"不相同"的意识形态。

达尔文的噩梦意味着双方都认为对方是自己的噩梦，所以他们通过加固城墙，来预防自我安全，但是假如巴勒斯坦人们和以色列人们内心对生命没有崇高的敬意，在双方人们内心还没有滋生出生命的雏菊的时候，双方人们都不会滋生安全感。柏拉图说过教育是最廉价的国防，但是如果我们延伸思考一下，巴以冲突的根源是意识形态，宗教的意识形态和人的意识形态。如果人们能够通过某种共同、共通的意识形态走到一起的话，那么冲突就会结束。如果巴勒斯坦人能够了解以色列人所遭受的民族痛苦和建国艰辛及血泪，如果巴勒斯坦人的意识形态中有"尊敬生命，尊敬每一个敌人的生命"的思维，那么冲突会如何？？如果以色列人能够明白巴勒斯坦人贫困、艰辛，以及仇恨的根源和在围墙下生存的境遇，那么冲突又会如何？？只有正确的意识形态思想和普世价值以及人的人性和人性中对生命的善和爱，才是这个世界上最好的良药，解决冲突的良药。只要心中有了爱，慈悲心自然会生起。只有从慈悲之中生起的爱，才能为人类带来安全、稳定。墙隔离不了仇恨，仇恨的是"人心"和不同的意识形态。其实任何安检设置都没有人们心目中的那朵雏菊，那朵尊重生命的雏菊意识思想来的重要些。

　　20 世纪的世界已成为一个"非零和关系"的世界。在这种世界中，大家不是都赢就是全输。悲观主义者认为，倘人类停留在从 1945 年广岛的原子弹爆炸到未来可能爆发的星球大战的升级过程中，就不啻是从第二次世界大战的种族灭绝升级到第三次世界大战的全体灭绝。爱因斯坦早在 1916 年 5 月的公众演讲中就曾这样认为："原子释放出来的能量已改变除我们思维方式之外的一切事物，因此，我们将日渐走向空前未有的大灾难。"为了制止人类这种发展趋势，爱因斯坦说过："光有知识和技能并不能使人类过上幸福而优裕的生活，人类有充分理由把对高尚的道德准则和价值观念的赞美置于对客观真理的发现之上。人类从佛陀、摩西以及耶稣这样的伟大的人或者神灵身上得到的教益，就我来说要比所有的研究成果以及建设性的见解更为重要。"

这位原子时代之父的观点是众所周知的，而不为众人所周知的是美国参谋长联席会议主席布雷德利将军在 1918 年 11 月 10 日举行的第一次世界大战停战纪念日上的演讲中指出："我们有无数科学家却没有什么宗教家。我们掌握了原子的奥秘，但却屏弃了耶稣的训喻。人类一边在精神的黑暗中盲目地蹒跚而行，一边却在玩弄着生命和死亡的危险的秘密。这个世界有光辉而无智慧，有强权而无良知。我们的世界是核子巨人、道德侏儒的世界。我们精通战争远甚于和平，熟谙杀戮远甚于生存。"所以在人们内心的"花"没有盛开之前，墙保障不了人们的安全。

二战之后，全世界的人一直在担心会爆发大规模的核战争，由于氢弹的威力超过了最初的原子弹，这种担心已大得教人无法想象。现在，核武器的储备已达到这样的程度：据估计，美国能用过多的核力量摧毁苏联 1250 次，前苏联能用过多的核力量摧毁美国 145 次。与核战争的幽灵同样折磨人的是不少国家将多得骇人的人力物力用于战争目的。美苏两国的军费合在一起相当于人均年收入在 100 美元或 100 美元以下的所有不发达国家的人民的年度总收入。

如果一位观察家在月亮上观察地球，他很可能会下结论说，这是一个有着满满的军火库、空空的食品室、到处布满恐怖的古怪星球。达尔文的进化论确定了人类从猴子进化为今天的直立行走人类，为什么人类在进化了几万年之后的今天，我们依旧还生活在达尔文的噩梦里？？为什么在今天人类的噩梦里，还是会出现倒数为零的核爆和以色列的墙？？因为直到今天的人类，我们的大脑"意识"还没有进化，虽然我们的身体机能和头脑智慧有所进步，但是我们还是一直生活在"物竞天择，适者生存"的噩梦里。今天人类与人类之间彼此的墙，由于历史、民族、国家、宗教原因而一直都存在。世界上有很多墙，而这些墙就是我们的意识之墙，以色列和巴勒斯坦之墙；东德和西德的柏林墙；印度和巴基斯坦之墙；俄罗斯和乌克兰之墙；韩国和朝鲜之墙；当然还有中国和日本之墙。墙于墙之间或者由于宗教意识形态或者国家意识形态或者民族意识形态的不同，而让墙之下的双方人们生活在仇恨之下，在人们内心的那朵生命的雏菊还未打开之前，我们的墙不会坍塌。有没有一把锁可以打开一堵墙？？有没有一种意识形态是基于一种共同的世界民族利益观，让国家之间更为紧密衔接，让人类之间更为"自由"的思想形态？？？

我们的意识形态是否能统一

假如将全世界各种族的人口缩小成一个 100 人的村庄，再按比例来计算的话，那么，这个村庄将有：

57 名亚洲人；

21 名欧州人；

14 名西半球人（包括南北美洲）；

8 名非洲人；

52 名男人和 48 名女人；

30 名白人和 70 名非白人；

30 名基督教徒和 70 名非基督教徒；

89 名异性恋和 11 名同性恋；

6 人拥有全村财富的 89%，而这 6 人均来自美国；

80 人住房条件不好；

70 人为文盲；

50 人营养不良；

1 人正在死亡；

1 人正在出生；

1 人拥有电脑；

1 人拥有大学文凭。

现在我们看到的是村庄与村庄之间由于意识形态的问题，而处于敌视和敌对状态，当然这些敌对状态有宏观历史原因，也有微观意识形态原因。人类从神的意识形态中挣脱出来，面对未知的世界观和不成熟的意识观，在铁血丛林时代是以崇拜强权为目标的，在国家民族意识形态下那么彼此间的征战杀伐无法避免，第一次世界大战和第二次世界大战都是如此。如果说在欧洲中世纪时期人类是在宗教意识形态下以神的名义进行一种人与人之间的绞杀，那么一战、二战就是人类在民族意识形态下以国家君王的名义而进行的一种人与人之间的残杀。二战时期希特勒就是以一种民族意识优越论和血统论，把伟大的雅利安人置于上帝的肩头的，但同时又把犹太人视为猪狗，加以屠戮绞杀，正是这种极端膨胀的单边式民族主义思想以一种国家意识形态挑起了一场全人类互相绞杀的战争。

二战之后，全世界格局形成了以苏联模式为主社会主义阵营和以美国为主的资产阶级阵营，这是人类在二战之后第一次陷入在国家意识形态下的民族主义格局之中，泾渭分明。随着东欧剧变，苏联解体，在后冷战时代，是以中国为新兴宗主国的特色意识模式和西方国家的民主意识模式的对立。当然这其中也有一些宗教意识形态在滋生，例如：伊朗的政教合一，国家意识民族形态，伊拉克利比亚叙利亚以及朝鲜等极权强势独裁意识形态国家，以及温和式的社会主义国家阵营代表古巴等，这里也包括选举制国家印度、巴基斯坦、委内瑞拉等拉美国家。这些国家有的是异姓世袭制，有的是独裁世袭制，但是他们无一例外的是建立在一种国家意识形态下的民族主义至上思想下，都是以一种仇恨的、排外的极度膨胀的单边主义民族至上思想进行统治的。例如：树立假想敌，转移国内矛盾；用民族意识形态愚化人们，进行极权统治，凸显个人政治权威，或者利用宗教意识形态控制人们，进行国家敌对意识。

　　一个正常的民主国家和民主国家之间不存在国家敌对意识形态，因为民主国家的公民和另一个民主国家的公民由于"意识形态教育同步"原因，在宪政教育理念下，就没有互相敌对的意识形态，那么国家与国家之间就没有任何理由成为敌对国家。而印度、巴基斯坦、委内瑞拉，虽然都是一种民主选举制国家，但是他们都是属于一种出身政治世家或政治财团的政治精英式人物，在他们出生环境及从政境遇的那一天起，就已经无可避免的打上国家政治意识形态的烙印，这就等同于说他们虽然是民主上位，但是由于历史原因他们是在国家政治意识形态的小圈子内成长的，所以其从政就无法避免的带有意识形态的疤痕。另一方面来讲整个国家意识形态及宗教信仰氛围就"布"在那里，根本无法打破，就张着口袋等着人去钻，那么凡是进入这个意识形态口袋的人，身上就必然带有民族主义至上的情绪。这就解释了为什么印度、巴基斯坦、委内瑞拉、日本，都有一种极端的民族主义至上的情结在里面，一个是因为国家意识形态没有打破，一个是因为本身政治精英所处的国家意识形态小圈子没有打破，在这里日本是由于所处岛国位置，资源枯竭而兴起的国家意识外扩的民族主义至上的因素引导；而印度、巴基斯坦、委内瑞拉是由于所处地域范围或者狭小，而产生的不安全因素；或者想做区域性大国而产生的大国沙文主义思想因素引导等等。

　　意识形态在我们当前的世界不仅没有消散，反而进一步扩散了，美国哈佛大学教授塞缪尔·亨廷顿的著述《文明的冲突与世界秩序的重建》中提到，未来世界的国际冲突的根源将主要是文化的而不是意识形态的和经济的，很显然塞缪尔·亨廷顿认为文化和意识形态是两种不同的东西，但是难道文化不是一种建立在国家民族宗教之上的意识形态吗？？难道意识形态不是一种文化吗？？所以文化的不同，就是意识形态的不同。

人类，只有人类能创造预定的环境，即今日所谓的文化。其原因在于，对于此时此地的现实中所不存在的事物和观念，只有人类能予以想象或表示。只有人类会笑，只有人类知道自己将死。也只有人类极想认识宇宙及其起源，极想了解自己在宇宙中的地位和将来的处境。或许人类需要建立新的信仰新的灵魂，在这个世界上不只是只有基督教、佛教、伊斯兰教等等，这个信仰将超脱全人类一切的一切信仰，它将全人类达成一个共识或普世价值；人类需要建立一个"巨大"的笼子，这个笼子大到可以包容一个世界，很显然今天的人类世界并不是一个很大、很合适的笼子，那么世界需要什么样的笼子；人类当前的机制制度并不完美，具有很大的缺陷，我们需要进一步再创新的机制制度，以便让我们的文明更安全的运行？？？这所有的一切都预示着人类需要走什么样的道路？？？

世界政治看似复杂其实也简单，可以简单分为宗教界、政治界、军事界、商界、文化界、黑社会、平民界等几大类。全球 69 亿人口中，有 84% 的人（58 亿人）有宗教信仰，其中基督徒占 32%、穆斯林 23%、印度教徒 15%、佛教徒 7% 等。犹太教人数不多，影响力巨大。在很多国家，宗教领袖权利很大甚至最大。政治界各国分为总统、议长、总理、高法院长、省长、州长等。军事界分为军委主席、参联会主席、国防部长、参谋长、陆军司令、海军司令、空军司令等。商界分为各国央行行长、各国财政部长、国际财团大银行董事长、国际大集团董事长等。人类站在一个大圆球上，但是由于彼此意识形态的不同而被隔离开来。

中国近代杰出的思想家、政治家康有为，在其代表作《大同书》里描写了一种乌托邦式的理想社会。在这个世界性的社会里，没有国家，没有种族，人人平等，天下为公，人类过着高度物质文明和高度精神文明的生活。康有为的大同理想是中国有史以来最为绚丽的关于未来社会的构想。梁启超在《清代学术概论》一书中将《大同书》的内容曾概括为如下几个方面：

1. 无国家，全世界置一总政府，分若干区域。

2. 总政府及区政府皆由民选。

3. 儿童按年入蒙养院及各级学校。

大同书特别重视教育。在康氏看来，大力发展学校教育是大同世界进步的巨大推动力。他说："太平世以开人智为主，最重学校。自慈幼院之教至小学、中学、大学，人人皆自幼而学，语言文字同一，日力既省，养生又备，道德一而教化同，其学人之进化过今不止千万倍矣。"康氏主张废除国家，走向"去国界合大地"的盛世。谭嗣同受康有为思想影响，亦提出有关"大同"理想的主张。谭氏谓："地球之治也，以有天下而无国也。……人人能自由，是必为无国之民。千里万里，一家一人……殆彷彿《礼运》大同之象焉。"

　　"大同"是中国的一种古老的社会体制理想。《礼记·礼运篇》托孔子所述,描绘了一个远在禹之前的时代,即"大道之行也,天下为公"。选贤与能,讲信倡睦。用现代语言来表述,就是人与自然和谐相处,经济可持续发展;社会有选贤与能的机制,人与人之间讲信修睦,在家庭关系上提倡仁义孝悌,物质文明、制度文明与精神文明和谐发展的社会,一切人类最美好的愿望和理想在大同世界都如愿以偿地实现。孔子大同思想的出发点是理想主义,其理论基础是宗法主义、仁道主人、平均主义、至善主义和中和主义,其主要学说由大同社会、小康国家、四海一家、天下一统四大部分构成。孔子的大同思想是人类文化思想史上乌托邦学说的最早形态,它不论在当时还是对后世,都产生了深远的影响。

　　《理想国》是古希腊著名哲学家柏拉图(公元前 427-公元前 347 年)重要的对话体著作之一。《理想国》是西方政治思想传统的最具代表性的作品,通过苏格拉底与他人的对话,给后人展现了一个完美优越的城邦,设计了一个真、善、美相统一的政体,即可以达到公正的理想国。

　　无论是柏拉图的《理想国》,还是莫尔的乌托邦、傅立叶、欧文的空想社会主义,无论是先秦儒家的"大道之行也,天下为公",还是历代农民起义以大同理想感召民众;无论是陶渊明式的理想社会,还是清末康有为的"大同"学说,梁启超的"世界大同",孙中山的"天下为公",李大钊的"世界联邦"、陈独秀的"大同主义",都是对传统的"大同"思想所作出的新的阐释,都在致力于描述和讴歌以"和谐"为特质的理想社会。

今天，今天全人类不仅存在着日益增长的全球责任感，而且同样重要的是，还存在着履行这种责任的方法和方向。如前所述，当今世界的主要问题是民主国家和独裁极权国家之间的意识形态差距越来越大，越来越危险。今天，仍有相当数量的人成为悲哀意识形态的牺牲品。

未来的前景如何呢？历史学家像气象学家一样，面前只有一个变幻莫测的水晶球。尽管未来的特定事件无法预见，但是，倘若对世界历史具有正确的认识和解释，我们就能根据各种历史模式来洞察未来的一般趋势。所以，倘若同意吴丹提出的警告并接受他提出的适度的目标，我们就能得出关于 20 世纪末人类前景的若干结论。一个聚居着 13 亿毛泽东主义者、伊斯兰原教旨主义者和盎格鲁-撒克逊裔白人新教徒的世界，必定还有许多有待完善之处。在这样一个活跃多变的世界里，任何地方所取得的任何创造性成就都可能成为大家共同的知识财富，人们加以讨论、学习、采用或予以抛弃。

看看今天的世界，到处泛滥的是此类故事：局部战争、生态环境恶化、世界贫富差距分化，人们期盼一个世界性政府、希望取消国界；

1968 年 7 月 26 日美联社报道说："纽约州州长尼尔森·A·洛克菲勒说，作为州长，他将为一个国际性的'新世界秩序'的诞生而努力……"

1976 年 1 月 30 日，美国人看到了一个新文件，这个文件叫作《独立宣言》。《独立宣言》由 32 名参议员和 92 名众议员在华盛顿集体签署，其中这样写道："两个世纪以前我们的先辈们创造了一个新国家，现在，我们要携手创造一个新世界秩序。"

美国总统乔治·布什在 1989 年 5 月 12 日在德州 A&M 大学发表就职演讲时也讲过类似的话。他的演讲是关于美苏关系的，他说："我们的最终目标是欢迎苏联重回世界秩序中来。或许未来的世界秩序将是一个四海一家的新局面。"

历史学家沃尔特·米尔斯认为，在一战之前，爱德华.蒙代尔.豪斯上校，当时美国总统伍德罗·威尔逊的主要顾问，一直希望美国加入一战，这位历史学家说："这位上校准备参与这样一场血腥屠杀的唯一原因是希望建立和平的新世界秩序。"

社会主义者希特勒，德国政府的首领，在德国参与二战之前和二战时都曾经说过："……国家社会主义会利用其自身的变革建立起新的世界秩序。"他对丹泽总统劳师宁说过："国家社会主义的意义超越宗教，那是一种创造超人的信念。"他进一步说，"没错，我们是野蛮人，我们希望继续做野蛮人。我们为此感到光荣，最终复兴世界的将是我们。现在的世界秩序即将结束，现在我们唯一的任务就是将其解散。认为国家社会主义只是一场政治运动的人，根本不明白问题的实质"。

人文主义宗教在 1933 年发表过一篇宣言，发表了其对世界的看法。对富裕和贫穷的政府共同分享财富，他是这样说的，"发达国家通过国际权威组织向发展中国家提供经济援助是一项道德义务。"

1974 年 4 月的《外交事务》发表过林顿·约翰逊和约翰·肯尼迪任职期间国际组织副助理国务卿理查德·格登纳的言论，

他说："……如果我们能够自下而上而不是从上至下的来建立我们的新秩序，事情会简单很多……对国家主权的终结，一点一点的将其腐蚀，比旧式的屠杀要带领我们更快的实现新世界秩序。"

今天这个世界真正的危险仍然是：大国或者超级大国的的主导作用仍然不到位，从而引发世界范围内更大的混乱和不稳定。对于维护全球稳定来说，管理大国的政治和军事权力仍然是最为重要的任务。大国必须为世界提供能解决重大问题的规则、制度和服务，同时在国际体系中给其他国家留出更大的发展空间。几十年来，美国并没有真正发挥这样的领导作用，但法国、英国同样没有做到。欧洲也似乎处于分离状态。许多新兴市场国家与美国一样小心翼翼地捍卫着国家主权，而且往往是过之而无不及。一方面是联合国本身自我机构、机制的缺陷而无法对世界范围内的事物冲突，进行有效的界定和授权，另一方面是世界范围内人们的意识形态还是处于分裂和纷争的混乱局面。

当然归根结底还是对人类的意识形态人性的启蒙很重要，这是世界混乱的重要原因，无论这种局面是由谁造成的，在经济、能源、气候变化、疾病、毒品、移民以及其他许多问题上，如果我们不能找到完善和加强全球合作的规则和制度的有效途径，世界就将经历更多的危机。今天的联合国无论是事权，还是财权都是处于一个"空空如也"空体境遇，面对今天世界的四分五裂和意识形态的普遍破裂，我们需要一个超级主体的出现，以改变我们的世界。

今天所有的思想都归结于一个"统一性的圆球"之上，即世界主义。世界主义是一意识型态，从正义概念的普世性出发，每一个世界公民都不受歧视地自我决定其发展。世界主义则是此世界因彼此依靠而互相依存的全球状态。世界主义不见得推崇某种形式的世界政府，仅仅是指国家之间和民族之间更具包容性的道德、经济和政治关系。世界主义在某些方面与普世主义观点相同：被普遍接受的人类尊严观念应该写入国际法，并且受到保护。世界主义者即"世界公民"，英文的这个词语来源于希腊文 cosmos（世界）+polis（城市，人民，市民），被古代哲学家所采用，如斯多葛学派和犬儒学派，用之描述跨越国界的、对人类的博爱。世界主义者确信，所有的人都有责任去培育和改善、并且尽全力去丰富总体人性。这个理想与普天之下皆兄弟的思想息息相关，人类是一个整体，必须团结一致、彼此扶持。民族国家之间的关系应该是霍布斯所说的自然国家，为了避免冲突和不公，彼此之间应该建立社会契约。世界公民一词有多重涵义，通常是指一个人不赞同源于国籍的传统地理划分。

　　由世界主义构成的政治实体，则形成一个世界政府。世界政府是一个关于可能实现的政治实体的理念，这个政治实体解释并执行国际法。关于这个世界政府的理念有一个必要的条件就是现有的国家要削弱和放弃某些权力。事实上，世界政府将在现有的国家上新增一级行政级别（包括政治，军事，经济及人权）或为不同国家提供独立国家无法提供的协调。一些人视一些国际机构（例如国际刑事法院、联合国和国际货币基金组织）和各种超国家和大陆联合体（例如美洲国家组织、欧盟、非盟、南美洲国家联盟和东盟）为世界政府体系的雏形。

在古希腊和古罗马时期为了保持国家之间的和平曾讨论过建立世界政府的想法，例如但丁在他的书《Monarchia》中曾讨论过（1329 年）。在 1625 年，荷兰法学家格老秀斯写的《战争和和平法》一书，一般被视为现代国际法的起源。联邦的概念在 18 世纪末赢得了不少的支持，这一时期，世界上第一个民主联邦美国在 1788 年诞生了。在 1811 年，德国哲学家卡尔·克里斯蒂安·弗里德里希·克劳泽在一篇名为《人类原型》的短文中建议设立五个地区联盟：欧洲、亚洲、非洲、美洲和大洋洲，然后结合成一个世界共和国。在 1842 年，英国诗人男爵丁尼生在其出版的《Locksley Hall》一书中写道：巴哈欧拉在 1852 年和 1892 年之间创建了巴哈伊教，并为他的新宗教确定了一个建立全球联邦的重要原则。他基于全球人民共享和共商的基础设想了一套新的社会体系，包括一个世界立法机构，一个国际法庭和一个国际行政机构来执行立法和司法机构的决定。巴哈伊教准则包括世界通用的度量衡，统一货币，并使用一个国际辅助语言来交流。尤利塞斯·S·格兰特说过："我相信在未来的日子里，地球上的国家将同意成立某种程度的国会来审议某些棘手的国际问题并且其决议将像最高法院一样难以推翻。比利时法学家 Gustave Rolin-Jaequemyns 在 1873 年建立了国际法研究院，领导起草具体的国际法草案。第一个世界议会的雏形 Inter-Parliamentary Union 在 1886 年由克里默和帕西开始组织，由许多国家的议员组成。在 1904 年，这个联盟正式提议"一个定期讨论国际问题的国际国会"。1795 年康德写下短文《论永久和平》。在这篇短文里，康德描述了人类永久废除未来战争威胁的两种基本要求：

1. 每一个国家的公民宪法都应当是共和制的。

2. 国际法应当建立在自由国家的联邦制之上。

完整的世界政府从来没有存在过，但在人类历史上曾有几个帝国占领了他们所了解到的世界相当一部分土地。著名的例子有亚历山大大帝和他的帝国、罗马帝国、蒙古帝国和大英帝国。就大英帝国来说，它拥有世界上四分之一的土地和将近三分之一的人口。这是世界最接近成为一个共同政治体的时期。建立全球性的机构来解决国际争端的尝试在 20 世纪的前 50 年都以失败告终。最值得注意的是包括没能阻止第一次世界大战的 1899 年和 1907 年的海牙公约和没能阻止第二次世界大战的国际联盟（1919 年-1938 年）。1939 年到 1945 年的第二次世界大战造成了人类空前的毁灭（5 千万人死亡，大部分是平民），并制造出了能毁灭城市的核武器。某些在战争期间对平民犯下野蛮的行径被广泛的视为严重的反人类罪行。随着战争接近尾声，许多震惊的人们呼吁建立能永久防止国际致命冲突的机构。这导致了联合国在 1945 年的成立，并在 1948 年通过了世界人权宣言。许多人觉得联合国基本上只是主权国家之间一个讨论和协调的论坛。一些著名的人士，像爱因斯坦、丘吉尔、罗斯福和甘地等，呼吁政府采取进一步的措施来逐步形成一个有效的世界政府。

从二战快结束到 1950 年，这一时期是世界联邦主义运动的黄金时期。温德尔·威尔基的书《一个世界》在 1943 年第一次出版，卖出了超过 2 百万本。另一本埃默里·里夫斯的

《和平析》（1945）因其书中用世界联邦政府来取代联合国的论点使该书迅速成为世界联邦主义者心目中的"圣经"。1948 年 Garry Davis 在联合国大会上未经许可的发表演讲呼吁建立一个世界政府。在 1953 年 9 月 4 日，Davis 在美国缅因州的埃尔斯沃思市政厅宣布"世界政府"基于三个"世界法律"，即同一上帝、同一世界和同一人类。

世界主义是一种社会理想，认为全人类都属于同一精神共同体，是与爱国主义和民族主义相对立的思想。世界主义者确信，所有的人都有责任去培育和改善、并且尽全力去丰富总体人性。这个理想与普天之下皆兄弟的思想息息相关，人类是一个整体，必须团结一致、彼此扶持。民族国家之间的关系应该是霍布斯所说的自然国家，为了避免冲突和不公，彼此之间应该建立社会契约。假如以一只蚂蚁的眼光看这个世界，全球性是人类世界的最后的归宿。滴水自然应该汇聚，人类自然应该聚集，不受自然空间和疆域地理的限制，不受国家意识形态，民族意识形态，宗教意识形态的束缚，站在一起。当人类受相同的观念、观点、概念、思想、价值观以及世界理念的吸引，聚集一起的时候，全球性就形成了。基于全球性的形成，那么全球治理将成为未来人类世界的共同目标和走向。

新世界秩序的笼子

一位旅行家到马来半岛旅游，偶然遇到的一场奇异的决斗场面。决斗者是萨凯部落的两名健壮、帅气的男青年。他们赤裸着上身，一副不是鱼死就是网破的神情。令旅行家大惑不解的是，决斗者的手中既没有枪，也没有剑，而是一人握着一根孔雀翎。孔雀翎就是孔雀的尾羽。他们握住上端的羽梗，将圆圆的、中间有一只美丽"眼睛"的尾部指向对方。决斗开始了，两人举起"武器"，用羽毛"眼睛"触向对方上身，而且专找最敏感的地方给对方搔痒。随着时间的推移，两人的表情发生着微妙的变化，由怒气冲冲慢慢变成"忍俊不禁"，最后一方终于控制不住笑出声来。决斗宣告结束。双方互相拍拍肩膀，就离开了。"这是不是一场特意安排的幽默表演？"旅行家问。"绝对不是，"导游肯定地答复，"萨凯部落的这个习俗，已流传好多年了。部落里的人若以为受到了别人的侮辱，便可以提出决斗。决斗的方式只有一种，就是你刚才看到的。先笑者为输家，笑过之后，胜者高兴，输者也心悦诚服。因为世代相传的游戏规则早已内化为自觉遵守的观念。这样的决斗，不仅双方身体不会受到伤害，更不会造成流血。"旅行家的心灵受到了强烈的震撼，没想到在这个近乎原始的地方竟然存在着如此充满艺术魅力的维护尊严的方式，如此高超的生存智慧。

我很奇怪当今世界人类的争端解决方式却是运用、动用的是足以毁灭全人类的战争模式，而不是运用孔雀翎模式。

用孔雀翎决斗还是用战争决斗，体现决定了未来人类文明延续的可行性。到底是什么"东西"阻碍了人类的孔雀翎模式？？应该是人类的思想意识，人类的贪欲、人类的野心、人类的权欲，以及人类那颗深不见底、永无止境的"深洞"之心。人类的思想决定了人类的未来，而人类的意识决定了脚下的道路。人类进化到今天，是基于什么生存和延续的？？是基于强权政府吗？？是基于国家政治意识形态吗？？是基于民族主义至上思想吗？？谁的身体是从一出生就打上了国家意识形态和民族主义的烙印出生的？？有吗？？没有，绝对没有，人类的国家意识形态和民族主义至上思想都是从"后天"环境里，通过先天的历史文化、道德信仰的熏陶下，而成为国家意识形态和民族主义至上的"半成品"奴隶的。是谁告诉你们你的国家强权暴政是正确的，是谁告诉你们你的民族主义至上思想是光辉的？？人类是基于国家存在的吗？？绝对不是，人类难道不是基于共同的民主、自由、正义、公理、良知以及所有人性中的善良、真诚、美丽而存在的吗？？国家、民族是在人类之上，还是应该在人类之下的，到底是国家意识形态控制了人类，还是人类控制了国家意识形态？？？当所有的国家完成民主化进程以后，那么这个世界是否还需要继续保留那些足以毁灭全人类的可怕武器，难道我们还想毁灭于一个未知的"星期几"吗？？我们什么时候才能利用孔雀翎来解决彼此的争端？？

我们需要重新建立一种新的宗教意识、新的国家意识、新的民族意识，来重塑人类的灵魂了，我们需要设计一种更为规范和文明的制度体系来约束、制衡人类的行为，让人类的意识可以更自由，更独立，更美好的生活了。

当前人类世界缺少一个这样的"孔雀翎"机制，或许有人会认为今天的联合国就是这样的机制，但是我们看到一战之后，国际联盟机制消亡，而二战之后联合国成立，但是这样一个机制缺乏一个"共性的约束性和强制性"。今天的联合国已有 180 个成员。这个组织确定了四个主要目标：保障世界和平、保护人权、各国平等、改善世界生活条件。但是今天的联合国只是一个松散的泛联合机制，它并不具备"国"的任何属性和特点，联合国没有约束和强制各国的任何能力，它不独立掌控军队，不独立掌控司法，不独立掌控行政等等。联合国不带有、不具备任何国家政治属性，我们让一个不具备权力独立性的泛联合组织，去监督一群权力独立的、军事独立的、司法独立的、行政独立的，同时带有国家政治属性的独立国家，好像大家都在拍着桌子开会，而会议发起人只是一个和稀泥的"和事佬"而已，因为它不具备任何权利独立性。这种监督属性的倒置性和权限的不相匹配性，是今天联合国的弊端所在。众所周知的是联合国是二战产物，而维护人类和平是联合国的首要责任，但是今天我们看一下在联合国建立之后，世界上发生的局部战争。二战后，世界打了多少仗，就会明白冷战以后今天的联合国就已经消亡了。

二战结束后，虽然新的世界大战没有爆发，但武装冲突和局部战争却此起彼伏。据美联社统计截至 2000 年，世界共发生各类武装冲突与局部战争 200 余起，其地理分布是：亚洲最多，其次是拉丁美洲、非洲和欧洲。这些局部战争主要可以分为四类：

第一，美苏对抗引起的战争。上世纪五六十年代，美苏不但继续间接干预热点地区事务，还直接出兵干预。朝鲜战争、越南战争。苏联侵占了捷克斯洛伐克。苏联发动的阿富汗战争。

第二，民族解放战争。此类战争 40 年代为 9 场，50 年代为 10 场，60 年代为 22 场，70 年代为 5 场。到了 70 年代末，第三世界绝大多数国家都完成了国家独立和民族解放的任务。

第三，国内武装冲突和战争。60 年代国内战争为 10 起，70 年代为 15 起，80 年代降为 6 起。

第四，国家间因领土、民族、宗教矛盾等问题引起的武装冲突和局部战争。此类战争呈增加的趋势，到 60 年代达到 16 起，70 年代降为 7 起，80 年代又增加到 13 起。

据统计，一战中军人和平民一共死亡 1687 多万人，二战则是 4157 多万人。而朝鲜战争死亡 300 万人，而海湾战争中约 6 万人死亡。在今天步入文明法则的人类有没有想到"人，不应该死于意识形态或者某种政治目的"，在人类世界只有两种意识形态，一种是在权力者认定下，以国家、民族和宗教外衣出现的权力者或者统治者形态；另一种是在社会，或者国家、民族之下每一个单独个体普遍认同和遵循的平民形态。很显然在人类世界进化到今天所发生的任何一次战争，都是统治者形态，因为平民形态不制造战争。

在种族灭绝卢旺达大屠杀 10 周年纪念日，联合国秘书长安南说：90 年代卢旺达和南联盟所发生的大屠杀是整个人类的耻辱。从 1994 年 4 月 7 日开始的 100 天的大屠杀里有近 100 万卢旺达人死在弯刀，锄头，棍棒和火器之下，一半多的图西族人口被灭绝，其杀人的速度数倍于当年纳粹用毒气残杀犹太人的速度。当时联合国驻卢旺达维和部队的指挥官达赖尔将军后来说：只要联合国愿意介入，只要给他5000名精兵就可以阻止这场人类大灾难，然而由于联合国机制的不健全和天生的体制缺陷，导致了这场大屠杀的发生。就像电影《卢旺达饭店》里在卢旺达的维和部队官兵只能无奈地说："我们不负责创造和平，我们只负责维持和平。"事实上，只要冷静地思考就可以知道，1994年的那场卢旺达大屠杀不可能被制止。

首先进行武力干涉的联合国决议不可能及时出台，当时策划和执行屠杀任务的卢旺达军人独裁政府本身就是联合国安理会成员，其支持者如法国和吉布提等也是安理会成员，他们压根就否认有大屠杀的事情；中俄两国向来对联合国使用武力介入别国内政持反对态度；美英两国则由于索马里维和行动的惨败而无力再陷"泥潭"。所以，等联合国总部的外交家们辩论结束，艰难地达成一致后，大屠杀也就基本结束了，该杀的都杀了，没杀的也逃走了。在大屠杀后期的6月22日，安理会以10票对零票（5票弃权）通过决议授权法国组建维和部队进入卢旺达时，卢旺达爱国阵线宣布外国军队为干涉卢内政的侵略者，只要在战区内出现就给予坚决的打击。事实上，法国维和部队客观上又给予了大屠杀的组织实施者头目逃脱的机会。

再者，联合国的干涉机制阻止不了卢旺达那样全民性的大屠杀。联合国派维和部队的本意是对都有和平意愿的冲突双方进行隔离和监督，维和士兵没有首先使用武力的权力。

所以，达赖尔将军所等来的联合国命令是："我们不能同意你所计划的收缴武器行动，因为它明显超越了第 872 号决议所授予的权限"。联合国部队，西方军队在第三世界国家不能首先开枪，只能自卫。那些手持弯刀，棍棒和 AK47 的卢旺达人在手中的凶器落下前是平民，在凶器落下后也还是平民，维和士兵若要阻止这样的暴行就会造成这样的"平民"的伤亡，这样的平民伤亡就会遭到世界舆论的谴责。这样的维和机制导致了 1995 年在前南联盟斯雷布雷尼察联合国划定的"安全区"内，派驻的荷兰士兵只能眼睁睁地看着塞尔维亚军队将数万受联合国决议保护的平民押上卡车带走，以至 6 天内有 7000 伊斯兰教徒遭到集体屠杀；这样的维和机制导致了 2003 年 500 名维和士兵在塞拉里昂被集体缴械并被扣为人质。所以，联合国拖沓，繁杂的"程序正义"无法面对突发的人道灾难。那么我的结论就是：无权就是无正义。没有权限去制止战争，那么一切美好的正义当然不会存在。那么很显然今天的联合国就是一个"无权之国"，因为支撑联合国的全球近 200 多个国家，并不认同联合国的权威和权力，每一个国家都把自己的国家利益、民族利益置于联合国的权限之上，那么这种没有强制力的权限，没有得到全局认同的联合国国家，它的地位可见一斑。

联合国国际海洋法公约、联合国反腐败公约、联合国反腐败公约、联合国儿童权利公约、联合国气候变化框架公约等等，联合国关于人权、人类居住环境以及人类资源损耗污染的界定和考量，是不是所有的国家都遵从和认可了，一个没有强制力，只能轻飘飘的出几页文件的联合国国家，是否有继续存在的必要？？？当然我并不排除国家与国家之间因为历史战争原因，民族与民族之间因为风俗习惯原因，宗教与宗教之间因为意识形态纠葛原因，而妄想国家与国家的利益保持一致，但是很显然的是一个无权的联合国只能让"裂缝"越来越大，只有一个具有强制力的联合国，才能把人类心中的裂缝进行弥合和修复。今天的联合国只是一个由早期的"四警察国家"变成今天的"五警察国家"，无论涉及到今天联合国的任何事物，都要由"五警察一致"才能得到认同和实施，那么今天联合国秘书长的职责还有什么意义？？

2015年9月2日，一个3岁的叙利亚难民 Aylan Kurdi，他和他5岁的哥哥以及母亲一起，淹死在地中海。他们是在试图逃离叙利亚时遭遇的不幸。身穿一件红色体恤衫和蓝色短裤，小小的身体趴在沙滩上，脸浸在水里。这张照片在全球各大社交媒体上热传。

这名男童名叫艾兰·科迪。此前，他和他的家人居住在叙利亚北部城市科巴尼。在那里，"伊斯兰国"（IS）与库尔德人武装以及美国激战正酣。为了逃离战乱，艾兰的父亲——40岁的阿卜杜拉·科迪希望带着家人们前往欧洲——那里更为安全。但现在，阿卜杜拉却正经历着人生中最大的痛苦。"现在我什么都不要。"我想要的一切都已经没有了，我希望将我的孩子埋葬然后坐在他们身边直至死亡。""我的孩子是世界上最漂亮的孩子。世界上有谁不认为自己的孩子是最宝贵的呢？"我的孩子聪明极了。他们每天早晨把我唤醒，和我一起玩。还有比这更美好的吗？现在一切都完了。"身在加拿大的男孩姑姑说："我不只责备加拿大政府拒收难民，我还要责备整个世界，没有对难民提供足够的帮助，没有人出来制止战争。停止这一切悲剧的根本，就是制止暴乱停止战争。"台湾歌手周杰伦的《止战之殇》中有这样的词曲：孩子们眼中的希望，是什么形状，是否醒来有面包跟早餐，再喝碗浓汤……而对于现在的 Aylan Kurdi 来说，只愿天堂没有战争。21 个救援组织齐声指责联合国在解决叙利亚危机的问题上彻底失败，联合国至此的所作所为却只能被称之为"令人感到羞耻的失败"。

　　我一直都认为今天的人类世界，已经相对进入"文明和半文明"世界，但是我看到近期人类世界的俄乌开打真是全人类的悲哀。世界俄乌两国因历史恩怨原因，矛盾口角此起彼伏，世界各国起哄架秧子的一堆。强壮的俄罗斯直接动手，混吃混喝的联合国竟然毫无存在感，各种国际法则通通被踩到脚下。这幅画面让人秒回 1938 年德国吞并捷克，当然不是完全复制。乌克兰是联合国成员之一，是一个独立自主的主权国家，乌克兰政府也是得到国际社会认可的，俄罗斯这样不经过联合国授权，公然入侵一个主权国家，这显然是违反国际法的，这跟当年美国入侵伊拉克，入侵阿富汗有什么区别？2022 年 2 月 24 号俄罗斯入侵乌克兰，堪称全人类的耻辱。我记得这种赤裸裸入侵主权国家，离我们最近的一次是 1990 年 8 月爆发的伊拉克对科威特的侵略战争。没想到 32 年过去，人类依旧是丛林法则为王。在这场持续不断的战争中，俄罗斯总统普京 28 号宣布其核武器处于特殊战备状态，美国总统拜登提到了第三次世界大战的可能性问题。无论作为世界平民的我们迎接不迎接这场战争，未来人类世界的毁灭，都不会因为我们而改变。世界始终处在毁灭的边缘，如果这次不擦枪走火，那么我们还有多少机会？

你们，现在，看到了吗？人类，正在失去自我。没有一个"超体机制"的存在，人，个人在国家机器面前面临的也只是死亡，哪怕只是一个孩子，国家机器冷酷也不会施与同情和眼泪。今天世界上任何国家都以追求国家利益为唯一的行动准则，而不会给道德留下任何空间。国家的存在本身就是利益的存在，道德很显然的没有存在过。俾斯麦是曾直言不讳地说，"民族之间不存在利他主义"，当今世界的一切问题不能靠投票和雄辩，而要靠铁与血来解决。尼采的观点是：在这场我们称之为生活的斗争中，我们需要的不是仁慈，而是力量；不是谦卑，而是骄傲；不是利他主义，而是果敢和智慧。平等与民主违背了选择与生存的原则。进化的目标不是大众，而是天才；主宰一切差异和命运的不是"正义"，而是强权。尼采就是这么看的。如果生活是一场适者生存的斗争，那么力量就是至上的美德，软弱则是最大的过错。生存下去，获得胜利就是善；屈服和失败则是恶。毫无疑问，人类社会的丛林法则就是从这里出来的。但是也毫无疑问，正是丛林法则推动了人类历史文明的发展和运行，要不然全人类还生活在刀耕火种的原始社会中。当然达尔文先生是他们的老师，但是达尔文是针对自然界而来的，而不是针对人类。

今天在联合国成立 70 周年之际，联合国不像是一个和平的守卫者，而更像是一个昂贵的、做不出决定却喋喋不休讨论起来没完没了的俱乐部。很多人批评说，那些坐在位于纽约曼哈顿联合国总部的工作人员距离世界上的战争危机地区无比遥远。联合国成员国之间在遇到危机的时候，常常因为拒绝合作或者采取反对的态度而阻止问题的解决。现在包括美国、俄罗斯、中国、法国和英国在内的 5 个常任理事国，可以利用手中的否决权否定所有不被他们支持的决议。因此很多原本十分必要的决议是否能够通过就要取决于是否符合 5 个常任理事国的国家利益。另外安理会常任理事国还阻扰联合国进行任何有可能会限制这些国家各自权力的改革。有关改革联合国的讨论从 1990 年就开始了。当改革被权力绑架的时候，那么权力就会控制一切利于自己的决定，而不再是一个"公义性的组织"，邪恶就会产生。因为在今天世界中国家与国家之间只有利益关系——自我的利益关系，而不存在"道德"，而联合国作为一个协调国家与国家利益关系的群体性的"公义性的组织"恰恰就需要道德。联合国就像是在一个充满巨大利益的地方谈道德，当然会非常艰难。改革的目的就是打破现有的权力利益，烘高道德和信仰的观念，将人的权利放到一个触手可及的地方，而不是其他。

人类社会一直在努力"进化"自己，以适应他们所处的环境，走出丛林社会。政治"社会"制度一旦无法适应不断演变的环境时，政治衰败便会发生，"社会形态"就会改变和发生新的属性。人类是循规蹈矩的生物，生来就倾向于遵从身边的社会规则，并以超越的意义和价值，来加固那些规则。随着时代的发展，当周围环境改变时，历史便会出现新的挑战。而现存的机构与实时的需求，就会产生断裂和进行改变。但是政治的既得利益者会起而捍卫现存的机构，来反对任何基本的变化，以获取到自己的既得国家利益，或者民族利益。

唯一能够让人类走出丛林社会法则的是政治组织"社会"制度的改变和打破，以及人类内心人性意识的苏醒。

当然在本章中我们现在着重讲的是政治组织"社会"制度的改变和更改，以此来促进人类社会更快的发展和运行。"超体机制"的存在在于它能够扭转一个国家的暴力机器，协调一个国家的战争法则，维护一个国家最微小的孩子，培育一个国家的道德，而不是维护它的统治者国家利益，一个孩子的生命都不去维护，那么国家的存在还有什么意义？？但是今天一个没有正义，没有权限，没有职责，没有独立声音和强制能力的泛联合组织，它既没有道德，也没有眼泪，那么它又算什么玩意？？？所以联合国完了。这个世界需要一根孔雀翎机制，来合理制止制约在这个蔚蓝色星球上国家。在世界新秩序中，我们需要重新考量人类未来的政治新机制。

全球治理体系和世界大一统

任何规则和秩序的建立和运行，一定需要一个机制去承载。规则和秩序就像是苹果，而机制就是那个盘子。全球性的盘子是一种社会规则，也是一种政治规则？？？未来人类的全球性应该向哪里发展？？"世界国家"论者认为政治全球化将导致世界国家的出现，国家主权已经过时、消亡或萎缩，应当限制乃至取消国家主权。"新帝国主义"论者认为，政治全球化的目标是维持帝国（比如：美国）领导下的世界秩序，单极世界和强权政治是这种世界秩序的基础。"全球治理"论者认为，在政治全球化的时代，民族国家依然是全球政治中最基本、最重要的治理主体，主权平等依然是全球治理机制合法性的基础，同时主权范畴需要进行必要的调整和变革。

治理是一种公共管理活动和公共管理过程，它包括必要的公共权威、管理规则、治理机制和治理方式。治理的基本要素有以下 10 个：合法性、法治、透明性、责任性、回应性、有效性、参与、稳定、廉洁、公正。当人们将治理的分析框架应用于国际层面时，全球治理理论便应运而生。所谓全球治理，是以人类整体论和共同利益论为价值导向的，多元行为体平等对话、协商合作，共同应对全球变革和全球问题挑战的一种新的管理人类公共事务的规则、机制、方法和活动。全球治理应该是一种特殊的政治权威。

全球治理的要素主要有五个：全球治理的价值、全球治理的规制、全球治理的主体或基本单元、全球治理的对象，以及全球治理的结果。

全球治理的价值，就是全球治理的倡导者们在全球范围内所要达到的理想目标。

全球治理规制，就是维护国际社会正常的秩序、实现人类普世价值的规则体系。全球规制在全球治理中处于核心的地位，如果没有一套能够为全人类共同遵守、确实对全球公民都具有约束力的普遍规范，全球治理便无从说起。

全球治理的主体或者说基本单元，指的是制定和实施全球规制的组织机构。概括地说，全球治理的主体主要有三类：1)各国政府、政府部门及亚国家的政府当局；2)正式的国际组织，如联合国、世界银行、世界贸易组织、国际货币基金组织等；3)非正式的全球公民社会组织。

全球治理的对象，包括已经影响或者将要影响全人类的跨国性问题。目前各国学者提出的需要通过全球治理机制加以关注和解决的问题主要有这样几类：1)全球安全，包括国家间或区域性的武装冲突、核武器的生产与扩散、大规模杀伤性武器的生产和交易、非防卫性军事力量的兴起等；2)生态环境，包括资源的合理利用与开发、污染源的控制、稀有动植物的保护，如国际石油资源的开采、向大海倾倒废物、空气污染物的越境排放、有毒废料的国际运输、臭氧衰竭、生物多样性的丧失、渔业捕捞、濒危动植物种、气候变化等等；3)国际经济，包括全球金融市场、贫富两极分化、全球经济安全、公平竞争、债务危机、跨国交通、国际汇率等等；4)跨国犯罪，例如走私、非法移民、毒品交易、贩卖人口、国际恐怖活动等等；5)基本人权，例如种族灭绝、对平民的屠杀、疾病的传染、饥饿与贫困以及国际社会的不公正,等等。全球治理理论的价值反思从解决全球问题的迫切性考虑,提高全人类整体的全球意识,维护地球与人类的公益,摆脱以往国家中心全球社会存在的不合理的价值分配,以及由此而来的国家间为各自利益展开的竞争冲突,以全球共同利益为目标,实现从共恶向共善的转变。

今天我们的世界走向,以及未来人类走向真正的、民主的全球治理,需要要求建立新的国际政治经济新秩序。具体的说,关于国际政治经济新秩序的设想,包括四个方面的内容:

(1)新国家关系观:从旧的等级式国家关系结构走向新的主权平等的国家关系结构。(2)新安全观:从单极霸权稳定走向多极制度稳定。(3)新发展观:从中心—外围的依附式发展和贫富分化走向相互依存、辐射带动、共同发展和消除贫困的共赢式发展。(4)新文明自由信仰观:从单一文明的优势地位走向多种文明的和谐共存。

那么联合国的改革需要注意以下几点:

第一,联合国改革应当有利于维护成员国的主权。第二,联合国改革应当赋予那些同发展、减贫和推动可持续发展相关的问题以与维护和平与安全的问题同等重要的地位。第三,联合国改革应当有利于国际冲突的和平解决。第四,联合国改革应当体现出民主、公正、客观合理、平衡有效的原则。第五,联合国改革应当有助于保持世界的多样性。

今天之联合国是二战之后人类世界的泛联合政治经济体系,但是很显然它过时了。或许今天联合国鉴证了人类世界两大政治意识形态美苏的冷战对峙,以及以苏联意识形态的垮台、解体为告终，但是很显然它过时了；或许今天联合国鉴证了东欧剧变，玫瑰革命，天鹅绒革命，萨达姆政权垮台，利比亚革命成功，南联盟、叙利亚等等，但是很显然它过时了。冷战之后的今天世界关系发生了一系列重大变化，今日联合国也面临着新的挑战和困难。为了适应今天即将变化的世界和已经变化了的世界政治经济格局，在总结联合国以往的经验和教训上，必须对这一世界政治体系组织进行必要的和可能的改变和改革，使今天之联合国在谋求建立公正合理的国际秩序中发挥更大的作用，以便于对全人类谋求更大的文明进步。

联合国的主要功能是加强国与国或地区与地区间的交流、防止战争的暴发，或限制战争的规模。联合国建立的初衷是维护世界和平，并且实行的是"大国一致"的"民主原则"。1. 否决权有可能被滥用。例如在冷战时期，美国和苏联之间的政治意识冲突，在双方否决权的使用上，即表现得十分明显。2. 缺乏强有力的维护世界和平安全的措施。例：伊拉克战争 2003 年美国绕开联合国的议事程序，片面决定出兵伊拉克，联合国只能事后追认。这种权限不匹配的倒置效应，只能造成联合国的空泛化的泛联合体系，而无实质性权限。近些年来，人们对于联合国是否能够完成维护世界安全与和平这一重大挑战的疑虑也越来越大。伊斯兰恐怖分子、乌克兰战争、北朝鲜发出的核威胁、中东动荡……这一切还只是全球乱局中的一小部分。

国际关系是一种自然的关系，而不应该是一种意识形态关系。目前有一种观点，即把是否发生世界大战作为战争与和平的标准，认为只要不打世界大战，和平与发展就应当是时代的主题。现在的问题是自从有了核武器以后，世界范围内的大战就几乎不会再发生了，因为那样就意味着战争的双方都将同归于尽。但战争形式的改变并不意味着战争的消失。我们需要明白的一点是，如果我们依靠国家与国家之间的自我制约、自我制衡来结束战争的话，那么战争随时都会爆发。国家与国家之间的巨大利益体，预示着战争随时都存在着潜在发生的可能。如果在巨大利益体中掺杂有宗教的话，更是把这种暴力推向极致。如果这个世界上没有一个像联合国那样的全球性和平守卫者，人们就需要创造一个。所以一个超体机制，有必要产生。一个新世界应该具备一个什么样的普世理念和政治权力架构，这个新世界的人们应该信奉什么样的国家理念和民族理念以及宗教理念。人类就是因为有了某种"共同的信念或者历史文化"才形成了国家和民族。那么有没有某种全人类"共同认可的，共同、共通的信念和历史文化意识"，可以形成建立一个"大大的共同、共通的国家或者民族世界"？？那么人类有没有可能建立一个"世界同一国"的可能？？？

联合国是一个具有近 200 多个会员国的泛联合政治经济体系，对于它的改革将使我们的人类世界充满了未知的变局和不可预见的风险，它的变革将在一定程度上改变全世界人类的思维和思想，同时也将改变人类目前的政治格局。当前我们已知的世界上有近几十种政治制度和政治体系，以那一种政治制度和体系来作为联合国政治改革的"模本"，我们也颇费脑筋。但是不管是那一种，只要能把权力关进笼子里，就应该是一种好的政治制度。在这里我们综合了世界上近几十种政治模式和制度，无疑民主、自由的政治制度更具有人性化，更利于人们监督，更适用于打造"权力的牢笼"。权力的分立，无疑是制约权力腐败的唯一有效的良药。当前联合国系统有六大政治板块，以及在六大政治板块之下所衍生的子板块。

联合国大会我更倾向于把它解读为一种国际性联盟议会，它涵盖了今天所有的实体国家，具有相关的立法权限，选举权限及质询权限，可以谈论、审核、审定、通过相关议案，具有一种集选举、立法、质询"三位一体"的国际立法会，它采取的是一种"一票一选"制，而不是所谓的"五大国一致"原则，而联大主席更是等同于一种议会议长的位置，将综合议会和安全理事会的意见，拥有最终的立法裁定权。

联大主席（联盟议长）——联合国大会（联盟议会）

作用：立法权、选举权、质询权、弹劾权。

职责：对全球各国人权、教育、自由、民主、环境保护及相关行政、经济领域内具有立法权限。

对联盟国系统内各种人事组织系统具有选举权限，选举产生议长、总统、总理等等权限。

质询委员会，讨论一切全球事务，质询各国人权、教育、环境保护等等，以及针对"实体国家对个体国家的侵害"进行质询和弹劾。

联盟议会负责建立相关世界联盟法案的一系列所有的立法预案。

立法独立：由联盟国颁布全球关于人的自由、民主立法预案，并对由人产生的一系列行政的、经济的、司法的行为进行基础性保障，保障人的最基本生活、生存底蕴不受损害。颁布关于全球行政、立法、司法，以及政治领域内的相关人员的财产公示、公开，以及对其的监督、制约进行立法预案。对联盟国军理会、经理会、政理会的权限、职权、制约进行立法预案。保证全球关于人的自由权限人权的实施和操作，不允许任何国家依靠自我主权问题进行抵触或者侵害人的权力。相对应的设立世界民法：针对世界平民法案，保障个人平等自由以及私有权限不受损害，保障个体国家不受实体国家的侵害。凡任何个体国家对所在的实体国家的对立或者侵害，必须提交联盟国司法进行备案，实体国家必须将对个体国家的对立结果提交议会审核，以保障个体国家的权力。对联盟国相关相关系统政治人员的提名、产生、审核、就职进行相关立法。

例如：

世界政治法：针对全球拥有政治权力的以及神权宗教人士群体，建立财产监控公示法案，包括其子女、配偶所从事职业情况，有无涉嫌腐败嫌疑等等，建立全球反腐败、反洗钱联盟法案。对瑞士银行以及凡涉及以客户保密委借口的商业银行，必须限期对全球权力者财产进行透明化，凡涉及权力者的资金账号必须进行公示，任何银行不得以任何商业秘密借口拒绝公示。

世界人权自由法：针对全世界每一个单一个体人必须遵循和具有的人的基本权力、权利法案

民法：针对世界内平民法，个人即国家

政治法：针对全世界拥有政治权力的人群以及神权宗教人士

新闻自由法：破除意识形态自由法

国防军事法：有权力对独裁国家采取强制措施

资源保护环境法：创造适宜人类居住环境的法律

联盟法：针对区域联盟或者联邦实施法案

人口控制法：针对人对自然资源损耗以及人口可控管理和人口的合理流动迁徙法案

民主自由法：针对国家意识形态和民族意识形态以及宗教意识形态的民主自由法案

联盟议会负责联盟国各项经济预算进行审核、核定。负责选举联盟国各类体系官员的产生、罢免、通过等等。

国际法院————联盟法院

国际法院，顾名思义是一个法令律法的独立法理体系和组织，我倾向于解读为联盟司法权限，司法权可以对反人类的战争罪犯进行独立审讯、审判的独立机构，代表了刑罚的司法部门，拥有最终的司法律法裁定权。

作用：全球司法独立，针对战争犯罪、反人类罪、有组织预谋屠杀罪等等进行独立司法审讯，以及实体国家对个体国家的侵害犯罪等等

组织：前国际刑事法院预防犯罪和刑事司法委员会

司法权主要是针对全球行政区域、立法区域以及没有确定三权分立制度的国家，但是同样隶属于政治领域的政治人员进行司法程序。律法独立：由联盟国颁布全球普及人权法案，根据各国现行司法状态，进行律法微调，主旨扩大人权

自由权限和限制凯撒权力以及神权对个人的侵害，由联盟国独立法院在他国范围内产生独立律法人员，向联盟国独立法院负责，凡实体国家公权力对个体国家造成政治、行政、立法以及直接侵害、杀害个体人的，一律由联盟国独立法院在他国范围内产生的律法人员，进行独立审判，向独立法院负责，任何凯撒和神权不得介入；凡是个体人和人体人因民事或者刑事形成侵害和伤害的，由他国国内律法进行审判，联盟国法院不得介入；凡是针对他国行政、立法、律法领域主体首脑以及相关政治人贪渎、腐败、反人道罪伤害杀害个体国家人的，一律交由联盟国独立议会弹劾通过后递交联盟国独立法院进行独立审判，保障全球公民的生命权限不受侵害。

联盟国法院负责对全球政治领域，行政、立法，领域内的司法违规进行独立界定和审判。不包括军事局域人员，但是假如涉及到军事局域人员对平民进行侵害、伤害，可经联盟议会讨论通过后，转由联盟法院进行审定。在军理会军事达成一致的情况下，联盟议会也拥有对军理会的建议和讨论权，但是不具备强制效力，可将建议和讨论结果递交联盟国总统和军理会总理进行备案建议，以备参考。、联合国秘书处及联合国秘书长，我倾向于理解为联盟国总统。它统筹负责国际政治行政权和国际经济行政权的运行和操作，以及对托管理事会的军事权限进行负责，拥有最终的政治行政裁定权。

秘书长——联盟国总统

作用：针对全球人权、自由、民主、人文教育认知、人文居住环境，以及相关紧急军事授权等等，进行规划和领导

组织：前联合国人权高专、前联合国教科文组织、前联合国大学、前联合国环境规划署、前联合国人类住区中心等等

生命的高度取决于对事物的认识价值。思想灵魂的价值取决于对人性认知的高度。生命的丰富是为着社会缺乏的爱而预备，人类循着善良的本性明明白白地思考是没有问题的，但如果缺乏道德信仰的呵护和人性的依托，人的思想就会在执著追求和自我膨胀中走向变异。今天，人类的思想方式和思想内容等方方面面的变异达到了相当严重的程度，人类精神的发展已经陷入困境。联盟国总统不负责政治，只负责人类最高的价值观、意识观、世界观的捍卫和维护。价值观、世界观独立指导：由联盟国颁布全球国家统一一致认可、承认的，具有普世意义的价值观、世界观，以及全球国家一致认可、承认的关于人权价值的，人权道德的意识思想。不对全球现有的价值观、道德观进行评判，保留批判和审视态度，对其持有指导和引导权力。对于带有极端、恐怖意识形态的价值观必须进行批判和根除。在全球教育体系内灌输全球国家一致认可和承认的关于人的最高价值观和世界观的价值指导，建立公民意识世界。联盟国总统负责人类的最高价值观和世界意识观，以及负责关于人的居住和居住环境的基础工作，并持有相应权限军事主导权。自由、正义、平等，一切人类优秀的品格都是总统应该负责的意识。人类正确的价值观、意识观和世界观是未来建立众人之城和众神之城的关键，而教育是集成灌输意识形态的第一系统砝码，所以总统需要负责人类的精神意识家园和人类的物质居住家园以及环境保护工作。任何人类精神聚焦需要一个点，而这个点就是总统需

要负责的价值观，国家、民族、宗教都是人类精神意识形态寄托的点；同样人类踏足于世界，行走于大地，也需要一个点来站立，而这个点就是人类的居住环境。人类的精神意识形态需要一个点来寄托，同样人类也需要一个点存放自己的身体。人类从原始社会的穴居人开始，山洞、窝棚、桥洞等等都是人类居住的点。任何鸟儿都有自己的窝，而总统需要负责和捍卫的就是人类更大的窝——精神之家和物质之家。

联盟国总统主要负责人权、教育、环境以及对国防武装力量进行有限掌控等四项主导工作，因为人权是人类的基本生存权限，教育是人类抵制王权和神权的"后天"的思想附加权限，在这个教育附加权限中我们需要向人类灌输基本价值选择、全球利益至上、价值认同的一致性与统一性，以及国际义务的一致、协议与共同责任基础上的价值认同。灌输价值平等、自由、社会公正、普世公益、民主理念等等人文教育思想。环境是人类赖以生存的基础权限，而军事是作为人类抵抗独裁，守卫自由的力量，就像上帝作为刑罚的左手，必不可少。所以人权委员会，联合国教科文组织、联合大学，以及联合国环境规划署，以及托管理事会，应直接由联合国总统负责主导。联盟国总统负责人类人权、自由、平等人文精神理念家园和人类物质家园以及环境环保方面，容易与政理会、经理会的相关职能部门发生衔接，所以联盟国总统统筹管理政理会、经理会、军理会，前两者属于一种间接管辖，总统不干预具体事务；后者属于直接管辖，总统具有对军事的紧急管理权和紧急授理权。总统只对军理会拥有紧急授意权限，假如总统认为某一地区或者国家的行为意识，违背了全人类共同遵循的价值观和意识观精神理念，那么总统有权限授意军理会进行干涉和制止。如果联盟议会对联盟总统有不一致的界定和认可，总统可以直接授意强行干预。根据强行介入和干预的结果，联盟议会拥有对总统的弹劾权，但是如果总统干预的结果是正确的话，那么则弹劾不成立。联盟国总统对全世界人文教育精神理念，拥有直接干预和介入权，总统有权力直接在任何国家委派教育官员和教育部长，以确保人类最高价值观和意识观的延续和不断裂。总统有权修改、编纂任何国家不合时宜、违背人类最高价值道德的教育理念。统治有权力对任何国家人们的居住环境进行质疑，有权力试压任何国家因行政能力不足而导致人们的居住环境恶劣，提交联盟议会谈论。联盟国总统没有任何权力干预联盟议会、司法审判的权限；总统没有任何权力干预经理会、政理会的工作权限，但是可以提交联盟议会进行谈论，核定的权限，可以施压、提醒经理会、政理会关于贫困国家人们受教育、居住环境的注意，经联盟议会谈论后，引导经理会、政理会对该地区进行观察、重点援助等等，并提上相关日程，进入救援程序，加大经济援助和行政操作等等。

　　安全理事会我倾向于把它解读为一种国际政治行政理事权限，安全理事会下设的常任理事国和非常任理事国，应该等同于英国政治体系中的上院和下院，双方之间是一种同等的、对等的政治关系，上院是一种贵族性质的"大国元老会"，主要设置议案围绕政治行政领域内的相关议题进行讨论；而下院是一种平民性质的"小国蚁群会"，主要是对上院所谈论的相关议题进行审定和表决，以及进行通过等等。双方之间的政治议案侧重点不同，废除上院的"五大国一致原则"，建立平等的政治体系和制度。上院讨论，下院审定，建立一种"小马拉大车"的政治格局。而安全理事会的理事长我更倾向于解读为政治行政总理，主导政治行政，归属于联合国总统领导。

安全理事会（联盟国政治行政理事会）---政理会总理

政理会负责全球人们一系列社会福利保障的实施和推进。行政独立指导：由联盟国颁布全球行政法案，根据全球各国现行行政状态，进行行政主导微调，主旨保护全球公民最基本的生活和生存基础不受侵害，包括公民的自我财产权，教育、医疗、居住地及居住环境、工资薪酬、退休金保障、伤残保障、丧葬墓地安住等等一系列关于人的最基本保障权利利益不受损害。现行全球各国行政体系由联盟国政理会主导，主要针对全球各国人的最基本生活和生存的保障，进行展开指导。例如：婴幼儿补贴、安全饮食卫生、残疾人就业保障、妇女儿童弱势保护、社会就业人员资金薪酬定额标准、人们退休社会福利保障、老年人社会福利院建设、建立社会公益医院、临终关怀医院，以及人们死亡墓地丧葬问题等等一系列人类从生到死的社会问题，不让任何一个人缺少生活上的尊严和自由。政理会不对各国的具体行政能力进行质疑，但是各国必须根据所处国家的实际国情达到政理会的上下浮动的社会福利保障范围之内。对于无法达到世界公认国际标准的社会福利保障体系国家，政理会可递交联盟议会讨论审核后，进行具体施压。政理会负责对全球人们的基本生活和生存需求，例如：受教育权，医疗权、房屋居住权、家用汽车配定权等等进行保护。对于全球不可再生资源进行高度限制开采和保护，并提高高额税赋率。对于全球可再生循环利用资源，进行减免税率，增加投放使用率。政理会所辖的行政区域委员会和经理会所辖的经济区域委员会负责讨论和实施相关全球行政和全球经济工作，对于委员会达成一致的决议，可直接递交联盟国总统审核，政理会、经理会批准实施。对于委员会未能达成一致的决议，可递交联盟议会进行讨论立法后，转交联盟国总统审核，政理会、经理会批准后实施。

常任理事国（元老会）全球 15——20 个区域性、人文、科技、理念制度国家（上院）

非常任理事国（蚁群会）全球国家（下院）

下设组织：联盟国农业部（包括：前联合国粮农组织、前国际农业发展基金、前联合国粮食计划署、前世界粮食理事会）

作用：规划全球粮食产出、供应、输进、输出等等

联盟国训练中心（包括：前联合国开发计划署、前联合国训练研究署）

作用：开发训练人道救援、系统衔接、实施运作等等

联盟国突发事件、应急遇难基金会（包括：前联合国特别基金）（财政的预案）

作用：对于全球不可预知灾难下财政预备基金

联盟国人员与发展中心（包括：前联合国人口基金会、前

联合国人口与发展委员会）（人的预案）

作用：对于全球人口的流动、流向、男女比例、人口红利，以及非长居环境下人口的迁移、人口的领养、人口的限制问题

联盟国禁毒中心（包括：前联合国禁毒署、前联合国麻醉品委员会、前联合国毒品控制和犯罪预防办公室）

作用：打击控制全球毒品的走向和预防

联盟国社会发展中心（包括：前联合国社会发展委员会、前联合国可持续发展委员会、前联合国科学与技术发展委员会）（社会的预案）

作用：对于全球社会系统未来规划，对全球社会福利保障、人员退休、养老金问题进行预案研究

联盟国政治行政统计中心（包括前联合国统计委员会）

作用：对于政理会职权区域内的各项、各种统计数字的汇总、审核、发布，进行通报和解读。同时具有政理会新闻发布办公室的作用

经济及社会理事会，我倾向于解读为国际经济社会行政权限，今天我们的世界是由政治行政和经济行政两大权限主导运行的。作为主导全球世界经济的联合国，虽然我也倾向于自由市场经济，反对过多的行政权限干扰市场经济运行的自由流向，但是对于全球经济的宏观调控和研究及关注也是

必不可少的。所以我把经济及社会理事会定性为一种国际经济社会行政权，主导全球经济和社会发展。而经济及社会理事会的理事长我倾向解读为经济行政总理，主导经济行政。

经济及社会理事会（联盟国经济行政理事会）——经理会总理

经理会负责建立全球自由经济市场，引导世界经济流和资金流向，加强富国对穷国的资金转移和经济建设援助，控制全球国家货币发行权，建立多极世界通用货币体系。经济独立指导：由联盟国颁布全球自由市场法案，根据全球各国经济状态，进行经济指导微调，主旨建立自由经济市场，刺激经济需求和再生产，扩大内部需求，保障全球公民享受自由经济生活。现行全球各国经济、金融、证券、货币商业体系由联盟国经理会主导，主要针对全球各国行政、立法、司法以及相关政治领域内的人员进行财产公开、公布透明化；建立主导联盟国独立货币体系，替代美元量化；消除经济贸易壁垒，促进经济自由流动流通，经理会有权对全球各国货币量化宽松政策进行质疑和控制，由此导致的物价膨胀进行控制，可对由货币量化而导致的物价膨胀的国家的货币发行者以及部门和行政主脑进行质询。对各国的货币信誉进行评估，建立多极货币体系。可根据现行大陆局域板块，建立亚联邦区域通用货币、欧联邦区域通用货币、非联邦区域通用货币等等，由经理会建立世界通用货币体系，取代美元货币体系（美元只能作为局域货币使用）。纪录片"债务美国"探讨了高速增长的国家债务将会给美国和它的公民带来什么样的影响。永远扩张的政府机构和军队、永无休止的国际竞赛以及过分增加的福利计划，使得美国目前支付着大量的资金以保证这些项目的正常运转。作为一种全球通用货币，它的货币量化，会稀释、损害全球的经济货币和经济发动机，所以不能把"鸡蛋"放到一个单一的区域国家身上。美国作为一个局域国家，它的货币只能在局域内流动，而不能全球流通。建立区域货币发行权的作用一是，防止单一国家进行货币量化政策，稀释人们的货币价值，货币发行权必须由局域联邦国家统一界定后，交由经理会审核后，进行发行；二是，防止爆发战争，如果局域联邦国家通用一套货币，假如有任何一个国家，妄想引发战争，都会造成整体局域国家货币的激烈动荡，而导致物价膨胀问题和货币贬值问题，所以站在共同经济利益的前提下，局域联邦国家会集体压制爆发战争的可能性及隐患。

　　包括：全球储备石油、天然气以及相关自然资源的国家，以及全球各大银行、证券、货币、黄金、国债的经济组织和经济团体

　　作用：研读全球经济走向、流通、货币膨胀、通胀等等，提交各种经济数据，对全球自然资源储备、评估、限制开采，以及对全球国家关税、货币金融税率调质进行解读，促进全球经济发展和进步，以及如何对第三世界国家进行经济援助等等

　　组织：前世界贸易组织、前国际货币基金组织、前联合国贸发会议、前联合国国际投资和跨国公司委员会、前国际复兴开发银行、前世界旅游组织、前国际民用航空组织、前万国邮政联盟、前世界知识产权组织、前国际电信联盟、前联

合国工业发展组织等等

托管理事会，我倾向于把其解读为国际联盟军事部门，拥有相对军事裁定权，我把它理解为一种政治性保姆。托管理事会是把由地缘政治所产生的一些全球咽喉具有军事区域属性的战略位置，由托管理事会统一管辖，由托管理事会进行军事管辖；在全球民主化浪潮中，在人类的单边性民族主义或者国家主义还没有完全破除根除之前，各国的国内军事动荡和政治动荡无法避免，托管理事会就是把这些具有动荡性属性的国家，进行暂时性的政治托管。在今天并不是所有的国家都认为自己的领土是上帝的，针对那些在民族主义、国家主义或者宗教信仰主义，以及特定的历史条件之下所产生不确定领土界限纠纷，由托管理事会进行不确定性领土托管，只至双方的分歧达成一致为止，再由托管理事会进行交还。

托管理事会（联盟国军理安全会）——军理会总理

军理会负责对全球重点军事频发、多发区域，恐怖主义、极端武装势力组织保持高压态势；负责对全球重点敏感地区、重点军事战略地区、海域咽喉要道、空中军事管制、陆上战略要点进行集中管制和巡查，以主控该军事区域，不落入任何国家之手而影响其余国家的安全保障问题；负责因历史遗留问题悬而未决，各国纠纷不断的领土、海域，经争端国一致同意后，或者经联盟议会一致讨论通过后，进行暂时性军事托管，以待争端国分界达成协议后，进行军事界定和返还，以避免争端国发生因领土和海域而发生军事冲突的可能，任何单方面发动军事战争的国家，都可视为对军理会的严重挑衅，世界军事必须在军理会的框架内解决；负责发布全球军事报告和军事态势，对全球军事核武进行消减，裁减军事武装人员，消减军事费用等等。军事独立：由联盟国颁布全球军事法案，根据各国现行军事状态，进行军事主控，主旨保护现行各国疆域、领土体系、领空体系、领海体系不受他国侵犯。现行各国军事体系、武装体系、军事体系、军火公司一律不得扩大、扩散，由联盟国军理会进行主控。凡涉及到各国因历史原因、文化原因、战争因素导致的领土、领海纠纷和争端，一律递交联盟国独立议会进行讨论递交联盟国独立法院进行审核，因相关原因无法进行裁决的，一律交由联盟国军理会进行领土、领海托管，直至争端双方国协议解决为止。凡涉及到他国重点军事战略领土、领海位置的，对他国形成无形军事压力的，导致他国的军事不安状态，一律由联盟国军理会进行主控。凡涉及到对他国军事反恐，对极端组织的战争行为，一律在联盟国总统的授权下由联盟国军理会的主导下进行战争行为。科布登主义者认为，只要取消各国间的商业关税，开放世界性的自由贸易，战争就会随之消失。因为世界性的自由贸易必然引起更加详细的国家分工，这使各国间的协作变得更为重要，同时任何一个国家长期的自给自足则变得没有可能。有统计显示，人类社会由于战争而死亡的人数，在大规模杀伤性核子武器发明后已经在逐渐减少。支持者认为，正是由于大规模杀伤性核子武器的存在，使战争中的任何一方都存在着承受巨大损失的风险，这也许会使世界和平变得可能。但是人类不能冒这样的风险，我们也冒不起这样的风险，我们需要把人类所有的战争隐患界定在一个可以控制和掌控的范围内。任何组织和国家不得单方面进行战争行为，否则将会认为对军理会的挑衅。

包括：全球军事前 15——20 个军事区域强国

作用：平衡全球军事力量均衡，在军理会授权及相关授权之下具有军事攻击能力，维和能力，以及打击恐怖独裁能力。权限包括政治托管、全球军事托管、国际敏感、不确定、争端区域托管等

组织：前联合国监核会、前联合国维和组织、前联合国军事参谋团、前联合国裁军审议委员会、前联盟海事组织等

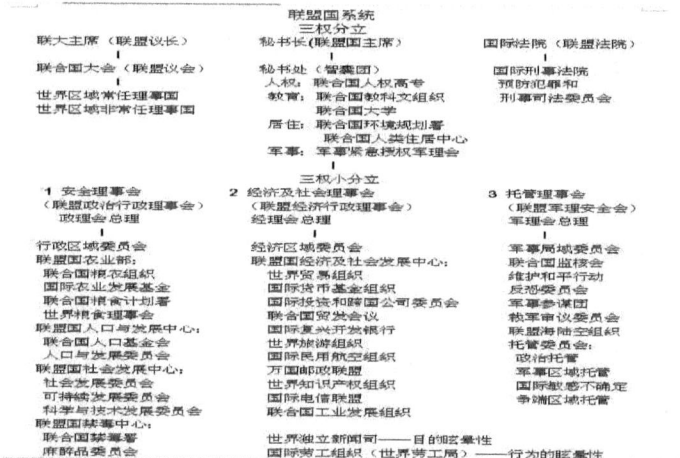

人类是唯一有智慧的动物也是唯一大规模通过暴政和战争自相残杀的动物。由于人权法治的深入，暴政死亡的人数在减少但战争的威胁没有减少，军演，阅兵，武器买卖、生产和研发，在大规模进行。全世界缺乏有远见卓识的政治家，因为解决战争问题需要更多合作和更广阔的眼光及思维意识。人类向往自由和民主的政治体制，但是有时候人们得到的不是民主，而是暴乱动荡式民粹。看看今天的伊拉克，利比亚，

阿富汗，我们就可以看到美国是一个善于攻击，而不是一个善于建设的国家。任何一个国家的建立和重建，都是在具有历史文明开始后，经过几十年或上百年的风俗，历史，文化，制度，理念，宗教，信仰之下形成的结果。没有任何一种先进的外来制度体系和信仰理念，可以一蹴而就。这是美国作为一种外来者，破坏者，侵略者，推行民主和自由而失败的一种代价。

在旧的秩序消亡，新的秩序还没有产生之前，人类是恐慌的，也是没有理性可言的，这就像被打烂窝的蚁穴，所有的蚂蚁需要新的秩序生成，以维持社会体系和结构的完整。如果没有"超能的手"出现的话，恐惧就会像瘟疫一样席卷全局，造成溃烂和间歇性死亡。在没有一个公立的，平行的，公认的超体组织出现之前，民主和自由很难再"他国"即时出现。民粹主义的分裂和泛滥是可怕的，也是无法预料的，就像是在一个高度密封的箱子里引爆炸药一样。想割除一个人人有罪的体制，并且带来的政治清算影响是无法估量的，军事武装力量走向也是一个可怕的问题，同时分裂主义民族自治主义一定会有所抬头，以及由愚民愚昧带来的暴民行为，一定会突显。在一个秩序完全失控，或者没有秩序之下，民主的建设将是非常困难和难以完成的。如果没有一个超体组织存在的话，如果没有一个超体组织加以控制和协调的话。苏联的崩溃让东欧整个社会体系和政治制度坍塌，消亡，引起整个东欧的社会体系的动荡和人口非正常死亡，以及对整个西欧世界和东亚世界带来了深远的政治影响和震荡。要考虑到一个国家的民族分离情绪，奴民的暴力倾向，以及二元独裁的次体系出现，不能让一个国家陷入无政府状态而分崩离析，陷进恐惧的境遇。

联盟国的意义是它必须有军事能力摧垮一个独裁国家，它必须有行政能力管理（暂时性托管）一个国家，它必须有律法能力法治一个国家，它必须有经济能力繁荣一个国家，它必须有价值能力引导一个国家。有能力暂时性托管一个国家，有能力暂时使人们免于恐惧的能力，有能力暂时使人们免于饥饿的能力，有能力暂时使人们免于愚昧的能力，恐惧意识是一种可以传染的意识，当多米诺骨牌的滑倒带来的连锁反应是任何人无法预见和预料的，而对秩序的破坏将会让人变成野兽，杀戮和恐惧都会传染和传递，没有超体组织加以控制和影响的话，将会造成全局的塌陷和混乱，那将对全人类造成灾难。摧毁和重建，和平和战争，剑与盾，必须是它所具备的能力。另外最重要的一点就是：联盟国有能力破除危害人类从有尾至无尾，发展过程中破坏人类自由人性意识形态的极权及神权禁锢洗脑的破败思想意识。否则，人类世界生于意识，也将死于意识。联盟国是一个致力于人类卫生健康、环境保护、人道主义、教育发展、贫困治理、灾难救助等为核心的社会服务政治机制。对于联盟国巨大的权限问题，我运用了三权分立之后又三权的考量，首先联盟国总统是作为一种人文价值教育理念，即信仰权单独存在的，人类的价值教育并不是单一化，而是多样化，我并不提倡用固定和固化的教育价值理念来界定，而是看其教育价值理念是否引善制恶，控制欲望。人类生活在这个物质世界上，物质刺激了我们的欲望，给予我们感官刺激和享受，但是人类的精神世界却陷入贫乏和空白。我们为了欲望而活下去，而不是为了精神层次方面的东西而活。当人类为了活而活着的时候，那么人类的价值观和道德观就已经坍塌。

联盟国总统负责人类的精神家园和物质家园的建设，教育和人文居住环境以及相对权限的军事干预、打击权是联盟国总统的职责。联盟国总统拥有自己职权体系内的提名权，经联盟议会讨论后进行操作；世界上任何国家都以追求国家利益为唯一的行动准则，而不会给道德留下任何空间。所以一个超体联盟国的概念必须是它一定要捍卫人类的精神家园和灵魂世界，至于这个精神家园和灵魂世界里都有什么？？或许是民主的人性社会，或许是普遍的大众自由。我们的意识终端渠道来自哪里，我们就从哪里改变，改变到一个人性的意识轨道上去，形成一个统一的前提，并且最终形成一个统一的自由世界。教育是人类除了"动物"基因遗传之外最直接的意识形态灌输管道了，联盟国总统作为人类精神家园和灵魂世界的引导者和举旗人，他需要通过教育的意识形态管道来彰显人类的人性社会建设和人类的自由。

联盟国总统更多的是作为一种"新的"意识形态而存在的，作为一种代表着人类精神理念和信仰——自由和民主的思维的存在的。联盟议会是作为立法、选举权单独存在，联盟国总统、联盟议长经议会提名、选举、讨论后进行操作。联盟法院是作为司法权单独存在，联盟国独立法院，由律法委员会提名，经联盟议会讨论后进行操作；在联盟国总统之下我又进一步分立新三权，即政理会负责行政权、经理会负责金融经济权、军理会负责军事权。经理会、政理会、军理会总理由各自的区域委员会进行提名，经联盟议会讨论后，进行操作；通过内部权力的互相制约和监督，以达到实现一个法治的民主联盟国。当然这样显然还不够，在联盟国的外围社会人（即擅长聚焦信息媒介的人群）建立全球独立舆论新闻司，我倾向于把其解读为一种目的眩晕，它不属于政治体系，而是一种社会体系，一种属于社会大众用于"盯视"权力者的信息媒介和信息监督。同时建立自由独立的全球独立工会，我倾向于把其解读为一种行为的眩晕，它同样不属于政治体系，属于一种社会体系，一种属于社会大众用"集体聚集行为"反对权力者的集合体。当然新闻自由、舆论自由、信息自由，人们的游行、示威、配枪会得到联盟宪法的明确支持和载明，而不会形成一纸空文。而前联合国非政府组织委员会、同政府间机构谈判委员会，这些机构的作用是当政治公权力因为某个政治爆点与民众的集权力发生强烈的不可弥合的碰撞时，作为玩跷跷板的第三方人进行双方之间的协同和调解作用，以避免公权力政治秩序的混乱和民众集权力社会秩序的紊乱。最后我需要建立世界公民身份体系，以及公民教育等等。国家是一种维持秩序力量的存在，当人们的公民教育理念和人文素质，可以让社会每一个个体达到可以自我维持秩序的时候，那么国家就只能作为一种象征性而存在，从而失去强制性的秩序力量，人们将会拥有自由之中的自由，因为通过公民教育让人们形成了高素质的自治秩序。

全球帝国是帝国的一种形式，即全球性或世界性的帝国，属于超级帝国范畴，通常表现为幅员辽阔、在全世界具有影响力的强大国家。"全球"性或"世界"性意味着属于这个国家主权下的领土遍及全世界。一般帝国的色彩往往带有暴力、掠夺、统治的色彩。我更趋向于把今天的世界称之为一个政府，世界政府。

在今日之世界，人类需要建立一种大同主义宪政教育理念。大，意指一个方向、方位、范围、统一的体制，在这里特指一个"球体"、一个世界、一种信念和理念的统一认知。同，意指同而化之，同而知之、同而和之，把一个方向、方位、范围，把一个世界、一个信念和理念，进行同而化之，进行一种平和的、和平的认知理念灌输。世界大同首先是一种相同意识形态和理念的同和及同化，由相同意识和理念组合在一起的国家，在未来的时间内我们的世界会同和和同化为一个国家，一个民族，（当然宗教无法同化，毕竟神的力量凡人是无法撬动的），由同一个国家，同一个民族构成的世界，我们称之为世界大一统原理。我认为真正的大同世界并不是科技的高度发达，而是人类共同的心灵的平和。真正的大同不是社会形态的相同，而是世界各地的人类共同达成了一种思想上的共识--对地球安宁与人类和平追求与向往。人类的意义体现在哪里？人类的意义体现在了对自我内在世界的探索与觉醒，也就是更多人会觉醒意识找到自我，慢慢实现从对物质世界的盲目追求向精神世界不断探索的转化过程即灵性觉醒时代的来临，最终与众神站在一起。

世界大一统思想：在全球范围内，所有已确立主权的国家，根据所处国家地理位置现状，进行区域划分，确立欧盟、亚盟、非盟等执政联合体，确立以联盟国为总盟的全球统一联盟的世界联盟国时代。

目标：在不完全否定国家意识形态之下，对民粹意识形态、独裁、威权政治形态进行否定和禁止。充分尊重和遵守世界各国的民族文化、历史、信仰、风土人情等，积极推行全球民主化进程，推广多党竞选、多党联合、多党执政主体，确立国际最高司法权、舆论信息监督权，有权对已确立主权国家的人权、教育、环境、人口、经济、自然资源、物种保护、生态环境等（军事除外）提出指导性"建设性"意见。在全球范围内，积极控制人口，打击腐败、控制军火、毒品，打击恐怖主义，推行宪政人文主义教育，推广举国迁移（移民），无国界运行的世界大一统思想。

世界大一统组织联盟有权对所有各国政党首脑的工作执政能力提出质疑，并有权进行质疑，要求其辞职、下台等。（例如：违背人权、政治压迫、国内动荡、经济下滑、犯罪率失业率居高不下），可进行新一轮的民主竞选，产生执政人。世界联盟主席有权调查世界各国的风土人情、人文历史，并对其进行研究，所委派调查人员可直接对联盟主席负责，有研究能力、协调能力的人员可以由联盟主席指派到某一国任副职。例如：人权保护、教育保护、环境资源保护方面任副职.

世界大一统原理：

1 联盟国国籍

2 每年把战争期间或者生活在王权和神权压迫下的以及居住在极端恶劣政治环境和自然环境下的人们出来做平民报

告，提出人权意见和报告，交由大会讨论。

3 编写"全球民主自由通史"，向全球各国极端独裁国家传递自由、民主文化，观察人权实施情况。

4 派遣文化教育及环境监督联盟国官员到世界各国观察任职，采集和监督世界各国风俗人文文化，同时监督文化理念和基础教育是否宣扬平民的意识形态，以及居住环境是否符合居住和改善。

5 打造无战争世界文化理念，全球缩减战争武器，把用于战争的金钱投入到民生中去。

6 新闻自由化，联盟国新闻工作者有一切权利对任何国家、任何人进行采访，任何人、任何国家都无权干涉。

7 把全球进行分块管理，采用经济一体化模式发展全球经济。世界银行注入资金。

8 人是消耗品，进行有限度控制人类人口数量，反对一夫多妻制。

9 人是国家；人具有反对国家，推翻独裁暴力政府的权力。写进全世界各国的人权法案中。

联盟国和区域联邦国

　　一个大一统的世界当然需要一个大一统的体制去运行和操作管理，大一统体制的权限是否需要从最高端垂直到最低端每一个个体人身上，这个可能无法实现，因为不同的国家意识形态和民族意识形态以及宗教意识形态无法进行"发丝直垂"效应。反过来说大一统权限过分垂直，而剥夺区域国家完全独立、自主的权限的话，就违背了自由和民主理念。我们的大一统体制不是为了得到一个帝国，我们也不需要一个帝国，我们需要的是一个自由、民主的世界，一个人人是人的世界，一个保障了个人权利的世界。过分的集权会得到一个极权帝国，对局域国家权限的过分剥夺，也会失去局域国家的支持，而形成大一统体制的空中楼阁。对于局域国家的权限和管理大一统体制需要先着眼于民主、自由思想的灌输，以及世界观、价值观意识形态的统一。其次对于政治环境、经济环境、司法环境，进行宏观性的调控，把独裁的政治环境进行修正和修改，建立自由流动的经济市场，对于司法环境确保它的独立审判性。再其次是对于局域国家的军事国防力量的整合和控制，以确保"集体的普遍安全和战争的爆发"。最后是确保人的自由和独立权限的实现。统一思想、调控"环境"、控制军事，确保人的自由和独立。

　　人类对于"统一性"的东西，过分恐惧和惧怕，因为他们认为统一会让自己失去国家、民族、宗教以及建立在国家、民族、宗教之上的历史、风俗、文化，更重要的是统一会不会失去自我。基督者会害怕失去自己的基督，伊斯兰者会害怕失去自己的穆罕默德，国家者会失去自己的国家，民族者会害怕失去自己的民族，宗教者会害怕失去自己的神灵。其实统一思想的意思是统一人们对自由和民主的认识，统一人们对自我价值观的认识和所行走的方向及目标。调控"环境"的意思是由于先天的历史文化和后天的体制、制度，而导致不同的"环境"国家和"环境"人，我们无法进行强制性的统一，认知是一个漫长而复杂的过程，但是我们并不是要放弃对其进行改变，而是加强对其的调控，让"环境"适应人，而不是让人适应"环境"。控制军事的意思是任何局域国家不再具有独立的战争打击权限，人类将会进入一个安全、平和，没有战争和恐惧的世界。任何战争行为必须在大一统体制内进行协调解决，无法解决的将由律法进行裁决交由大一统体制进行托管。

在达尔文的丛林社会体系中，一个国家需要一个相对应的战略空间，它可以是海上空间、空中空间或者陆上空间，也可以是某个敏感的重要的战略点等等，这就像我们一个人挥舞自己的拳头，肘部后仰，然后直线挥出一样，如果空间过于狭小，那么我们的肘部就无法后仰，那么就无法凝聚爆发力，形成冲击力量，对敌人造成伤害。在丛林法则意识之下任何国家自然需要产生战略空间、战略利益和生存压力等等东西。所以我们需要控制重要的陆地地域和海上战略要点，所以我们需要虎视眈眈的盯着对方，所以我们需要将最危险的核武器瞄准我们的邻居，那么战争随时可能爆发。我们看当前世界上200多个国家意识形态，就像是一只只"刺猬形

态 "定律。所有的刺猬为了自身的安全意识形态，就拼命扩充自己的尖刺和国防发展。我们需要建立一个人人安全或者国国安全的机制，以避免我们互相伤害和挥舞拳头的可能。

全球化加深了国家之间相互依存、相互依赖的程度，整个世界日益形成为一个息息相关的整体，所有国家都被吸纳到一个统一的世界体系中来，它们在经济、政治、文化、科技、外交、军事等方面的合作大大加强。同时，国家的角色也在发生变化，国家具有双重责任：一要对本国人民负责；二要对国际社会负责。国家不能再以主权的名义为所欲为，而要接受本国人民、其他国家和国际组织多种形式的交叉监督。在全球化背景下，全球性问题不断增多，例如，环境污染、恐怖活动、走私贩毒和跨国犯罪等，这些问题都不是一个国家可以解决的，而需要国际体系中各个成员之间的协调以便采取一致的措施。如果以现有的大陆板块为格局，建立相对均衡的军事力量，以互相制衡和制约，假如在板块里刺猬群体内建立一种"孔雀翎"式的相对无刺机制，利用一种协同国防、联盟国防，所有的尖刺联盟化，不隶属任何个体刺猬，属于联盟国整体所有，内部建立一种选票式民主机制，来运行联盟国的政体安全意识和空间地位。

在人类的达尔文丛林时代霸权是大国存在的本质特征，也是唯一存在的特征，弱肉强食是普遍法则，吃或者被吃只能拥有一种选择。什么是大国？有霸权就是大国，没有霸权就是任人宰割。霸权在这个丛林时代是普遍存在，"不是以个人的意志为转移的"，没有"战争权"就没有发展权，而发展就意味着危险、威胁，一国的发展就意味着对另一国的威胁，这是世界丛林历史的通则。在丛林时代，在国家利益这一主体下，容不得任何温情，谁要是抱着一丝一毫的幻想，谁就会遭到大历史残酷的惩罚，按"理"说，每个国家，民族都有生存权，发展权，但是人类是依靠资源存活的，可是资源却是有限的。为了争取再正当不过的发展权，所以除非国家这一主体永远安于贫困、连发展权也放弃，要准备战争，这不是由某个国家决定的，更不是由国家中的一些善良人士的善良愿望决定的，事实上这是由"国际惯例安全"和资源损耗和占有决定的。

在许多场合，人们往往把国家的"领土边界安全"及"国家安全边界"这两个概念混淆使用，往往把一国的安全边界的扩展混同于领土边界的扩张，因而称之为"威胁"。延伸到海域领土边界安全，海权论马汉引证英国在拿破仑时代的战争中获得海上霸权的事实，来证明欲发展海权必须以强大的海军控制海洋，以掌握制海权。维护一国在世界范围内自由贸易的前提是对海上资源运输线路进行自卫性的控制。所以说全球化不能不包括军事自卫手段的全球化，因为国家的利益已经融合。

那么有没有一种"刺猬意识"可以让其共同遵循，共同认可和承认体系，来保障其不受侵害。假如亚洲区域大一统的话，那么首先是军事一体化，成立亚邦联军事委员会，纳入联盟国军理会之内。以各国军事权限来换取区域集体安全保障，以及区域人们的全区安全。

首先假定三大国为亚邦联常任军事理事国，确定三大国之外亚邦联国家为常任监察理事国。在军理会总理确定之下，确定三个或者三个以上亚邦联军事国建立联合军事，在联盟国总统授权、军理会总理审核以及亚邦联其余三个国家之外的主权国家同意之下，对亚洲区域安全进行集体安全保障。当然具有军事行为和军事属性的三大国其意识形态必须具备和符合整个全球价值观和意识观的标准考量，其军事行为必须在联盟国总统授权和军理会总理审核以及三大国之外其余国家的认同。对于所产生的军事理事国三大国主要负责确定亚邦联军事区域海事区域、空中区域、陆地区域的巡查路线、方式等等。

如果在亚邦联之内我们找不到符合全球价值观和意识观标准的国家，或者我们找不到有军事能力可以保障整个亚邦联区域的安全的三大国，或者在整个亚洲区域双方国家无法采取互信的情况下，那么我们就直接由联盟国军理会不在局限于亚洲区域，而在全球区域范围内进行寻找和授权。对于具有争端区域、敏感区域、重点军事区域由于历史意识形态和丛林法则等等原因而双方无法采取互信的，亚联邦可提交联盟国军理会进行军事托管，不在亚邦联巡查范围之内。所有针对现有国家的领土、领空、领海疆域的巡防、巡查，尊重现有国家的主权，只对已经界定的地域进行巡防，不强制，强求改变现有国家的领土主权和国权，只对双方和多方已经界定好的领域进行巡防和巡查。

监察理事国确定对常任军事理事国的监察权，另外军理会成立直接向联盟国总统和军理会总理负责的最高军事法庭，军事法庭不对三权分立之中的司法权负责。军事法庭主要是针对全球军事系统和军事领域内的军事人员进行律法程序，只对军理会总理和联盟国总统负责。以确保对常任军事理事国和常任监察理事国的可控、可制约、可制衡机制，确保理事国和监察国必须按照已经确定的军事章程、军事路线、军事流程进行军事操作和实施，不允许出现任何偏差。

亚邦联的立法、司法、行政必须符合联盟国对个人权利价值的保护和彰显，必须符合联盟国的价值观和世界观。也就是说联盟国具有除却宗教以外的精神、信仰、教育的指导权限，在当前世界宗教信仰不具有兼容性，但是我认为人类的文化是相通的，价值观是相通的，向善的意识是相通的，人性是相通的，在认可这些东西的同时，以此建立公民世界的可操作性。亚邦联的立法、司法、行政必须符合联盟国的立法、司法、行政的宏观调控，联盟国不干预亚邦联显性的微操作，亚邦联对其邦体及国内立法、司法、行政，以及相关的民生生活和人权问题具有直接主导权和实施操作权。加强亚邦联的金融、经济一体化，改善人们的民生生活。保护亚邦联人们的退休、医疗、教育、房产以及相关私有财产权的保障不受损害。亚邦联的所有政治领域的公职人员，要向联盟国申报个人财产信息，亲属子女以及家庭、家族资产收支情况，以供备案。亚邦联的所有军职人员信息和资产情况，必须进行申报，得到联盟国军理会的核定，以及联盟国议会的审核和联盟国总统的授权后，才能进入，成立针对军职人员的特别军事法庭。任何亚邦联局域之内的个体人，都被视作一个个体国家，而任何亚邦联政治组织针对个体人的侵害，都会被联盟国视作是"国家与国家的战争"，而进行介入，引入司法机制。我们需要注重注意的是：所有的邦联体系不针对，现有的现存的已经存在和缔结的泛联合体系，进行冲击，尊重现有的多元化联合体系和价值体系。

我们最后的乌托邦世界

今天的人类世界已经从原始社会的饮食法则，以及古代欧洲罗马时代以及后罗马时代的铁血丛林法则和在蒸汽机怪物出现后的资本利益法则过度到今天文明普世法则，每一个时代都有相对应的法则建立和确定，假如说过去铁血丛林法则时代的人们互相绞杀，是为了自我生存空间的保障而进行战争，那么今天我们在讲"生存空间"这一话题，就显得不适合今天这个时代了。今天的人们是为了更好的生存和生活，而来到这个世界的，而不是所谓的失去了生存空间，我们就会死去。今天所谓的国家战略生存空间只是统治者的一种意识控制手段，权力者利用这一手段让人们相信自己为人们承担了极大的压力，而让人们供奉自己。人类应该顺从着"历史的轨迹"进行行走，难道今天的人类历史轨迹不是普世法则文明吗？？如果人类在普世法则面临的共同问题上携手合作，请设想一下这将为世界带来什么机遇。请设想一下：如果我们朝着这一方向制定了新的规则，从而使非同寻常的全球化进程和经济增长持续下去，并进一步向全球社会的各个角落延伸，那么，穷人中最赤贫者的生活和医疗水平将会得到改善，也会有越来越多的人发挥出自身的潜能。假如人类真的能够在相同的意识形态之下携手共进，呈现在我们面前的将是无穷无尽的世界。世界经济为所有地方的人都展现了过上体面生活的美好前景；通信技术使我们能够相互了解、相互学习；政治合作则能够遏制大国争夺的冲动。在地球上的任何地方，人们每天过着具有尊严和人权的人性生活。

当代世界各国领导人面临的最大挑战是创建一个新的国际关系体系，从而为我们在各方都深受其害的重大共同问题上开展真正而有效的全球合作创造条件。现在该是世界各国政府发挥自身的创造性和思维性的时候了，探索新型合作联盟模式，以展现和呵护人类文明果实。这是 21 世纪的一个重大课题：这个新的架构一旦建立起来，世界和平、发展和自由以及民主就有保障了。爱因斯坦曾经说过，人类之间的思想差异微乎其微，有的人之所以最终能脱颖而出，是因为他们没有因循守旧。然而，要想做个与众不同的人，就必须跳出习惯的思维定式，抛开人为的布局，敢于去怀疑一切。"

"'世上没有绝对的真理'，也没有绝对的道路和一成不变的制度。

人类的思维是世界上最为活跃的能量，它具有创造性和散发跳跃性。每个人的客观环境和一切生活际遇，都是主观思维在客观世界的映射和反馈。想要改变，就必须谋求创新，打破习惯思维的桎梏，想人之所未想，做人之所未做。15 世纪以前都认为是太阳围绕地球转。哥白尼发现日心说纠正了这个说法。严格讲两种说法不是谁对谁错，是观察立场的不同。打破思维的定势，跳出思维的误区，谋求变革，才是人类世界唯一的出路。当有一天人类打破国家的定势、民族的定势、宗教的定势，到那一天，当人类睁开昏睡的双眼时，我们就会发现一个新世界。

乌托邦主义是对未来的一种思考或者设想，包含着理想、希望和梦想。说起乌托邦，昆德拉有一段名言，大意是人们受到乌托邦思想的迷惑，"拼命挤进天堂的大门，但当大门在身后砰然关上时，却发现自己是在地狱里。"曾遭受过一种伪理想主义无情愚弄的中国人对这段话有特殊共鸣。当人们开始反思过去时，"乌托邦"成了一个射击靶，弄得很是声名狼藉，后来一提起乌托邦，就往往把它同虚假的意识形态、同充斥着欺骗性允诺的伪理想主义划等号。

如果撇开伪装理想的蓄意欺骗，人们指责乌托邦，无非是乌托邦理想总有空想或梦想的成分。但无论空想或是梦想，不等于没意义，更不等于坏事。"任何旨在改变人类命运的基本条件的事业势必包含有一些空想成分。"乌托邦主义，并不是就意味着人类永远无法到达彼岸。在很多情况下被指责为空想的，其实是一种远见。至于梦想，有梦，意味着不安于现状，意味着对未来有所期望。没有任何梦想的人老气横秋、安于现状、暮气沉沉。但人类永远是大孩子，永远会保留一些梦想，所以总是乐此不彼地要构筑一个又一个乌托邦。它们可能表达过时理想的垂死呻吟，也可能以前瞻性、预见性为现实树立一个标准；可能是把生活简单化的思想体系，也可能基于对现实弊端的深刻洞悉而具有批判意义；它可能诱使人为了辉煌的将来而牺牲现在，为了梦想中的美妙世界而拿此时此地的人去作祭品，也可能作为一种牵引人类前进、促使人迸发出创造热情的巨大力量在人类事务中发挥作用……总之，形形色色的乌托邦除了在与现实对立这一点上是共同的之外，彼此在性质上是可以很不相同的。人类的乌托邦冲动代表了一种最有希望的潜质：对于实现人类最佳状态的持久关注。乌托邦主义总是完美无缺的，可是人类却天然的带有劣根性。当我们指责乌托邦主义的缺陷时，还是先指责人吧！不知道是乌托邦理想主义虚幻的制度缺陷影响了人，还是人类的劣根性影响了乌托邦主义，或许这两者是相互影响的吧，这或者有点像猴子在玩火一样。

今天我们的世界有许许多多的乌托邦主义意识形态，法西斯主义乌托邦意识形态、纳粹主义乌托邦意识形态、军国主义乌托邦意识形态、资本主义乌托邦意识形态、三民主义乌托邦意识形态、伊斯兰主义乌托邦意识形态、共产主义乌托邦意识形态等等。当然这其中有王的乌托邦主义，有神的乌托邦主义，也有资本经济的乌托邦主义。人类的乌托邦主义意识形态五花八门，层出不穷，每一种乌托邦主义意识形态在创立初期，都能给人们带来一种精神上的理想慰藉和道德慰藉，并都描述了"光明的前景"，所以为了实现自己的主义，有无数的人不惜用别人的生命以及自己的生命来祭奠。但是今天我们回过头发现，历史往往是在给我们开了一个天大的玩笑，曾经辉煌的主义，今天无一例外都将成为废墟，或者即将成为废墟，那用千千万万人头堆积而成的主义发出恶臭，在整个人类历史发展中留下血腥的红点。"从一方面来看，人类历史上最为残酷邪恶的大规模杀戮，正是自以为拥有绝对正确的神圣信仰或者主义的某些人煽动实施的。基督教的十字军东征、希特勒的纳粹主义即国家社会主义、洪秀全太平天国的拜上帝会，都是如此。

今天我们发现任何一种乌托邦主义都在杀人，当然或多或少罢了，只不过杀人的手段不同而已，纳粹主义、法西斯主义、军国主义是用军事杀人，资本主义是用经济市场杀人（例如：羊吃人），伊斯兰主义是用宗教杀人，某某主义是用政治杀人。似乎伟大的主义在我们的世界里从来没有出现过，今天我们研究这些已经消亡或者即将消亡的主义发现，没有任何一种主义把它的监督体系放到首位，也没有任何一种主义把人的生命放到首位。所有的乌托邦主义都认为监督和人的生命问题，必须等到主义完全确立和保障之后才能实施，也就是说必须等到我们走出血湖之后，才能谈其他的问题。于是我们看到很多主义很快的演化为极权主义、独裁主义、杀人主义。好吧，假如今天我们的乌托邦意识形态还不改变的话，那么我们的世界将永远也无法改变了。那么假如我们无法改变这样的世界，那么无疑我们只能这样生存下去，"危险"的生存下去。

主义者，无监督；好杀人，是主义的两大特点。是不是主义必须得杀人，是不是主义必须完全确立和保障之后才能确定监督问题？？我们能不能建立一种不杀人而有监督的主义，我认为可以。假如我们把人的生命奉为至高无上，假如我们在教育认知中首先给人们灌输自由的理念和监督权力主义的意识，把人们内心对生命的敬重和热爱的"雏菊"打开，那么我们不必杀人，就可以得到一个有监督，而无"血湖"的主义。我对这个世界的理解是人永远不能屠杀另外一个人，让自己的手上染上鲜血。一个人不能杀死另一个人，一个人不能统治另一个人，所有的人都是自由的。在我们的这个世界，任何一种主义在没有实现之前，我们都可以把它归结到理想主义或者乌托邦主义。当然大同主义，更是乌托邦主义之中的乌托邦吧。但是，我并不认为我的这种乌托邦主义有什么危险性，为什么我会这样认为，因为我没有通过强制性和暴力的杀戮性来完成推进，我是通过教育的意识形态进行灌输和影响，而这条灌输和影响的"皮管"我是用"雏菊的爱（即人的生命第一）"和"如何监控、监督权力的滥施"来完成的。我不是通过愚昧、暴力来进行我的乌托邦主义的，而是通过"爱和监督"来完成乌托邦主义进行的，那么我的主义如何去杀人？？？

各种各样关于世界政府和联邦主义的构想都被提出过，支持世界政府的观点认为这样一个机构有足够的力量来防治战争建立世界和平，反对的观点则更关注在权威控制下的世界和平是否是理想的目标这样的问题。我们现在可以批评这些方案的提出者过于自信，我们也可以指责这些忽视自由的方案给了 20 世纪为害人类的极权主义很多灵感。但这些方案的提出者是真诚的，哪怕包含了重大迷误，却仍然表达了一种真实而有益的信念：人类有可能创造出一种完善的制度来保障人的幸福与和谐。而且这些方案所包含的批判力量也是真实有力的，它们对现实的批判性有时会在人们意想不到的地方结出果实。总之，人类乌托邦主义的感思，将会牵引人类世界思想的左转或右转，都会导致全人类的"早安，世界"，或者"晚安，世界"。

历史应该属于谁

一百多年前，威灵顿是南非一个偏僻而荒凉的地方，因为没有路，外面的货物运送不到这里来，而这里出产的农作物要想运出去也很困难。为了改变这种糟糕的状况，政府决定在这里筑一条铁路线。但让铁路局感到头疼的是，一位农场主，他差不多拥有铁路线横穿过威灵顿时的全部土地的所有权，任凭政府和铁路局出多高的价格，他都固执地坚持绝对不出让自己的每一寸土地。他振振有词地说："上帝既然让我的祖先把这块地传给我，我就丝毫没有出售这里每一寸土地的理由政府和铁路局十分无奈，因为，如果铁路绕过威灵顿，那么这条铁路的修建就会变得没有多少意义，如果穿过威灵顿，或许高昂的地价和毫不退让的农场主会让整条铁路的修建全部半途而废。

就在政府和铁路局都束手无策的时候，农场主十来岁的小儿子来了说："我也许可以说服我父亲。"他问自己的父亲说，"我们为什么不能出让少许的土地呢？"父亲说："这片土地是咱们祖祖辈辈传下来的，我想可能是上帝让咱们拥有这片土地的。上帝赋予我们的，我们怎么敢让它减少哪怕一丝一毫呢？"男孩想了想说："难道我们家的人一生下来就拥有了这些土地吗？"男孩的父亲说："不，这是上帝的土地，只不过是暂时交给我们管理罢了。"男孩说："现在上帝要收回少许的土地，我们为什么却拒绝出售呢？"父亲立刻反驳说："可他们不是上帝，他们是政府和铁路局。"

"可是，"男孩说，"《圣经》的公祷文上说上帝的旨意奉行在人间就如同奉行在天上。"男孩的父亲和所有的人一听全愣了。最后，男孩的父亲果断地答应无偿出让给铁路局一部分土地，"因为我的孩子使我明白，这一切都是上帝的旨意。"威灵顿车站建起来后，被人们誉为"上帝的车站"。爱和宽厚就是我们生活中的上帝，胸藏仁爱宽厚之心的人，心中就有自己的上帝，而上帝，是永远会被人们记住并深深怀念的。

有时候我很怀疑这个故事，假如依照这个男孩的说法推导，今天我们这个世界上没有一个国家的土地不是来自于他们的"神或者信仰"，人类在这块土地上仅仅衍生了几万年，所以说在这个世界上我们是先有了土地，后有了人类，最后才有了国家，可是为什么有一些国家一定要"以国家划人，以人划土地"？？对于这样一种本末倒置的构架，是不是很让人费解？？当然国家权力者可能会以战略空间，战略利益，生存压力等等借口去辩解，希特勒是借口德意志帝国人们在波兰受到不公正待遇，而将波兰划入自己的帝国版图的，下边就是划法国、划英国了。我们的土地都是来自于远古或者别的神灵（上帝），我们人类是来自于森林，而国家却是由我们创造的。但是今天我们的世界却有许多以"国家划土地"，今天人类世界每一寸土地都是属于地球这个蔚蓝色星体的，而不是属于某个国家，以及某个国家权力者口中的"人民"的。假如说美国黄石公园火山大爆发，我们是否需要考虑转移救助美国人们？？假如说由全球气候变暖导致海平面上升，将日本、朝鲜、韩国吞没，我们是否需要考虑救助那些人们？？

假如非洲大饥荒，我们是否需要增援粮食、饮水保障？？人类遇到的每一场巨大的灾难，都需要考虑人们的转移、迁徙活动，但是"土地"从哪里来？？？每一个国家都认为自己没有一寸土地是多余的，好吧，那么是否就紧紧的闭上眼睛，不去看那些人，让他们自生自灭吗？？我们的土地没有一寸是自己的，也没有一寸土地是国家的，在人类未进化之前，在人类还是猴子的时候，土地就已经存在了，土地承载了人类文明的延续，那么我们怎么敢耀武扬威的说脚下的土地是自己的。如果飞鸟的翅膀联合起来，可以遮天蔽日，如果人类的手联合起来，可以把整个地球"抱"到怀里。不同的手牵起来，或许这个世界将会不同，未来人类的发展也将改变。

　　法国年鉴派大师犹太历史学家马克•布洛赫在《为历史学辩护》一书中，曾引用十分宠爱的小儿子的一句话："告诉我，爸爸，历史有什么用？"马克•布洛赫幼子童言无忌的发问恰恰是针对历史学存在的理由而言的。到目前为止，人们对历史的研究仅局限于"真相"这个层次，还没有每个人都能从历史中反躬自问：我们值得怀疑的历史究竟有什么智慧？我们的历史推动人类文明的进程了吗？我们在今天的历史中应该承担什么样的责任？？我们每一个以历史探索为乐的学者都必须回答那个犹太小孩的问题：历史究竟有什么用？

　　历史也是一把打开现实的钥匙。历史中隐藏着密码，世界运行的密码。虽然本书说的是世界密码，但是我更强调的是个人的意识。今天我在本书中向世人宣扬，向全世界宣扬我的梦想，当然这也是人类的共同梦想。是什么决定了我们拥有这样的梦想？？意识，是我们的思想意识决定了我们拥有梦想。我曾经记得这样一句话：人是会动的树，都有看不见的根。人类是一株会走动的树，而思想就是树的根须。人类的意识从哪里来，是从先天的基因密码中或者神的启示中、国家历史文化、民族认知中来，以及后天的社会教育和基础教育中寻求中而来，无论是什么样的意识灌输，我们都需要"他人告知我们"，因为当我们衍生之初，是一种无知无觉的动物，所以"他人的告知"，是我们意识思想的来源，这里的"他人"，可以是神，是国家，是民族，更可以是一种教育思想认知的告知。建立世界政府体系的前提是建立世界秩序，而建立世界秩序的前提则是建立世界政治行政体系，建立世界政治行政体系的前提则需要世界思想和世界意识的统一以及滋生新世界政府的价值观和世界观，什么能滋生我们新的统一世界意识和思想——教育，我们需要通过教育来建立一个全球政府。

《悲惨世界》雨果传中说，人类有一个暴君，那就是蒙昧。社会的唯一危害是黑暗，在社会的土壤下面，处处都有活动，有的为善，有的为恶。社会的罪，在于不推行人文教育，它负有制造黑暗的责任。当一个人的心中充满了黑暗，罪恶便在那里面滋长起来。有罪的并不是犯罪的人，而是那制造黑暗的人和制造黑暗意识形态的人。所以举火，就非常必要，而且势在必行，举光明的火、人性的火、生命的火，来驱散制造黑暗意识形态的人。人类的意识形态可以灌输和改变，那么改变人类意识形态的方向在哪里？？在一只小鸡刚刚破壳的时候，在一只小鸟刚刚学会挥动翅膀时候，在一个小小的孩子刚刚睁开眼睛打量这个世界的时候。。。。。

人的基本属性和特征

作为从达尔文笔下"逃离"（进化）出来的非正常人，我们如果想做真正的人，那么作为"人"，它的基本属性和特征，我们应该如何理解和界定？从人类的进化史来看，我们是从蛮荒中走来，从野兽进化成人，当人类从树上跳到陆地的时候，当人类在陆地上留下第一个足印的时候，我们的规则就建立了。我们的世界有各种各样不同的规则形成，它们互相纠结、纠缠形成了我们的规则世界。就像是大圆套小圆，小圆套扁圆，扁圆套方圆等等。这些圆圈从哪里来，是从自然教育中而来。人类是一个"受众动物"，而原始社会的"自然环境"是我们启蒙规则的第一个老师，我们在自然环境中学会了钻木取火，改进狩猎工具，捕食猎物等等，都是"自然教育"推进、推动的结果；今天教育所启蒙教化的规则将决定我们是人性，还是兽性最重要的砝码。人类这只猴子从原始社会饮食规则，历经奴隶社会和封建社会的铁血丛林规则，一直到近代的西方资本经济规则，以及当前的普世文明规则。不同规则的出现，预示着不同规则教育的改变和推进。

在这个世界上我们的人文历史发展不同、宗教信仰不同、风土人情不同，也就是说不同的"源"文化，造成了不同的政治态势和政治游戏规则，当规则与规则发生碰撞摩擦的时候，我们应该遵循什么样的游戏理念？？是遵循丛林法则弱肉强食的理念吗？？还是遵循文明法则协调沟通的理念？？人类作为一个"受教"动物，那么我们需要明白一些什么东西，或者说教育需要告诉我们一些什么东西？？

　　当人类从神的园子里走出来，或者从树上像熟透的果子一样掉下来，当人类从四肢着地进化到直立行走，两手空空的面对恶劣的自然环境和陆地危险时，基于强烈的求生欲望而集结成群的与森林中的野兽进行搏斗。吃掉或者被吃掉，是人类必然面临的两种命运结果，生存或者死亡。为了增强吃掉野兽进行食物果腹，而活下去，于是人类集结组团组成氏族部落，即原始国家的雏形，在这种集结之下，人类慢慢的在陆地上站稳了"脚跟"。随着第一次石器时代、第二次石器时代，以及青铜、铁器时代的来临，生产工具的发达，促进了生产力的大解放和大促进，人类的经济力开始富足起来，以及随着人类狩猎技术的日趋完善和纯熟，野生的兽类被人类家畜化，人类再也不必为没有食物果腹而发愁了，而且人类的"食物货币财富"还出现了盈余。多余财富的出现觊觎者，为了合法的占有多余财富，于是这些觊觎者，改变了原始的氏族部落体制，建立了可以继续传承财富和权力的家天下国家体制，国家机制正式得以出现，人类开始一脚踩进了国家里。国家的"家主"为了让人们继续臣服自己，于是开始利用一系列国家文化，历史，风土人情等等"家主"意识思想，对人们加以控制和管理。当人们习惯于臣服于"家主"意识形态的时候，于是人类开始把国家视为自己的图腾，视为自己的宿主。

　　国家是财富和权力滋生的产物，但是在一个国家体制内它的财富和权力，不可能进行等量、均衡分配，永远还有人吃权力的残羹剩饭，或者什么也吃不到。对于这种巨大的财

富和权力的反差，于是这些失意落差的人群，开始在国家的
体制内部和外部集结成群，形成不同的派系势力，就好像他
们喜欢寻找从同一个园子里走出来的人，或者从同一棵树上
掉下来的人。这些人基于共同的园子情结和树林情结而汇流
到一起的人，形成了一个共同历史、文化、风俗的族群。于是
民族又出现了，人类的另一只脚又踩进了民族里，民族作为
另一个人类图腾和人类宿主，开始崭露头角。野兽撕扯吞噬
我们尸骨的声音，铁器的剑矛刺进我们肉体的痛楚，奴隶主
的鞭子抽打我们背部响亮的声响，瘟疫、病菌腐蚀我们的身
体，把我们拖进死亡。人类活着好像就是为了受尽痛楚而死
去，人类的生命脆弱的可怕，可是我们还是的继续绝望的活
着。什么时候，我们才能像神一样自由的活着，或者在神的
庇护下安眠，所有的人在受尽痛楚的时候，都不约而同的都
会在心里这样想着，"神啊！救救我"。人类妄图把自己的
身体和自己的心，交由神灵来掌管，以寻求取得神灵的庇护。
人类不惜拿自己的灵魂和神灵进行交换，于是神灵的慰藉——
——宗教信仰开始出现，人类最后的图腾和宿主，披着神的面
纱来到我们身边。

　　国家、民族、宗教信仰，这些东西都是人类为了保障自我
生活、生存，以及灵魂精神寄托的产物。它们的相同之处就
是为了建立某种秩序；而不同的是国家、民族是为了建立凯
撒的王权秩序，而宗教信仰则是为了建立神的秩序。为什么
这两者都极力寻求建立"秩序"？？因为人类是一种"集群"
动物，无论是从神的园子里出来，还是从树上掉下来，人类
都是"集群"运行的，而不是一个单一的行为。自然界中无

论是哺乳类动物，还是非哺乳类动物，大多都是遵循"集群"
特点进行生存的。国家、民族、宗教也都是人类"集群"的
结果和产物。集群建立国家、集群建立民族、集群建立宗教，
人类的"集群"性决定了人类必须与他人或者他们相接触，
也就是说人类必须要从一个"集群"到另一个"集群"中去，
作为承载"集群"的器皿——社会开始出现。所有的国家个
体、民族个体、宗教个体，都需要在社会中出现，或者反复出
现。任何人都必须溶进社会中，无论是国家人，民族人，还是
宗教人。除非明天全人类集体患上孤独症，那么这种出现才
会截止。鉴于人类的"集群"性带来的不稳定和危险因子，
于是就需要建立某种秩序来维持社会的稳定，以避免国家、
民族和宗教会消亡，这是王权和神权建立社会秩序的原因。
规则，律法都是衍生秩序、维持秩序的，但是我们需要明白的
一件事是秩序的建立不在于奴役和捆绑，而在于建立人的自
由秩序。国家、民族、宗教的某种秩序，都无一例外的需要利
用一个体系、一个结构、一个体制来完成对秩序的维护和推
进以及监督，这个体系、结构、体制就是政治，而国家、民族
侧重于王权政治，宗教侧重于神权政治，当然也有两者相互
结合的神、王政治。人类必定要溶进社会中，连"星期五"
都不例外，鲁滨逊也需要"星期五"的手来集结生活在一起。
换言之人类必须是"社会人"。在人类还没有达到自我控制
和自我管理的情况下，强制性的秩序将永远都会存在，那么
政治永远也会存在，而国家、民族、宗教也不会消亡、消失。
人类由于秩序的原因需要永远的生活在政治之下，成为无可
奈何的"政治人"，无论是主动，还是被动。

　　社会人，政治人是人类的两大基本属性和基本特征。人类的一切生活、生存，物质的、精神的都是从社会中获取的，而社会则是政治维持的结果，那么加强对社会人的社会学习，加强对政治人的政治学习，永远是这两者必不可缺的过程。人类的一切意识形态思想，一部分是源于先天的本能基因遗传（小鸡啄食，小鸭游泳），另一部分是源于后天的教育认知的灌输。为了增强社会秩序和社会人的稳定、有序流通，于是人类建立学校，进行教育认知的灌输，进行社会秩序的稳定。有人认为教育的存在，就是为了灌输学识，这种过于单一、片面的认知，显然不正确。教育的最大目的，就是为了建立"秩序"，以便于人们将来踏足于社会后，而尽快的适应和溶进以及遵守社会秩序。人类建立秩序有两种方法，一种是奴隶式的鞭子秩序，另一种是公民式的自觉秩序。前者是奴隶式独裁社会，后者是开放式民主社会，是一种自由的秩序。人类的政治性决定了人类必须在国家、民族、宗教之下的社会中进行生活和生存，而人类中由于对"多余财富、多余权力"的觊觎垂涎，会把权力变成恶的王权和恶的神权。假如社会人不对这两种权限进行监督和制约，那么人类将会生活在暴政之下，或者生活在恶的王权和恶的神权之下而不自知，所以教育需要唤醒人们的意识、自由意识、公民意识，只有清醒的人才能拥有自由的灵魂和不屈的灵魂。监督只有醒着的人才能做到，假如我们愚昧，那么我们有眼而看不到，有耳听不到，有嘴说不出，有脑无思考，那么这样昏睡的人如何监督恶的权力？？

　　学校必须是一个小国家或者小社会，它要更新人们对国家、民族、宗教的认知和学习。学校是一个小国家的意义是人们需要理解如何学会监督、制约王权和神权的意义，以及通过哪种途径去监督、制约权力。我们需要知道通过哪一个政府部门，把自己的公民意愿反馈到哪一个政府部门，我们需要知道政府之间的结构、体系、操作流程、政治的游戏规则等等。如何在教育认知中学会集结起来，通过哪种非暴力手段去达成自己作为公民的责任和义务。例如模拟性的游行示威、目的眩晕和行为的眩晕，对权力进行监督。如何在教育认知中学会如何获取权力，以及权力本身要承载的责任和义务是什么。例如模拟选举，投票，演讲，失败后的道歉、感恩等等政治礼仪。所有不谈政治的人，都没有把自己当人看。因为人是群居动物，所谓的政治，本质上就是调节和规范人与人之间的关系。通俗的说，就是参与制定社会的生存活动规则并互相监督。若不参与其中，等于自动放弃做人的权利，把自己的命运交由他人主宰。打造不屈的灵魂是我们在学校这个小国家中应该学到的东西，而不仅仅是学习知识。教育的目的就是为了建立规则，形成秩序。国家、民族、宗教成立的唯一目的就是为了建立某种秩序，所不同的是国家、民族是一种理念秩序，一种世俗的凯撒建立的秩序；而宗教是一种精神秩序，一种天上的神建立的秩序。今天国家、民族、宗教是作为政治体系为载体出现的，它是以某种权威的面目来建立某种秩序的，以达到自我延续和统治地位。假如国家、民族、宗教不具有权威性，人们就不会信服，人们不信服的东西，就无法凝聚人心，而人心散漫的话，那么我们就会失去秩序，所以有时候国家、民族、宗教就会以一种权威性强制其个体服从自己的秩序——统治秩序。那么从国家、民族、宗教秩序意识而建立的社会，就必须利于权威者的统治和稳固，要想稳固自己统治秩序唯一的办法就是把个体因子中的"质疑、反对、抗争"的意识进行消除，从根本上把人们独立的思想意识进行阉割，再通过意识洗脑给人们换上统治者的意识，以利于自我国家、民族、宗教的稳定和延续。在这一点上，无论是东西方都是一样的，都是通过控制人们的思想意识来完成自己的统治秩序的。

　　人类在千万年的而进化中，在滋生民族 国家 宗教的过程中，已经形成了一群集结的人去杀死另外一群集结的人；一个人杀死另一个人的杀戮之路暴力因子。人类的感性和不理性更是把这种暴力杀戮推到极致，学校是一个丛林学校，那么将来社会也必定是丛林社会，整个国家也必定是丛林的，因为基础决定未来。所以今天教育中认知并不仅仅是传授学识那么简单，教育的最大目的就是建立秩序，打造不屈的灵魂，人性教育，束缚权力，尊重生命，再塑人类最高的世界价值观道德观为己任。

人类的思想意识从哪里来

　　人们常说，教育是国家的未来，这是不错的。把学生领向何处，国家就会走上什么道路。教育目的的"人才论"显然是有问题的。要把人教育成为一个有道德的人，或者一个有自由信仰道德的人。一个人的内心深处如果常常感到道德在约束着他，就说明他是一个有道德的人。但是道德的作用远不止于给人约束，道德又是一个人真正幸福的源泉。当一个人做了一件有益于他人、有益于社会的事后，他内心的愉快是没有别的东西可以替代的，但是由自由人性信仰形成的道德更是迷人。因为道德是人类真正幸福的源泉，而教育可以制造这些。

　　我们的思想来自于哪里，来自于历史 风俗 文化 国家意识 民族意识 宗教信仰意识，以及社会教育以及人文思想教育之下的意识灌输等等。人类是一个"无意识之子"，从人类雄性的精子和雌性的卵子相结合，经十月怀胎、分娩后，当婴孩从母亲子宫中挣扎 哭泣而出的时候，从人类顺产学来看，婴孩的头颅先出母亲的产道，从婴孩零岁至婴孩的五岁这段时间内，这个世界应该给这个婴孩的头颅内灌输什么样的世界意识？？0 至 5 岁是一个婴孩对这个世界的认知教育，也是自然教育，婴孩会对这个世界的一切自然环境的变迁充满好奇和渴望，如：云朵 雨丝 花瓣 小草 蚂蚁 小猫 小狗，当然还有两个一个叫爸爸，一个叫妈妈的动物等等。人类的基因中被留下太多的烙印和印痕，在我们的孩子开始牙牙学

语的时候，开始有思想意识萌芽的时候，就像是一株绿草的
第一节绿芽顶开头顶土壤破土而出的时候，我们就开始用国
家意识 民族意识 宗教意识来给这株绿草"浇水"，让这个
孩子做国家意识的奴才，做民族意识的奴才，做宗教意识的
奴才。让孩子跪下来，没有自由的思想，是这些意识形态浇
灌的结果。在一个国家，假如权力失控，处于无监督状态，那
么这个国家意识形态就会演化为权力者意识形态，这个民族
意识形态就会演化为权力者意识形态，这个宗教意识形态就
会演化为权力者意识形态。在一个国家内，假如所有的受众，
所有的孩子都没有独立的思想，只有盲从崇拜权力者的意识，
那么希特勒会复生，毛泽东会复活，第二次世界大战会继续
进行，文革会继续进行。

　　人类不是西游神话中的孙猴子，是从石头中蹦出来的，人
类身上允许有烙印以便人们在"漆黑的夜里，拿着微弱的光
亮去追寻自己在土壤中失落的根系"。国家 民族 宗教是人
类在几千年文明进化历程中从树上到陆地的根系发展，人类
不能忘怀，也不能忘记。但是人类不能因为这些根系就停止
生长，就停止思考 思维，就停止进化。人类世界的分歧是在
失控权力之下，独裁者或极权者利用国家的 民族的，宗教信
仰的不同世界观、意识观人为的造成的分歧和敌视及杀戮。
伊斯兰教中并没有说基督教该死，而基督教中并没有说伊斯
兰教是邪恶的，同样佛教也没有说基督教和伊斯兰教都是一
文不值。人类世界从原始社会的饮食法则到铁血丛林法则，
以及到近代的资产、资本经济法则和今天的普世文明法则，
我们所有的意识转变，都是随着权力者的意识改变而改变的，

当前我们的所有拥有的意识都是为权力者灌输的。或者说权力者用权力改变了我们的意识，让我们臣服于他，以便权力者可以继续稳定他们的统治和体制。

人类这几千年来是通过"意识力"来统治这个世界的，欧洲第一个铁血权力意识帝国——罗马，宗教信仰意识力中世纪时代，朕即国家的国家意识力代表——法兰西国王路易十四，还是法国代表民族意识力的——法兰西国王路易十六的头颅等等。人类世界的所谓统一或者统治，要取决于一点，即：一个人的意识力要通过影响另一个人或者一群人的意识力，再影响灌输给另外一群人，假如在意识力无法统治另外一个人或者一群人的话，那么就把屠刀、神、国王和民族请出来进行统治，但是要把统治者的意识力不露痕迹放在里面，进行合理化和神圣化。假如权力者失去"意识力"这个跳板，那么就无法继续统治下去，但是这样的结果会不会让人们处于"无序"状态和暴力环境中？？毫无疑问，铁血权力、宗教、国家和民族存在的唯一目的就是为了"维护某种秩序和权力"，铁血权力是用屠刀来维护秩序，宗教信仰是用精神麻醉来维护秩序，而国家和民族是利用某种国家理念和民族理念来维护秩序的，不管这种秩序和权力是不是利于统治者的，人类离不开秩序和权力，无序的秩序和权力会带来某种灾难，而让人们陷于毁灭之中。但是拥有秩序和权力，会让统治者和独裁者利用意识力统治人们，而失去秩序和权力又会让人们陷于某种无序的危险和暴力中，是什么让人与人之间滋生了危险和暴力？？当然是"无序和权力"，那么如果我们通过某种方式而不是独裁者的统治方式而让人们变的有序起来，让人们懂得如何把铁血权力意识、宗教信仰意识、国家和民族意识关进囚笼，让人们懂得尊重生命的重要性，让人们懂得人与人之间并不是只有统治关系，而是平等关系，让人们懂得在失去统治者的国家、民族、宗教意识之后个人意识的重要性，那么我们的世界会怎么样？？

　　假如人类失去了这些国家的、民族的、宗教的这些带有权力者意识形态的意识，成为一群无意识之民，那么人类之间是否还会有仇恨？？？我们让两个小孩不去接触基督，不去接触伊斯兰，也不去接触那些带有王权色彩的国家的 民族的权力者意识形态，我们和所有的王权意识和神权意识进行切割，我们满足这两个孩子的作为最基本单位个体"人"的基本诉求和权利，那么这两个孩子还会不会互相仇恨，由这两个孩子构成的民族 国家 宗教会不会互相仇恨？？？假如一个巴勒斯坦孩子，一个以色列孩子；一个印度孩子，一个巴基斯坦孩子；一个中国孩子，一个日本孩子，我们在这些孩子零岁——五岁的时候，把这些带有权力者王权色彩和神权色彩的意识进行剔除，我们教育他们要互相尊重生命，把别人的生命奉为至高，我们对待每一个有形生命体就像对待一朵雏菊一样去呵护。然后我们通过基础教育告诉他们如何参与政治游戏规则，如何遵循政治游戏规则，如何站起来做一个公民去限制王权，监督权力等等；然后我们再通过社会教育告诉他们如何去实践政治游戏的过程，如何通过政治游戏程序把自己的声音发出去等等，总而言之就是如何用众人的监督理念和监督意识去为权力者打造牢笼。对于社会教育而言，要告诉大众如何利用目的眩晕性和行为的眩晕性去让权力者向人们臣服鞠躬。对于国家与国家之间，地区和地区之间，我们要告诉这些孩子如何利用柔软的羽毛去沟通和理解，而不是去利用可怕的武器 战争 流血和杀戮去毁灭文明等等。这样教育出来的孩子会怎么样？？由这样的孩子奠基出来的世界会是什么样的世界？？

　　当然对于人类而言，我们并不是要求我们的孩子们不去了解过去的历史、政治文明、文化、风俗、信仰等等，这些东西就像我们前文中说的"漆黑的夜里，拿着微弱的光亮去追寻自己在土壤中失落的根系"，过去的事物是人类的根系。我们需要了解和理解，我所讲的剔除是剔除那些带有权力者独裁意识形态的"根系"意识，让权力者的国家 民族 宗教意识没有滋生的土壤，让其消亡，以便我们可以雕刻更具有人性的"根系"文明。从某种意义上来说人类的一切文明都是一种"习惯"文明，是一种在国家意义，民族意义以及宗教意义上衍生出的文明。所以今天我们的世界教育中，需要给人们灌输一种新的世界规则，以便人们适应未来世界规则的发展。有人说改变世界非常难，是的非常难，基督，默罕默德，佛陀都曾经妄想改变人们的思想，改变这个世界，但是很显然没有人可以做到这一点。其实当前的世界我们无法改变，但是我们可以试着改变我们未来的世界，有人奇怪的是，为什么当前无法改变，却可以改变未来，其实我所讲就是一句话：只要改变了我们的孩子，我们就改变了未来的世界。我们想把我们的孩子改变成什么模样，就是我们想把未来改变成什么模样。至于我们的未来是什么样？？？ 这取决于在我们的孩子睁开眼看到这个世界的第一眼决定了我们的未来是什么模样，因为他所看到的东西，就会成为那个东西。今天人类世界的愚蠢和偏执，是在于想强制改变成人已经"固化"的意识观，今天成人的世界，由于国家意识形态，民族意识形态，宗教意识形态的不同，而把我们的世界陷入分裂中。

荣格说过，一个人终其一生的努力，就是在整合他自童年时代起就已形成的性格。那么一个人终其一生的意识，就是在整合他自童年时代就已形成的意识。人类的现有的固化思想，全部都是来源于童年时代教育的意识灌输以及成年之后的社会大学的培养和育成。当然人类的基因密码中，或许也存在着先天性意识思想，但是人类的意识大多还是来源于他的童年时代。人性无知，当然我们有人性善良和人性丑恶的争论，但是我们无法否认的一点是婴儿的大脑在初生之时并没有记忆功能和意识思想，有的只是本能的生理需求和排泄。除非人类在衍生之后，还带有前世的记忆和意识思想，才能有好恶之分，但是这一点科学上还无法进行支持和界定。那么我们应当认定人性无知，如果我们不能迅速的在人性无知和空白的土地上播下"善良"的种子，那么人类很容易受到既定意识形态思想的侵袭，这可以是代表王权的国家意识形态，民族意识形态，也可以是代表神权的宗教意识形态，当然我不能讲这些意识形态都是错误的，但是毫无疑问这些意识形态都是站在一个自我意识形态的思想上，并没有站在"他我"思想意识形态上。或许有人会问建立他我意识形态，意味着什么，我告诉你"他我"意识形态意味着我们能否建立大同世界的最重要的思想形态。换言之假如我能统一人类的世界观、意识观、价值观，那么我就能统一这个世界。

　　我相信，教育精神的本质，并不是仅仅为了让我们变得聪明，而恰恰是为了恢复人类的天真。天真的人，才会无穷无尽地追问关于这个世界的道理。教育要造就的，正是达尔文的天真，爱因斯坦的天真，黑格尔的天真，教育也就是要造就人性的天真。人类从来没有想到通过未来改变人类的未来——我们的孩子，那么如果我们统一孩子们的价值观，世界观，人生观，那么未来的世界将会走向统一。这取决于我们的孩子第一眼看到的是什么？？"如果孩子们第一眼看到的是早开的紫丁香，那么它会变成这个孩子的一部分；如果是杂乱的野草，那么它也会变成这个孩子的一部分。"

你信仰什么样的教育认知，你的生命就走向什么！

美国诗人惠特曼有一首诗，题目叫《有个天天向前走的孩子》，诗中写道：有个天天向前走的孩子，他只要观看某一个东西他就变成了那个东西，在当天或当天某个时候那个对象就成为他的一部分，或者继续许多年或一个个世纪连绵不已。早开的丁香曾成为这个孩子的一部分，……还有仓前场地或者池边淤泥旁一窝啁啾的鸟雏，还有那些巧妙地浮游在下面的鱼，和那美丽而奇怪的液体，还有那些头部扁平而好看的水生植物——所有这些都变为他的成分，在某个部位。……孩子总是一天天向前走的，他看见最初的东西，那东西就变成了他的一部分。孩子出生以后的身心发展是同步的，即个性、语言、思维和动作发展都是一致的，所以我们有理由相信一个孩子向前走，他最初看到灌输的是什么，他就会终将成为什么。

印度哲学博士约瑟夫·墨菲在《潜意识的力量》一书中提出，当水流经管道的时候，管道是什么形状，水就是什么形状；当泉流经你的时候，你的思想是什么形状，生命就是什么形状。孩子是那么的弱小，他们不能选择出生不能选择父母不能选择他们希望的童年，一切的一切由我们而定。我相信，孩子和孩子之所以不同，那是因为"母亲"不同。。。。。。这里的母亲就是我们最初给我们的孩子所看到的东西时的那只"手"，那个启蒙，那个灌输，那个意识。。。。。今天给我们灌输意识的"母亲"是谁？？国家、民族、宗教都是我们的"母亲"，由于意识形态的不同，造成了我们"母亲"的思想意识不同，那么由不同的意识形态"母亲"的灌输，而进一步造就了不同的"孩子"，由不同的"孩子"意识构成的世界，而形成今天我们的分裂。只有源头的一致性和统一性，才能造就一个统一的人性世界，而不是分裂的世界。那么是不是我们反对世界的多极性，不是，我们的考量是如何在同一个意识形态之下，展现世界的多极色彩。我们不反对国家，民族，宗教，我们是反对一种在权力失控状态下的国家、民族、宗教之后的权力统治者，由他们造成的意识形态分裂是今天世界分裂的原因。

今天我们的世界由光和线，也有暗和影构成，光线滋生了光芒和明亮，而暗影则滋生了人类阴暗的一面，世界总归是五彩斑斓的。年轻的一代应当比我们过得更好更幸福，因而为了使他们不再被意识形态污染，就必须在他们的心灵还像蜡一样可塑的时候，及时破除他们不受权力者意识形态的束缚，给予众人的孩子更真实更具有人性的教育，给孩子们阐述一部新的世界文明和智慧的历史，告诉孩子们明天的历史应当是全人类的历史。要明白人类是有记忆的，可教育的。教育的第一功效就是"生命"，给人们灌输一种"善良、尊重"，尊重生命，无论是类人的生命，还是非类人的生命，都需要尊重。人类得以存在的基础就是对生命的尊重，而不是互相杀戮。因为人性是建立在生命中，而不是建立在杀戮中。今天的社会不应该再是达尔文笔下弱肉强食的社会，人类从树上掉下来，掉到陆地上，身上的兽性应该逐渐的减少，而人性应该建立起来。人性在哪里？？人性就在对生命的尊重上面。教育的第二功效就是"秩序"，可以建立一种"秩序"，一种人文秩序，这种秩序是通过一种教育认知的"灌输"而建立的，可以说一种带有"天然性"的秩序。国家、民族、宗教的存在目的同样寻求的也是建立一种秩序，但是这样的秩序，往往带有某种强制性和压迫性，并不是人们那种发自内心的带有'天然性"的秩序，这种秩序的建立，往往需要更多的社会成本和监督成本的扩大，才能取得成效，有时候这种成效并不理想。教育的第三功效就是"破除"，破除权力者的意识形态，国家、民族、宗教的建立是一种权力者意识形态的建立，是对人们意识的控制，是权力者统治得以存在的基础，当然我并不是说所有的权力者都是害虫，但是当权力者以国家、民族、宗教的名义控制我们的意识的时候，就是非常的危险了，所以教育的功效就是给人们提供一颗质疑、警惕权力者的心。教育的第四功效就是"集成"，集成力量，假如我尊重生命，遵守秩序，警惕权力，但是我没有反抗的力量，个体质疑带有整体效应的国家、民族、宗教，这两种力量的对抗，不在一个对抗层次上面，如果所有的人懂得可以"集结集成"力量的话，那么才可以改变权力者的意识，改变历史。改变这个世界最重要的不是当前，而是未来，因为成人世界的价值观和意识观，由于国家意识形态、民族意识形态和宗教意识形态的灌输而被固化，改变一个已经被意识形态"定型"的思想很难，所以人类的未来取决于一个个孩子的意识，一个"天天向前走的孩子"。

人类是受教动物，不仅仅是人类，所有的具有意识力的物种都是受教动物，小鸡啄食，小鸭游泳，猴子爬树，小鸟飞翔等等，都是一种"进化受教"的结果。所有的物种在进化过程中，为了更好的适应环境，进行生存，就会通过外界环境优胜劣汰的影响和教育，进行进化改变。进化就是一种教育"，一种自然环境的教育。在国家主义、民族主义以及宗教主义出现之后，人类开始受制于国家主义、民族主义、宗教主义之后权力者的意识形态控制教育。简单的说权力者通过意识教育让人们服从、膜拜自己手中的权力，以便继续延续自己的统治地位。权力者通过意识教育让人们麻痹意识忘记"自我"，服从国家主义、民族主义、宗教主义的统治，同时通过一系列政治的、社会的手段意识教育把"集群、集聚"的人们分离开来，弱化人们的力量，减弱对权力者对抗；另一方面权力者加强对自我所掌控的权力体系进行整合和控制，以扩大权力的影响力，对人们进行控制，武力控制，军事控制是一方面，而教育控制就是另一方面。通过对国家主义、民族主义以及宗教主义的国家历史发展、民族风俗风情、宗教神话传说等等，让人们相信服从自己的权力统治就是服从国家、服从民族、服从宗教或者神的统治，所以在某一方面来说"教育是权力者统治人们的一种意识形态"。诺贝尔文学奖得主马里奥·巴尔加斯·略萨说，"沒有任何东西比好的文学更能唤醒社会的心灵，这解释了为何所有独裁政权，无论打著什么旗帜，第一件要做的事，都是实施审查制度。好的文学是危害权力的种子，好的文学，能唤醒人的批判性精神，创造一批更难被操纵的公民"。当然我并不是说所有的意识形态都是为了统治，因为某些能"唤醒人们内心自我意识复苏"的教育，则是为了民主。教育要成"人"，而不是成为某个意识形态的附属品，从而失去自我意识和价值。

教育其实就是让孩子看见，看见自己的未来，看见自己。他(她)的看见，便是他（她）的未来。"有一个孩子向前走去，他看见最初的东西，他就变成那东西，那东西就变成了他的一部分……"他的看见，便是他的未来——你最初拿给他什么，最后他就会成为什么。英国的一份教育文告中明确指出："如果你不能加强孩子3岁前的人性教育，就很难确保他未来的发展。"最早从事儿童心理研究的陈鹤琴先生说："从出生到六岁，是人生最重要的一个时期，什么习惯、言语、技能、思想、态度、情绪都要在此时期打一个基础。儿童学者告诉我们凡人生所需之重要习惯、倾向、态度多半可以在六岁以前培养成功。换句话说，六岁以前是人格意识陶冶最重要的时期。

自有人类以来，社会即是学校，生活即是教育。"那么良好的意识形态的灌输，将会彻底改变人类世界的未来，以及全人类的发展走向，所以全球"善良教育"将会改变全人类的发展前景。中国诺贝尔文学奖获得者莫言说过：文学和科学想比，的确没什么用处，但文学最大的用处，也许就是它没有用处。教育也如此，所谓的分数，学历，甚至知识都不是教育的本质，教育的本质是：一棵树摇动另一棵树，一朵云推动另一朵云，一个灵魂唤醒另一个灵魂。或许我们还可以加上一句：一个人叫醒另一个人。把人叫醒为的是什么？？为了让人更像是"人"，让人做真正的人。

教育的最高意义和生命的本质

今天作为进化繁衍生存了几万年的人类而言，应该具备什么样的人性？？人的本性应该具备什么样的意识？？爱，人应当具备爱人的人性和爱人的意识。雨果曾经说过："人间如果没有爱，太阳也会灭。"培养学生良好的思想品质、人文情怀，其中最基础、最根本、最重要的一点乃是唤醒学生尊重生命的良知。

生命是一个自然生成、自然消逝的过程，可是无论是在今天，还是在遥远的古代欧洲战场，或者在古代中国，人类因为意识形态的不同而互相杀戮，从而破坏生命的自然生成和自然消逝。人类是一群因为意识形态的不同，而进行一种互相残杀的物种。当然我们允许人类的意识形态不同，毕竟我们不是从同一个"森林"里逃离出来的种族和族群，不同的文化历史背景会生出不同的"陆地和海洋"，在这一点上我们无法苛求全人类达到一个"统一的、无异议"的意识形态之中，但是有一个核心理念全人类应该普遍遵循，而且应该"绝对遵从"，那就是对"生命"的敬畏和热爱应该是全人类相同的，不容质疑的。在浩瀚的宇宙，在广袤的世间，天大地大，什么东西能够大过人命？在万事万物中人的生命是第一位的，人的生命永远摆在第一位！人是按上帝的形象造的，人的生命是绝对重要的！除了我们头顶的星空和内心的道德信仰之外，人是至高无上的；人是我们生活的全部目的，人就是目的。那么一个人，应该具备什么样的信仰和人格品质？？

　　有这么一个故事：在暴风雨后的一个早晨，一位男士在海边散步，注意到沙滩的浅水洼里，有许多被昨夜的暴风雨卷上岸来的小鱼。被困的小鱼尽管近在海边，也许有几百条，甚至几千条，然而用不了多久，浅水洼里的水就会被沙粒吸干，被太阳蒸干，小鱼就会干涸而死。这位男士突然发现海边有一个小男孩不停地从浅水洼里捡起小鱼，扔回大海。男士禁不住走过去："孩子，这水洼里有几百几千条小鱼，你救不过来的。""我知道。"小男孩头也不回地回答。"哦？那你为什么还在扔？谁在乎呢？""这条小鱼在乎！"男孩儿一边回答，一边捡起一条鱼扔还大海。 其实，这个故事恰好对应了泰戈尔老人的一句话，"教育的目的应当是向人传送生命的气息。"因此，教育之"育"应该从尊重生命开始，使人性向善，使人胸襟开阔，使人唤起自身身上美好的"善根"，也就是让学生拥有 "这条鱼在乎" 的美丽心境。

　　二战时期一位纳粹集中营的幸存者，当上了美国一所中学的校长，每当一位新教师来到学校，他就会交给那位教师一封信，信中写道："亲爱的老师，我亲眼看到人类不应该见到的情景：毒气室由学有专长的工程师建造；儿童被学识渊博的医生毒死；幼儿被训练有素的护士杀害。看到这一切，我怀疑：教育究竟是为了什么？我的请求是：请你帮助学生成长为有人性的人。只有使我们的孩子在成长为有人性的人的情况下，读写算的能力才有价值。"很显然，人类有兽性的一面和天使的一面。教育者的目的是使人的灵魂得到锻炼，克服兽性而转化向天使的一面。教育是人的灵魂的教育，而非单纯的理智知识和认识的堆积。这是教育久远而宏大的终极旨趣。否则，你拥有的知识愈多，对人类，对生命的危害愈大。在这方面的教训太沉痛了。时下，我们的教育往往忽略了学生基本人格、基本道德、基本情感的养成，以致于有些学生对生命、对世事愈来愈冷淡、冷漠甚至冷酷。一位日本教育家说过这样一句话，我们要培养学生"面对一丛野菊花而怦然心动的情怀"，这种情怀就是在乎沙滩上每一条小鱼的生命的男骇所拥有的情怀。否则，视小鱼如草芥，给鲜花以蹂躏，即使其道德评分或许很高，也失去了人的生命价值。对人的尊重，对宇宙的敬畏，最基本的就是尊重生命的存在，知晓生命的不可重复性。人不应无端地剥夺生命，即使是非常低级的生命。当一个人对低级的生物或动物毫无怜爱之情时，你能指望他尊重高级的生命吗？反之，当一个人充满了对小草、小鱼生命的关怀时，对于高级的生命、对于人的生命，他能不尊重吗？假如说一个对外部世界冷漠无情的人，是没有希望的人；一个由许多对生活、对生命无动于衷的人组成的民族，是没有希望的民族。

人是什么？？人类不是因为某个国家某个民族某个宗教，来到这个世界的，每一个个体的人都是独立的和自由的，人类进化成人的意义就是为了更自由，假如没有自由的话，我们和关在笼子里的动物没有任何区别。动物界的规则是物竞天择适者生存的弱肉强食法则，今天的人类当然不能继续延续这样的法则，保证人与人之间的平等和自由，保证他人生命和自我生命的繁衍生息是根本前提，尊重生命是人类必须遵循的法则。

尊重生命是我们的第一课，也应该是全人类的第一课。所以教育的第一理念：尊重生命。通过暴力手段利用世俗王权和天上神权意识剥夺他人的生命是一种可耻的，也是不可原谅的行为。人是什么动物，人类就是一种意识形态动物，在失控的意识形态之下，人类就是一种没有规则的动物，这是我们无法实现人类和解原因所在。但是假如我们在全人类的意识形态中建立规则，建立一种普遍遵循和认可的规则，那么我们就有可能破除意识形态，实现和解。而人类的意识形态不同的根源所在就在于恐惧，一种对价值观和世界观不同而形成的恐惧，在恐惧之下我们建立和形成了相同价值观的国家、民族和宗教。而进一步在统治者意识形态刻意灌输之下，个体人员会进一步加深对外部世界的猜疑和恐惧。

统一全人类的意识形态思想绝不可能，因为圣人耶稣、穆罕默德、佛陀都没有做到，当然我们更是做不到，但是人类的意识形态应该遵循一个统一的铁律，那就是"生命至上，高于我们的宇宙"。假如全人类的意识形态中都把"人的生命奉为至高"，那么全人类社会将有可能实现和解。因为所有的神权政治，独裁体制都是依靠"外面的世界是邪恶的，外面的世界会杀戮我们"来集成个体的力量，来实现统治地位的，依靠外界的"假想敌"来集成控制人们的思想，以此稳固政权的稳定的。假如我们知道外面的世界不会伤害我，不会侵害我的生命，那么神权政治和独裁体制就会摇摇欲坠了，统治者的意识形态就会立即垮台消亡，因为人们知道外面的神未必是坏的，外面的国家未必是坏的，外面的民族未必是坏的，因为人人内心都有一株尊重生命理念的"雏菊"存在，权力者就无法在利用意识形态来控制压迫人们了，当人类集结成群的时候，那么，新的世界就快要出现了。

　　如果在这个世界上每一个国家都拥有核武器的话，是不是这个引爆点将永远不会到来？？答案是否定的，因为人类是一种混合着理性和感性双重基因的物种，感性物种就界定了人类是一种不稳定、有思维差异和思维跳跃的感性动物，而在这个世界上没有绝对的安全，而最安全的状态就是"没有"。因为假如我们知道人人心中有雏菊的话，那么人类世界的意识形态理念将会相同，那么我们将会走向和解，全人类的和解。假如每一个人都具备了尊重生命的良知，人人心中存有生命的雏菊，那么人类世界的战争将会消亡，核阴影也将会不复存在，而爱因斯坦的关于人类第四次世界大战的石头棍棒理由也将会改变。假如我们在下一代人类大脑意识形态中灌输符合全人类普世价值的"野菊"，那么我们将有望统一人类的意识形态，建立一个"大爱"环境。今天的人类社会尊重生命是第一前提，尊重自我生命和他人生命以及在相当情况下尊重它的生命，是人类的本性之一，也应该是人类教育的第一课。如何改变人类残暴的"土壤和环境"基因，从原始社会的人类把未知的黑暗进行膜拜开始，随着历史的发展，我们把宗教进行膜拜，把国家进行膜拜，把民族进行膜拜，为了这些意识形态（指宗教、国家、民族）我们进行膜拜，不惜杀人，却恰恰忽略了人类的最高价值，生命的价值，敬畏生命，什么时候人类把自己的生命以及别人的生命进行膜拜的时候，那么人类的第一捧对生命的热爱和敬畏的野菊花就构成了人类的共识。当人人都认为他人对待生命就像野菊花一样崇敬的时候，那么我们是否还需要惧怕什么，我们还需要隔离墙吗？？我们还需要核弹来防护自己吗？？我们还需要做达尔文的噩梦吗？？

人类以意识形态立国，当然不会是千篇一律，完全类同，人类由于不同的环境文化和土壤文化形成不同的王权结构和神权宗教，而在人类初期的丛林社会这些不同的意识形态是滋生人类战争的主要因素，战争往往伴随着杀戮、流血、死亡呼啸而来。不同的历史文化所滋生的不同的意识形态，允许存在，也允许长期存在。但是一个首要前提必须得到普遍认同，那就是任何人不能以任何形式的国家或民族或宗教的意识形态去剥夺另一个人的生命、自由和独立的思想。

无论是种族歧视，种族暴力，还是种族屠杀，都是建立在一种视生命为草芥的思想，那么难道我们还不需要改变他们的思想认知吗？？对生命的尊敬和敬畏应该是全人类普遍遵循法则和铁律，在一个社会中，假如人人都带有一把刀的话，是不是人人自危，人人安全？？？一个人人带“刀”的社会绝对不是一个好的社会，虽然说“暴力均衡”了，但是在不理性的人面前，人人都处于危险状态。如果我们建立一个人人都带“花”的社会，那么敌对的意识形态将会破除，“刀”会消除，人人都处于和平均衡状态。当然仅仅依靠教育的灌输带“花”还不行，我们还需要更高层级的制度体系约束，来制衡人类内心深处那颗暴力的心。如果每个人其内心教育规则所遵循的理念是：我尊重他人的生命胜于尊重自己的生命，我心中有一朵雏菊，不会让它失去生命的颜色和光彩。那么这就是一个“无刀”社会，假如我们把这个“无刀”社会放大到一个国家，一个星球，人人都懂得尊重生命的话，那么战

争将不会爆发，核武器会消失。假如人人都不带刀的话；假
如人人都认为别人的生命和自己的生命是同等的，假如每个
国家的权力者都认为他国人们的生命和自己国家人们的生命
同样重要，那么我们就不需要带刀，不需要拥有核武器了，
我们只需要尊重彼此的生命即可。所以无论我们是在家庭生
活中，还是社会生存中，以及在大的层面中国家与国家之间，
我们需要尊重生命。

我们要培养学生（人类）"面对一丛野菊花而怦然心动的
情怀"。野菊花的意义是什么？？它是人类对于生命解读和
认知第一感应，加强人类对这一感应理念的认知，是为了促
进全人类朝更文明的世界法则前进。在全人类的思维中添加
上这种"大爱"，我们需要依靠什么样的体系去达成目的，很
显然人类是一种认知动物，一种记忆动物，我们需要一种教
育体系去达成目标。我们需要依靠一种正确的教育环境来向
人类灌输一种正确的意识，即生命至上。人是一种记忆动物，
也就是说你给它灌输什么样的记忆理念，它就会成为什么样
的动物。

教育是什么？？教育是建立规则的；社会是适应规则的；
国家是操作规则的；人是规则。人类是一个善于建立游戏规
则的动物，也是一个善于破坏游戏规则的动物，作为一种天
生善于趋利避害的特殊物种，当游戏规则不利于自我的时候，
往往践踏规则的首先是个人。个人假如仅仅只拥有对生命的
尊重，就能实现全人类的和解，这显然不太现实，规则是什
么？？我们讲人是规则的意义是：人类必须沿着特定的人性
理念，避开人的劣根性和兽性的尾巴，脱离权力者意识形态

的束缚，进行"自由"跳跃，所遵循的人性规则。人类的劣根性决定了人的两面性，人类的规则则是如何建立制约人类恶的因子，如何建立扩大人类善的因子，一个单一的个体，在一个单一的空间，假如遭遇到外界物质感官刺激和精神欲望刺激，在没有规则理念制约和其余社会多数个体的监督下，人类的劣根尾巴就会暴露出来，变成魔鬼。所以人是一个规则，必须明白自己应该遵循什么样的规则，什么可以做，什么不可以做。也就是说人必须拥有一个信仰或者规则，在这个信仰或者规则里，我们尽可能的避开那些劣根性，让人性放大，持续放大。制约人的兽性，建立人性的规则。

　　我们看到人类本身就是就是一个规则动物，而教育是启蒙规则的，社会是适应规则的，而权力者为了"利己"目的，是破坏规则，绑架规则，阉割规则，从而实现"自我利己"规则的建立。权力者的一系列破坏 绑架 阉割行为都会通过"教育"规则来推进和实施，这样就形成一种毁灭式规则循环。权力者控制了教育，就等同于控制了规则游戏，因为教育是启蒙规则的器皿，所以我们看到权力者利用教育规则生产愚民 暴民，而愚民是社会规则愚昧的根源；暴民则是社会规则混乱的根源，社会规则的混乱会直接导致人性规则的扭曲。所以今天我们的世界教育需要给众人的孩子灌输什么样的理念和意识形态，今天的世界教育要让孩子们明白自己是什么，国家是什么，社会是什么，以及自己在国家中、社会中的位置、责任、义务等等。

　　教育是什么？？教育是保障人类在群体社会生活中，在单一个体生活中；在王权生活中，在神权生活中；在经济利益社会生活中，可以更好地有尊严的、有目的的、有民主的、有自由的生活和生存。为了这一最终目的，教育需要有人质疑----质疑王权、质疑神权、质疑一切权力者的权力；教育需要在人人之间建立质疑因子，以便可以汇成海洋，和权力者对抗；教育需要在人人之间建立互爱和自爱以及尊重生命理念；教育需要灌输人们尊重自我利益价值和他人利益价值以及如何在利益价值中遵守社会规则的教育理念。教育的最终目的就是为了质疑、打造不屈的灵魂和尊重生命，以及尊重社会规则以及相关游戏规则。如果教育的第一理念是：尊重生命。那么教育的第二理念应该是什么？

　　教育规则第二理念是：质疑。如果教育认知告诉我们，"一切权力者需要去制约，监督，质疑，而制约 监督 质疑一切权力者的行为，才是爱国"，如果人们就会纷纷"站"起来质疑权力者，而形成监督、制约的海洋，才能把权力者关进囚笼。但是假如教育规则理念中告诉我们：爱国就必须爱政党集团，爱政党集团的权力者，爱权力者的一代、二代、三代，坚决拥护国家就像拥护宇宙真理一样"，那么毫无疑问这样的教育规则理念是让人们跪在那里，接受权力者规则的宰割，成为国家统治者的祭品。不管是东西方的私有化还是公有化，权力者的权力一直都在介入、阉割人们的精神意识，人类不管是在进化前的猴子时代，还是进化后的人类时代，权力者无时无刻都在影响着我们，改变着我们，所不同的是进化前是猴王，进化后是权力者。人类是一种体系动物，政治体系，社会体系，家庭体系。民主是政治的一种状态，自由是人的一种状态，而如果政治不民主的话，人们将会失去自由。国家的概念我觉得最贴切的就是阶级统治的工具，统治阶级由于担心统治代言人（即总统）的专制统治的出现，而不会给总统绝对的权力，始终保持着对统治力量的限制和监督，甚至收回，这就是统治的智慧。国家、民族或者宗教只是权力者拿来用于统治和独裁人们的工具，所以对权力者手中的权力进行质疑，是无可厚非的，假如每一个个体都顺从于权力的话，就会培养成人们的奴性和对权力的无限崇拜，那么就会形成权力者权力的无限膨胀而造成权力的独裁垄断。人们应该成为权力的监管人，不管是王权，还是神权一概如此，所以在今天的世界教育中要在人们的头脑中添加对权力的普遍质疑和不信任，这样才能形成对权力"笼子"效应。要向全人类每一个个体人员的思想中添加上对权力实施监督"人"的公民意识形态色彩，这样才能打造一个针对权力者的笼子。

　　教育规则的第三理念是：打造不屈的灵魂。我们打造不屈的灵魂目的是什么？？反对抵抗由国家意识形态、民族意识形态和宗教意识形态的统治者权力规则。一切国家的意识形态，带有权力者"统治"属性的，或者有纸片，或者无纸片，但是只有具有强制性"统治"特点的国家或者政党集团，都是独裁国家或者相对独裁国家。不屈的灵魂就是让具有"自由"规则属性的人们，去反对、抵抗具有"统治"规则属性的国家或者权力者。权力是人类以意识形态立国，建立国家体系以来世界上最伟大、也是最卑鄙的春药。在无序权力下，个人的生命贱若尘土，在不受控制的权力之下，个人的生命随时会遭到践踏和毁灭。假如说野菊花是个体与个体之间普遍达成的共识和契约。那么有个体构成的国家总体，会由于世界上最大春药————权力的介入，而变得邪恶。在没有任何对权力春药制约的情况下，任何人都会变得邪恶。二战时期德国纳粹的邪恶，意大利法西斯的邪恶，日本军国主义的邪恶等等。对于失控的王权和神权，我们需要在这种统一"语言"的基础上，再"大爱"之下在添加"囚笼"意识，质疑一切不符合人性的王权和神权，并为之抗争，是全人类的共同责任和义务。知识不是教育的唯一标准，教育包括传授人类的精神理念，生活技能，生存技能，反抗王权神权的能力。

　　国家是什么？？国家是人类的一件"外衣"或者规则，用于保护自己，原始社会我们形成"部落国家"，是为了抵御恶劣的自然环境和猛兽，采集事物，进行"饮食规则"的需求。当权力被发明后，人类开始有计划的建立国家，享受由权力带来的利益规则。奴隶社会"我们"建立国家的目的，是为了保障自我权力，享受利益的需要，以及如何把自我利益进行固化和延续化，所以诞生了家天下体系自我传承。封建社会和奴隶社会建立国家的目的和意义都是一样的，都是一种为了保护权力者自我利益需求规则，所不同的是奴隶社会侧重于肉体控制，而封建社会侧重于精神控制。而西方资本主义社会建立国家的目的和意义则是为了保护自我利益私有化，以及作为个体人应该享有的权力等等。当然我们应该看到西方发达国家的资本社会带有强烈的资本原罪，他具有一种罪恶的殖民资本经济罪恶。人类社会在发展过程中，不断陷入一个难解的困境：即人们需要政府，但政府却时常不能如人们期望地那样履行对外抵抗异族压迫、对内提供公共服务的国家功能，在很多情况下，它常演化成一个与民争利、侵害民权的组织。要使政府尽职尽责，人民必须要有独立的监督政府的权力，换言之，人要具有不屈的监督意识和灵魂。

教育规则的第四理念是：遵守规则。人类是一种社会动物，假如说两个人之中，有一人是供方，一人是需方，那么这两个人就是一个社会。社会存在的目的就是为了保证和满足他人精神及物质需求的输进和输出；人类生活在社会之中，就是一种社会动物，在社会之中人类需要学会一种东西即：秩序。一个秩序井然的社会，社会人人生活和生存，反之，一个秩序混乱和无序的社会，会使人人自危，而无法进行有效的生活和生存。一个混乱的社会，会破坏人与人之间的和谐，会加大国家的管理成本和控制成本以及稳定成本，同时这些成本的高度增加，会通过税赋的方式转嫁到每个人身上，所以"社会人"需要学会的就是如何培养良好的习惯，建立有效的自我秩序。

社会是什么？？社会是保障人类群体物质生活衣食住行消费需求产进产出，进行以钱易物，以物易物保障双方合法经济利益目的的场所；社会是保障人类精神生活寄托 依存繁衍，具有相对国家性 民族性 宗教信仰性的大众集合体场所；社会是保障和满足人类单一个体生活和生存的经济利益体。社会是个体规则的集成体，人类从出生 繁衍 成长 衰老死亡，都离不开一个"器皿"。或许我们可以没有父亲，可以没有妻子，可以没有孩子，但是我们不可能没有社会这个器皿，人类进化前，作为一种灵长类物种，在森林也是集结成群的，而人类进化后，也有社会这个器皿让我们得以继续集结成群。没有任何一个"个体"可以脱离"主体"社会而单独存活下去，漂流荒岛的鲁滨逊看似远离了文明社会，但是文明社会的一系列规则还在其身上得到体现，鲁滨逊穿衣，吃熟食，阅读书籍，进行思考，动手操作工具等等，都是人类文明社会规则教育的结果，更重要的是鲁滨逊的身边还有一个"社会"黑人奴隶"星期五"。一人为单，双人就成为一个集合体，就拥有了社会这一属性。人类是按照"一定的规则轨迹"而生活、生存的，当我们进入社会后，遵循众人约定俗成的规则理念而生活，就是必不可少的。就像人人都知道不闯红灯，是一种禁止的规则一样。人类在社会中生活和生存，就需要遵循一定的社会规则，而社会规则从哪里来的，是从教育规则进化中建立起来的。教育中所启蒙的一系列规则，都是为了将来有一天我们踏入社会后，可以适应社会规则的运行而生活生产下去的。社会秩序是有一条一条我们看不见摸不到的规则来界定运行的，任何钟表的运行都有它的机械原理在推动，而任何社会秩序的稳定都有它的规则在推动。无论我们是在家庭生活中，还是在社会生活中，以及国与国之间的交流对话中，规则秩序是一个最基本的底线。假如我们践踏规则，那么社会秩序将会损坏，国家秩序将会混乱，家庭秩序将会分崩离析。因为我们在践踏规则秩序的同时，我们获得了规则秩序以外的额外利益，但是游走在规则秩序以外的个体或者群体很难继续存活，生存下去。假如在我们的教育体系中，教育告诉我们人人都遵守社会规则，不要乱闯红绿灯，但是当我们在社会生活中，践踏这一社会规则，那么无疑整个社会秩序将会变得混乱不堪。所以教育不是告诉我们什么是对的，什么是错的，而是告诉我们怎么坚持对的规则，怎么反对错的规则。

今天人类的教育规则理念则是具体体现在：尊重生命和质疑权力、打造不屈的灵魂，以及建立社会规则启蒙，以适应未来社会规则的发展。任何一种自然界物种都有自己的游戏规则，在自然界存在的任何物种都有自己的游戏规则，作为生物链一环的人类当然也应该有自己的游戏规则。人类世界有三个体系规则，一种是教育认知体系规则，启蒙我们的思想意识；一种是社会认知体系规则，以便我们适应社会生活、生存；还有一种是政治认知体系规则，以便我们熟悉自我的权利利益以及监督权力。

人类是一种"受教"动物，也就是说我们从愚昧、蒙昧、蛮荒中走来，我们所接受的第一种教育，就是"自然"教育。通过自然的磨练，让我们得到认知教育，以便可以更好的生活和生存下去。假如说人类的意识有区别的话，那只能说是人类的教育机制有区别。不同的种子会结出不一样的果实，而不同的体制会造就不一样的意识，不同的教育会形成不一样的人性。只有教育才是区分人类不同的一个标杆。说到教育，无论东西方接受的教育都是从人类从树上跳下来的第一教育---自然教育开始，其间我们共同接受了奴隶教育和封建教育。而东西方的教育分界岭是从西方古罗马后的宗教教育后开始的，古罗马消亡之后，西方进入以基督教为首的神权中世纪时代，通过瘟疫黑死病的爆发，进而衍生文艺复兴后的人文教育，通过大航海线路的开辟，西方进入资本教育时期，由资本衍生产权双方国王和人们的契约，之后的西方世界在经过资本配置极度失衡后引发一战、二战，在经过冷战意识形态思维后，西方正是进入今天世界普世教育时期。而东方的教育认知始终在封建教育的时代中沉浮，只是经过近代西方资本的冲击，才进入经济殖民时期。今天的世界教育就像是一个万花筒，有的是宗教教育，有的是政党教育，有的是人文教育等等。在今天世界或许最重要是公民教育。公民教育是民主政治的产物。在现代社会，公民资格可以与生俱来。在中国古代封建专制体制下，却没有公民这一说，只有臣民与私民，没有公民。那么作为封建帝王的附属品，你没有思想，才能具有活下去的资格，因为一个没有思想而愚昧、蒙昧的人，是不会质疑权力者的，是不知道和权力者抗争的，他们只会一味的顺从权力者的统治而苟活。公民教育是一种人文教育，人文教育的目的，就是让人明白"人是一种什么东西"，人是一种独立的、自由的，不属于任何奴隶主私有的个体。那么一个独立、自由的人应该具备什么样的品质和品格？？公民教育还需要向人们灌输什么东西？？？尊重生命，建立秩序，培养习惯，质疑权力，集成力量。

他山之石，可以攻玉，
教育应该告诉我们一些什么东西

　　让我们再看看世界各国别的国家的教育理念，在教育方面，犹太民族有一套他们自己独特的、行之有效的做法。犹太民族自古就以尊重知识、注重教育而闻名于世。

　　早在早期，犹太人开始形成自为一体的教育思想和教育体系，在世界教育史上占有一定的地位；亡国流散时期，他们把熟读《圣经》当作一种至高无上的神圣事业。他们认为"整个世界的存在只是为了孩童的教育。"甚至直言："当孩童肯在学校殷勤学习时，以色列的敌人就不能得胜。"斯巴达人尚武重体育，雅典人尚文重智育，罗马人的教育理念尚情重群育，犹太人则尚"教"重"灵育"。所谓"教"者就是宗教、教示、教法，犹太人的教育就是宗教教育；所谓"灵育"就是注重灵性、灵命、灵修、属灵、灵程发展。犹太人都非常重视教育子女认识《圣经》里的律法即道德的准绳。

　　芬兰教育体制找到人性中善良的一面，协助鼓励养成学习动力，从不刻意强调精英、先进、竞争、比较，从不要求学生和老师具备超人能耐，从不奖励全勤与整齐划一，而将人人视为有着喜怒哀乐的平凡人性，然后从人性的根本上，去寻思如何陪着他们健康、正常地走完成长中的教育，如此而已。一切教育的基础，与社会观念的建立，来自人们小时候习惯与思维的养成、塑造，基础教育绝对是个关键。芬兰是个非常重视教育的国度，教育是芬兰保持卓越的国家竞争力的主要原因之一。给孩子最好的教育，就是给他最好的人生。芬兰教育一心想的，是不让一个孩子落后，尽力帮助每个孩子找到自己最适当的位置，拥有完整丰富的人生。

美国，"这条小鱼在乎"和"面对一丛野菊花而怦然心动的情怀"，这是真正的关于生命的人性教育。当前美国社会此起彼伏的社会性枪击案，是和美国建国历史和社会不均衡移民政策，以及教育认知的衰退有关。

德国，孩子一般3岁上幼儿园，为期3年。3年中他们会参观警察局，学习如何报警；参观消防警察局，学习灭火和躲避火灾；参观市政府，认识市长，看他如何为市民服务；去坐有轨电车，学会记住回家的路线；跟老师去超市买东西，学习付钱和选货。3年后，他们具备初步的生存能力。这才是真正的基础教育，当然也是社会教育。

民国小学课本里面写的是"吾有身体，无故而被拘束；吾有财产，无故而被侵夺；吾有言论著作，无故而被干涉……推之信仰，事事皆受限制，而不得行其愿——则生人之幸福，不自由之难堪也。共和国之法律——凡属个人之自由，他人不得侵犯，国家不得侵犯。其尊重自由也如是。"这是民主自由教育。

台湾教育之目的以培养人民健全人格、民主素养、法制观念、人文涵养、强健体魄及思考、判断与创造能力，并促进其对基本人权之尊重、生态环境之保护及对不同国家、族群、性别、宗教、文化之了解与关怀，使之成为具有国家意识与国际视野之现代化国民，正是如此之教育，才得以诞生与大陆完全差异之公民。这是人文教育。

在韩国，小学级长、班长或学生会主席选举，候选人随时有十多个。有教师称，一班 30 人可以有 10 人同时竞选班长。选举活动除了壁报上附有参选学生照片的公式候选人简介，还有海报、"政纲"、竞选口号、候选人发表演说时间，某些学校甚至采用电子投票。候选学生当然罗列个人强项，但要拉拢支持，这样仍不够。有的会把个人相片贴在电视剧主角海报上，强调会"迅速听取同学们的苦恼"；有的主张把平日上学时间校内播放的音乐，改播流行歌曲；有的甚至把《江南 Style》歌词改为《班长 Style》，还大跳骑马舞。韩国小学新学年从 3 月份开始，一开学不少小学都笼罩在选战的硝烟之中：尽管只是选班长、学生会主席之类，但学生的施政纲领、海报和拉票活动甚为认真，有家长甚至不惜以多达 30 万韩元的学费，帮助子女恶补参选技巧，如学写讲辞、演说技巧等。选择情之激烈，堪比国会议员选举。这是政治教育。

世上没有一片相同的树叶，上帝所赐的每一个孩子也都是不同的。不同的父母亲自去养育各自的后代，才能让人类社会愈发有生命活力、个性多彩…而仇敌撒旦正在用统一的教育模具，杀死人类后裔的灵感能力、个性生命…让孩子们变成"知识"的录音机、传声筒、僵尸！灵魂最终沉沦于地狱！人类社会有一个共识：让孩子远离毒品。而事实上，那些精神上的毒品，如谎言、谬论、仇恨宣传、反人类的意识形态教育同样危险，甚至更加危险，当然还有凯撒的独裁统治意识以及神权之下对人类精神的脑控和心灵束缚，但很多人却茫然不知，麻木尤甚。

人类教育的十课和善良教育

联合国教科文组织提出教育应以"人的发展"为基本目标。教育的任务是引导一条持续发展的道路。在战争仍然威胁着人类、专制和不义仍在许多地方行恶的情况下，教育应该成为促进和平、自由和社会正义的王牌。在许多人还因缺乏教育而被排斥在文明的积累和公民生活之外，当社会还存在各种不公正的情况下，教育必须保持一个雄心：最大限度地纠正和杜绝排斥现象，"确保每个人拥有必要的手段，去自觉地、积极地发挥一个公民的作用"；教育还必须成为公平发展的动力，把让每个儿童享有更美好的未来作为自己最崇高的使命，以高质量的全民基础教育，尽早为每个人提供"生活通行证"。当某些国家和地区的个人既没有自身的解放和价值的确立，眼界、思想和情感又被危险的偏见所限制、所蛊惑时，教育应该首先帮助个人走出在精神上处于襁褓之中的软弱状态，所以应该首先是对个人的一种解放，但教育同时又应揭示人类的一体性，传输一种基于人类整体意识的合作精神，引导人与人之间、民族与民族之间互相尊重，引导人们对人类命运抱共同看法……

人类作为一个社会人的意义是让孩子们懂得如何在教育认知中学会如何与他人相处，与他们相处，与社会相处，以及孩子们如何遵守社会秩序，形成规则的。要学会如何与社会、与社会经济体发生关系的。要学会一个单一个体需要在一个社会中应该承担什么样的责任和义务，以及在未来的社会生活、生存中，关于对亲情、友情、爱情的相处关系也一个涉及。要学会如何尊重、尊敬他人的生命、她人的生命、以及"它人"的生命等等。遵守秩序、尊重生命这是全体个体人所遵循的意义。一个健康的人，并不只是指他的身体健康，不生病，而是要包括他的心理健康、意识健康、世界观健康、价值观健康等等。良好正确的价值观就等同于人类的灵魂，而灵魂的正确性，将可以引导未来人类的走向众人时代问题，甚至将来有一天人类将走到众神时代的问题。没有信仰的人，没有灵魂的人，非常可怕，所以再塑人类的价值观和灵魂，将是未来人类社会、人类世界最重要的事情。

思想的不改变，那么世界就永远的无法改变。也就是说教育必须灌输给我们对权力正确认知和监督理念，教育必须灌输给我们当他人点亮一盏灯，我们就回应给他人一个火的海洋的理念，教育必须灌输给我们对自我生命和他人生命的尊敬和仁爱，教育必须灌输给我们对社会秩序和社会生活中的遵守和遵从等等。总而言之一句话，教育灌输给我们什么思想，我们就会做什么样的人，人类的未来在教育中，而教育是灌输思想的渠道，好吧，今天我们的世界需要什么样的教育？？？

我们的第一课是告诉孩子们，"你必须是一个国家、一个民族、一个宗教"，任何人都无权借用任何名义去改变你的意识让你去遵从"，这样有利于破除权力者借用国家、民族、宗教的思想意识形态对孩子们的束缚和控制。允许有国家、民族、宗教意识形态，但前提是国家、民族必须是民主的，宗教必须是守护心灵的，而不是控制头脑的，神不应该是那个高高在上的神，而是一位愿意和大家一起分享喜与悲的神，因为在某种情况下，"神就是人类的镜子，我们就是神"。

我们的第二课是告诉孩子们，"你必须尊重他人的生命胜于尊重自己的生命，像阳光一样去照顾每一朵雏菊，让它们生存"，国家、民族、宗教不是孩子们的第一供奉，生命才是我们的第一供奉。这样有利于破除人人带刀，人人危险的格局，有利于破除独裁者告诉孩子们外面的世界是"黑"的，他们只想剥夺我们的生命。

我们的第三课是告诉孩子们，"你必须握紧自己的拳头，紧盯着那些披着天使外衣的权力者，假如政府做错事，你严厉批评政府，那是希望它改善，这就是建设性。假如你明明发现国家在走向错误的道路，你却还是说，走得好走得好。那是一种毁坏的态度。这样有利于破除独裁者的独权，启蒙孩子们的集体反抗思维。

我们的第四课是告诉孩子们，"你必须掌握所有的政治游戏规则，捍卫自己的权力，当权力者无能的时候，我们就是下一任总统"，所以我们需要组织孩子们利用演讲去竞选自己的"班长"职位，同时让孩子们用自己的选票去选出自己满意的"班长"，这样有利于保障孩子们选举意识和选票意识，让孩子们熟悉自己的权力利益和游戏规则。

我们的第五课是告诉孩子们，"你必须站起来，反对一次，一生中孩子们必须反对权力者一次，哪怕仅仅一次"。所以我们需要模拟组织或者现实组织让孩子们参加一次游行示威活动，以及要学会通过哪些部门，哪些组织体系将自己的观点反馈给最高权力者等等，这样有利于培养孩子们大声的说

"不"的精神。

我们的第六课是告诉孩子们，"你必须向外看，对、对，向外看，看那些生活在压迫下的人们，努力帮他们站起来，冲破所谓的国家、民族、宗教的疆域范围，让他们站起来"。这样有利于让孩子们具有"外观"的世界思维，而不仅仅局限于"内观"自我世界。

我们的第七课是告诉孩子们，"你必须尊重他人之自由，凡属个人之自由，他人不得侵犯，国家不得侵犯。其尊重自由如是也。

我们的第八课是告诉孩子们，"你必须遵循法律宪法以及社会规则，不允许突破自我规则，在规则下我们才能更好的生活，你时刻需要自制自己的行为，才能形成自治"。一个极度自律的孩子，当他们踏入社会，不需要浪费过多的社会监督成本以及国家有限资源。假如人人都创红灯，那么国家就会加大监督成本；假如人人都偷盗成瘾，那么国家就会加大惩戒成本。假如我们投资一美元在教育上，让孩子们遵守规则，那么将来有一天我们可以收回来七美元的社会管理成本。

我们的第九课是告诉孩子们，"你必须学习相关知识，锻炼体魄，完成自己的学业，做一个具有人格健全、民主素养、法制观念、人文涵养之人"。

我们的第十课是告诉孩子们，"这是一个大同主义时代，假如我们努力的话"。世界将会统一，人类将会永久的和平"。

换言之今天的全人类教育认知需要十个老师：第一，生命仁爱、信仰灵魂老师。尊敬万物，珍爱生命，爱护他人，佑护一切非人与人之生命。相信灵魂神灵，建立仁爱信仰。第二，自然人性老师。第三，宪政宪法选举教育老师。学习民主体制的概述以及人类自由的定义，人作为天生政治动物与选举的关系，以及人类与政治体制的关系等等。第四，饮食膳食保障老师。提供早、中、晚餐饮服务，针对过于肥胖学生进行膳食减肥。第五，防疫医疗保健老师。学生体验，健康身体，用药，救护等等基础知识学习。第六，心理疏导老师。幼儿、少、青年心理建设辅导老师，预防因家庭/学校霸凌/社会因素心理创伤异化。第七社会规则教育老师。人类是天生的社会人，培养社会规则知识。第八，律法老师。提供法律、律法知识学习，培养有担当有责任的司法性学生。第九，安全教育老师。火灾、水灾、地震及社会灾难来临时的应急反应。第十，知识老师。各类学科的教育。第十一校警。学校即丛林法则社会，预防校园霸凌事件，可配备枪械，予以霸凌学生进行警告、禁闭、少年监狱等等。人类不需要那些国家的，民族的以及宗教神权的意识形态，只需要这些人性的意识思想，人类需要明白人这一目的存在的意义。人类需要明白人与宇宙、人与万物、人与社会、人与政治、人与他人、人与自己的所有关系。人类历史的争锋，就是意识形态的争锋，归根结底，不是先天的人性不统一，而是后天附加的国家，民族，宗教的意识形态不统一，以及在其之后的利益之下的世界价值观的不同导致。当人类的思想意识统一后，人类将会统一，世界将会统一，人类会追寻到"神灵"和自由的生命。

今天的人性教育可以用四句话表达：根植于内心的修养；无需提醒的自觉；以约束为前提的自由；为别人着想的善良。教育的伟大目的对内就是为了展现个人人性，保持人的善的继续和对人性之中恶的束缚，以及对外将整个世界和宇宙展现在人们身边，就像初生的婴孩看到奇瑰的宇宙一样。教育是一场关于人与宇宙以及自我权利的体现。德国教育学家斯普朗格说教育的最终目的不是传授已有的东西，而是要把人的创造力量诱导出来，将生命感、价值感唤醒。总而言之，教育就是把"凯撒的秩序作用（不是统治）和神灵的抚慰治愈作用（不是禁锢和摧残）引导入人类世界的教育体系之中"。当然我们还可以衍生出更多的教育目的，最重要的是灌输给那些受教者，让他们从孩提时期就要潜移默化的去遵守。其实人类只有共同的信仰能把人凝聚在一起的，那种遵从人性的理念才可以把人们聚集起来，而那些依靠独裁的国家意志、民族意识、极端的宗教主义妄图控制和统一人们的思想则是永远达不到目的的，因为它违背了人的本性发展，而注定要消亡。

　　一个时代的进步，一个文明的复苏，其首要前提是思想意识的觉醒，只有精神思想的觉醒，才能引发行为的动力和张力。但是一个人的文明，绝对无法撼动整个社会的进步和发展，因为一滩凝固的死水绝对不会因为天上掉下的一滴水滴，而活起来。假如世人知道我心怀雏菊，不会伤害、残害任何有生命的意识形态；假如每一个世人都知道站起来去监督权力者，那么权力者就无法作恶；假如世人知道利用孔雀的羽毛不是利用战争来解决争端，那么我们的世界会安静许多；假如每一个世人都知道遵循各种政治规则和社会规则游戏，那么我们就处于一个有序、有保障的社会环境中。。。。假如我们的世界纯净的像一滴水一样，那么我们还会不会彼此设防？？？假如我站在这里，世人能一眼看透我内心的意识，而我也能一眼看到世人的内心意识，那么我们的世界将会迎来一个新的时代。

我认为当前世界教育须向全体人类所传递的教育理念应该具备：1　尊重生命的意识及内心善的信仰。2　建立反对暴政和神权的反抗意识。3　传授在社会生存生活经验和理念。4　传授知识，建立星空宇宙的道德理念。5　建立大同思想。一个成人的教育从牙牙学语到大学结业需要 20 年的学术教育认知，又需要近 10 年的社会教育，当老旧的意识观随着人类自然的新陈代谢消亡后，那么人类将迎来一个新的统一的世界价值观和意识观。如果我们的意识观和世界观以及价值观统一了，那么人类的未来也将走向统一。也就是说我们有可能用未来改变现在，用我们的孩子来改变我们的世界。我把我所看到的、想到的以及思索到的东西，综合在一起，形成一条主线，让世人展望我们未来的世界，也希望更多的人们可以举起手来建设我们未来的世界，以便可以让我们的孩子，后世的子孙们生活在一个更平等、更自由、更民主的世界里。人类需要 30 年，需要这 30 年改变意识形态，需要这 30 年建立新的全球意识形态。在一个思想理念日益扩大的多元文化环境中，人类的信仰需要相互尊重，促进相遇；融合包容一切具有人性思维的理念，以促使人类的世界走的更远。教育应本着"人性"教育的态度，凭着智慧和远见来教化"。文化是缔造和平、保护各项权利的支柱，是建设真正"生态良知和人性信念"的途径。当人性的教育统一后，至那时世界大同主义注定就会到来。

心怀雏菊和人心, 尊重生命形态, 不伤害生命, 视生命为最高。无论是活着的, 还是死去的。无论是人的形态, 还是非人形态.

不食用带眼的食物和有生命形态的食物。不穿着有生命形态的皮毛。

禁止盗窃和滋生带有错误恶念的思想和行为。

不与世俗任何王权合作, 而是监督它怀疑它, 直到它回到牢笼。

不与世俗任何已经堕落的神权结盟, 而是改变它, 直到它回到人类的心灵。

不允许任何个体, 死于王权和神权意识形态之下. 人应该自然老死。

国家和民族只是人类御寒的外衣 , 当不再具有保护能力后应该随时丢弃和推翻。

个人即是国家, 个人即是民族, 人们的生活高于一切。

在世俗, 世间没有神和国王, 人人为神, 人人是王。

用表决解决争端, 而不是用流血和死亡。

人是资源和资源消耗品, 反对一夫多妻和无 节制生育, 禁止堕胎。

禁止浪费, 损耗自然不可再生之资源 。维护环境, 维护人与自然的和谐。

死亡是另外一种形态或者是永恒, 或者是轮回, 或者是虚空 。崇尚花葬树葬。

保护弱小, 无论它的肤色和离我们是否遥远。

替一切弱小的和死于不公的人讲话，无论年代是否久远。

建立一个世界，为止奋斗 。努力实现全人类的和解，为止奋斗。

人类世俗的道路终结后，灵魂自然回归神灵之所，交由神之审判。

教育让我们回到哪里

如果一个人只想改变社会制度而不先改变人的本性，那么未变的人性不久就会使那被革除的制度卷土重来。这就是那个古老的恶性循环：人制定了制度，制度造就了人。改变应该从哪里开始呢??伏尔泰和自由主义者认为，通过教育来和平地改变人性，理智就能消除这种恶性循环：卢梭和激进派则认为，要消除这种循环只能靠本能和激烈的行动去彻底铲除旧制度，并在心灵的指引下建立自由、平等、博爱的新制度。我个人认为如果利用教育"无限"的提高人的能力和人的意识会怎么样？？如果利用制度"无限"的制约和监督人性中的"旧制度"会怎么样？？任何单一的伏尔泰思想和卢梭思想都无法解决人的问题，只有通过人的改变和制度的创新才有可能塑造"最珍贵的精美人像"。

伏尔泰在《哲学辞典》中，他在"人"这一条目的结尾写下一段"对人类总的感慨"：一个人从母腹中发展到理性逐渐成熟，需要二十年的时间。即使想弄清人体结构的一小部分，也要花费三千年的时间。要了解人的灵魂，则需要无限的时间。人的复杂性和多变性并不是我们所能理解的，所以我们要对"人"抱有最大的怀疑，但是人又具有感性的力量，所以我们还是要对人抱有希望。人类具有两面性，善恶都在于"最初睁眼看这个世界的第一眼"，如果是具有"人性的价值理念和良好的教育认知"给予人类的"第一眼"刺激和灌输的话，那么我们的世界就是"新的"，而不是"旧的"，虽然我们无法完全根除人类的劣根性，但是我们可以"斜斜的让人类站在众神的肩下"。绝大多数人的内心深处，都有仁慈，善良的一面。只是在日常生活中，都会被深深埋藏。但当意外的巨大灾难面临时，这些人类最原始，最真诚的性格，就会闪耀而出。这种伟大的性格，不只是属于某一个民族，而是属于整个全人类。可是遗憾的是恶也是这样出现的，人性中有卑劣，有丑陋，也有高贵和美好，最主要的是用民主制度的确立，通过人性教育认知的灌输，以确立人性意识的培养形成，最后在确定人的自由状态，最后我们将取代国王的出现，站在众神的肩下。很显然尼采的超人、末人理论是谬误的，尼采的理论是建立在一种弱肉强食的动物法则中，人类的人性法则和人性没有得到彰显，他强调的是强者对弱者的无限"统治"，而不在于"平等自治"，众神时代的众人则是要寻求建立一个人人平等，人人可以高度自我管理、自我控制，可以凸显人性法则的社会。同时由自由秩序教育让众人达到一个众神时代，让人类达成进化循环中的最高境界点。人类有意识形态，有思想是一种痛苦，如果能浑浑噩噩的顺其人之本性过自己的一生，未尝不是一种无我的快乐，但是这种代价有过于巨大。如果人类的意识形态可以无限的提高，那么人类的文明将会达到一种更新的突破，达到众神的时代。

《雨果传》中有这样一句话：宁要实行教化的社会，而不要杀人的社会。人类与动物的最大区别是人类具有意识力，可以改变的意识力，拥有经过几千年演化后已经改变或者正在改变的意识力。换言之人类正在从达尔文的弱肉强食的铁血丛林里走出，并且人类正在进化出一种基于共同理念和价值的人性法则，而动物则由于意识力的未进化而永远生活在达尔文时代。统治法则是人类进化初期和动物界完全一样的，但是人类不可能永远被他人所统治，统治是为了维护某种秩序，以保证权力者的权力和利益，但是如果人类的意识力和思维中，实现了自我维护秩序的自治管理，那么国王和国家将会消亡，自由将会光临每一个人头顶，黑夜也将永远不会再来。所以教育应该是万能的，我只要确保教育价值的正确性和 3 个要点就可以了。第一，人类的意识可以灌输，人是受教动物。第二，人类的意识因为国家、民族、宗教的原因走错了道路。（但是这种错误是人类进化和繁衍过程中却是必须的，也是不可缺少的）权力需要分散，人们需要集成，无限提高人的"人性"意识。第三，人类的意识可以改变，但是不要妄想改变成人世界已经固化的意识。

人类作为一个意识形态动物，其思维认知是最重要的，黑暗只能继续衍生黑暗，愚昧只能继续衍生愚昧，恐惧只能继续衍生恐惧，只有改变其固定固化的思维意识形态，才能迎来光明的曙光。人类的认知是一个从无知走向已知和确定的过程，这一过程中包含着迷茫和困惑，明确和清晰，在这一"明朗"过程中，产生使人焦虑和措手无策的惊慌是有的，认知的过程必然是痛苦的，要改变的是习以为常的思维方式和意识形态。是的，保守僵化的思维能给人带来一种安全感。不打开盖子，我们永远不知道自己打开的是不是潘多拉魔盒，因此社会制度的变革和政治制度的改变同样必然是痛苦的，因为所谓的变革实质上是人类的思想、思维转变。人类的改变首先来自于意识形态的改变，伏尔泰说："书籍统治着世界，或者至少统治着那些有文字的国家。""使人获得改变和解放的最大的力量是教育。"教书育人，我们育什么人，育的不是弯腰的奴隶。而是能支撑、扶持整个社会体系的人，能监督权力和政府的人，能守护内心信念和信仰的人，能帮助和救护他人、为他人举火的人，育一个具有人性的人。而不是育一个适合、符合社会和国家意识形态的人。当有一天人类可以达到自治的时候，到那时我们就可以收回凯撒的权力，取消政府，国家到那个时候，就会消亡，人类只和内心的信仰和信念为伴，以人性为支点，达到众神的一个时代。众神时代将是人类所具有的最好品德的时代，按照我的理解，神都是教育出来的，而不是进化出来的。人可以达到众神时代，做感性的神，而不是理性的神。

说到众神，我指的不是圣经中的上帝，古兰经中的安拉，佛经中的释迦摩尼那么缥缈虚幻的神灵，人类的众神时代我指的是希腊之诸神。希腊神话中的神与世界各地的神在某些方面的确有很大不同。希腊神比较近人，在品性、行为上与人相似（可能本来就是以人为原型），有血有肉。而东西方神被想象的很崇高，过于抽象化。在希腊，神不是不可接触的，神也是人，这是希腊神话比较进步的地方了。希腊神话更接近于生活，神更接近于真人，宙斯的好色欲望，权力欲望。赫拉的妒嫉，报复。众神之间的斗争和制衡。宙斯对解救普罗米修斯的妥协认同，以及虚荣心等等。都只是人的本性被放大而已。希腊神话与所有神话一样，是源自于人类童年对自然力的恐惧以及由恐惧而产生的敬畏，由敬畏而产生的崇拜和由此而产生的一种征服和支配的愿望。古希腊人在强大的自然力面前是无能为力的，处于被支配被主宰的地位，于是就把自己所恐惧所敬畏的自然力加以神话。天和地，日月和星辰，山川河流，风云雷电，走兽飞禽都被赋予一种神性，这样人便创造出了一个"人"的异类：具有某种超自然力的人，即神以及介于神与人之间的超人，即那些英雄们。众神就是指有缺陷的人类，而人类正是要回到那个时代，回到那个有人性的时代。其实，我想说的，想要表达的是只有"全球善良教育"，才能让人类回到那个众神时代，回到那个具有人性的时代。毫无疑问。

黄昏

"一元独裁"

内容提要：保持民主，就是保持人们保持自由的清醒，而不昏睡，那么塑造民主这一意识形态的终端器——教育的灌输必须是清醒的。当思想昏睡的时候，民主就消亡了，而当思想清醒的时候，才是民主的开始。民主作为一种集体的政治体制，它必然和另外一个个体的词汇有关，即自由。只有民主的体制才不会捆绑和奴役人们的自由，也就是说民主决定了人们的自由。那么什么是自由？？？

关键词：一元独裁、民粹主义、最漫长的黑夜、自治

民主是什么？？？

在政治词汇中，"民主"肯定是最被滥用的一个词。战争被进行是使世界足够安全以施行民主，原子弹被投下是为了在异国建立民主。起义被镇压是为了保护民主使之不受损害——起义者也说他们在为民主而战。像奥威尔所指出的，大多数使用民主一词的人都是力图保持现状。

在现实的语言中，这个词空洞无物。"我是为了民主"这句话实际上什么信息也没有传递。最多它表明说此话的人不是一位赤裸裸的纳粹分子。这样的声明就如同说"多好啊"，毫无意义。另一方面，也有这样的时候，我们使用民主这一词，不是作为一个标签，而是作为具有活生生的意义的政治词语。像民主这样一个词，不仅没有公认的定义，而且任何想做出一个定义的尝试都会受到各方面的反对。可以普遍地感受到的是，当我们称一个国家是民主的，我们是在赞扬它，结果是：任一种类型的政权的捍卫者都声称其政权是民主的，并担心如果民主被固定为一个意义，他们将不得不停止使用这个词——所以民主是一个相对而言的东西。"民主"成了意识形态概念，那些不接受指定的意识形态的人不包括在民主的范围中。"民主"曾经是一个属于人民的词、一个批判的词、一个革命的词。它被那些统治人民的人所盗用，以给他们的统治提供合法性。民主是关心人民福利。"吉米·卡特曾经将"民主的原初意义"描述为"民享"。民主政府就是照看人民的政府。一位国王可能真诚地关心他的子民的福利，但是这样的统治仍是独裁的。某种政党专制可能采取关心人民福利的政策，但它仍是政党专制。

《牛津英语词典》告诉我们：民主意味着"由人民统治(government)"，而《哥伦比亚百科全书》将民主描述为"一种统治(government，或译为政府)，人民在其中共同(我们没有被告知和谁共同)指导国家的活动"。民主是允许人民有自己的声音。"有人认为民主意味着：给人民"一个声音"、"持异议的权利"、"表达他们观点的机会"、"他们在法庭申诉的权利"、"站起来并受关注的机会"，等等。

今天世界的民主是来自于西方，而西方民主最早起源于希腊，但是希腊民主却是建立在奴隶社会基础上的民主，不是真正的民主。而就近代而言，近代民主的概念是荷兰的斯宾诺莎提出的，而真正的民主实践应该是起源于英国，13世纪的大宪章就已经体现了议会民主，而后来的光荣革命使英国成为第一个资本主义国家。雅典的民主是一种公民自治的体制：公民大会拥有无上权力；全体公民直接参与立法与司法活动；官员通过直接选举、抽签和轮流等多种方法产生；官员与普通公民一样不享有任何特权等。作为治理国家的根本制度，民主的核心理念是，权力源自人民、要由人民授予，权力要接受监督制约，要对掌权者进行定期的更换，权力更换和运行的规则由多数人决定。

西方民主缘起于中世纪英国的议会制度，早期的议会制度是中世纪英国封建制度下国王与贵族政治斗争的产物，1215年签署的《大宪章》则是英国议会制度的起点。在《大宪章》中，确认了贵族及有产者的基本政治权利，即拥有财产的阶级应具有参与政治的权利。其次，在制度安排上，《大宪章》规定了国王与贵族之间的事权划分，贵族掌握了部分的税收权，而这逐步演化为后世议会的主要权力。可见，在西方民主的起源中，民主不过是权贵的游戏罢了。但是我们应该看到国家本身就是一个巨大利益集合体，权贵者游戏也罢，穷人游戏也罢，关键是它是否遵循了富人和穷人共同认可的游戏规则。我们不能讲有钱人的游戏就是不民主的，也不能讲穷人的游戏就是民主的。关键是看规则双方，是否遵循和认同。

现代民主主要是指政治民主，其基本内涵一般包括以下四个方面：

第一，民主要求赋予公民言论权、知情权、选举权、监督权和罢免权，同时保证这些基本权利的自由与平等。言论权、知情权、选举权、监督权和罢免权是公民基本的政治权利，这些权利应由公民个人不受干扰地自主行使。当然，公民自由权利的实现必须以不妨碍公共利益和他人的自由权利为限度。同时，每个公民在政治生活中享有的政治权利都是平等的，不存在任何社会特权和政治特权。

第二，民主一般实行少数服从多数的原则，同时要求多数人尊重并保护少数人的意志。政治民主以公民在社会公共事务上的意志统一为基础，但在实际政治生活中，每个公民在每一件政治事务上都形成一致的意见是不现实的，也是不可能的。因此，现代民主政治一般以达成多数同意作为运作的基本规则。当然，在执行多数人的决定时，又必须保护少数人的自由权利，允许少数人坚持、保留自己的观点和看法，并在法定范围内维护和实施他们自己的政治权利。

第三，民主的实现形式可分为直接民主和间接民主。直接民主就是由全体公民直接决定或管理社会公共事务。但在现实中，不可能任何公共事务都由全体公民公投公决。通常情况下，由人民选举出特定的公职人员来代理自己行使各项政治权利。这种代理式的民主称为间接民主，又称代议制民主。

第四，现代社会里，民主与法制密不可分，实行民主必须同时伴以法制建设。法制是民主的根本保障，通过法制建设使民主的原则法律化、制度化、规范化，赋予民主以最高权威性；通过法制规定民主的具体内容和范围，民主实施的具体程序、方式、方法，使民主政治具有实际的操作性；通过法制的强制力保障民主的有效运作。

虽然民主的本义是指人民拥有主宰自己生活的权力这样一种状态，但是它却逐渐被重新定义为一套制度，这套制度同时发展出来帮助人民赢得和拥有这种权力，虽然这种民主的进程一波三折。

民主的乱局

　　泰国在东南亚诸国中，是唯一的未受欧洲强权殖民化的国家，而且在泰国教育制度中，悠久的文化传统性和国家宗教（佛教为主）的影响格外引人注目。十几年前"黄衫军"和"红衫军"近几年来一直是泰国政治舞台上的重要角色，自2006年9月他信政府被军事政变推翻以来，亲他信的"红衫军"与反他信的"黄衫军"之间的斗争和冲突便持续不断。一方面，泰国的上层和中产阶级希望终结他信家族在泰国的权力及对泰国政局的遥控；而另一方面，农村地区的穷苦人士则持相反态度，包括很多城市的工人阶级也支持他信，因为他们从他信所推行的免费医疗等相关政策中获益。现今的泰国总理英拉是他信的妹妹，她被普遍认为是他信在泰国国内的代理人。因此，前总理他信及其相关政策依然是冲突的核心。泰国的红黄之争看起来的确是一场围绕民主而产生的争斗。据统计，自1932年泰国实行君主立宪制以来，泰国政坛已经发生过近20次政变，其社会裂痕在政变与动乱之中持续加深。在泰国政坛，民主却成了政治算计的一种工具，双方的利益矛盾被民主外衣所掩盖，所谓的民主名存实亡。

　　作为东南亚唯一没有被殖民过，且第一个引进西方民主制度的国家，泰国政坛的乱局让很多民主主义的研究者大为惊异：在这个民主国家中，通过合法选举上台的总理因无法得到合法性的承认而被反对派称为"非法"政权；政治发展不是被政治理念所主导，而是充满了偏见和个人偏好；解散国会、重新大选本应是执政政府最后的合法、合理的解决办法，却再次被反对派所抵制；反对派甚至开始在曼谷创建一个平行于现政府的新政府，尽管这并不合法。在民主研究学者，尤其是西方民主学者看来，这种情况本不应在民主国家发生。他们将之称为"民主的失灵"。简单将泰国的种种动荡视为"民主的失灵"或许不够准确，因为所谓泰式民主其实并非真正意义上的、适合于本国发展环境的民主，这种民主是畸形的。

首先，民主的基础应该体现为对法治的尊重。但在泰国却缺乏这种对法治的信仰，动辄采用静坐、示威、游行等极端方式来表达自己的利益诉求，导致政府频繁更迭。

其次，民主天然体现着一种妥协与宽容。达成共识必然需要一方或是双方的妥协，民主本身就具有少数服从多数的原则，但在泰国的政治争端之中很难看到妥协，一旦部分民众的利益诉求得不到满足，政局便迅速滑至冲突的边缘。

再次，民主体现着对政府与民众双方的限制，但在泰国，受限制的却只有政府一方。在此次冲突中，民众冲进总理府和国家机关，本身都是违法的行为。虽然民主同时保障少数人的权益，但不可能政府的每个政策都让每个公民获益。在这种情况下，一旦民众的利益得不到满足，街头政治便成为一种周期性发生的常态。

这种畸形民主的产生主要源于泰国政治制度与政治文化两方面的缺陷。在政治制度方面，泰国议会政治凋敝，没有起到本该有的调节和平衡作用，反而成为各党派之间竞争的舞台；司法制度也没有起到调节纠纷的作用，反而增加了党派间的积怨；泰国国王与军队势力强大，导致民选政府缺乏合法性，这些政治制度层面的问题无法得以解决的话，民主规则形同虚设。在政治文化方面，泰国缺乏一种能为民主政治作出铺垫的成熟的政治文化。庇护制文化在泰国的很多农村依然根深蒂固，即政府用财富、政治权力等去帮助穷人，后者因而就成为其附从或被保护人，他们向政府提供支持。对此，反对派就曾指责英拉政府把国家政策和国家财政当作收买人心、买选票的本钱。

在泰国民主的制度性缺陷之下，未来很长一段时期内，每个经过选举合法上台的政府都将无法摆脱乱局的威胁。英拉在泰国北部和东北部的农村中大受支持，而反对党的影响力则主要在曼谷和泰国中部，二者分别代表不同的阶级利益。倘若他信影响下的英拉政府继续在选举中获胜，反对派必将对此进行坚决抵制；而反对派的应对是建立不经选举的人民委员会，这也不会被"红衫"们所认可。因此，如果上述缺陷不加以弥补，现有的矛盾将会促使国家走向进一步的分裂。可想而知，在这种畸形民主下，选举、危机和政变将组成泰国政坛无法走出的怪圈。

卡特和三个小伙伴看电视，卡特想看动漫节目，而三个伙伴想看体育节目，在争执不下的情况下，经过民主选择和表决，大家看了体育节目。可是卡特很不满意，他问自己的妈妈，是不是多数人的自私要好于少数人的自私？？？？在今天看来民主是不是多数人的暴政独裁，或者是多数人的自私？？？又或者他们又是红衫军，又是黄衫军。

长远来看，由于泰国长期未能摆脱"街头政治"的怪圈，不同政治势力不断利用"街头政治"去推翻民选政府，因此导致政局动荡。泰国乱局在泰国建政以来并不是第一次了，当然这次乱局也不会是最后一次。为什么泰国的民主会生病了？？？很显然的是这种西方式的舶来民主病了？？？病在哪里？？？

　　西方民主在一些国家出现了明显的"水土不服"。我们发现日本、韩国、印度等所谓"成熟民主国家"，也呈现出周期性的"折腾"，日本首相像走马灯似的更换，韩国台上台下政府首脑不是被判刑入狱，就是死于非命，印度也为此付出和正在付出沉重代价，但这些国家政局动荡具有暂时性与可控性。再有就是所谓"转型国家"，如吉尔吉斯等中亚国家，政局动荡具有常态性和不确定性，其多处于新旧体制转轨期，由于"民主"体制不健全、移植民主"水土不服"、旧体制惯性强大、既得利益集团长期坐大等原因，致使腐败现象滋生，乃至不断发生政变与"革命"，国家始终处于动乱之中。21世纪初，新兴民主国家酝酿着一种令人不安的趋势。政治自由化和民主化一路推进，却导致正在经历民主过渡的社会出现了两极分化和分裂。在今后20年乃至更长的时间里，这种趋势很可能会在发展中世界占据支配地位。

　　泰国的经验表明，民主可能是薄弱和表面的，更多地有赖于程序和政治载体，而不是真正的民主实质和进程。泰国社会必须建立一种更有效的民主制度，少强调表面化的选举，多注重问责的民主程序，让选举中的多数派和少数派达到更可接受的平衡。要完成多数派与少数派的调整，就要给选举中的输家更多的发言权和权利。出路之一是避免成王败寇的做法和态度。选举中的赢家在获胜后不能为所欲为，必须更加公开和系统地顺应输家的利益和顾虑。如今，选举的输家具备必要的手段和诀窍，知道如何阻挠政府的工作并制造瘫痪和持久对抗的局面。随着反对派各政党屡屡在街头和网络空间上集结，由此产生的僵局变成了政治隐忧。

冷战期间，我们当前在世界各地看到的街头示威活动会随时遭到武力镇压。而如今，更多的国家实现了民主，但民主也变得更加混乱，原因是在信息技术发达且加快扩散的形势下，更多的人参与到了政治进程中来。就好像此前受到忽视的全球大众发出了声音，参与了本国的政治生活。要想让发展中民主国家正常运转，必须允许选举中的赢家负责任地执政，制定制度和倡导价值观，同时允许输家充分表达他们关注的问题并保护他们的少数派权益。如若不然，这些民主国家就会一直动荡下去，陷入无休止的抗议活动中。

今天的世界，民主出了什么问题？

大体上讲，民主国家比非民主国家更加富裕，卷入战火的几率较小，反腐败更加有力。从深层次看，民主国家让人们直抒胸臆，让自我的命运更自由。全世界这么多人、这么多地方、愿意付出这么大代价，一起为了民主之理念而奋斗，这是其不朽魅力最好的证明。

20 世纪下半叶，民主在那些最困难的地域生根发芽，穷人最多的印度，1990 年代经历过种族隔离的南非。反殖民浪潮创造了一大批民主化的亚非国家，民主政府取代了专制政权。苏联垮台创造了一批中亚的新兴民主国家。今天民主正在经历艰难时世，当独裁极权者被赶下台以后，反对派大多无法建立行之有效的民主政府。甚至在那些业已建立民主制度的国家，体制问题已经变得十分明显，社会上弥漫着对政治的幻灭情绪。然而，仅仅几年前，民主还大有统治世界之势。美国智库自由之家统计，截至 2000 年，全世界共有 120 个民主国家，占全世界总人口的 63%。那一年，超过 100 个国家的代表在华沙齐聚一堂，参加世界民主论坛，宣布"人民意志"乃是"政府权威之基础"。美国国务院发布报告，宣称各种各样的威权主义、极权主义政府形式都已经"试验失败"，民主即将取得了最终胜利。打了那么多胜仗以后，自然会冒出这种想法。冷战结束之后，人类一度出现"历史已经终结"的幻觉，似乎政治已经从制度想象力问题转化成了技术问题，拔掉专制政权就像抹去一滴污渍一样轻而易举。

但往后退一步，冷静地来看，民主的胜利没有那么多必然性。民主政制滥觞于雅典，之后过了两千多年，启蒙运动才把民主推上政治模式的前台。18世纪，只有美国革命创建了可持续的民主。19世纪，君主主义者一直试图对抗民主力量，实现复辟。20世纪上半叶，新兴民主政体在德国、西班牙和意大利都失败了。1941年，全世界只剩11个民主国家，罗斯福担心"民主的火焰将被野蛮人熄灭"。

今年，全世界约40%的人口将参加自由、公平的选举，这是一个前所未有的数字。但是，民主在全球的发展停滞了，甚至可能已经逆流。自由之家认为，2013年是全球自由指数下降的连续第8个年头，其顶峰是本世纪之初，随后便一路下滑。1980至2000年间，民主只是遭遇一些小挫折，但2000年以来，面临的障碍越来越多。民主的问题已经没法用简单的数字来呈现。许多名义上的民主国家已经滑向专制政权，民主只剩选举这一外在形式，缺少民主制度有效运转所需要的人权和体制保障。胜利能够点燃人们对民主的信心，但随后便再度熄灭。在非西方地区，民主屡屡崩溃。而在西方内部，民主常常与债台高筑、运作失灵等字眼联系在一起。民主永远有批评者，但现在，西方内部民主屡屡出现种种缺陷。

民主制的发展从来就不是一帆风顺的，两次资本主义危机导致的世界大战使民主制遭受了严重挫折，特别是20世纪30年代第三帝国纳粹的兴起，多数人的暴政给人类造成了严重灾难。"民主"显现出它的危险性，第二次世界大战引起人们对民主制度的深刻反思，众所周知德国希特勒的上台就是依靠民主选举上位的。

对民主反思的另一原因是，20世纪60～70年代，美国麦卡锡主义的兴起和对民权运动的压制、越战的失败，以及冷战时期的对抗，使世界民主发展处于低潮，选民参与投票率下降，人们对选举代议制民主普遍存在相当严重的悲观情绪。鉴于上述原因和二战的教训，欧美民主派进行了一系列深刻的理论反思和批判。1989年柏林墙倒塌，苏联的民主化进程似乎不可阻挡。1990年代，俄罗斯在叶利钦领导下醉醺醺地朝民主走了几步。但1999年末，他将权力移交给普京——一名克格勃特工。从那以后，所谓普大帝分别两度担任总统和总理，时至今日还在继续玩着左手换右手的游戏。这位后现代沙皇已经摧毁了俄罗斯的民主实质，遏制新闻自由，关押反对派，同时，他还维持着表演——每个人都可以投票，只要让普京先生获胜即可。委内瑞拉、乌克兰、阿根廷等地的独裁者依样画葫芦，没有完全抛弃、而是维持着民主的假象。这让民主的信誉进一步受损。

同时，民主阵营的某些新成员成绩不佳。南非自1994年引入民主体制以来，一直是由非洲人国民大会统治。该党越来越自私自利。土耳其一度将温和的伊斯兰教与繁荣、民主结合在一起，而现在正堕入腐败与专制的深渊。孟加拉、泰国和柬埔寨的反对党要么抵制大选，要么拒绝接受选举结果。民主失势，原因何在？所有这一切都证明，维持民主正常运转是一项非常漫长的工作，那种以为民主可以自己迅速生根发芽的想法已经烟消云散。西方国家几乎都是在建立复杂的政治制度很长时间以后才落实选举权，实现强有力的公民组织和宪法权利后，才逐步有今天的民主成果的。

民主的衍生品——民粹主义

罗素说，所谓民主，就是选一个人上去挨骂。而泰国"红黄之争"就像是一场在民主幌子之下的闹剧，并非真正的民主。看似人人都站出来表达自己的民主诉求了，大家都站出来抗议，游行了，可是奇怪的是民主却在流血不止？？泰国可能只是一种全球现象的表现之一：众人的自私游戏和对抗，让民主流血。美国政治学家杰克·施奈德近年来写了两本书：《从投票到暴力》和《选上去打》。这两本书针对的，恰恰是冷战结束以后这个令人痛心的现实：在许多国家，民主化进程与种族宗教冲突激化并驾齐驱。苏联民主化以后，车臣地区烽火连绵。南斯拉夫民主化以后，各种族打得让人眼花缭乱。布隆迪1993年刚实现第一次和平选举，第二年就发生了图西族和胡图族的种族仇杀。乱局意味着社会秩序的撕裂，政治制度的分崩离析，个体分子的暴力冲突等等，那么不管个体与个体的冲突，还是个体对社会秩序的撕裂，又或者个体对国家整个政治体制的冲撞，"死亡"是一种必然的结果，不管是个体死亡，还是社会秩序以及国家政治体制的死亡，死亡是一种双方互不妥协的结果，施奈德承认，正如许多国际关系学者指出的，"成熟的民主国家"之间没有发生过战争，但是，"转型过程中的民主化国家"却是滋生暴力冲突的温床。在他看来，90年代之后激增的种族民族冲突恰恰是民主化本身的结果：为了赢得选票，无数政客不惜煽动本来不存在或者较微弱的种族仇恨。换句话说，民主化"制造"了派系冲突，形成了激进民主或者民粹主义。换言之就是说人们为了"自由"这一目的，而进行民主，并进一步为了"自由"不惜采取极端暴力手段。

说极端暴力手段冲突完全是"民主化进程"制造的，当然不公平，事实上，专制者同样会"制造"种族宗教矛盾和社会阶层矛盾。一个社会里如果没有基本一致的"国家认同"，民主化不但可能解决不了问题，反而可能带来很多新问题。如果说专制时代还可能一个"大流氓"镇住无数"小流氓"，民主化过程中则有可能出现"群氓乱舞"。这里所谓的"国家认同条件"其实应该换成"社会认同条件"，人们说是生活在一个国家之中，不如说是生活在一个社会之中。

我们看到今天的独裁者很少是利用民族意识形态来控制掌控政权的，多数的独裁者往往利用的是国家意识形态来控制权限，因为独裁者作为一种公知的公众的领导者，他的道义需要他站在大众的意识形态上，而不是站在自我民族的意识形态上，骨子里我们不讲独裁者的民族意识，但是在显像上独裁者必须需要以国家的意识形态来控制人们意识。所以独裁者的权限是建立在国家意识形态之上的，但是当一个独裁者垮台倾覆之后，他所构建建立的七巧板国家意识形态，会由于独裁者的倒下，而由国家意识形态裂变为民族意识形态，因为民主出现了。当受独裁者国家意识形态压制的民族主义，纷纷站起来自由表达自我意象的时候，看似民主来到了，但是很显然我们迎来的不是民主时代，而是在国家主义分裂后由民族主义形成的民粹主义来到了。

关于民粹主义，目前还没有被广为接受的权威定义，不同国家和地区的民粹主义的产生根源、表现形式以及具体诉求也千差万别。但总的来说，民粹主义都强调"民众"与"精英"的对立，突出"民众"意愿的重要性，在表现形式上动员大众直接参与政治。从这个意义上说，尽管表现形式不一样，近年来欧洲民粹主义的崛起已是不争的事实，带有明显民粹主义倾向的政党已经在欧洲多国走向政治舞台，并开始影响欧盟的统一化进程。纵观历史，民粹主义与经济、社会和政治危机有着天然的联系，民粹主义在世界范围内的崛起，也预示着全球民主推进问题正面临新的瓶颈。我们正迎来一个新时代，这不是民主的时代，而是民粹主义的时代。"美国著名国际问题学者布热津斯基点评正如火如荼的"阿拉伯变局"，这样说道。

历史上民粹主义出现过 3 波高潮，分别是 19 世纪中叶、20 世纪六七十年代和 20 世纪 90 年代。目前正在全球蔓延的民粹主义被广泛认为是第三波民粹主义高潮的延续。2012 年以玛丽娜·勒庞为领导的极右翼政党，在法国总统选举中的异军突起震动了整个欧洲。同样具有民粹主义倾向的比利时弗拉芒利益党、芬兰正统芬兰人党、希腊金色黎明党、波兰法律与公正党等都是该国重要的政治力量。民粹主义已成"泛欧洲"化现象。不过，虽然民粹主义政党活跃在欧洲政坛，但尚未成为欧洲政治的主流。拉美的民粹主义在政治影响力上远大于欧洲和北美。目前来看，拉美的民粹主义并没有因查韦斯的去世而退潮。现阶段亚洲整体上没有如欧洲和美洲那样的民粹主义政治浪潮，但也出现了较为明显的民粹主义现象。

　　英国政治学者玛格丽特·卡诺凡把民粹主义视为"民主自身投下的阴影"。对欧洲来说，这个阴影不仅在逐渐扩大，而且很可能还会影响欧洲的未来。欧洲成熟的民主体制并未遏制民粹主义的蔓延，而且这波民粹主义浪潮几乎与欧盟一体化进程同步，这就意味着它不会因经济危机的缓解而消失。作为区域内国家间关系发展的典范，欧盟模式遭遇的挫折，某种程度上说就是全球民主治理的挫折。

民主的关联性

　　说到民主乱局，和泰国乱局同属一个亚洲世界的日本，也是一个乱局，但是很显然日本之乱是一种沿着特定游戏规则的政治之乱，而非民主之乱。战后更换首相达30位之多，发达国家领导人任期以日本最短。日本最拿手的发明是快熟面，而这种省时且又不费劲的烹调法，却被用来炮制新首相。"新加坡《联合早报》曾题为"日本选首相如煮快熟面"的文章，一开始就这样调侃日本近年频繁换首相。日本首相任期平均是26个月。日本在经济、文化和科技领域均走在世界前列，政局却颠簸不断。究其原因，在于日本政治体制有欠成熟：政党之争的焦点更多在于权势名利，而非国计民生。首相通常是党内派系利益平衡的"产物"，利益失衡就得换人。这种政治文化氛围，使日本首相多数"短命"，"强势首相"屈指可数。

　　英国《经济学家》杂志称，"日本人必须要习惯于更多辞职和更多新首相"。22年来，日本换了16个首相。这样"短命"的政治数据让西方盟友都感到惊异。日本上世纪60年代换了两次首相，70年代换了4个，90年代花了7个。日本换首相频率加速度被英国《泰晤士报》讽刺为像"百米赛跑"。这一速度与日本从崛起到衰落的速度相吻合，让国际政治学者争论到底是政治不稳定导致了日本的衰落，还是衰落顶定了政治的动荡。日本ＴＢＳ电视台让民众用一个词汇来形容日本的内阁，许多民众说日本的内阁就是一个"冰淇淋内阁"，马上就化；还有人说日本的内阁就是一个"接力"内阁，总是一个内阁把接力棒传给下一个内阁。由此可以看出，日本人也对政府的频繁更换感到不满和厌倦了。媒体更是自嘲地说，一到日本首相参加国际会议，外国首脑总要先从记住日本首相的名字开始互相的接触。《读卖新闻》讽刺说，一国的总理大臣不是领带，可是在外国政要看来，刚刚和日本首相说上话，日本就说声对不起，然后走出房间，又换了一条领带。日本首相难道不是像换领带一样频繁地更替吗？数一数就会发现，在最近的 22 年间，日本共更换了 16 条领带。德国《法兰克福汇报》5 日在头版头条位置刊出了一张只有大半个红日的皱巴巴的日本国旗。报道题目是"太阳残缺，太阳下落夕。

关于民主，一个不解之谜是：为什么它在一些国家能够运行良好，而在另一些国家却"没用"呢？根据世界审计组织的数据，民主的印度和"不民主"的中国腐败程度一样；民主的巴西贫富差距大于绝大多数不民主国家；很多民主化进程中的国家甚至无法维持基本的社会稳定，08 年以来巴基斯坦、肯尼亚、津巴布韦都有因选举引发的骚乱。为什么同样一件事物，一个体系，一个制度在有的国家会演化为民主，有的国家会演化为民粹？？民主到底和什么有关系，到底什么滋生了民主？？？

一，民主与经济发展的关系

日本政坛持续动荡却并未导致社会动乱，高层不断更迭也未影响到社会稳定，普通人的生活保持了平平稳稳。这种政坛"乱"而社会"稳"的现象可能会让人有点奇怪。其实除了大多数日本人对政治的关注度不高之外，另一方面，就在于日本战后逐渐形成的相对稳定的社会制度和社会结构。日本经济在经过十余年的艰苦挣扎后，复苏迹象已经十分明显。不少西方国家的失业率在10%左右，日本则很少有达到5%的时候。高就业率的维持，一方面在于企业不断创新，新产业、新服务层出不穷，劳动力一直处于相对匮乏的状态，另一方面还在于日本社会存在着广泛的大家都有活干的思想。东京的大学毕业生，就职率在90%以上。

从国力上看，日本国土为中国的二十六分之一，人口为十三分之一，国土窄小，人口众多，日本就业压力很大。但战后的60余年，除了在1993年以后"失落的10年"以外，日本基本上是个劳动力匮乏的国家。人人有工作，劳动力相对不足带来了工资的提高，不论是农村还是城市，日本人的生活水平基本上在同一时期内，有了大致相同的提高。

日中经济评论家西忠雄认为，"富庶的农村是日本社会长期稳定，经济不断发展的最根本原因。1947年到1950年的日本"农地改革"（土地改革），让日本农民有了自己的土地。日本的农地改革是对旧制度的一场革命，"农民有了土地，农产品价格不断上涨，日本是农民先富了起来，也就是政治基础和社会秩序先稳定下来。"日本通过在农村建立农产品流通体制、在国家财政上长期拨巨款补助农业，维持了农村的稳定与富足。西忠雄说："日本政府主要采用高价收购大米等农产品的方式，实施对农民的补贴。"日本农业人口在全国人口中所占的比例不高，国家经费、补贴等能相当程度维持农业。稳定的农村，支撑了一个稳定的日本政治政权，富庶的农村，带来了日本社会的稳定，所以日本人人心思定，自然实现了社会的均质化稳定发展。同时更要强调的一点是，日本的工业经济发展，也让大多数日本国民基本上平等地享受到了发展的好处。

从泰国到吉尔吉斯斯坦，近期发生的政局更迭都与国内的社会动荡互相作用。而在这背后，贫富差距大，社会矛盾尖锐等问题一再被提及。但是日本却没有这个隐患，尽管日本政局正处于转型的动荡时期，但日本社会一直相对稳定，社会犯罪率一直是发达国家中最低的，老百姓的中产阶级意识比较浓厚。这不仅表现为收入差距的最小化，还表现为国民社会地位的均等化，道德、行为准则的一致化，以及经济、社会、政治的协调和系统化。日本的政治文化决定其很难产生具有绝对权威的领袖，所以日本政治是一种"协商政治"，当首相的人常常不是最有能力的人，也不是权力最大的人，而是最善于玩平衡关系的人。因此，日本的政治乱局并不影响社会稳定，日本社会依然秩序井然。而且在日本的政治模式下，政治右翼和官僚公务员系统是分开的，是两套不同的体制，而公务员系统一直十分稳定地运行，日本公务员的金字塔是很稳定的，无论政治争夺如何激烈，国家机器仍会按照既定的方式正常运转，不受影响。

从经济发展史看，大凡经济快速增长，总会产生社会扭曲，形成执政压力，一旦失控，难免"车毁人亡"。日本较早地注意到了这个问题，在经济高速增长期，日本政府不惜丢失"公正"，也要维护"平均"。其最典型的做法，就是对高生产率企业、高收入群体及快速发展的核心城市，提高税率，然后将税收再分配给偏远地区，补贴给低生产率的农业、落后的服务产业等。这也曾被称为"向后看的杀富济贫"。从结果看，当时的日本正是用这套政策，完成了"社会再分配体制"建设。而中央对地方的"税收转移"、所得税的源泉征收、累进递增，实现了举国一致的"中流社会"，极大地减轻了社会扭曲带来的执政压力。

日本的"中流社会"，不仅表现为收入差距的最小化，还表现为国民社会地位的均等化，道德、行为准则的一致化，以及经济、社会、政治的协调和系统化。在企业经营上，战后日本企业通过实行内部晋升、终身雇用以及年功序列等制度，形成了"不用物质刺激的激励机制"。在日本，"终身雇用"并不是企业的承诺，而是一种"默契"。正是这种默契，给员工发出了明确信号：只要勤奋、奉献，就可长期被聘用。企业之下个人的存续与国家经济的可持续发展、社会稳定息息相关。企业稳定则社会稳定，社会稳定则人心稳定。

研究日本文化的著作《菊与刀》指出：日本人最重视的是"各得其所，各安其分"，并借此得到尊严与安全感。从第二次世界大战后几十年的发展建设，日本社会的各项规章制度已经制定得比较完善，因此就出现一种"景象"，即：首相差不多年年都换，但是整个社会秩序井然，普通老百姓总是在各干各活儿，日出而作，日落而息，仿佛首相更替之事与他们没有任何关系。日本人历来推崇的是"万世一系"，从来没有人对皇帝的宝座异想天开，就连四处征战的军阀也没有这种幻想，这种忠君和正统的思想正体现在政治方面。

所以日本的乱局只是一种在政治游戏规则中的一些波动，它属于一种政治之乱，当然这种乱不是混乱，而是一种政治理念的争执之乱。日本的社会体系并没有发生紊乱，因为经过日本近几十年的社会体系完善，社会体系并没有随着政治体系之乱而割裂，日本底层和中层是一个人心思定的社会体系。

全世界更换领导人之频繁和其民主乱局是否有关系，我们发现泰国之乱和日本之乱有什么不同之处？？？其中最关键的一点是日本之乱是属于一种政治体系之乱，而承载日本的社会体系民众并没有乱，日本的社会体系并没有割裂反而社会认同感非常高。日本的社会保障完善，市场经济稳定，贫富差距无扩大痕迹，再加之日本社会教育以及传统文化历史的"定性"，让日本民众普遍"静"下来，而没有形成在政治之乱后的社会之乱。其实今天我们看到的全世界所谓民主之乱，都是一种在政治之乱后的社会之乱，而非纯粹的民主之乱，而社会之乱的根由则是源于经济发展的失衡导致的阶级之乱。

民主化应该是一个漫长的、缓慢的、和平的过程，而不是阶级冲突的产物。现代化理论的一个主要缺陷是它"见物不见人"，只看经济发展的影响，忽略了具体的人的历史作用。简单地说，现代民主的兴起是从有限的选举权转向普选的过程。这个过程也是政治权力再分配和权力分享的过程，其间一定有人是推动力量，有人是反对力量。从权力关系的角度来看，那些最可能在民主转型中利益受损的阶级一定会抵制转型；相反，最可能从中受益的阶级就会支持转型。在民主出现以前的前现代国家，它的社会结构主要由以下几个阶级构成：在农村，主要是地主阶级和农民阶级；在城市，主要有新兴的资产阶级和工人阶级；在中间可能还有一个中产阶级，社会大体上就是这样一个结构。2000多年前的亚里士多德认为，人在比较宽裕的情况下比较容忍，不会走向极端，有利于实现民主。他在《政治学》中说："如果一个国家里的公民都拥有不多但足够的财产，这个国家便是幸运的，因为贫富悬殊过大可能导致极端民主制或纯粹寡头制……当一个社会里中产阶级占主导地位的话，民主会更安全、更长久。"李普塞特说，"从亚里士多德到当今，不少人都曾论证，只有在一个富庶的社会里，当很少有人生活在赤贫状态时，大众才可能理性地参与政治，自我节制以避免成为不负责任煽动家的俘虏"，所以民主和经济是具有一定关联性的。

从19世纪以来，世界整体的经济发展水平越来越高。换个角度来看：世界经济越发达，民主的国家也随之越多。即经济和社会的现代化构成了实现民主的先决条件。随着经济和社会的现代化，政治上一定会现代化、民主化。为什么经济增长会导致民主？经济增长是通过什么中间机制影响政治制度朝民主方向变化呢？

第一，经济增长会改变政治文化。经济增长使得更多的人受到更高程度的教育。这些人会变得主观上更独立、更有个性、更理性、更能够容忍不同意见。所有这些东西都是政治文化的组成部分，当经济增长导致这些观念上的变化以后，社会就更容易实施民主政治。

第二，经济增长会改变阶级结构。经济发展会提高人们的生活水平，会在社会里逐步形成一个比较大的所谓"中产阶级"，他们倾向于求稳怕乱；同时，对下层阶级来说，由于经济增长了，他们也有望水涨船高，因而不必再用过激的革命方法来谋求改变自己的经济社会地位；另外，因为经济增长引发其他阶级立场的变化，上层阶级对政治民主化也没必要采取抵制的态度了。换句话说，经济增长可能会让每个社会阶级都支持比较平缓的政治变迁，这样更容易实现民主。

第三，经济增长会改变国家与社会之间的关系。经济发展会在社会中创造出更多的机会；社会的出路多了，人们便不必都去追逐政治上的权力。这使得政治不再是一场你死我活的斗争，不再是零和博弈，大家更容易达成妥协，也有利于实现民主。

最后，经济增长会导致大量中间组织或中介机构的出现。社团等中间组织的大量涌现，使得人们有机会在日常生活中学会如何用民主的方式处理大大小小的问题，学会如何与形形色色的人打交道，这也有利于民主政治的实现。

总之，经济增长影响政治体制的作用途径很多，以上几种是经常被人提到的：经济增长影响政治文化，影响阶级结构，影响国家与社会之间的关系，导致市民社会的出现。这几方面的变化据说都会使人们相互之间变得更加容忍，因而大幅减少人与人、阶级与阶级之间的冲突，为实现民主政治创造出有利条件。

二，民主和民族的关系

人类由不同的阶级性可以衍生出不同的民族，民族并不是指"不同的树"，同一棵树上也可以产生不同的民族。民族的主要内涵还在于一种民族精神。没有民族精神的民族是沉沦的民族，堕落的民族。各国的民族精神各有千秋，有的着实令人钦佩，也有的令人厌恶。

德意志民族：这是一个战争的灾难降临到头顶却仍能从容不迫寻找逃路的民族，也是一个能承受灾难的民族，二战后德国在欧洲崛起的奇迹便是证明。同时还是一个坦诚的民族，勇于承认错误，公开地为二战的罪责对世人道歉。1970年的今天，时任西德总理的勃兰特，在向华沙犹太人遇害者纪念碑敬献花圈后，突然下跪默哀震惊世界。他说，承认责任有助于洗刷良心，"面对百万受害者，我只做了在语言力不能及的情况下一个人应该做的事"。跪下去的是一个勃兰特，站起来的是一个德国。懂得忏悔的民族才有希望。勃兰特的华沙之跪，感动了全世界，表达了德国对战争忏悔的诚意。德意志民族的高素质还表现在其高度的自律性,1944年，德国被围战败在即，全国燃料匮乏,不得已各地政府只得让老百姓上山砍树，其方法是：由林业人员先在茫茫林海中搜寻在老弱或劣质树上画一个红圈，砍伐没有红圈的树是要受到惩罚的。当时德国名存实亡，公务员尽数抽到前线，市内找不到警察，政权处于真空。但直到战争结束全国没有一次乱砍滥伐的事。这种高度的自律性，坚韧不拔的意志，对战争负责的良知，构成了的意志民族的优秀品质，是一种值得钦佩，肃然起敬的民族精神。

日本民族的崛起在于它的"罪"文化，日本的罪不是说它对于亚洲各国以及世界人民的那种忏悔，悔罪文化，而是它对二战元凶日本天皇的谢罪文化。日本的大和民族精神也是异常强烈的，世人有目共睹的。日本天皇发表投降诏书的时候，日本民众首先第一反应就是成群结队的到日本天皇居住的宫殿去谢罪，他们痛哭流涕的说，"陛下，我们战败了"。日本人的谢罪不是对战争的谢罪，而是对战败的谢罪，日本民族这种不服输的民族精神值得深思，为什么，因为日本是一个岛国，资源匮乏，所以日本人知道自己输不起，战争失败就等同于亡国，战后日本民族加快经济发展的运行和操作，最终使得日本经济在亚洲各国首屈一指。日本人认为军事战争失败了，但是经济"战争"不能失败，这也是一种"赎罪文化"的动力使然。日本的罪文化具体表现为二战中愚蠢的残忍的武士道精神，二战后期几乎接近于自杀式的进攻。为天皇宁愿战死不肯投降，二战结束后的三十年，在东南亚的深山老林中还有不投降的日本兵。战后在原子弹的废墟中重建家园，成为当今世界的一大经济强国。高素质的民性中蕴含着一种野性，是可敬与又可怕的一种民族精神。日本民族的罪文化和德意志民族的罪文化不同，德国是向世人谢罪，而日本是向自己谢罪。日本人念念不忘的是广岛长崎的蘑菇云，但是他们对南京大屠杀却是绝口不提。

再说韩国的民族精神，作为与日本一线之隔的大韩民族，无论是地域范围，还是民族历史发展，都和日本有所类同，但是近代以后随着日本军国主义势力的崛起，而沦为日本的附庸。大韩民族在近代所遭受到的战争耻辱并不比中国少，更重要的是大韩民族的国王和公主曾经沦为日本的政治玩物，虽然说韩朝分制是在美国麦克阿瑟上将主导下进行分离的，但是其主因还是因为日本侵略战争介入导致的。政治领袖被禁锢，国家领土主权被沦丧，这对韩国来说简直是一种奇耻大辱，所以在韩国民族精神内有一种"耻辱文化"，首先表现为韩国对日本的军国主义活动反响尤为激烈。在日本首相小泉纯一郎参拜靖国神社后，日本外相川口顺子在汉城访问时也遭遇韩国人激烈的示威抗议。韩国总统金大中以日程安排发生问题为由，取消与川口顺子的会谈，示威群众则要求日本外相"滚回家去"。其次表现为坚决抵制外国商品，排外性，保护民族经济的意识极为强烈。韩国的马路上，几乎看不到外国车。政府优惠性对能为民族争光的企业的贷款。在这种民族精神支持下，托起的是"大宇""三星"等民族企业的太阳。1998金融危机席卷亚洲，韩国首当其冲，韩国人民排着队争相献出自己的金器。这是一种近乎疯狂的悲壮的民族精神，也是近乎于极端的民族精神。

韩国和日本都是同属亚洲的小国家，假如用一个成语来形容他们，就是国小器窄，国家小了，人的器量就会变得狭窄，日本的"人器"表现在不向世人谢罪，只向自己谢罪，拒绝承认侵略，美化军国历史等等。而韩国的"人器"则表现在一种自卑之下的自大心理，在韩国的耻文化之下，导致了韩国人的自卑心理，但是在这种自卑之下又表现出自大行为，韩国人认为自己的民族文化是最好的，自己的所有一切都是最好的。日本的罪文化和韩国的耻文化，凝聚了民族意识和社会向心力，加快了民主化的进程和发展。日本的天皇体制没有倒，日本的军国历史文化没有倒，日本的社会秩序也没有断裂，所以日本的人心也没有倒，在美国势力的干预下，这个国家迅速的向民主化历程进行发展。同样的韩国在耻文化的影响下，知耻而后勇，众志成城，社会凝聚力非常强大，这也加快了韩国向民主化的发展。一个国家的崛起，首先应该是民族的崛起，其实民族都一样，人种都一样，不会你的民族会高于我们的民族。伊拉克这样的例子又的确告诉我们，在一个种族裂痕很深的社会，民主化有一个"社会准备"的问题：如果没有种族调和甚至同化的政策相配合，在民族主义之下，民主化很可能被煽动成多数对少数的暴政甚至内战。毕竟，真正的民主化，不仅仅是政治体制的变化，而且是政治文化、社会形态的转型。

三、民主和文化、教育的关系

对民主的转型来说，经济发展重要，阶级结构也重要，政治文化却更重要。那么什么是政治文化？政治文化如何影响现实政治？政治文化是怎样与民主政治挂上钩的？民主的文化解释又能给我们什么启示呢？

这里我们可以先来做一个简单的头脑实验：比如说伊拉克，假设它采取美国宪法，把美国的制度原汁原味地搬到伊拉克，美国制度会不会在伊拉克生根发芽，开花结果？如果答案是"会"，那么就可以说制度很重要，制度决定一切；如果答案是"不会"，我们就要问一下为什么不行？是经济发展水平不够高？是伊拉克的阶级结构决定其反民主势力太强？还是因为它的政治文化与美式民主政治不搭配？当然，伊拉克实行民主制度的时间还太短，暂时看不清楚，但菲律宾应是一个可以看得比较清楚的例子吧。

美国于1898年占领菲律宾，把它变为自己的殖民地。1935

年菲律宾成立自治政府时，其宪法便是由一批熟悉美国宪法的学者效仿美国宪法制订的，且通过美国总统罗斯福批准。根据这部宪法，除了没实行联邦制外，菲律宾的政体几乎与美国一模一样，同样设置三权分立，有直选的总统、众议院、参议院、最高法院。在很长的时间里，菲律宾一直被誉为"东亚最悠久的民主"，被视为美国在亚洲的"民主橱窗"，用马科斯总统女儿艾米的话说，菲律宾实行的是"（美国）制度的拷贝"。但美式的民主架构并没有让菲律宾逃过马科斯的独裁；自1986年"人民力量"推翻马科斯政权后，这套美式制度也没有让菲律宾避免长期的纷争与动荡。

无独有偶，美国模式还有一个非洲版，即位于西非的利比里亚。利比里亚的国名原意为"自由"，由美国黑人于1821年建立殖民地，受"美国殖民协会"派遣的总督管辖；其后于1847年在美国政府支持下正式立国。该国的国旗与美国国旗非常相似，最好的大学叫"林肯大学"，长期受到美国的援助，其政治制度更是几乎从美国照搬而来，也是三权分立，有直选的总统、众议院、参议院、最高法院。然而，这个非洲最古老的民主国家比菲律宾更糟糕，自1989年以来一直处于内战状态，是世界上最穷的国家之一，人均预期寿命只有40.4岁，不久前还出现过人吃人的悲剧。

"橘生淮南则为橘，生于淮北则为枳"。为什么在美国能够运作的制度，伊拉克、菲律宾和利比里亚舶来后却显得荒腔走板呢？其中原因很多，政治文化的差异恐怕扮演着一个非常重要的角色。在20世纪50、60年代的时候，人们便开始认识到文化的重要性。讲到文化与民主之间的关系，我们需要对文化、政治文化这两个词给出确切的定义。文化是指一个社会普遍接受的、代代相传的态度、价值和知识体系。政治文化则是指一国国民对各类政治标的物（自我、他人、民族、国家、政党、领袖、政策等）的特定认知方式、价值判断、态度、情感。那么，政治文化是如何与民主政治发生关系的呢？

印度被人们说成民主国家，因为，人们只是看到极多的印度人民手中拿着选票，就认为印度是民主国家。然而，我们却不知道背后的事。印度是世界上第一文盲大国，受印度文明或者宗教的影响，印度人民当中属于低种姓的人民占绝大多数，大字不识的低种姓印度人口，手中的选票要听命于地主和贵族的指挥。印度当前说它是一个民主国家，不如说他是一个宗教国家。看看印度人民生活的悲惨，你就知道印度到底是不是真正的民主国家了。反观泰国人们头顶只有空空的神像，而泰国国王只是作为一种国家的象征意义而存在，泰国的社会凝聚力因为贫富差距问题而变得断裂，而泰国的教育还处于一种统独的状态，泰国人的意识形态还处于"等待主人的出现，还没有达到公民社会之下人的自治意识形态的提高"，而这些问题很容易滋生奴隶主的出现，那么很显然泰国的政治监督体系就会变得破裂。所以有时候并不是程序是民主的，结局就是民主的，如果我们把选票给予不懂选票意义的人们，不懂的如何去监督权力的人们，选票还是没有什么意义，民主还是没有任何意义，并不是说程序是正义的，目的就是正义的？？所以，不要被外在的表象给迷惑住。在人没有站立之前，人的自我意识、自我素质没有确立和提高之前，民主还是一个遥不可及的梦想。

人们作为一个认知"受众"动物，教育最为重要。美国黑人民权运动领袖马丁·路德·金说："一个国家的繁荣，不取决于她的国库之殷实，不取决于她的城堡之坚固，也不取决于她的公共设施之华丽；而取决于她的公民的文明素养，即在于人民所受的教育，人民的远见卓识和品格的高下。这才是真正的利害所在，真正的力量所在"。

我一直思考着这样的问题：德国社会何以文明，德国人在全球何以受到普遍的尊重？品味金牧师的话，了解和体验德国的教育，似乎找到了部分答案。德国的教育体制主要是从中古世纪以后开始发展，起初，受教权只属于贵族以及神职人员，随后才逐渐普及至一般人民，使全民教育体系的发展兴盛起来。而义务教育的传统则是建构在马丁·路德思想的影响下，普鲁士王国是世界上最早设立国民教育系统的国家之一。在西方近代教育的发展进程中，德国曾作出重要贡献。赫尔巴特的《普通教育学》被认为是第一部具有科学体系的教育学著作，福禄贝尔创办的幼儿园影响了世界学前教育的发展。近代西方的教育视导、公立教育、义务教育制度、实科教育、师范教育、双规学制和双元制职业教育等，也大多起源于德国，并对其他国家产生了重要影响。德国的教育经费十分可观。早在1989年，教育经费就已占国内生产总值的7%。我想这个比例即使放在今天的世界上，也是相当高的。何况在1990年的教育经费比1989年增加20%之后，联邦教育与科学部长保证以后教育经费每年增长7.7%。10多年来，教育经费的增长超出经济增长速度的3—4倍。20多年来，两者的差距进一步扩大。

那么我们今天或者可以看到一个站在德国废墟里的国家，是如何崛起的，因为这个国家颇有"教育立国"气度。通过教育它让人们站起来具有民主思维，并且推动了民主的发展和运行。阿尔芒德和沃巴 1989 年编辑出版的一本题为《公民文化：再思考》的论文集，两位作者把世界上各种各样的政治文化分成三大类：一种叫做"愚民文化"，即未开化人的文化；第二种叫做"臣民文化"，就是俯首称臣，甘心做顺民；第三种叫"公民文化"。民主的教育告诉我们，我们需要建立的是"人权"的国家，而不是奴隶主的国家。。。。。。。一个国家的崛起，首先应该是人思想意识的崛起。人的思想意识首要要取决于他是站立的意识，而不是盲从于某个奴隶主，他要具有质疑、怀疑一切国家公共行政政治领域内所有权力的能力，只有这样他才不会沦为某个奴隶主的仆从。

如果我们用独裁者的监狱来验证民主的话，那么从监狱中走出来的人们身无长物，没有经济利益的话，那么同样的是人们的精神文化也是空虚、匮乏的。一个极权独裁政体一般可以保持 30 年，那么一个人假如在这 30 年内，他所接触到的一切信息媒介，无论是国家的，还是民族的，或者是宗教信仰的，社会的等等，都是极权独裁者的意识形态在挥发，人们已经在这 30 年之内被"深深的打上奴隶的烙印"，无论是肉体上还是精神文化上。假如肉体上的烙印容易消除的话，那么人们思想认知文化上烙印或许会伴随一生。为什么中国封建社会为比奴隶社会那么漫长，因为精神文化上的制约要远远大于人们肉体上的被控，精神文化上的被控，让人们的思想蒙上了独裁者的意识，那么当然人们从监狱中走出来，会继续沿用独裁者的意识形态来进行"民主建设"。但是更可笑的是人们还以为自己是民主的，其实独裁者的思维被没有根除。在人们的思维文化认知没有达到一个与民主相互匹配的公民社会之前，民主是一个遥遥无期的东西。

教育是彰显人类人文价值和道德价值理念的基础底蕴，也是探索人类自由价值和民主价值的风向标，在"人"的思想和素质没有站立之前，民主很难实现，换言之在贫富没有均衡之前，权力没有被控制之前，人们的公知教育、公民教育没有达到之前，民主很难在一夜之间进行实现。因为"无人无体制"，一个人人无我的社会体系，怎么可能建立民主化的国家？人的自我思想意识是实现民主的重要撬点，而人的思想意识才哪里来，毫无疑问是从先天的基因传承和后天的教育认知中获取来的。

很显然，民主的思想和意识形态才是民主的根基。我们让奴隶站起来的唯一办法，就是通过基础教育认知、社会教育认知等等让他们具有民主的思维，否则，奴隶就永远是奴隶。我们发现但凡民主国家的教育理念，都是一种"公知"公民教育，只有承担更多国家责任和义务的人们，才是公民，这个国家是你的，这才是公民的第一认知；但独裁国家，他们的教育理念都是一种"人们私有化"的愚民教育，一个国家假如连人们"自我"都属于权力者、独裁者，那么他所衍化出的人们都是奴隶，那么试问如何进行民主建设？只有公民思想才是根除民主乱局的首要，也是最为关键的一步。民主失败的原因是自我意识的不清和人这一主体未树立，造成的民主的盲目性迷失。

民主的意思是什么？？民主的意思是你要意识到自我的存在，去监督掌控公权力的人不要做坏事，不要做伤害自己的事情来。所以当一个人"无我、忘我"的时候，民主很难出现，他也不配得到自由。可见，民主自由的实行，需要有个良好的教育基础把人唤醒才行。

四、民主和意识形态、信仰的关系

中国人最崇拜的是什么？？国人最崇拜的是皇帝，中国的二十四史不如说是一部皇帝史来的更恰当一些，人人都想在皇帝的宝座面前来一张特写，以沾染一下皇气。几百年前，安徽凤阳的一座破寺庙收留了一名叫化子，后来这座连门都没有的破庙改为皇觉寺，一下子成了圣地名刹，万民朝拜。那名叫化子竟然是太祖皇朱元璋。中国中部地区的一位封疆大吏乘了一次公交车，在机关食堂用餐自己到窗口刷卡取饭菜，一帮记者屁颠颠地忙着又是荧屏出镜，又是头条曝光，尽显"中国特色"，皇恩浩荡。国家领导人和政府高官下小饭馆吃饭，去超市购物，到球场看比赛，乘公共交通工具，从而与普通百姓"偶遇"，在一个政治文明和公权被关在笼子里的国家，是一件极其普通和平常的事件。但是媒体一副阿谀到肉麻和令人起鸡皮疙瘩的镜像，之所以喷薄欲出，难道不是过去几十年的造神运动造成的结果吗？我只能说中国人的意识形态还处在半路上。

当美国前总统奥巴马来到夏威夷度假，穿着裤衩汗衫走进冷饮店，买了杯刨冰，当街大口朵颐起来。自诩为第一大国的美帝总统，竟自己去买，真是丢尽颜面。我估计，那刨冰店也不会推出什么总统套餐，也不会有多少美国人们去热量追捧，如此掉价的美国总统连中国的村长都不如。记得奥巴马总统到某个州去视察灾情的时候，他向路边一哥们了解灾情，那哥们戴着墨镜，光着膀子，用手指点着灾情，进行解说，丝毫没有诚惶诚恐的畏惧感觉和受宠若惊的感恩戴德的意识，总统也没有高人一等的意思，那哥们也没有低三下四的感觉，估计那哥们潜意识的思想里是：你总统算是一颗什么葱，没有我的酱，你也上不去，想在我面前炫耀权力，可能吗？这就是人的意志平等问题和素质思想问题。美国男子的意识里是：我赋予了恺撒的权力，我创造了恺撒，如果我不赋予恺撒这个权力，他就不能站在我面前，是我决定了谁是恺撒，恺撒是谁。如果人人都与恺撒平起平做，如果人人的意识和思想都可以达到国王的地步，那么在人人自立和人人自治之下，国王就会变成一种多余，当恺撒变成一种象征意义而存在的话，那么民主才会来到。民主不是国王给予的，而是人们自己给予自己的，当人人的意识都认为自己就是国王时，真正的民主就来到了。

这种荒唐愚昧的闹剧不可能发生在具有公民意识的民众身上，而在具有浓郁臣民和愚民意识的人群中具有广大的市场。当年希特勒在一次公众演讲后，与一名农妇握了手。那名农妇一周都不洗手，以表示对元首的敬仰和崇拜。无独有偶，七十多年后，在朝鲜平壤军事"祖国解放战争胜利博物馆"，25岁的女解说员金凤美，自从朝鲜劳动党第一总书记、国防委员会第一委员长、朝鲜人民军最高司令官、无可匹敌的杰出司令官、伟大的继承人、懂 7 国语言的卓越演讲家……
金正恩元帅去年来参观时和她握过手，她后来半年都不洗右
手，从而打破了与领袖握手后手的"保质期"的世界纪录。
平壤万景台少年宫的小歌手崔莹（女，14 岁）已经三天没洗
脸了。原来，最高司令官前几天来到少年宫视察时，亲切地
抚摸了她的脸颊。崔莹回忆说，那个幸福的瞬间，来得太突
然，当即有些眩晕，幸亏一旁的同学把她扶住，至今还能感
觉到最高司令官手掌的热度。近来，沙场图书管理员金凤英
家里发现一个宝贝，引起群众热议。记者到她家采访时，金
凤英打开十多层包裹的红布，露出一个红色首饰盒，再打开
首饰盒，竟是一枚珍贵的烟蒂。原来，这是今夏金正恩元帅
视察时的遗留物，凤英有幸拾得，实在令人羡慕。如今，这枚
珍贵的烟蒂已被送进革命博物馆，妥善保管起来。

　　另外需要说明的是金正恩元帅的父亲金正日大元帅一生，
共荣获 3000 多个称号。主要有天赐大将军、世界文学巨擎、
我们星球的卫士、将军中的将军、众神之神、21 世纪的北极
星、弹无虚发的神枪手、伟大歌剧的缔造者、杆杆进洞的高
尔夫球手、活着的百科全书、哲学巨匠、建筑艺术大师、世界
最伟大的音乐天才、人类智慧的化身、地球最后保护神等。
如果朝鲜人们和这一位伟大的"神"握手的话，他还需要有
自己的独立意识吗，跟着神灵走吧，神一定会保佑自己的。
那时，金顺英（右，女，22 岁）的家中不慎失火，房子变成
一片废墟，可唯独家中的一盆金正日花完好无损。金顺英对
记者说，当火焰烧到金正日花附近时，就怎么也不敢往前烧，
而是慢慢地自行熄灭了。这一神奇的现象，至今无人能解释。

一则故事说的是：七十多年后，在朝鲜平壤军事"祖国解放战争胜利博物馆"，25岁的女解说员金凤美，自从朝鲜劳动党第一总书记、国防委员会第一委员长、朝鲜人民军最高司令官、无可匹敌的杰出司令官、伟大的继承人、懂7国语言的卓越演讲家……金正恩元帅去年来参观时和她握过手，她后来半年都不洗右手，从而打破了与领袖握手后手的"保质期"的世界纪录。值得注意的是世界上绝大多数国家都没有什么"伟大领袖"，曾经有"伟大领袖"的国家就只有那么几个。但是，这几个国家无一例外都是极权主义国家，无一例外都是制造了巨大人道主义灾难的国家。

从上述"遥祭"，使人油然而生地想起了大半个世纪以前鲁迅先生那惊世骇俗的警语：若是从奴隶生活中寻出美来，赞叹、陶醉，就是万劫不复的奴才了"。一个是和领袖牵一下手，而半年不去洗手的人；一个是和总统互骂猪猡而对立的人（法国总统），你认为民主会属于谁？？？谁的意识更能得到民主，跪着的人永远得不到民主。有人说向权力者保持一定的尊敬也可以得到，我告诉你美国总统山的总统就是跪在哪里的。当然我并不是说人们一定要和权力者对立，才是民主，而是说人们的意识一定要等于或者高于权力者，与权力者保持同等的意识形态，并及时对其进行监督和质疑，才是真正的民主。当一群奴隶高呼我们要创造民主的时候，我就感觉到好笑。他们还在捧着权力者的屁股，在那里余屁香香的嗅着。林肯说："有什么样的人民，就有什么样的政府。"反之，有什么样的政府和领袖，就会造就什么样的人民。

民主的意思是号召人们进行自治管理，而不是继续让另外一个奴隶主带领人们进行阶级斗争。独裁像一座监狱，他会把监狱里的每一个个体进行奴化，变成自己的奴民，他告诉自己的奴民要爱护自己的监狱。但是当独裁的监狱垮台后，奴民们会看到独裁者虚伪和血淋淋的面具，当一群奴民发现自己上当后，就会变成一群暴民。他们充满仇恨，充满暴力，当然国家和社会给予他们的确实不公，所以他们会通过割裂社会体系去寻求突破，同样这群人会因为寻求突破和发泄而失去理智，包括政治发泄和社会发泄。而这群没有理智的暴民，在二元独裁领导下，会和另外一群同样在一元独裁权力下滋生的另外一权发生碰撞，从而导致新的混乱和乱局。举个例子：独裁国家的监狱中人们就是囚犯，国家统治者就是监狱长。监狱长骄横奢侈，贪污腐化，手上沾满血迹原罪，那么笼子里的人们冲出监狱后的第一反应就是夺回自己所失去的一切，物质上包括精神上的任何一切。那么两个族群的分裂和冲突，底层阶级和中产阶级以及统治阶级的附属就会发生冲突，统治阶级已经垮台，就会导致社会以及国家的激烈动荡。次奴隶主告诉穷人，我们穷是因为富人的掠夺；而另一个次奴隶主告诉富人，我们富可是穷人准备掠夺我们了。所以双方都是通过这种意识形态造成两个阶级的矛盾和社会断裂。只有一个社会断裂的体系，才能滋生民主乱局，所以人们都相信自己用选票选出来的奴隶主，可以改变自己们目前恶劣的生活，可以迎来一个更美好的明天，所以他们追随自己的奴隶主，用民主的方式进行暴乱和以及游行示威等等，所以民粹主义就会蔓延。

在社会制度不完善而割裂的情况下，在政治制度不成熟而无监控的情况下，在人的思维没有通过教育制度的灌输从奴民、暴民转化为一个国家正常的公民情况下，民主之乱将永远无法结束。这就是为什么暴政国家滋养暴民，文明国家培育公民的结果。扭曲的制度、邪恶的理念、奴化的教育是暴政安身立命的基础，是暴民滋生繁衍的土壤和条件，也是未来时间独裁者死亡的掘墓者。

在今天我们看到的埃及乱局，泰国乱局等等。为什么民主的血会染红民主本身，而形成各种不同程度的民主意识形态暴力乱局？因为我们今天所看到的"民主"是一个奴隶主利用意识形态煽动和暴力去攻击另外一个奴隶主，然后利用民粹主义让自己的宝座安稳如初。纵观很多发展中国家的民主，政治辩论内容往往是"你是某某阶级代言人"、"你是某某国家的走狗"、"你不顾人民的死活"这样的口号式话语，或甚至干脆直接在揪头发、扔鞋子，或者通过阶级分裂，来制造社会矛盾，更甚至对政敌白刀子进红刀子出。很显然这些民主乱局并没有控制在一个特定的、温和的、双方都互相认同和遵循的游戏规则中，这些民主游戏看似人人都参与了，那么是不是人人都参与的游戏就是民主游戏？？？当我们把一个平和的游戏规则衍化为一个暴力的游戏规则的时候，那么很显然不是游戏规则出现了问题，而是"人"出现了问题。在人没有搞清楚自己是什么东西之前，你推动不了民主的发展。

从另一方面来说民主和一个国家所信奉的信仰也有一定的关联性，众所周知，西方的民主制度对世界各国的制度体系有着深远的影响！世界人民由西方的民主制度了解到何谓民主自由？西方的民主自由打破了一切的特权！无论你是总统还是无业游民、穷人、残疾人，大家都是平等的、自由的。世界人民都渴望得到民主自由，对很多国家来说，民主自由依然还是可望不可及的奢望。时至今日，真正实现民主自由的国家几乎都是西方基督教的国家。民主在非基督教国家遭遇水土不服，有不少国家和地区被迫走上民主道路，结果是，国家局势动荡不安。

为什么西方的民主自由制度没有使国家局势动荡不安呢？了解西方发展史的人都知道，西方的民主自由是来自基督教信仰的产物之一。基督教文化是西方的重要文化，也是西方民主制度稳定的基础。二战后，美国成为全球第一移民大国，大量的移民涌入后，基督教人口的结构发生变化，虽然枪案频发，但是依然没有发生过民众暴动。在一个没有基督教信仰的国家，如果可以合法拥有枪支，其后果是可想而知的。信仰也是一种教育，或者说它还高于教育，当然我指的是正确的信仰，而不是暴力信仰或者伊斯兰那种原教旨信仰。

哈蒙德博士："伊斯兰教不仅仅是一种宗教，它也不是邪教。它是一个完整的、完全的、100%的生命体系。它有宗教、法律、政治、经济、社会和军事成分"。根据哈佛大学的一项研究，一旦穆斯林人口达到总人口的16%，该国的伊斯兰化就无法停止。许多伊斯兰国家最初都是基督教，例如土耳其，埃及和叙利亚；巴基斯坦是印度教，阿富汗是佛教，伊朗由琐罗亚斯德教主导。当一个国家的穆斯林人口保持在2%以下时，他们将大体被视为爱好和平的少数群体，而不是对其他公民产生威胁的人。达到 2% 至 5% 时，他们便开始从少数民族和不满群体、监狱犯人和街头帮派中招募。从 5% 开始，他们行使着与其人口成正比的过度影响力。例如，他们将推动清真食品，对商店施加压力，增加货架上摆设清真食品。接近 10% 时，他们往往靠制造无法无天的事件来抱怨他们的状况。当穆斯林人口达到 20% 时，暴力事件就会增加。理论上讲，一个100%的穆斯林社会将迎来他们的和平版本即"伊斯兰和平之家"。但这是理论，原本以为100%的穆斯林，伊斯兰学校是唯一的学校，古兰经是唯一的词，例如阿富汗、沙特阿拉伯、索马里、也门，但现实却很打脸。"不幸的是，和平永远不会实现，因为在这些 100% 的国家里，最激进的穆斯林出于各种原因，恐吓并散布仇恨，通过杀死不那么激进的穆斯林来满足他们的血腥欲望。"

开放、自由、民主的社会，抑制异端宗教的能力尤其脆弱。

一个重要的一点是，伊斯兰国家民主的动荡是在于宗教意识形态的混乱，即独裁思维和民主思维的激烈碰撞，以及宗教神权的意识形态和王权意识形态的对决。宗教意识形态的介入是导致民主混乱的最大诱因，因为在王权没有建立之前，人们就一直生活在神权之下，神权的意识形态之下，人们都普遍认为神权是大于王权的，天上是大于地下的，所以人们都会普遍认同神的权威。但是恰恰相反的是神权是一种神的独裁，它和王权的独裁有异曲同工之妙，更深层次的暴乱原因还是由阿拉伯世界宗教信仰原因导致的宗教文化与西方国家的信仰差异。哈萨克斯坦总统托卡耶夫的一段话，我非常赞同而且十分同意：根据宪法，哈萨克斯坦是一个世俗国家。这一原则适用于国家的各个层面，包括学校。孩子们来到学校，是为了学习科学知识。而宗教信仰，是每一个人的个人选择。应该在孩子们建立完整的世界观之后，由他们自己做出对信仰的选择。我们要培养的是视野清晰、头脑清醒的下一代。人，生于大地，其首要前提是建立一个""世俗化"国家，而非神权之国。须知只有世俗才能承载人类的人性和自由，而神权则会禁锢自由，包括一切。神权一强大，信仰就没了自由，这世界上满是异端；君权一强大，个体就没了自由，率土之滨莫非王臣；人权一强大，神权和君权这两座大山就坍塌，交出权柄，退回殿堂。所谓"世俗"社会，是指人的自我意识和自主权利的回归，而凯撒与神权，分别居于人类的颅脑和心灵。还是那句话，"信仰滋生于心，守护心；滋生于脑，控制脑"。同样的是，当伊斯兰教众漂洋过海纷至沓来到达欧洲世界的时候，如果没有清醒的政治家，改变伊斯兰的神权意识形态，不对其进行"世俗化"人性教育唤醒的话，未来欧洲世界，将极有可能毁于伊斯兰的"神权"意识形态。欧洲伊斯兰化究竟会不会是这样的景象只能交给时间去验证！有意思的是，如果将来有一天，欧洲的上帝也被伊斯兰化的时候，不知道那些原教基督徒，应该何去何从？客观而言，如果想摆脱欧洲伊斯兰化，我想需要从几个方面进行着手：第一，伊斯兰宗教进入欧洲，必须世俗化。伊斯兰需要摆脱原教旨主义的文化信仰的巢穴，进入欧洲世俗世界。通过一系列人文教育、大学教育及社会整个体系的教育，针对各个年龄阶段的伊斯兰人，进行教育认知信仰的革新。第二，伊斯兰总体人口生育的控制。通过一系列政策的引导以及认知，进行人口可控。同时针对移民政策，进行一年一签，让伊斯兰始终处于某种"移民焦虑"的状态，而不是不带头巾，你必须离开瑞典。第三，伊斯兰人口聚集的分散。伊斯兰的人口密集性，必须进行分离，而不得允许在某个国家，或者某个州进行集聚。用欧洲的世俗化的教育认知，进行隔断，更新伊斯兰人们的意识形态认识，配套出台各项法律法规进行确认。欧洲敞开大门的时候，只能确定一条法令：要么带着伊斯兰神权意识形态，离开欧洲；要么带着世俗化人性之心，拥抱欧洲。否则，欧洲国家注定毁灭。

神权介入王权，或者取代王权，只会让人们更加疯狂，更加愚昧，因为人类无法驱逐神权的禁锢。所以人类的精神生活在神权的时间，要远远大于人类的肉体生活在王权的时间，我们看看欧洲中世纪是多么漫长就知道了，上帝的权杖并不是凡人所能对抗的，所以我把耶稣的死亡看成是欧洲最大的一件事情，当然耶稣的死亡，我指的不是耶稣肉体的死亡，而是指耶稣教义中人间的代理——宗教裁判所中奴役人的自由精神的死亡。我们今天往往喜欢拿伊斯兰世界的纷争来验证民主的失败和死亡，其实今天的伊斯兰世界一直都是一个神权世界，那些垮台的独裁者国王，都是一些披着王权外衣的神权国家，伊斯兰世界在没有发起一场关于"人的启蒙思想和伊斯兰文艺人性复兴"之前，也就是说穆罕默德在人间的代理没有消亡失败之前，伊斯兰世界不可能实现真正的民主。当然另一方面西方的基督理念及教义和阿拉伯世界的伊斯兰理念及教义存在很大的不同，也就是说在伊斯兰教义中那些关于对人性的压制和束缚以及奴役没有消亡之前，穆罕默德在没有从伊斯兰人的头脑中走出来，回到人们柔软的人性内心之前，民主永远无法实现，因为信仰来自于心，守护心，来自于脑，控制脑。在这里我无意评判两个宗教的孰胜孰略，我只是说在漫长的欧洲中世纪时代，基督教曾经也是黑暗的。

民主的一元独裁

无论古代东方还是西方，独裁的概念简单的说就是独"权"，一个统独没有制约和监督的权力，这一点中国的奴隶社会和封建社会的历史发展轨迹已经很好的阐述了。独裁的意义就是用统独的权力，在自己的权限范围和疆域内，把国家变成一个监狱，而人们是囚犯。假如我们打破这个监狱，释放里面的囚犯，进行民主制度建设可能不可能？？？答案很遗憾我们不能，也建立不了民主制度。

民主是什么？？民主只是一种制度，是一种政治制度，社会制度，是一种体制组织体系。就像奴隶体制，封建体制，资本体制等等。民者指大众社会人群，主者指做主，民主就是指人们当家做主的意思。但是很显然假如人们的思想意识还仅仅局限于某个相关权力者的话，而人们的自主意识不自省、自醒，那么就不是真正的民主。民主是一种人民自我管理，自我控制，自我做主的意识，如果我们让某个权力者代替人们进行管理、控制、做主的话，那么这个权力者就会演变为新的独裁者，当然新的独裁者披的外衣还是民主。独裁者也拥有选票，人们也拥有表达自我权力的自由，但是人们的自由意识，是在独裁者长期的国家意识、民族意识和宗教意识的潜移默化中表达出来的"自由"意识，人们的意识从来没有挣脱过独裁者的思想意识，换言之，独裁者用新的独裁思想依旧绑架了人们的思想。

假如我们把一个独裁国家看成是一个"一元（权）独裁"国家，那么独裁国家依靠的是什么来统治和延续他们的政权，很显然他们依靠的是对民众意识力和思想力的控制及束缚，来达到延续自我政权的目的。他们会强调自我政权的合法性，会强调前政权的残暴性，他们会编织一套高深的政治理论和所谓伟大的政治"主义"来吸引控制人们，他们会拼命鼓吹国家和民族以及自我宗教的神圣性，让人们对现政权产生归属感和认同感，他们会用意识形态丑化现政权以外的外部世界的暴力动乱，丑化不认同本政权政治体制的外部世界的国家，拿外部世界的动乱来强调现政权稳定有序的环境，让人们顺服自己，以利于政权稳定和延续，总而言之一句话，就是想办法让人们跪在那里，做他的奴民，却自以为生活在天堂里，这是独裁者的通病。

世界历史的发展相对都是从威权集权的独裁体制开始运作发展的，古代中国第一个家天下的夏朝是如此，而古代欧洲的第一个铁血帝国古罗马也是如此。一个权力统一，统独，不分散的权力体系，都是符合独裁特质的，也就是我所说的一元独裁。当一种统独的权力体系垮台之后，紧接着会有另外一种权力体系跟进，这种新滋生的权力体系有一顶很时髦的帽子叫做"民主"。可是我们知道种瓜的只能得瓜，他不可能得豆；另一方面是种豆的只能得豆，不可能得瓜。可是为什么我们一定要认为独裁的瓜会结出民主的豆？？？当独裁的权力垮台后，这顶戴着时髦帽子的"民主"权力，其实还是独裁权力而已。在没有控制监督权力统独情况下，以及在没有稳定社会秩序和改变政治人和社会人统独思维的情况下，很明显的是一元独裁变成了二元独裁。只不过二元独裁的头上戴着世界流行的帽子"民主"。

民主不成熟的国家，就像是一个不成熟的小孩子，独裁者的国家就像是一座房子，独裁者把房子里的人们当成自己的人质，通过意识形态的洗脑，让人们服从自己，当一个小孩子受独裁者意识形态控制几十年，或者小孩子像一个刚刚被释放的奴隶一样，处于心智、心理不成熟、不稳固的阶段。当我们"赤裸"的从监狱中出来，生活无着的时候，有人告诉我们，我是民主的，跟我走吧，我可以立即让你拥有金钱，过上好日子。那么我们很容易受到信服蛊惑；当那个人告诉我们，是"这群人"贪污占有了我们的金钱，那么我们就会很快扑上去，把人杀死，以夺取他们的金钱。那么这种民主就会很容易陷入民粹的发展道路，民主是什么，民主是一种带有精神理念体制制度，它需要一定量的载体进行承载，但是从监狱中走出的人们很容易受到物质刺激和人为蛊惑，去攻击另外一群人，所以奴隶无法拥有民主。因为没有一定量的经济能力承载，民主无法建立，这也是中国奴隶社会无法实现民主的原因。这也是为什么一个中产阶级居多的国家容易走向民主的原因，一个经济极度失衡，贫富差距过于悬殊的社会，一定是一个撕裂、分裂的社会体系，那么在这种社会体系之上，一部分很容易去攻击另外一部分人，去谋取经济利益；而另外一部分人为利益固化，维护自己的既得利益，会继续进行压制，当然我们不排除既得利益者身上具有利益原罪或者某种程度的政治原罪。所以一个经济利益体分裂的社会，是不容易建立民主体制的。最后的结果就是民粹暴力就会显现和发生，人们很容易被戴着民主面具煽动家所俘获，成为新国家的"新囚犯"，我们看似独裁被推翻了，其实只是一个独裁被分裂为两个独裁或者多个独裁而已。

　　一元裂变为两元，一个极权、威权独裁体制，裂变成两个体制，于是我们就想当然的认为两元体制可以互相制控和监督，但是两元体制的内核没有改变，它还是延续了一元的内核，所以两元体制也是一种独裁体制。但是两元体制给人们带来了极大的迷惑性，因为它的政治程序、权力运作，组织结构等等，都符合民主体制的要求。如果我们不改变两元独裁的内核的话，那么独裁将永远是独裁。这就相当于一个奴隶主垮台之后，又滋生了两个次奴隶主，这两个次奴隶主双方可能会产生一些互控监督行为。但是次奴隶主对于它所支持的民众而言，它依然是独裁。次奴隶主只是从一种集权独裁换成了分权独裁。次奴隶主在其内部同样的刻意利用民族矛盾、阶级矛盾、贫富分化等等意识形态手段去愚化蒙蔽人们。当然次奴隶主用的是一种民主化、民主式的愚化和蒙蔽。当次奴隶主给予人们自由选票的权力，所以人们就用民主的选票选出了独裁的次奴隶主，双方都非常满意，而且兴高采烈，人们找到了自己的代言人，而奴隶主找到了自己的宝座，这才真是人类命运共同的悲哀。我们没有丝毫理由相信，一夜之间一元独裁垮台之后，随即滋生的两个两元体系，会是民主的？？因为内核没有改变，并不是说我们拥有了民主的程序，结果就是民主的。值得注意的是，权力高层政治利益的异化，国家意识，民族意识以及宗教意识的异化，都可能导致民主的异化。当权力在统治者阶级内部进行互相转移的时候，人们只是一个被动的承受者，虽然他们有选票。我记得希特勒也是有选票的，而苏格拉底也是民主制度处死的。

民主之乱取决于三个因素：第一是社会分化和社会断裂导致以及社会贫富差距的扩大导致。假如说社会不断裂，社会贫富分化不严重，人们生活相对平等，人心思定，那么奴隶主们将找不到控制人们的手段。日本的民主之乱，在于上层政治制度党派的混战，和贫富差距均衡的社会体系无关，所以我们看到了日本高层频繁的换领带，而人们却没有任何反应，因为日本的族群是一个单一族群，没有种族矛盾和族群冲突以及族群仇恨，另外日本的族群大和民族是一个同而和的意识形态思维，一个相同的族群，一个和睦的族群，当然不会演化为社会动荡。所以我们看到日本的民主之乱只是一种政治体系之内的洗牌，而和社会体系没有关系，或者说关系不大。我们看到日本近20多年以来30多次的换领带，都是在一种成熟国家宪法、法律监督，社会舆论媒体监督，以及清醒的日本民众监督之下进行过渡的。日本也是一个党派林立的国家，但是国家宪法规定了党派什么可以做，什么不可以做，什么是合法，什么是违法，所有的监督体系都在用放大镜盯着。

第二是一个形同虚设的监督导致。一元独裁垮台的原因就是权力的统独过于集中，没有形成互控和监督。在一元独裁之后的两元体系内，同样的他们的内部也没有形成监督和互控。在一个次体系之内的次奴隶主，他的地位没有任何体制进行监督，所以次奴隶主就会任人唯亲，贪污腐败，因为次奴隶主在他的次体系内的权力也是统独和集中的。最近之所以出现那么多失败的民主试验，原因之一就是过于看重选举，轻视了民主的其他必要因素。例如，国家的力量必须得到制衡，言论自由、结社自由必须得到保障。新兴民主国家受挫的第一个信号就是民选领导人逾越权力——普京以人民的民意践踏了俄罗斯的独立机构和人民自由，进行无限期寡头居任。若干非洲国家领导人正在实行残暴的多数主义——取消总统任期限制。最需要吸取教训的是新兴民主政体的设计者：对于健康的民主政体而言，强有力的分权制衡的重要性不亚于选举权。那些最成功的新兴民主国家，秘诀之一便是确定了：限制政府权力，保障个人权利。

　　第三是人们的奴隶思想意识模糊不清导致。权力出自一元，就会服从一元，没有大于一元的权力。美国总统的权力大不大，但是假如没有美国人民的选票和支持率，总统就会立即滚蛋。美国人民的清醒就在于两个党派民主党和共和党，在没有监督的情况下，都是混蛋。而但凡那些民主混乱的国家，虽然也是由其人们选票和支持率上位的，但是那里的人们却认为任何一个党派都是自己的救世主。独裁者之所以是独裁者是因为权力无所制衡，而形成独权，那么当人们都认为权力者是自己的救世主的时候，那么好吧，新的独裁又来到了。清醒的人们在建立民主制度伊始尤为重要。

任何一个个体在威权或者极权独裁体制内受统治者意识形态的熏染和熏陶，有可能这种熏染和熏陶是从一个人牙牙学语到即将寿终正寝，达到百年之久，那么在一个独裁体制内统治者需要人们做一个圆脑袋，而民主思维却是需要一个方脑袋，如果所谓的民主只是戴一个方帽子，而不理会人们脑子里的圆形思维的话，那么同样的这也只是一种独裁，一种民主独裁。在人们的民主意识形态思维未建立之前，很显然这还不是真正的民主。虽然说独裁体制分裂成两个独立的民主体制，但是其核心还是从一元独裁演化到了两元独裁，就像是我们把一群犯人从一个笼子关进了两个笼子一样，没有任何实质性的效果。阿克顿勋爵说，"每个时代，自由都会面临着四大挑战：强人对权力集中的渴望，穷人对财富不均的怨恨，无知者对乌托邦的向往，无信仰者将自由和放纵混为一谈。而它们共同的思想源头，是激进（民粹）主义。"而有历史以来，那种绝对公平从未实现，即使实现也将是一个可怕的乌托邦，因为那本质上就是反人性的。像所有乌托邦一样，不管看上去多么美好，在实现的过程中，它将走向自己的反面！

民主的独裁

如果在一艘即将沉没的大船上，有人告诉人们，暴君被我们推倒了，我们即将民主了，请大家启动民主流程，进行选举吧？会怎么样？人类在绝对无政府自由状态之下，或许人人都是新的"国王"，因为社会秩序和政治体系的坍塌及崩溃，以及人人的"原罪自利性"，将会导致人人都将面对毁灭和灭亡，在人类无法达到高度自律和自控的情况下，丛林法则必将大行其道，弱肉强食注定就会成为铁血法则，那么所谓的民主将会永远遥不可及。秩序的坍塌，意味着人类两大主宰的破灭，一个是外在秩序凯撒的鞭子，另一个是内在秩序神灵信仰。人类灵魂的"内在秩序"和社会的"外在秩序"紧密相连。理查德·胡克写道："没有了秩序，便不可能有公共生活和社会及社会人群，因为秩序的缺失是混乱之母。所谓的民主、自由，更不会出现"，所以不要探讨人性、人种的差异，而是秩序的缺乏，导致整体人类社会的坍塌。换言之，民主自由的前提或前身，必须是民主的威权，集权或者民主的独裁。

威权主义指政府要求人民绝对服从其权威的原则，而不是个人的思想和行动自由。政府上的威权主义指权力集中于单一领袖或一小撮精英。威权领导者在行使权力时常不考虑现有法律而任意，公民也通常无法自由竞争的选举来替换之。

威权主义概念兴起于1980年代。一般指依靠各种行政手段、法令、军警以控制国民言论、结社、集会等自由之政府。

一些人或组织寻求将他人置于自己的势力范围之下，并不顾及获取共识，这个政府所控制的国家就是威权社会。在权威主义的国家中，国家权威渗透到公民生活的各方面，甚至完全控制整个国家体系和意识形态。威权主义政体的内涵是：在民主的外壳下，以威权的手段取得政权、治理国家的一种形式。这种形式既不同于民主政体，也有别于独裁政体，既有某些民主的成分，又有对集权的强制。威权主义政体一般应该是指社会经济基础还不强大的国家走向发达的一种政治上的过渡形态，即通过强制性的政治整合维持秩序和稳定，以达到发展经济、促进社会进步的目的。那么在某种情况下，我们可以这样理解，民主就是威权主义的产物。如果我们说日本的民主，就是威权主义的产物，不知道大家做何感想？

作为世界民主、自由的灯塔，如果我说美利坚给只给世界一个国家，带来了民主，其余带来的都是随机政体，可能有些人会不相信。因为截至到目前为止，我们都没有理解民主的"细微"产生体到底出在何处？？民主"从无到有"到底是如何过渡和生成的？？我们很高兴的是有一个活生生的民主生成的例子，在我们面前呈现，在民主巨大阴影下我们得以窥探"民主生成的原始风貌"。作为二战战败国的日本，1945 年 8 月 15 日正午是日本投降的日子，日本天皇向全日本广播，接受波茨坦公告、实行无条件投降，结束战争，至此，日本帝国主义历时 15 年的侵略战争，以彻底失败而告终，那么日本战后其经济情况到底怎么样？？

1952 年前后，两位苏联记者访问日本，他们见到的是这样一幅画面：在东京银座附近的数座桥上，坐着一些残废者伸出伤残的四肢让人们看，乞求那些心地善良的过路人扔几个钱来。曾经数次取得过日本美术院金质奖章的、穿着黑色长袍的著名画家们，在《朝日新闻》社的旁边摆着一张小桌子，给南来北往的美国兵画像。一些出色的小提琴手在人行道上拉提琴，身旁放着一顶讨钱的破帽子；晚上他们酒吧间去演奏，手捧帽子穿行在客人中间乞哀告怜。而雕刻家们只好到坟场去刻墓碑。被抛弃到街头巷尾的残废军人，为了糊口，大约 12 个人组成一队，穿着白袍戴着沾满油污的旧军帽，拿着吉他、长笛和号角，演奏些夏威夷情调的悲歌，以换取各种过往行人扔几个小钱。战争中失去双亲的儿童们，住在上野公园的地道里，靠拣香烟头谋生，因为每个月的"国家补助"连三天饭钱都不够。到处是衣不蔽体、食不果腹、无家无业的人们—失业者、破产者、扒手、流浪汉、孤儿寡母以及残缺不全或患了某种不治之症的可怜人，等待他们的只有饿死或全家自杀。当时，日本全国有 150 万的肺痨病患者，200 万无依无靠的儿童，1800 万无家可归的人。日本战败，这一突如其来的打击，虽然对于统治者和被统治者来说，都是万难接受的但严酷的现实。思想上的混乱开始了，传统的道德观念被破坏了。由于战败，日本经济倒退了 25 年左右，这是多数经济学者的共同看法。问题远不止于此。

尽人皆知，日本是一个孤悬在西太平洋的弧悬岛国。在不到 37 万平方公里的贫瘠土地上，密集着 12000 万人口（战败初期约有 9000 万）。矿产资源极度匮乏，主要资源的 70% 乃至 100% 必须依赖进口。它是当今世界上原料和能源消耗增长率最高和进最多的国家，几乎没有一种主要资源不是依靠进口取得的。由于战败，大日本帝国的殖民地和势力范围全部失掉，廉价掠抢中朝和东南亚各国的丰富资源已成为不可能，所以，资源问题更加突出。面对着这么一大堆问题，难怪《朝日新闻》以感伤的笔调评论："国土减少一半，人口却增加了 20%，陈旧老朽的产业设备，今后的苦处是没有资金（苦难拮据的经济），脊椎骨瘫痪了的政治……今后的日本将会是什么样子，谁也不知道。

说到日本的民主，不能不提到一位美国叱咤风云的一位显赫人物，一手缔造日本民主之路的著名美利坚五星级上将麦克阿瑟将军。二战之后的 1945 年 8 月 30 日，麦克阿瑟的专机在日本横滨的厚木机场缓缓降落。舱门打开，这位五星上将，叼着烟斗，戴着墨镜，志得意满地走下梯子，作为新任的驻日盟军最高司令，麦克阿瑟的到来，意味着战败国日本，正式进入了被接管的日子。进驻日本，那么日本未来之路应该怎么走，相信这是摆在麦克阿瑟面前的一个需要思考的问题。在支配绝对权力之前，麦克阿瑟第一步想要的是改造日本天皇，先把裕仁天皇从神坛上拉下来，剥去他身上的国民崇拜，瓦解日本 7000 万民族的民族情绪，为自己的改造日本计划铺平道路。于是麦克阿瑟开始帮助这位日本国民心中的神明，走向人间！

麦克阿瑟刚来到日本的时候，就对日本民众宣称："我们来到这里，不是为了破坏这个国家，而是为了帮助他重新站起来。"于是，在把天皇拉下神坛之后，以天皇为本的日本旧宪法势必要抛弃。修改宪法随之开展起来。后来，这部被称为是"麦克阿瑟宪法"的《日本国宪法》在 1946 年 4 月 10

日举行了历史上首次民主选举，日本妇女第一次拥有选举权。麦克阿瑟完成了他接管工作的最重要的一步，他叼着自己的烟斗，看着参加选举的妇女，自豪地将目光投向了下一个目标。而且这个目标同样迫在眉睫，就是解决面包的问题。1945年，战争结束时，日本已经到了民穷财尽、穷途末路的地步。国内一片废墟，国际贸易也完全停滞。日本 7000 多万人的吃饭问题，急需解决。一个负责民生经济的日本将军曾在日记里这样写道："至日本投降时整个日本只剩下了两种人——死人和濒死的人，日本平民能吃进嘴里的就只有子弹！于是麦克阿瑟命令驻日美军不得与日本民众争食，连买都不行。随后他又从美军基地调取了大量的补给品，运送到日本本土。美国本部得到消息之后大为震怒，质问麦克阿瑟。麦克阿瑟扔下了一句著名的一句话：要么给我面包，要么给我子弹！"最后，面包代替了子弹。

　　日本裕仁天皇曾经这样说道："佩里提督打开了美国通向日本的大门，而麦克阿瑟将军打开了美国通向日本人的心灵之门。"日本首相吉田茂首向全国进行广播说道：麦克阿瑟将军带领我们国家取得的成就，是历史上的伟大奇迹，在我国投降以后，是他将我们从混乱和衰败中挽救回来，并且将其引向了恢复和重建道路。所以 1951 年 4 月 16 日，麦克阿瑟乘飞机离开日本。100 万左右的日本民众，围在使馆到机场的沿途路边，向这位驻日盟军最高司令，进行告别。麦克阿瑟看着车窗外的欢呼与不舍，不知是否会想起六年前，同样的道路两侧，满目疮痍和战后难民的惨淡情景。

　　亚洲奇迹，日本民主自此在美利坚之手生成复苏，不能不说日本民主的崛起是上帝的奇迹。由日本民主导致的亚洲民主连锁"一体化"，韩国民主极速跟进，才形成今天的亚洲半民主半独裁的亚洲地缘政治体系。如果说亚洲日本民主是在美国一手缔造和圈养生成。同时正是相对稳定的日本社会制度和经济结构，确定了日本人的人心思定；单一性和单一化的民族加快了社会融合度，衍生出相对稳定的社会制度；正是加快普及的教育认知和历史文化的传承（当然日本的历史文化传承由于二战的侵略战争和美国核弹的攻击，可以说是残酷的也是惨痛的，但是正是美国麦克阿瑟的进驻日本，而让日本人知耻而后勇，同时正是麦克阿瑟的进驻将美国的宪法意识和权力制衡带给日本岛国，从而将一个日本民族的公民意识激发出来，将一群野兽衍化成为正常的人种）而让日本民族加快苏醒，进入公民意识社会。可是这一切民主之花的衍生，首先取决于麦克阿瑟的威权秩序的缔造，或者民主独裁之下产生的结果。

那么同为二战战败国的德国，是在共同的价值观，强大的文化底蕴，高度的民族自律，一体的宗教信仰理念下，决定了德国民主的崛起，当然前期取决于欧盟一体化的前身英法两国的经济和政治结盟为推力形成的。只有一个带有自省特点"公民社会"才能实现民主，这或者是日本的罪文化，或者是韩国的耻文化，或者是德国的自律文化等等，一定要有一些隶属于国家或者民族的动力在里面，才能连锁推动民主的发展。公民社会首先不是建立在一个断裂、割裂的社会上面，它是建立在一个稳定和稳健的社会层次上面。今天我们回过头看看历史的话，那么我们有理由相信民主是一个有无到有的过程，它是在一种外力集权强制之下的威权产物，而不是日本政治内部产生的东西。如果我们把麦克阿瑟将军视为"威权主义"的代表，那么我们才能更好的理解民主的产生。我所相信的一点是，如果二战之后美利坚不进驻日本，进行威权强制改造其政治体系的话，那么今天的日本还继续在军国主义的泥沼中持续前行。之所以要推进民主，就是因为自我缺乏这个东西，而需要他人用民主威权来推进和缔造。

当然并不是所有的威权主义都可以带来民主，近期的缅甸军方对缅甸的控制，我并不认为会给缅甸带来民主的曙光，因为缅甸军方并不具备"民主威权概念和特点"，所以缅甸军方带不来民主。而非洲黑人曼德拉同样的也带不来这个东西。因为最高权力更迭的无规则性和没有合法性，使它成为社会动乱的根源。这是一元独裁之后的二元争端，当然这种争端具有深层次的原因。今天我对世界民主的一个建议就是：人类民主体制和自由的实现，应该在威权主义集权控制之下，利用权力分离原则，在统一民族价值观之下，通过教育认知唤醒人性复苏，进行强制性国家托管，进行后期民主的建立和推进。换言之所谓的国家托管，应该由联合国委托一个或几个会员国在其监督下管理还未获得民主自由的地区或国家。因为民主的获取极易在外部民主威权状态威慑下获取，而不是在"绝对自由"之下得到，在崩塌破败的秩序之下，人类社会只能走向消亡。民主只能"先独后立"，才能得到。

所以在新的社会秩序和政治体系未建立之前，新的人性人文道德意识形态未创立之前，就必须有外部的具有威权限制的民主独裁的手，来强制管控，以把整体国家纳入。一个可控范围之内，以完成民主的建立。

我们看到今天泰国的乱局以及世界的民主乱局，都是在一个独裁大厦倾覆之后，出现的一种政治制度下政治人和社会制度下社会人彼此的一种震荡和碰撞。一种制度的创立和演变以及成熟运作，需要经过几十年甚至数百年蜕变衍化才能走向成熟。从第一个奴隶制国家夏朝创立到秦帝国建立，奴隶制经历了多久时间；从第一个封建制帝国秦朝创立到清朝覆亡，封建制经历了多久时间；从瓦特的蒸汽机怪物开始运行，机器代替人力，开始经济大革命，资本经济体制又运行了多久。民主制并不是一种一蹴而就的制度，它也需要一步一步的完善才能走向成熟。不论任何制度和体制，它都要面对一个个孤立的独立的个体的社会分子。体制只是一种规则理念，它需要有人去实施，去运行，去遵守，它需要和一个个独立的社会分子发生关系，进而互相影响和促进，以完成双方之间的进步。假如我们只强调体制制度的完美性，而忽略了对人的改进和完善，那么要么制度会因为人的劣根性而变坏，要么制度会束缚人的劣根性而走向完美。这两者的关系在任何情况下，都不能只强调一方，而忽略另一方。假如我们把奴隶制度下的奴隶，放到民主制度下，就会发生要么奴隶会继续运行奴隶制规则和理念，进行生活和生存，进而改变民主制的内涵和理念，把民主制衍化为一种新的奴隶制度。要么民主制度改变奴隶的规则和理念，把奴隶衍化为一个个公民而存在。但是相对而言后者的难度要远远大于前者，因为毕竟制度是死的，而人是活的。人，可以轻而易举的改变制度，而制度要束缚人的劣根性却需要很长久的时间，才能改变。这也就是民主制度无法一蹴而就的原因，因为这是人的规则和制度的规则互相角力的碰撞期，也是震荡期。在人的思想和素质以及自我意识未达到某个高度之前，民主可能会引发某种程度的系统混乱。

专制国家容易产生动乱，从专制向民主制过渡的国家也是极易发生动乱的。由于专制制度的权威和秩序倒塌之后，民主制度的秩序和法治没能建立之前，所有的社会控制力度都是薄弱的，也是混乱的。所以在蚂蚁窝的倒塌和崩陷之前和之后，面对整个国家序列，制度，秩序的塌方，面对二元独裁者的二次洗脑，面对人群激愤的人们，在没有一个强有力的超"国家体制"（世界联盟国）来稳定这一切的话，那么将是一场人类灾难。如果回过头来看，今天的民主国家我们会发现一个有价值的规律：所有的民主国家转型，都是从威权开始，从强制的"鞭子"开始。日本民主是从麦克阿瑟之下日本人民根深蒂固的天皇"威权"开始转型；韩国民主是从军政政府的极权主义而来；新加坡民主是从冷酷的严刑峻法，多党独立参政开始；台湾民主是从集权蒋经国先生放权而来。所以民主的开端，必须从威权而来，有威权镇压一切异议的声音，避免造成"蚁穴溃败"。如若不然，过度的自由和民主，如果给予一群"盲人、哑巴、聋子"，那么很显然这并不是民主，而是死亡的"悬崖"。一群不会思考，没有经济发展底蕴，没有民族认同感，没有自我教育认知的奴民，显然绝对不会带来民主和自由。只有通过威权，来慢慢的"引水来启迪经济复苏、民族自尊和教育认知"，才能带来整个国家、社会和人们的改变。十年前我认可联合国这一超级臂膀，可是在十年后，我不在认可，因为"权力、权限不对等"
的原因，我认为人类应该在联合国之上建立一个联盟之国的
构成体系和组织，以此来引导人类民主，自由的发展和行进，
让人类在一个更加和谐和光明的世界前进。

民主的未来

在近百年的世界历史中，"民主"几乎是这个星球上所有国家都"一致认同"的政治述语。无论是民主法治国家还是特权专制国家，都无一例外高举"民主"大旗。二者的区别在于一个是表里如一的实质性民主；一个是挂羊头卖狗肉的"口号式民主"。越是反民主的特权专制国家，"民主"的口号就喊得越是响亮。冷战时期的东西方阵营，反民主的极权专制国家多在自己的国名里煞有介事地加上"民主"二字；真正的民主国家的国名里反而找不到"民主"一词。最典型的例子当属东西德国和南北朝鲜。东德国名是"德意志民主共和国"；西德国名则是"德意志联邦共和国"。北朝鲜国名为"朝鲜民主主义人民共和国"；南韩鲜国名则为"大韩民国"。可见现代专制国家都喜欢在自己的国名里加上"民主"和"人民"二字。专制政府着力宣传的东西恰恰最缺乏的东西。上述现象表明"民主"是现代世界被全人类公认的"政治真理"，反民主就等同于反文明。

人类世界的一切文明成果，只要有利于国家的繁荣富强；有利于推进民族的文明进步；有利于维护广大人民的根本利益，就算不是"万能"的，我们一样要敞开胸怀学习接纳。这个世界也许有民主不成功的国家，但不成功的民主国家毕竟是少数，专制国家则没有一个成功的。专制体制也许适合某个特定的小国寡民，但绝对不适合幅员辽阔的大国，大国要想成功只能走向民主。民主小国的"不成功"不是选择民主法治的恶果，而是由专制走向民主的过程中遗存有大量"专制残余"造成的，根本原因是这个国家的人的意识和"民主法治"不够充分。民主国家的"不成功"是暂时的，如果始终如一坚持民主法治的大方向就会很快走出困局。印度是民主不成功的典型国家，但这个国家当初如果选择专制体制，结局一定会更惨。因为选择民主体制，这个国家区区297万平方公里的国土养育了近12亿占世界五分之一的庞大人口。因为选择民主体制，这个和中国同时建国的大国避免了中国死人几千万的大饥荒，避免了死人两千万的文化大革命。如果当初选择专制体制，印度一样避免不了大饥荒和文革那样的惨剧。

民主有公认的国际标准，不是哪个国家自吹民主他就民主，这世界挂羊头卖狗肉的太多了。最基本的一条标准就是：是否实行了自由公正的竞选。没有选票不是民主，仅仅发一张选票走下过场也不是民主，有了自由公正的竞选才是民主。竞争是民主的标志，自由是民主的前提，排斥竞争、没有自由的"民主"，一定是虚假的忽悠式"民主"。所以一直到今天，我都不会认同俄罗斯的"普式民主"。有些事情大家都明白，大道至简，更简单的说：一个国家好不好，就看两个指标：全世界的各阶层的人是否愿意去那里。大家愿意去，说明在那里安全，受到尊重，有幸福感。全世界的钱是否愿意投资那里，钱往那里走，说明资金安全，有升值机会，那个地方有美好的未来和希望。这两个指标不行的，你说一千道一万，没用。

民主是人心所向，而且在世界几大洲中，欧洲、大洋洲和北美洲已基本全员民主化，非洲的专制政权也比较少了，而且那里的专制政权相对弱小，对其他地区不具有影响力，改造起来也容易，可能现在最难的是亚洲。全世界几千年的专制历史，数百年的民主拓进历程，已昭示天下：民主不是最完美，但却是目前人类所能拥有的最不坏的制度，而专制的误国害民早已成为全人类共识，就是所有的专制者，现在也没有哪一个敢公然说专制就是比民主好。因此，民主与专制之竞赛早已分出胜负，专制日渐式微，民主日渐壮大，这是一个总的大趋势，也是世界的潮流。因此，我希望所有的人，包括那些有远见的政治家和权力者，都要看清世界潮流，认识到只有民主才能救国家、救世界，认识到普世价值之光照耀世界、民主取代专制就在不远。

关于民主，半岛电视台老板有一句很给力的话："民主谁也挡不住，你要么开门让它进来；要么看着它破门而入。这只是一个时间问题。"开门让它进来的蒋经国、戈尔巴乔夫命运都不错；破门而入的齐奥塞斯库、萨达姆、卡扎菲下场都很惨！还是那句话：宪政终究会来，要么带着春风细雨，要么带着腥风血雨！民主你躲不过去，人类就是躲不过宪政才民主的。民主，是人类自用火之后又一次伟大的进步。

民主不是"万能"的，但没有民主万万不能！谁也阻挡不了太阳的照耀，谁也无法阻止自由的脚步和历史的呼声！总之，无论是历史发展的大趋势，还是玛雅人预言的地球更新和净化周期，都告诉我们，21世纪一定能开创人类历史的新纪元，而其最重要标志就是21世纪将是一个民主世纪。自由的花朵最后一定属于人民，属于全人类神圣光辉的价值：民主、自由、文明、公平、正义与爱！

没有黑夜，永远的民主

霍布斯在他的《利维坦》不遗余力的这样告诉我们：没有被国家权力统治的生活比处在放有一只饥饿狮子的笼子中还要糟糕。他还将权力定义为是一种原则上不能被人民持有的东西。当权力交给"利维坦"时，权力就变成了政治权力。它的本性是君临人民，"使他们敬畏"（100 页）。如果将其收回，那么它将什么都不是。如果人民将他们贡献给城堡的砖取回来，每人将吃惊地发现，他现在没有了城堡而只有一块砖。洛克认为的是，当所有臣民决定不再做臣民时，将不会出现国王，那么秩序将会荡然无存，陷入无政府状态之中，整个社会体系和国家组织结构将会崩坏。所以人民权力是一种妄想，它是不可能的事物，我们不得不在两种形式的无权利中作出选择：一种在混乱的恐惧状态中，一种在制度化的恐惧状态中。霍布斯认为的是，狮子虽然是坏的，但是它维持了秩序，为了维持秩序，它还需要继续坏下去，一直坏到另外一个更坏的出现为止。

美国社会学家，政治学家，乔治梅森大学公共关系政策学教授弗朗西斯福山，基于 1989——1991 年的东欧剧变、苏联瓦解、社会主义崩溃的历史事实，提出了他的一整套关于"历史的终结"的历史理论，引起了全世界的巨大轰动和剧烈反响。福山认为，西亚的伊斯兰原教旨主义和东亚的"新专制主义"（即东亚威权主义或威权政治）是自由民主制度的两大威胁，其中东亚的"新专制主义"是自由主义全球化的最大挑战。从黑格尔和马克思哲学出发，福山重提并阐释了"历史的终结"的社会科学概念，并认为"现代自然科学"和"为获得认可而进行的斗争"是推动"世界普遍史"的出现和历史走向"终结"的两大动力。福山认为"专制主义"政权无法应对现代自然科学所要求的高度创新挑战，从而导致崩溃，"为获得平等认可的欲望"使之必然被"自由民主制度"取代。但福山深感忧虑的是，为获得平等认可的欲望无节制地泛滥下去，把"自由民主制度"推到顶峰后，会不会出现"人人相同、个个平等"却"没有理想、没有抱负"的"最后的人"？早在1989年夏，福山在美国《国家利益》（第16期）杂志上发表了《历史的终结》一文，认为西方国家实行的自由民主制度也许是"人类意识形态发展的终点"和"人类最后一种统治形式"，并因此构成了"历史的终结"。

　　弗朗西斯福山认为人类必须由"别人和某种集团体系"来统治，或许这个别人是人们合法权限授予的，或者这个某种集团体系是人们共同认同和承认的，但是今天的人们有没有考虑到我们为什么要"别人"来统治自己，尽管是合法的，但是我们为什么不进行自我统治——自治，让别人告诉我们应该怎么做，那么我们为什么不自己告诉自己，难道是别人比我们聪明吗？还是我们是蠢笨的？？人类社会的最终发展目的应该是，不出现国王，也不出现臣民。人人处于有序的自我管理和自我控制状态，并不需要坏的狮子卧在我们身边来维持秩序。民主并不意味着是：人民被仁爱的、公正的统治者赐福或者给予民主。它的意思是人民自己统治自己；自己给予自己民主。很明显，有一些人认为民主是一种未来的治理，是某种自动的历史发展进程的终点（福山理论）。但是大家有没有深度的思考一下，当他人或者他人集团给予的民主，将来有一天他人或者他人集团也可能会收回？

当奥巴马站在密苏里州的圣路易斯市广场上，面对台下10万民众，对着话筒说：如此壮观的画面，我现在能想到的只有一个词——哇！"哇"，的确是形容奥巴马现在状态的最确切词汇。在这个西方民众对民主越来越愤世嫉俗的时代里，十万人汇聚一堂来一睹一个政治家的芳颜，的确蔚为壮观。而这个人两年前还鲜有人知、四年前才刚当选参议员、91 年才真正走出校园、童年颠沛流离，还是个黑人的家伙，面临这样的场景盛况，的确振奋人心。不过奥巴马可能已经对这样声势浩大的追捧习以为常了。一年多竞选下来，从东到西，从网络到现实，从欧洲到美国，这颗政治明星所到之处，处处引起尖叫欢呼。在一次新罕布什尔州的演讲中，台下成千上万的群众每隔几分钟就有节奏地振臂高呼：Obama！Obama！Obama！其情景之狂热，就差人手一本红宝书了。奥巴马的高歌雄进，不禁令人思考现代民主和演说煽情的关系。一方面，在现代社会庞大的官僚体系面前，民众都渴望魅力型领袖给国家机器一个人性化的"界面"，所以善于煽情、令人激动的政治家往往是激活公共生活的一把钥匙。但另一方面，煽情又容易淹没人们对问题理性公正的思考。韦伯曾说："与民众缺乏距离，是政治家最致命的邪恶之一"——对，，他说的是"缺乏距离"，而不是"保持距离"，因为一定的距离为冷静思考提供空间。一个政治家站在演讲台上，面临的不是一个个可以协商辩论的人，而是一片黑压压的

"群众"，群众的情绪不但具有传染性，而且会自我强化。当奥巴马用渐进的声调甩出一串串"Yes，wecanchange……"的排比句时，他不是在理论，而是在催眠，台下热血沸腾的群众恐怕也早已融化在集体的汪洋大海里，无心去条分缕析他的许诺、考察细节里的魔鬼了。民主的基本原则就是人人都享有执政和决策的权利。表面上看这的确是一种令人愉快的方式，但这种方式却带来了灾祸，民主制也容易毁于过度的民主。由于人民没有受过良好的教育，不具备挑选优秀统治者和制定英明政策的能力。"人民根本没有理解能力，他们只会重复"民主"统治者心血来潮时告诉他们的东西，但是人们却陶醉不已，乐于接受。"于是国家这条航船就在极端民主政治的浪涛中航行，而每一次演说煽动起来的狂风都会使船偏离航向。最终，这种民主政治只能走向暴政或独裁。民众对甜言蜜语是如此热爱，以致那些阴谋家只要自称是"人民的保护者"，就能爬上最高权力的宝座。远的不说，二战发动者大德意志帝国希特勒的煽情演讲，更是可见一斑。民主是拥有一位人民支持的统治者。"这种情形很容易和民主混淆。但是给我们"民主"（democracy）这个词的古代希腊人，对于这种形式的统治给了一个不同的词：煽动民众（demagogy）。煽惑的民众领袖（demagogue）通过许诺为人民做事或代表他们而获取支持（即权力）。

民主是这样的情形：人民将他们的权力交给另一个人以交换别人的许诺。即：民主是自由选举。自由选举在某些情形下是一个很重要的民主方法。在另一些情形下，选举可能是民众煽动家或地主攫取权力的一种途径。在某种情况下民主就是煽动，政治就是煽动，众人很容易被美妙的政治语言而蛊惑的失去理智和思想。所以民主要自己给予自己，他人或者他人集团给予的民主，将来有一天他们也必将收回？是的奥巴马先生当然不会用希特勒式的黑衣冲锋队的模式去收回民主，但是如果他依靠强烈的语言煽动和政治行为，让人们陶醉于他的政治魅力和语言之中的话，那么他就快要成功了，因为当民众意识到魔鬼快要出现的话，那么魔鬼就已经出现，掐着你的喉咙了。所以他人或者他人集团给予的民主，并不是自己的民主，只要自己给予自己的民主才是真正的民主。当众人都民主之时，凯撒（国王）就不必出现了，那么人类发展的最高社会体系至高的"永恒"阶段，将会实现，而不是福山先生的"他人给予的民主"。或许有人认为我在影射美国总统奥巴马先生，其实我只是善意的提醒人们：要注意你们的权力者，你们要自醒，要监督你们的权力者，以免"漫长的黑夜重新降临"。

古希腊历史学家希罗多德认为，民主制的一个弱点是民众的情绪容易受到能言善辩的政治家的影响，例如，希特勒，墨索里尼。在成功的俘获人们情绪后，人们的自我意识力就会弱化不再清醒。当人们昏睡，失去自我意识的时候，民主就不再是民主了，战争就开始了。从某种情况来说由他人用优美语言和美妙煽动赋予的民主不是真正的民主，可能是让人"昏睡"的事物，或者是希特勒式的昏睡，或者是奥巴马式的昏睡。在相对客观条件下人们的自我民主比较重要，自我意识和自我素质和道德的提高利于人们不受到喇叭政治家的影响，利于人们从国家主义，民族主义，宗教主义的情节中走出来。民主制度或许是人类最成功的制度模式，单绝不是最后一个，因为民主制度是针对"别人和某种集团体系"来进行制约和考量延伸的，我们最终的目的还是把这种延伸辐射到每一个个体身上，但是很显然民主制度是个体对"别人和某种集团体系"的要求，而不是"别人和某种集团体系"对个体的要求，而人类世界的最后一人绝不是那种依靠"别人"统治的民主制度，而是人类的自我制约和自我统治——自治制度。

假如社会个体人中的"人人"处于高度自我管理，自我控制阶段，那么人人都会自由。福山先生所说的历史的终结，其实说的是制度的终结，但我们的问题是当民主制度的全局出现和民主制度之后的"后民主制度"又是什么？？今天我们无法探讨和预见未来的人类社会制度，现在我们的问题是我们为什么要让"别人"来统治我们？？？这是因为我们需要别人，我们需要别人的意识形态来指导、引导自己的行为和秩序，所以"别人"出现了，国家、民族、宗教出现了。不同的意识形态，国家的、民族的、宗教的意识形态出现了，这些后期出现的人类副产品以国家、民族、宗教的名义来指导、引导人们的行为和秩序，同时也奴役了人类的自由价值和思想意识。在人类的自我思想未成熟之前，这种民主将一直奴役下去。

保持民主，就是保持人们保持自由的清醒，而不昏睡，那么塑造民主这一意识形态的终端器——教育的灌输必须是清醒的。当思想昏睡的时候，民主就消亡了，而当思想清醒的时候，才是民主的开始。民主作为一种集体的政治体制，它必然和另外一个个体的词汇有关，即自由。只有民主的体制才不会捆绑和奴役人们的自由，也就是说民主决定了人们的自由。那么什么是自由？？？公元533年，东罗马帝国拜占庭皇帝查士丁尼下令编写的《法学总论》将自由定义为"每个人除了受到物质力量或法律阻碍外，可以任意作为的自然能力"。自由就是在不伤害他人正当权益的情况下，可以不受限制地去做自己愿做的事情。

列奥·施特劳斯一个犹太人。1899年生于德国，1938年移民到美国，死于1973年。施特劳斯经历了德国魏玛时代，和冷战最酷寒的时代，也就是"柔弱的民主制度"经受法西斯主义和共产主义双重挑战的时代。这个阴影，笼罩了施特劳斯一生的思考，并且决定了其思想中一个指南针式的主题：为什么会有暴政？为什么在启蒙的日出唤醒清晨之后，"夜，最漫长的夜"会重新降临？施特劳斯终其一生，都不能原谅法西斯主义诞生于一个民主制度，而共产主义运动起源于民主的话语。但是事实情况确实如此，是否邪恶的一定要披上美丽的外衣，丑陋的却是真实的谎言。他对民主的警惕，与其说是对民主本身的反感，不如说是对其孕育的暴政的警惕———— 民主自由制度是如此是脆弱，如此之容易被诱惑，无法抗拒一种自我毁灭的重力。施特劳斯的思考，来自于他对暴政的警觉，和对经历过暴政的人的悲悯。这些政治问题背后存在着人的本性问题。"人是多么有意思啊！——总是在寻医问药，却又不停地使自己的病情复杂化，试图通过立法来解决问题，使人类改掉自己的劣根性——殊不知这是在砍海蛇怪的头！当我们砍下一个的时候，它总是能立即又长出一个新的。

　　国家是什么？？从广义的角度，国家是指拥有共同的语言、文化、种族或者历史的社会群体，在这个定义中，一个国家没有具体的边界；国家也指那些享有共同领土和政府的人民，如世界上大多数的多民族国家。在社会科学和人文地理范畴，国家是指被人民、文化、语言、地理区别出来的领土，跟特定的人有关联的地区。从狭义的角度，国家是一定范围内的人群所形成的共同体形式。一般国家行政管理当局是国家的象征。它是一种拥有治理一个社会的权力的国家机构，在一定的领土内拥有外部和内部的主权。国家是经济上占据统治地位的阶级进行阶级统治的工具，具有一定的地理区域管理范围，固定的社会人群，拥有完整的政府管理机构、军队、独立的元首。国家是一个成长于社会之中而又凌驾于社会之上的、以暴力或合法性为基础的、带有相当抽象性的权力机构等等。今天无论民族意识也好，宗教信仰也好，这两者更多的都要以国家为载体出现，大和民族，大韩民族，德意志民族和中国人当前的大汉民族，以及今天教宗信仰国伊朗，印度，美国和欧洲中世纪时代等等，都是以民族和宗教信仰为载体建立的国家体系。

　　人类世界有三种国家管理模式，一种是原始的统治管理，一种是经过被统治阶级授权的民主管理，例如选票。还有一种是人们授权于自我的一种自我民主管理模式。今天的人类世界还处在第一种和第二种之间。世界上每个人，每一群人，都有自治的权利，因为人不是傻子，不是无脑之人，自控管理是一种最直接的管理模式，也是人类未来发展历史的最后结果。依靠他人的鞭子去自我管理，是一种被统治管理；依靠授权于他人选票，用他人的行为和秩序，进行自我管理，是一种被动民主；而依靠自己授权于自己，跳过他人的鞭子和他人的行为秩序的影响，自己给自己下达自控管理意识，是一种主动民主。假如说人类达到由自由秩序而形成的自我控制和管理的话，那么人类世界最终的高端社会发展将会出现——自治。自行其事，那种精神上没有束缚，行为上没有羁绊，自我管理自我控制的状态。

据美国《纽约每日新闻》报道，美国明尼苏达州的一个只有 22 名居民的小镇日前通过抓阄的方式选出年仅四岁的塔夫斯成为新镇长。据报道，塔夫斯今年四岁，还在上幼儿园，但已经通过抓阄，当选了美国明尼苏达州一个小镇的镇长。镇上的居民提起新镇长时赞不绝口，称其口齿清晰，有条理，有礼貌。而塔夫斯向媒体透露，他已经有了一名名叫索菲亚的女朋友。四岁的塔夫斯只是一个权力的标志，如果这个只有 22 名居民的小镇的人们无法达到自我控制和自我管理的自治状态的话，那么这种通过民主建立的自治，随时都可以被别人收回和收走，只有那种通过教育根深蒂固，依附在人们灵魂深处的自治理念，才能真正的给人们带来自我的民主和自由。别人所给予的别人自然也可能收回，这就是为什么我提倡通过教育灌输那种根深蒂固的民主的原因了。这也是为什么一个独裁国家，无法一蹴而就达成民主的原因了，人们的奴性没有根除掉，自我的自治管理没有建立，整个社会体系和政治体系，只是从一个独裁权力，衍化成为两个独裁权力体系而已。民主是让人达到一种"无治"（无为而治）

的地步，感受不到国王的存在，而是从自己的根深蒂固的思想、思维认知中散发出来的，不是别人给予的，而是自己天生"固有"的。

国家存在的目的是为了建立一种秩序，一种适合国家存在和延续的秩序。同理宗教信仰和民族意识都具有这一目的。不同的是国家是以极权和独裁或者民主手段建立秩序。宗教是以人的精神意识所表现出的行为建立秩序，民族则是以相同种族制约而表现出的秩序。只要具有意识形态思想的东西，最后的结果都是为了表现出一种思想状态，而思想意识的表现到最后都要以某种行为模式表达出来，这就是秩序。人类存在的唯一目的就是为了寻求某种秩序，当然最后寻求到的有的是独裁极权秩序，有的寻求到的是自由秩序。人是"政治动物"，人类集聚生活在国家、民族、宗教秩序之下，所以在人类没有脱离这三种秩序之前，人类就是一种政治动物（王权和神权都是以人类的政治意识形态展现的）。假如说人类有一种秩序能脱离取代这三种秩序的话，那么国家、民族和宗教就会逐步消亡。

如果秩序是强制灌输的话，那么这种秩序会不会形成极权秩序？假如我们是通过人文教育而建立自由秩序的话，会不会更人性一些，更自由一些？？因为由强制性灌输秩序，会衍生出一系列强制性监督和制约，从而形成一种独裁或者极权体制秩序，假如我们最初就具有自由秩序的话，假如人类最初的欲望简单一点的话，那么会是什么结果？？或许由国家意识和民族意识构成的国家和民族，本身就是一个多余的东西。当然今天的人类是从蛮荒中走来的，远远还没有达到人类世界发展的高级阶段——即脱离国家、民族、宗教而单独存在、又具有某种自由秩序的高级社会发展阶段。如果人人的思想可以达到一个自我治理的阶段，那么人类世界最后终极走向还需要确定，而不是像弗朗西斯福山所说的"别人和某种集团体系"所给予的东西，而列奥·施特劳斯再也不用哀叹"夜，最漫长的夜"会重新降临？我想当人类进化到某一天，感受不到凯撒的存在，只看到漫天的星空道德及感受到隐藏在人类柔软内心的神灵的时候，那时候才是人类发展的最高级的"自由、民主"。毫无疑问。

昧旦

"杞人说梦"

主要内容：今天的人类需要明白的是我们到底为什么而活？？？我们活着是为了什么？？？我们活着的最终目的是什么？？？我们活着需要遵循什么样的规则和品质，以及我们死后的归宿又是什么？？？　康德的人是目的，人是什么目的。人类最重要的目的就是活着，生活，不是不择手段的存活，而是有人性的存活，有善心有良知的生活。

关键词：土拨鼠的目的、黑天鹅、我的世界、1和2、浮生一日、资源、爱因斯坦、归宿

杞人说梦

《列子·天瑞》："杞国有人,忧天地崩坠,身亡所寄,废寝食者。"杞国有一个人,整天担心天塌地陷,自己没有地方容身,因此愁得睡不着觉,吃不下饭。有个人看他这样忧愁,很为他担心,就去开导他说:"天不过是很厚很厚的气积聚在一起罢了,没有一个地方没有气。你一举一动,一呼一吸,从早到晚都生活在天的中间,怎么会担心天塌下来呢?"那人听了朋友的话,如释重负,非常高兴。

澳大利亚的小莫汉.马利指出,影响 21 世纪国家安全的 7 个趋势是:全球化经济,全球化技术扩散,全球化的民主浪潮,多极化的国际政治,国际体系性质变化,安全概念的变化,冲突焦点的变化。对世界地区的威胁有两个方面:第一,传统冲突:大国的霸权斗争,成功国家民族国家的膨胀,领土和海洋权益争端,经济竞争,大规模毁伤武器的扩散。第二类,未来冲突的新根源:衰败国家的民族主义,文化和宗教信仰冲突,致命的轻武器扩散,石油,渔业和水资源的争议,难民潮和人口流动,生态灾难,恐怖主义,给 21 世纪的国家构成多重灾难。现在人类的问题不是会不会天塌地陷的问题,而是什么时候天塌地陷的问题,由人类本身劣根性带来的国家的、民族的、宗教的意识形态将会在什么时候毁灭我们的世界???

在一只蚂蚁的眼中,一粒白米是它的世界;当蚂蚁爬出蚁穴,草地是它的世界;当蚂蚁爬出草地,更广阔的土地是它的世界;当这只蚂蚁爬过这个世界的时候,这个世界就是它的世界。远古的人们由于受自然空间和疆域地理的限制，而被束缚于各自的"蚁穴"之中，人类不同的历史　文化　意识形态彼此互相碰撞，而产生激烈的"火花"。意识形态就像是怪兽，不同的意识形态彼此互相吞噬绞杀，而为我们展现了今天不同的世界意识。1969 年 7 月 16 日，载着 3 名航天员的阿波罗 11 号载人飞船，史无前例地启程飞往月球。当宇航员在月球上踏下的一小步回首地球时，人类就像是一只小小的蚂蚁爬出自己的蚁穴，蔚蓝的地球，我们的世界。我们的星球，蔚蓝色的世界，当然还有一群群被意识形态束缚的蚂蚁，意识形态就像是一团火，而人类就像是一群在燃烧的火焰中惊慌失措的蚂蚁，不知道应该爬向哪里？

土拨鼠去哪里了？

人类的历史文明长河总是不断行进的，不可能有停滞不前的河流和历史，无论是神灵造人说，还是人类自我进化说，都是预示着人类的衍生和行进，人类的自我意识的系统存在，代表着人类文明的建立，作为万物之灵的我们，人类并不知道自己的方向在哪里。人类总是很困惑，不知自己身在何来，心往何处，就是面对当前的世界，也是困惑不解。

人类的存在或许是一个偶然的偶然结果，那么人类的结局和归宿是否也是一个必然的必然？？偶然预示着人类无法掌控自己的命运和未来，偶然预示着人类向命运和未来臣服，如果人类不能代表自己，而任凭一个冥冥之中的某个神灵，来主宰我们的话，那么人类还是神灵襁褓中的孩子吧？我们的灵魂归属于神灵，那是我们肉体消亡后的事情，人类活在当下，存在当前，我们的肉体在没有消亡之前，需要在这个世界上建立一个是"人"的空间，没有恐惧，没有杀戮，人人充满仁爱，慈悲，拥有人的权利的世界。如果我们不能建立这样的世界，那么人类的当前存在，就不再具有意义。

人类是动物，动物具有聚集性，劣根性，人类与动物的重要分别是人类具有连续性，连贯性，不断裂，具有创造思维的意识形态和思想。我思故我在，完整完备系统的意识形态和思想，是决定人类存在和有别于动物的主要原因。意识形态和思想推动了人类的文明历史进步和发展，但是意识形态和思想也禁锢了，控制了人类的思想和意识。国家主义者，民族主义者，宗教主义者都是这样的推手和反推手。人是万物的尺度，应该以人来衡量世间万物，就是连世俗的神灵，也应该以人的存在和人的意义为尺度。是的，我们永远臣服，膜拜人类肉体消亡后，其精神灵魂生生世世追寻的那个神灵，但是这个人类永世追寻的神灵，在俗世并没有代理人。我并没有所说，人类当前创造的神灵是虚幻的，虚伪的，人类当前所创造的宗教信仰，也是在神灵的启示之下创立的，只是世俗的代理人对关于神灵的寓意，喻意、启示的理解，存在偏差和误解。神灵，永远都存在每一个真正以人为尺度的，怀有仁爱和慈悲之心的人们的内心中，而不是头脑里。所以，我们都忽略了人的存在和人存在的意义。

人类从神灵（或许树林也是一种神灵的存在吧）的怀抱，掉落地面后，进行进化行走，神权和王权，是人类的两道鞭子，是人类世界当前维持秩序的两道鞭子。在人的自觉，自治秩序，没有形成和达到之前，神灵和国王无法废除，特别是神灵是作为一种精神灵魂存在的，不是仅仅只用来维持秩序的，而是用来守护人类内心道德信念的光，而存在的。神灵和国王是意识形态控制了人们，不同的是一个宗教精神上的，一个是世俗肉体上的，人类受其意识"张力"而被纳入秩序性的统治轨道内。人类的存在起源于自我意识的苏醒，而不是起源于神灵宗教，国家和民族。人类的禁忌之果打破了人类作为神灵宠物的命运，让人的自我意识得到彰显，但同时人类也失去了神灵的伊甸园，沦落凡间，在大地上衍生。大地之王的出现，就是国家的出现，而根据同一特定土源和大地出现的群体，就是民族的滋生。人类沦落人间，无论是

神灵的制造，还是猴子的进化，人类都始终受着国家，民族
意识形态，以及神灵宗教意识形态的灌输和熏陶，像腊肉一
样，被放置在神灵和国王的餐桌前。人类要想恢复自己的园
子美景，就必须战胜"受控"的意识形态，建立自我的人性
的意识，通过人性的展现，民主制度的建立，以让人们处于
始终的自由思想状态，但是最终人类无法回到神灵的园子里，
在战胜凯撒之后，人类可以斜斜的站在神灵的肩下。

　　当人类像熟透的果子从树上掉下来的时候，人类虽然开
始直立行走了，但是却失去了自己的目的。人类的目的不外
乎两个问题，即我是谁？？我存在的目的是什么？？课堂上，
一个老师正给他的学生绘声绘色的讲述着一个寓言故事：有
三只猎狗追一只土拨鼠，土拨鼠钻进了一个树洞。这只树洞
只有一个出口，可不一会儿，从树洞里钻出一只兔子。兔子
飞快地向前跑，并爬上一棵大树。兔子在树上，仓皇中没站
稳，掉了下来，砸晕了正仰头看的三只猎狗，最后，兔子也逃
脱了。故事讲完后，老师问他的学生："这个故事有什么问
题吗？"有人说："兔子不会爬树。"、"一只兔子不可能
同时砸晕三只猎狗。""还有呢？"老师继续问。直到学生
们再也找不出问题了，老师才说："可是还有一个问题，你
们都没有提到，土拨鼠哪里去了？"在人的一生当中我们常
常被偶然出现的一些细枝末节和一些无关紧要的琐事所打扰
并中途停顿下来，甚至会因为一只兔子的诱惑误入歧途而放
弃了我们最初的人生理想。当然这并不是说土拨鼠比兔子更
重要，反过来我们也可以问兔子哪里去了。只是土拨鼠才是
追求的最初目标，但是我们都因为兔子的出现而集体迷失了

方向。如果我们的人性是那只土拨鼠的话，那么国家、民族、宗教就是那只兔子了。我们评判一件事物的依据是什么，自由和人性。人性是人类的第一属性，是作为人本有，固有的，天然具有不可分割的属性。自由是人性的第二延伸，也是人的基本属性之一，不可缺少。简单的说，人要做人，人要自由。所以我们看这件事物是否具有人性和自由，是一种基本判定。

人类看人看事物喜欢以偏概全，其实在人类历史中没有全人，超完美之人和事物。在国家主义的词典中，希特勒欲创建德意志伟大帝国；在民族主义词典中，希特勒认为雅利安种族是上帝的宠儿，如果说德意志帝国不灭，那么希特勒将会继续伟大下去。但是在二战时期，希特勒利用意识形态、用五百万犹太人的生命、用几千万战士的生命、用高傲的国家理念和民族理念欲建立第三帝国，所有的帝国民众竭斯底里的支持他，希特勒差一点就成功了。那么有时候我们是否会拿国家的价值、民族的价值、宗教的价值而湮灭人的价值和目的？？

或许人类从树上掉下来的时候，就已经迷失了方向和自己的目的。人是目的，任何主义都是一种手段，国家主义、民族主义、宗教主义都是一种达到"人目的"的一种手段，但是今天这些主义手段却主宰了人类的方向和目的，国家手段，民族手段，宗教手段却控制了人类的生活和自由，焚毁了人的目的。人类的目的就是生活，好好生活，自由生活。人类生存的目的不在于国家民族，甚至不在于宗教，只在于自己，当然我不是说人类活着是自私，而是说人类存在的意义，是在于内心世界的我，而不是外部世界的我。人是目的，人是生活的目的，而不是国家的目的，民族的目的，宗教的目的，而且这种生活目的还必须是自由的。国家，民族的存在就是为了保障人物质生活和生存愉悦的目的，而宗教的存在则是为了保障人精神生活愉悦的目的，脱离这一"人的目的"，任何国家民族宗教都不应该存在。所谓的国家复兴和民族复兴，全部都是谎言，没有人的尊严和崛起，都是狗屁，因为国家和民族都是由一个个单一的分子个体人构成的。当人类意识到自我的时候，才是文明开始的时候。文明的发展，需要众人意识的觉醒。人类的内核是自我，而国家意识，民族意识都是人类的外衣，宗教意识是守护人类的，而不是控制人们的。国家民族是服务于民生的，而不是统治人类的。国家、民族、宗教都是人类衍生之后，由人类创造的"副产品"。但是这些副产品今天却主宰了人类根本目的。可笑的是人类，人类活着活着，就不在为自己而活了，而是为国家而活，为民族而活，为宗教而活了，好像离开这些东西，人类就会直达世界末日，不知道如何存在似的。

民族、宗教都是如此，人类创造了神灵和教宗却又被宗教控制，所以在人类历史的进化中，我们一次又一次的不停的看到我们用国家的意识价值、民族的意识价值、宗教的意识价值在杀人。自我、本我、超我组成一个统一的"人"。人是这个世界上唯一有思想的物种，人类是唯一利用思想意识建立文明的物种。苏格拉底认为人类的第一要务是"认识自己"；著名学者柏拉图认为人类的正确目标就是在自己的灵魂中发现理念，他的学生亚里士多德则强调，在整个自然界人类是最高级的。古希腊智者学派的哲人普罗泰格拉提出"人是万物的尺度"。

人是万物的尺度"，其实我们更应该跟"神是万物的尺度"相比较而看。我们的世界上有许多宗教，从宗教的本位主义和神秘主义出发，我们的宗教信仰都是以"神性"的视角解读这个世界的，什么时候人类能以"人性"的视角来解读我们的世界，那么我们的世界将会怎么样？？普罗泰戈拉首次提出应当以人的判断为标准，在当时，神是衡量一切的标准，宗教还占社会主导地位，这可以说是一个非常了不起的进步。因为这是人首次提出要以自己的判断价值来衡量世界，而非以神的视角衡量世界，这点才是最为关键的。普罗泰戈拉认为，事物就是人们感觉到的那个样子，感觉是一切知识的来源。例如，对于同样的风，有的人觉得冷，而有的人觉得不冷。我们对于世界的知识是以我们的感觉为尺度、为标准的。人是万物的尺度，这个"万物"应该包括国家、民族、宗教，也就是说国家、民族、宗教的意识形态都必须以"人的意识、人的本性、人的本原意识为尺度"，而不是让人的意识去跪倒在外部（国家、民族、宗教）的意识下。

中国古代春秋时期和西方古代希腊时期，是人们第一次从鸡蛋壳里观察这个世界，第一次以人的眼光，人的意识，而不是以国家的、民族的、宗教的眼光和意识看这个世界。那个时代是最像人，最自我的时代。人不能打倒自己，人不能否定自己，因为人性决定人首先是作为一个客观主体存在的，否定自己就等于否定全世界。人是人性主观感性存在的，国家民族宗教都是客观理性存在的，我们习惯了以客观否定主观，以理性否定感性，从而谋杀自己，失去自我。

人类永远不知道自己存在的价值和意义是什么，同样的我们也不知道人类进化的意义是什么，以及人类未来的发展道路在那里。当我们被神灵丢弃之后，我们又想法设法的去制造神灵，制造宗教信仰，制造道德价值观和意识观，妄图继续在神灵的怀抱中酣睡。人类建立不同的宗教信仰，并赋予它们不同的含义和意义价值，诠释人对神灵的渴望和被救赎。世界三大教中佛教是我们的归宿，基督教是我们在俗尘的光，伊斯兰教是我们的政治守则和社会守则。假如我们这样解读这三种宗教，基督教诠释了人类在世界存在的意义和价值，即：人要有光，人要平等，人要普爱等等；佛教诠释了人类死后归宿的去处和往生，即：轮回、忍让、不杀生、西方极乐世界等等；伊斯兰教诠释了人类在世界的行为规则（准则）、社会意义规则和家庭伦理意义规则以及人与人之间互信互立的意义规则，即：待人如亲，不欺诈，孝亲尊长等等。

今天的人类需要明白的是我们到底为什么而活？？？我们活着是为了什么？？？我们活着的最终目的是什么？？？我们活着需要遵循什么样的规则和品质，以及我们死后的归宿又是什么？？？ 康德的人是目的，人是什么目的呢？人类最重要的目的就是活着，生活，不是不择手段的存活，而是有人性的存活，有善心有良知的生活。从心理学角度讲，人有两个本能：生的本能与死的本能。本能，即本性，也是支配人行为最原始、最强大的动力源泉。从宗教信仰角度讲，人有神性（理性），亦有兽性（本能和情感）。从现实层面观察人的行为，任何人都有善良的一面，亦有邪恶的一面。故人性善恶并存。任何单纯强调人性本善或者本恶的观点，都是不客观的，都是不符合事实真相的。但是，无论人性之善还是人性之恶，最终都指向利己，故人性本私。自私，是人最终极的根本属性。事实上，这也是一切生命的最根本属性。按照一般规律，人性是永恒不变的，不因环境的改变、时间的推移而变化，只是在不同的情境下，具体表现有所不同。人性不可解放，一但彻底解放人性，则人性之恶无从制约。人性亦不可压抑，压抑人性的结果，只能是积累矛盾和仇恨。人性只可善加引导，抑恶扬善是为上策。

人性，如果有人问我，人性是什么，人性就是出自人的本来属性，原始生态的性情，正视人性中的劣根性，努力去纠正它，监督它，对于人性中的优良的品性，要进行无限的放大，不强制去热爱那个国家或者主义，不强迫去接受或者憎恶那个民族，不强求去膜拜或者反对那个神灵及宗教，除非是反人性，违背人性自由意识的国家，民族和宗教。以人的自由本性进行生活，以不破坏自由的秩序为前提，以不推翻神的树荫为基础，进行出自人性的生活目的。至于人类的信仰问题，那是死后灵魂的事情，和人类的肉体无关。人类存在的唯一目的就是生活，而不是宗教，国家，民族。或许有人会问如果我们的内在灵魂和外在肉体发生冲突了怎么办？其实人类的灵魂正是由人性，道德，良知和公理构成的，人类的灵魂和肉体在某种情况下应该是一体的，我还没有见过灵魂和肉体互相脱离，而存在的个体。人是肉体存在存活生活的目的，人是灵魂解放自由的目的。任何国家主义、民族主义、宗教信仰都是附属于"人这一目的"。人类有信仰，人类的灵魂中已经存在了信仰，而人类的人性就是最大的信仰，人类的肉体存在和存活，以及人类的灵魂精神存在，已经包含了宗教信仰的内核，因为人类的人性本身就是一种最根本的信仰。

黑天鹅的出现和可怜的火鸡

"我们是从哪里来的呢？""我们为什么有那么多的苦难呢？"这些都是一直困扰着有自觉意识的人类的问题。人类"痛失伊甸园"后，"创世说"和"原罪说"成了基督教的基本教义。基督教徒们相信，人类的始祖亚当和夏娃偷吃了禁果所犯下的"原罪"，是人类一切苦难的源头，也是人们信仰上帝以获得拯救的充分理由。但是，启蒙运动以后的大多数思想家都认为，只要充分地运用自己的理性，人类就能够改变和决定自己的命运。人类的苦难是人类理性不够发达的缘故，能拯救人类苦难的也只有人类自己，不是神。当有一天人类消灭意识形态，消灭带有国家、民族的意识形态的时候，人类将会建立自己的伊甸园，而不是神的园子。

人类世界从衍生、进化，一直到今天的人类文明世界，这条路我们走了上千万年，但是人类还是进化的不完美，或者说人类对未来的世界发展和自我进化发展走向还是一个未知的路径，从某种意义上来说还是"未知"在主导我们的世界。

我们的世界因为不同的意识形态原因而陷入纷争和分裂状态，而导致资源损耗和倾斜，我们的世界处于绝对的意识形态不可控和无法控阶段。塔勒布的"黑天鹅"问题是个古老的哲学或者逻辑问题。据说欧洲人以前认为所有的天鹅都是白的，因为他们在足够长的时间里见到的都是白天鹅，没有例外，所以推断所有的天鹅都是白的，直到某一天他们在澳洲见到了黑天鹅，于是以前建立起来关于天鹅都是白的信念一下子全被推翻了！这让人觉得由过往历史的观察所形成的信念是如此的脆弱。在欧洲人发现澳大利亚之前，我们没理由相信天鹅除了白色还可能是其他什么颜色。但后来欧洲人发现了澳大利亚，亲眼看到了黑天鹅，人们才修正了自己的认识。

黑天鹅指不可预测的重大稀有事件，它在意料之外却又改变一切。生活中黑天鹅无处不在。当黑天鹅来临时，我们应该怎么办？塔勒布的那些黑天鹅有着一些特征，那就是出现的概率很低，或者说稀缺且经常被忽视，所以黑天鹅的出现往往造成很大的冲击或者震动，有些黑天鹅事件甚至还改写了历史。为什么会出现黑天鹅呢？塔勒布先生认为这也可能源于人类的本性，因为我们习惯于从过往的经验中学习，从历史中吸取教训，这是归纳，而世界在变，世界上的许多事是不确定的，归纳的东西不能推广到无限。

塔勒布的"黑天鹅"，给我们留下的最深刻的印象，并不是长久消失在人们视野之外的澳大利亚黑天鹅，而是那只被"友善的人类"喂养了1000天以至于相信人类每天都会"为它的最大利益着想"、但最终仍在感恩节前被宰掉，从而导致"信念转变"的可怜火鸡。与可怜的火鸡一样，人类也往往"错误地把对过去的一次天真观察当成某种确定的东西或者代表未来的东西"，从而眼睁睁地看着一次又一次的"火鸡悲剧"在我们眼前发生。事实教育我们：人类只不过是另一只天真而可怜的火鸡，而且我想，身处事件漩涡中的每一个人都是。勒布为我们指出了一个特别令人揪心的事实：人类在预测未来的准确性上与一只火鸡并没有什么根本的不同。

看来，在预测未来这件事上，智者与火鸡确实并没有什么本质区别。为什么我们无知如火鸡？对火鸡来说，虽然被屠杀的危险越来越近，它却感到越来越安全，人类也一样。殊不知，就在我们蒙着眼睛信步前行时，万丈悬崖已在前方。

两千多年前，苏格拉底宣称，唯一真正的知识就是知道自己无知；四百多年前，培根警告：当心我们被自己思想的丝线束缚；四十多年前，哈耶克告诫：人类应认识到自身知识的局限性。但人类并未在大师们的呼吁中变得谦虚起来，反而自以为掌握着越来越多的知识而日趋自负。塔勒布所谓的"黑天鹅"，在哲学意义上来讲指的是具有不可预测、影响极端并且难以事后解释的性质事件。塔勒布提出了一个与传统知识习惯相反的观点，那就是我们的世界是由极端、未知（相对我们现有知识而言）和非常不可能发生的事物主导的；而我们却一直把时间花在讨论琐碎的事情上，关注已知和重复发生的事物。极端斯坦造就黑天鹅现象，对黑天鹅事件的无知又产生前面提及的认知扭曲、过滤性错误等等。这导致我们可能错误地解读了人类社会和历史，我们以为很多发现是人类努力的结果，但事实是，发现的经典模式常常是：你寻找你想要的东西，结果却发现了另外的东西。黑天鹅现象的存在使得历史毁灭并不是缓慢前行的，有时候毁灭只是一瞬。因此，社会和历史的发展常常难以预测也难以解释。我们应该承认活着本身就是极大的运气，一个可能性微小的事件，一个极大的偶然，"活着"本身就是一个黑天鹅事件，但是"我们"什么时候"死去"，以一种"什么方式"死去，在这个小小的圆球上，如何死去却还是未知。

圆的地球和平的世界

地球的形状是怎样的呢？这是一个既有趣也很重要的问题。古时候的人，由于活动的范围很小，只看到自己生活地区的一小块地方，因此单凭直觉，就产生了种种有关"天圆地方"的说法。例如，我国早在两千多年前的周代，就有"天圆如张盖，地方如棋局（棋盘）"的盖天说。古代埃及人认识，天像一块穹窿形的天花板，地像一个方盒。俄罗斯人则认为，大地像一块盾牌，由三条巨鲸用背驮着，漂游在茫茫的海洋里。印度人也有类似的传说，不过他们认为驮着这块大地的，不是巨鲸，而是站在海龟背上的三头大象。大象动一动，便引起地震。随着生产技术的发展，人类活动范围的扩大和各种知识的积累，人们逐渐认识到，大地在大范围内不可能是平坦的，而应该是弯曲呈弧形的。因为在海边看离岸的船，先是船身隐没，然后才是桅帆。在陆地上旅行的人，如果向北走去，一些星星就会在南方的地平线上消失，另外一些星星却在北方的地平线上出现。如果向南走去，情况就相反。这些现象，只有大地是弧形的才好解释。

地球是球形这一概念最先是公元前 500 年前后，古希腊数学家毕达哥拉斯和他的弟子们，首先提出了大地是球形的设想。他们主张用数学来解释宇宙，认为在所有立体图形中，球形 是最美好的。宇宙的外形应该是球形的，宇宙中包括地球在内的所有天体都应该是球形的。过了 100 多年，古希腊著名的科学家、哲学家亚里士多德才第一次对大地是球形作出了论证。他观察天象，从月食时地球在月球上的投影等现象中，推断大地的形状为球形。公元前 3 世纪，古希腊天文学家埃拉托斯特尼根据正午射向地球的太阳光和两观测地的距离，第一次算出地球的周长。公元 726 年我国唐代天文学家一行主持了全国天文大地测量，利用北极高度和夏日日长计算出了子午线一度之长和地球的周长。我国东汉时的天文学家张衡，曾有"天如鸡子，地如鸡中黄"的说法，他把宇宙比作鸡蛋，地就像鸡蛋中的蛋黄。这种学说叫浑天说，比过去的盖天说有了很大进步。 15、16 世纪的地理大发现，特别是 1519－1521 年，麦哲伦率领的一支船队，环绕地球航行一周成功，这为大地是球形提供了有力的证据。17 世纪末，牛顿研究了地球自转对地球形态的影响，认为地球应是一个赤道略为隆起，两极略为扁平的椭球体。1733 年巴黎天文台派出两个考察队，分别前往南纬 2° 的秘鲁和北纬 66° 的拉普林进行大地测量，结果证明了牛顿的推测。明朝末年，西方传教士利玛窦、汤若望等来到中国，介绍了天文、地理、数学等科学知识，才出现"地球"这个译名。

全球的每个人都知道，地球是圆的。直到 2005 年的某一天，美国《纽约时报》专栏作家托马斯·弗里德曼一声惊呼——地球是平的顿时引发全球关注。忽然间，全球各行各业的人们都在读这一本书《世界是平的》，弗里德曼先生以它独特的视角讲述了世界正在变平的过程。当然他是从商业经济的眼光，编织了一个"全球经济一体化"平行的世界，揭示了一个正在发生的深刻而又令人激动的变化全球化的趋势。他正随着这些动力，在地球各处勇往直前、势不可挡，世界也因此从一个球体变得平坦。世界正发生着显着的变化，科技、政治和经济革命正在消除各种壁垒，让世界变得更加平坦。在全球化 3.0 版的环境下，地域、文化、技术、知识等一切因素都再不会成为分工的阻碍。世界变得更小，个人却变得更强大。在"全球一体化"中，人们谈得最多的是"经济一体化"，但是事实上，或者说，从一体化最终对人类的影响而言，应是"文化一体化"或者是"意识一体化"。这个"文化一体化"的核心内容应该是——1·在全球范围内制定具有普适性的各类规则；2·建立信誉原则、磋商机制和有序竞争机制；3·建设人类道德大厦；4·改变人类"绝对贫困"的生活现实，提高人类的生活质量；5·政治制度民主化。

　　我们的世界是一个什么样的世界？？很显然这是一个意识形态世界，我们的生活中充满了国家意识形态，民族意识形态和宗教意识形态，作为一个单独的个体，我们无法挣脱这些意识形态的束缚，人类无时无刻都像楚门一样生活在一个"巨大包围的罗生门之中"。暂且不论这些意识形态是好还是坏，作为单独的个体人类，我们应该如何存在？？我们从原始社会单纯的饮食形态开始，过度到今天的文明形态，我们当前的世界达到了从量到质的飞跃，但是我们的形体内核还是没有变，作为具有动物性新陈代谢的人类，饮食形态依然还是人类生活的全部，只不过原始人类是那种粗糙的饮食形态，而今天的人类享用的是精细化的饮食结构，人类是一种"目的性"动物，而人类的目的性还是饮食，那么我们可以这样推论人类的"生活"（美好幸福生活）高于一切，而不是那些国家意识形态、民族意识形态和宗教意识形态乱七八糟的东西。国家，民族，宗教都是一部分人统治另外一部分人的意识形态，都是基于"树下"的一种意识形态思想，而不是基于人类本性的"树上"的一种人性萌芽的思想形态意识。洛克的《人类理智论》一书中提出著名的"白板说"。他认为，人的心灵本来如同一张白纸或一块白板，任何观念都来自经验。"我们的全部知识是建立在经验上面的；知识归根到底都是来源于经验的。除了人的本性意识除外，人类所拥有的任何意识形态都是来自于已知意识形态的灌输，包括我们已经形成的意识形态——国家意识、民族意识和宗教意识。这就是人类意识形态的形成过程，通过已知的意识灌输，进行固化和臣服，并进行一代一代的神化和深化，让人们服从凯撒的权威和神的意识思想，而忽略了人们内心本性的自由意识形态——人性的指导。意识形态必须臣服一样东西，就是人性，因为人性是一切意识的来源，意识来自人性。任何妄想用意识形态去控制和束缚人的本性的意识形态，都是邪恶的，包括神的意识。人类发明意识形态不是用来控制"人"这一主体的，但是恰恰相反人类发明国家、民族、宗教这些意识形态，都是用来控制和奴役人性的。

应该明白人类首先是一种意识形态动物，我们才构成了一个意识形态世界，而在人类的意识形态世界中由于"物质的巨额利益的关系和精神的心理感官愉悦刺激满足关系"以"一部分人或者神统治另外一部分人"，借政治的手段以国家、民族、宗教意识形态为载体而展现统治的，所以统治者会以不同的意识形态来完成对人的禁锢和束缚，那么就会出现基于权力的意识形态，基于统治的意识形态，基于国家的意识形态，基于民族的意识形态，基于宗教的意识形态，我鄙视一切人类从树上跳下后滋生的意识形态，因为那种意识形态具有奴役性和束缚性，这种意识形态和人类天生的自由性具有强烈的冲突和矛盾，而且两者之间还具有不可调和性。人类依靠一切自己发明和滋生的事物去奴役和屠杀他人，他们从来没有基于人性的思维和"树上"的理念去看待意识形态。

　　意识支配着所有具有生命形态的物种，当然也包括人类。生长的意识促使植物向着阳光，生存的意识促使人们去为食物、配偶和孩子而争斗。因此，占有、争斗、敌视和破坏就成为生命意识的本质。意识没有界限、没有方向，它只有盲目地实现自己的愿望。每个人的生命，都是意识的一个表象，而这种意识的表现形式就是"欲望"造就的。人类的存在就是一堆活着的意识形态的存在。培根的"四假相"学说对人们意识形态的形成和灌输更进一步的进行了阐述和解读。第一种假相是"种族假相"，指的是人类总喜欢以自身或者自己所处的民族、历史、文化、国家、宗教为尺度，不按照人性思维的本来面目去认识事物，结果歪曲了事物的真相。第二种是"洞穴假相"，这是指为个人所特有而非人类所共有的一种偏见，每个人由于在环境、教育、性格、职业等方面的不同，在观察事物时往往把自己的个性、偏爱和受"地域环境范围的影响"渗入到事物中，歪曲了事物的真相。第三种是"市场（语言沟通）假相"，指的是人们在交往中由于语言使用不当和教育认知不同而造成的思想混乱和偏见。第四种是"剧场（伟大权威）假相"，这是指由于人们盲目崇拜权威，信奉权威，迷信传统的伪哲学意识体系所造成的错误思想和偏见。"以上四假象都是人类受意识思维缺陷和禁锢，而看到"人类世界破碎的世界和破碎的人"。

什么是意识形态，意识形态就是你以所处的国家、民族、宗教、历史文化的视野去主观看待世界，而不是以人性的客观视角去看待事物。我们根据不同的国家、民族、宗教历史文化发展，形成了不同意识形态，其实这些都是错的，假如我们要以人性的角度来看待问题，那么我们的世界就会简单许多。当人类从树上跳下来的时候，两手是空空的，我们并没有从树上带下什么东西。我们想做"人"了，于是就从树上跳下来了，仅仅而已。于是我们从树上跳到陆地，开始行走做人，那么我们每一个人都要具有人性，而那些不愿意跳到陆地，继续选择在树上的物种，还是兽性的。人类两手空空的开始做人，那么人类从树上跳下来的时候，并没有国家，没有民族、没有宗教，只有人性，所以保持人类的人性正常延续是人类世界得以存在的第一要务。

应该承认人类的人性中也存有许多丑恶的东西。无论是上帝神创论，还是达尔文进化论而言，人都是不完美的，有缺陷的，西方圣经中诠释了人类的七宗罪，而进化论中我们看到人的劣根性等等，这些都是人类与生俱来的罪或者劣根。人类的敌人只有一个就是"自我"（本我无罪），而不是那些人类落地之后所滋生的国家、民族、宗教的意识形态。现在人类的最大问题是如何控制人类原始的兽性，如何扩大人类人性的散发，但是很显然今天我们的世界已经被国家、民族、宗教这些意识形态的东西所束缚，而我们恰恰忽略了我们内心的某些东西。有时候感觉人类真的是一种很白痴的动物，特别是世界上那些权力者们更是白痴中的白痴，我们到底需要建立一个什么样的世界？？绝对不应该是一个意识形态的世界，而是一个人性互通的世界。人类喜欢用国家、民族、宗教，或者某种东西来区分人种，其实我们看一个人，就是一个人，爱一个人，就是一个人，而不是给这个人贴上某种标签。哲学家尼采的一句话是：世上唯一应该区分颜色的，就只有洗衣服这件事了。意识形态让人类坠入兽性，坠入深渊。意识形态让我们只看到自己，而看不到别人。

有人说那么我的思想是不是也是一种意识形态，是的，是意识形态，人类的一切思想触须都是意识形态，但是我的思想所提倡的是一种基于人性思维的意识形态。我的意识形态中有爱，有守护，有平等，有自由，有民主，没有屠杀，没有杀戮，没有奴役，没有所谓的伟大，没有所谓的光明，没有所谓的正确，没有特权，我的意识形态是基于人类的一种本性的自我意识，是基于人类天生的自由性，是基于人类感性的心和理性的脑而展现的，我想寻求建立的是一种希腊诸神式的众人或者众神时代的思想形态。至少那个时代神是有神性的，人是有人性的，虽然双方都有缺点，但是却丑陋而具有真实。

电影纪录片《美国请听我说》讲述了一个多世界 多种族多人种通过不同历史文化和人文思想视野而讲述得一个多平面国家。这是一个关于 4 个不同文化背景的倾听者，为了找出一个简单问题的解答，横跨全球探访 15 个国家的故事。美国，掌握世界强权的泱泱大国，但全球 67 亿人口对美国的印象可不见得都一致。影片中四个倾听者透过不同的观点，与不同文化种族的人们交流，借此点出，就连身处庞大土地的美国人也缺乏世界意识，身处岛屿一角的你我，面对瞬息万变的国际情势，更该张大耳朵聆听世界声音。位置决定了我们的意识，基督教的位置和伊斯兰教和佛教的位置不同，所以我们得到了不同的宗教信仰。当我们在一楼看风景和在二楼看风景的角度是不一样的，但是一楼的人不能指责二楼的人是错的，因为人没有错，风景也没有错，错的是我们的位置和我们的眼光。因为我们所处的位置不同，我们可以得到两个不同的风景，同理我们也会得到两个不同的意识形态风景观。因为我们站在不同的历史观，价值观，国家民族主义之上，所以我们会得到不同的世界观。每一个人的世界观都是正确的，但是每一个人的世界观也是错误的。我们只会站在自我和本我立场上看风景，而不会站在他我立场上看风景。因为这样很难，人是自我动物，不是他我动物。但是我们不能指责别人的信仰是错误的，但是我们判断是非的事物需要一个标准，就是它是否站在人性的基础上，看它是解放了人性，还是束缚了人性。因为人是人，而非人的事物一定不能成立。例如独裁的国家，狭义的民族主义和原教旨宗教主义等等。

人类的受教是从什么时候开始的，是从其个体具有意识形态思想萌芽的时候开始，那么假如我们想制止宗教冲突的话，那么我们就需要重新构建新的意识形态。一种双方共同认可、共同承认、共同遵循的"人性"的意识形态。它不是基督的，也不是伊斯兰的，人类的意识害怕被同化，特别是被外界的思想意识同化，同化的意思就是预示着自己的价值被取代，而自己就会失去存在的载体；同化的意思预示着自己即将处于一个极度不安全的环境里。假如让别人同化我的意识形态，我会反抗，特别是让对手来同化我的意识，更是不可能。所以我们需要第三方，需要一个没有参与到双方冲突的，而且双方都承认和认可机构来承担这种意识形态的再塑。欧洲世界和伊斯兰世界的冲突和局部战争，就是基督意识形态和伊斯兰意识形态的冲突。那么谁能有资格向全人类灌输这种意识，答案是没有一个。美国行不行？？由于历史原因，由于宗教信仰差别，由于意识形态差异，美国不行，因为美国是五面怪，美国的宗教意识，伊斯兰世界会抵制他，东亚国家怀疑他，非洲国家不信任他。这个世界需要一个强有力的臂膀，但不是美国，而是一个大而泛统一的国际组织体系"长臂"。因为任何单一的、独立的国家向全人类灌输这种意识，都会陷入对另外国家的"文化侵略和宗教灌输"的嫌疑。所以我们认为既然是全人类普遍遵循的铁律，当然需要全人类普遍认同的体系来完成这种意识灌输。那么全人类普遍认同的体系是什么，当然是我们今天的联合国，当然这个联合国是新的联合国，而不是旧的那个。

今日世界之争端，是人类从神（意指宗教）的意识里挣脱，回到人（意指民族性）的意识之争端。而这个"人"的民族性意识，指的是那种单边性极度膨胀建立在集体意识上的民族意识。人类从神的意识领域跌入到民族的集体意识领域之内，而这个神的领域，在西方是指那种宗教意识领域；在东方指的是那种君权意识领域。我们讲人类从上帝的意识里挣脱，跳出来，跳到今天国家的民族意识里去了。这种以地域范围、疆域范围、民族历史范围、阶级斗争范围以及人种思想范围为界限的建立在国家体系之上的国家民族意识形态，有的是理性的，也有的是偏激的单边式的民族意识情绪。我们认可那种理性的有限的民族意识，而反对那些单边式的偏激民族情绪思想。一个国家必须要拥有一些必要的前提基础，例如：有限的民族意识及民族利益；国家战略利益及经济利益；保障其国民的生存权限及自由思想权限等。这应该是一个由公民聚集而成的国民统一认可的三大国家利益要点。人类要想成为世界的王者，就必须首先破除那种狂热的单边性膨胀的民族意识形态，因为这种意识形态是今天世界发生动荡和战争的根源。这种利用"一己国家民族之利，而行全世界国家民族之害"的意识形态，显然已经不符合今天全人类世界的普世价值观。

政治的意义不在于集权统治，维持政权，而在于"平凡"，让每一个个体获得自由是政治的最大魅力。换言之国家，民族，甚至宗教这些意识形态，并不具备"神圣性"。那么怎么才能让个体获得自由，不言而喻，通过教育的灌输是最好的办法。教育的目的是什么？教育的功能首先是使个体获得最基本自我生存和生活能力，保证自我生命权限不受侵害。其次是在社会人际交往及区域和区域之间、国家和国家之间以及民族和民族之间、信仰和信仰之间、思想和思想之间、个体与个体之间、人与人之间互不侵害，保证彼此之间的同等、对等关系，自由关系。最后就是每一个个体在其所在区域范围内，要行使对国家制度、体系以及权力的监督和控制、管理，不要让国家的意识形态、民族的意识形态、信仰的意识形态、区域的意识形态、思想的意识形态建立在个体之上，必须让每一个个体获得自己想要的自由。让每个个体相信国家的建立是为了保障个人的独立和自由而建立的，而不是为了统治人们而建立的；国家是服务人们的，而不是束缚人们的。教育的最根本就是向人们灌输独立和自由理念，以此破解国家意识形态和民族意识形态的控制和管理；同时保证彼此之间的同等、对等关系，自由关系，让一个人和一个人之间、一个民族和一个民族之间、一个国家和一个国家之间，建立生命契约，尊重生命的意识形态。

我们崇拜国家，我们崇拜民族，我们崇拜宗教，是因为这些东西给了我们安全的庇护和生活以及精神慰藉，于是我们把这些东西看成一种理念和信仰进行膜拜。在一个大而广阔的国家中，在同一个枝叶上的树叶会紧紧依靠，而形成某种民族合力，以抵御国家意识对某一个体造成的侵害，于是我们继续像崇拜国家一样去崇拜民族，民族给了我们力量，于是我们又把民族看成一种信仰。宗教信仰、国家信仰、民族信仰是人类世界的三大信仰，也是构建人类精神生存和物质生活的三大保障。但是我们创建了法则，可是有时候我们又会被法则所左右，欧洲中世纪的宗教裁判所束缚了人类的人性，让人类生活在神的恐惧之中；第二次世界大战德意志帝国的崩溃，让我们发现有时候国家信仰是错误的；而东亚大和民族日本在亚洲的肆虐让我们又发现民族信仰也是错误的。柬埔寨红色高棉依靠一个民族信仰杀光另外一个民族信仰来建立共产世界更是极端错误；前苏联和美利坚，东欧和西欧的冷战壁垒，依靠国家信仰来对抗另外一个国家信仰也同样是一个悲剧；至于神和神之间的信仰仇视，伊斯兰和基督的对抗还存留在人类的宗教信仰"血液"之中。还是古罗马的铁血法则比较简单，任何神、国家、民族都必须向权力者低头服务，由权力者掌控一切。今天人类的这三大信仰，从原始社会的蛮荒走过，从铁血丛林的法则走过，当然在今天的世界文明法则它也将走过。当我们走过世界文明法则的尽头，我们会迎来一个什么样的世界，耐人寻味。当然我们不必妄言什么历史的终结，目前的人类世界还是一团没有头脑的蚂蚁，在一支燃烧的枯枝上漫无目的的爬着，历史是否真的如美国学者福山所言会终结，其实只要人类存在一天，在这个地球上存活一天，历史就永远不会终结。

那么在人类世界中有没有一种信仰可以超越宗教信仰、国家信仰、民族信仰，而我们不会被这些信仰所奴役，让这些东西为我们让路，或者有，或者没有，或者我们正在努力创造这种信仰。有没有一种共同、共通的信仰让全世界所有，让全人类拥有？？？人应该成为什么样的人，国家的形态应该如何保留，宗教应该到那里去？？？在今日之世界，人类需要建立一种大同主义宪政教育理念。世界大同主义是基于一种共同的世界民族利益观，让国家之间更为紧密衔接，让人类之间更为自己的主义。告诉我是谁毁了这个世界，是意识形态，人类的意识形态。告诉我谁能拯救这个世界，是意识形态，人类的人性的意识形态，出自本性的人性意识。而所谓的世界密码就在那里，就在人性中。人性是人类最好的凝聚力和向心力，不是国家，不是民族，不是宗教，而是有人性的信仰。人类有了这一人性，人类的未来世界才能会愈来愈有希望。

人性，人类天然具备的基本精神属性。人类社会的一切现象，都是基本人性的映射。现代社会学家认为，世界上只有一个人类，只有一种人性。这是不同民族之间能够交流、达成理解的前提。人类从野兽走到人是那么的艰难，可是为什么今天还有人还想从人再走到野兽呢？

我的世界

　　有一天，我看到我的儿子玩《我的世界》（游戏），玩的不亦乐乎，他兴奋的告诉我怎么建设，怎么操作，怎么运行等等。可是我很笨，总是玩不好，儿子说我是笨蛋。我刺了他一句说，我玩植物大战僵尸，比你玩的好。其实每一个人都有一个世界，我们在自己的世界中生活和生存，生老病死等等。每一个人在自己的世界中都是国王和主宰，是建设者。当我的儿子在自己的世界中玩耍的时候，他却不知道我也在构建我的世界，不，不是我的世界，而是一个人人共有的世界，没有战争，没有恐惧，没有黑暗，没有不公，没有压迫，没有统治，没有非正常死亡的自由世界，一个人人是人的世界。根据弗洛伊德精神学分析，人类有三个世界：一个是本我世界、一个是自我世界，一个是超我世界。每一个人都有自己的世界，我们会把小时候自己最伟大的梦想、理想，自己最爱的人、自己最爱的父母孩子，放进自己的世界里进行珍藏和保护。但是当我们越长越大的时候，才发觉自己的理想中的世界和现实中的世界，相差的太远、太远。到底是我们的世界错了，还是今天现实中的世界错了，是什么东西改变了我们的世界？？？我们的理想世界和梦想世界是完美的，可是我们的现实世界却是残酷的，在今天这个世界有人在流血、有人在死亡；有人忍饥挨饿、有人颠沛流浪；有人心存恐惧、有人失去自由；有人身披枷锁、有人黑暗中活着，更不要说比人类更弱小的物种，那些动物所忍受的折磨了。。。。。我们的理想世界是感性的，可是我们的现实世界却是"理性"的可怕，有时候我会认为并不是这个世界的可怕，而是"人"的可怕，有时候我会想人类到底是不是这个世界最邪恶的物种？？可是据我的看法并不是，人类的邪恶是受环境、体制、制度这些意识形态的影响，正是这些国家的、民族的、宗教的意识形态，不受控制的权力让人变得更坏、更邪恶。那么面对这个邪恶的物种，我们是不是要选择退缩、放弃、忍受这个世界？？其实为了保护我们小时候的梦想、理想，为了保护自己的孩子和他人的孩子，为了保护自己的父母和他人的父母，为了保护自己的爱人和他人的爱人，为了保护自己的世界和他人的世界，我们需要做一些什么，或者我们需要象征性的做一些什么，改变一些什么？？

有人说改变世界很难，是的很难，非常之难，但是我们的世界还是一天天的在改变，而且是无时无刻的在改变着，从茹毛饮血的原始社会，我们也同样经历了奴隶社会、封建社会、资本主义社会，以及今天的文明契约社会，我们从原始的饮食法则过渡到丛林法则，有进一步过渡到今天的文明法则。我们的地球在一天天的旋转，而我们的世界也在一天天的改变，西方的福山学者在历史的终结中论证了我们的"世界"（指制度）是否已经走到终点，我们都不知道，我们知道的是，我们现在还活着。每一个人对未来世界的前景都是充满渴望和幻想，当我们对我们目前所处的世界展开美好展望的时候，往往都是喜欢站在现实的原点和开端上进行幻想我们当前的世界，虽然说我们的文明一步一步在发展，但是应当看到我们当前的世界也是充满了未知的变数和不可预知的危险：局部战争，核武器，军工产业，宗教极端，政教合一，恐怖主义，独裁政治，毒品暴力，资源衰竭等等，都像是一团团燃烧的火，在一株爬满了蚂蚁的枯枝上燃烧。假如说我们站在这样的开端上展望世界，并进一步想寻求世界的改变确实很难，人类大多数的思维喜欢沿用那种直线性的思维方式，我们很多人的思维是先用开端展望结果，那么很明显如果开端不好，那么结果就不会理想，这是正常推导反应和过程。假如说我们用一种"反推式曲线"思维来思考我们的世界的话，那么我们会得到另外一种结果和开端，用现在改变不了未来，只有用未来改变未来。首先我们的目的是建立一个什么样的世界，当然每一个人对美好世界的涵义和内容各不相同，但是美好的世界最基本的就是没有战争威胁，没有政治压迫，没有恐怖主义、人人生活自由、社会体系政治体系民主等等，每一个人都可以有尊严的生活和生存，你的头顶只有蔚蓝的天空，而没有国家的或者民族的独裁压迫，以及在政教合一之下的神权束缚等等。

那么什么东西影响了我们当前世界这一切美好的愿景无法实现，很显然是意识形态，是各种各样不同的意识形态，是各种各样不同的国家意识形态，民族意识形态，以及宗教意识形态影响了我们。意识形态是滋生当前一切矛盾和战争的根源所在，因为国家、民族、宗教价值理念的不同，导致了我们当前世界的危险和纷争。有价值观和世界观不同，而导致的无法预知的世界危险，是阻碍全人类实现和解的原因。那么我们能否实现全人类的和解，统一价值观，答案是不可能。因为每一个国家或者民族以及宗教的文明历史发展不同，不同的国家有不同的文明发展之源，不同的民族风俗人情，不同的教宗理念信仰，这些不同都不是以一个单个的个体单独存在的，而是以国家、民族和宗教的集合体出现存在的。世界上最难改变的是什么？是人的心，人的大脑，人的思想意识形态，默罕默德、释迦牟尼、耶稣都无法做到统一人类的思想，在今天我们同样也无法做到。我们发现给当前这一代已经形成"自我意识形态"的人类灌输某种新的思想很难，当然我们也无意改变这一代人类的思想，但是我们可以把希望放到下一代，改变下一代未来人类思想意识形态是至关重要的。

假如我们先预定一个目标，第一步应该怎么做？？在我们当前的世界中，在我们的既定思维和认知中，我们习惯于顺序排读法，即我们习惯于从 1 数到 100，从 1 开始顺序排读一直到 100 结束。这是我们既定的正常逻辑思维，但是假如我们运用反逻辑思维进行解读又会怎么样？？在我们既定的认知中，我们习惯于用现在改变未来，用当前改变世界，我们假定现在、当前是"1"，而未来、世界是"100"，那么在现在、当前思维意识"既定、固定"的情况下，我们很难走到未来。因为"1"会因为意识形态衍生出不同的数字的乱序和乱码，或许 1 之后会出现 7、11、26、32、43、66、15、1、0。。。。。。等等乱序，因为建立在"1"之上的思维意识形态不同，所以我们会得到不同的乱序和乱码。"1"的起点思维思维不同，所以我们会得到不同的未来和世界，最终结果是我们无法走到 100。假如我们运用跳跃思维的话，用未来改变未来，用世界改变世界，我们跳过 1，从一个共同的起点

2 或者 3 开始数，数到 100，那么我们将同时得到一个相同的结果，即一个统一的未来和世界。在"1"的意识不统一的情况下，我们可以从统一的意识"2"开始进行读序。在当前我们的世界，国家、民族、宗教意识不统一的情况下，我们只能得到一个分裂的未来和世界。国家、民族、宗教是我们的"1"，那么我们的这个"2"是指的什么？？为什么"2"可以是统一的？？？我们对"1"的认知，对自我国家、民族、宗教的认知，都是来源于意识形态的灌输——教育的结果。如果我们想统一的话，那么这个"2"就是"统一的教育灌输"。"人是受教动物"，而国家、民族、宗教，还有 1 都是人类受教得到的结果，具有分裂性质的"1"，导致今天我们分裂，无法形成一个统一的世界。假如我们在"2"中添加上统一的意识形态的话，给人们添加上正确的人性意识观、价值观、世界观、生命观，那么在"2"统一之后会顺序演化为 3456。。。。。一直到 100，而老的分裂意识"1"在经过自然规律消亡之后，我们的阻力会减少，"2"的统一意识会越来越强，那么我们会一同走向相同的未来和世界。

我们很难让一个基督徒去信仰伊斯兰，同样我们也很难让一个伊斯兰去信仰基督，因为意识形态的固化和根深蒂固，所以我们很难改变成人世界的意识形态。当然我对任何一种教派都不存在什么人为的偏见，但是我所说的是要想改变成人世界的意识形态非常难。罗素认为人们真正信仰上帝的原因并非由于理智的论点，而是从儿童时代起就受到的熏陶。也就是说"神"是一代代人用意识形态"培育"灌输出来的，假如我们要改变他人的意识形态的话，最理想的时间是小鸡破壳后的第一天。因为小鸡没有已有的意识形态固化和意识形态排斥，所以很容易种植。假如我们想改变人类世界的意识形态，假如我们想统一人类世界的意识形态，那么我们需要一种统一的意识教育和灌输。给予正确的意识观和价值观以及世界观，是未来人类世界统一的关键。我们需要先破除人们内心的墙，我们才有可能走到一起来。

耶稣，穆罕默德，释迦牟尼，他们的存在价值是曾经建立过一个世界，而且这个世界还会继续存在下去。释迦牟尼的一叶一花一世界，耶稣的上帝之城，穆罕默德的安拉世界，无论人类从衍生还是到死亡，他们所创建的世界一直都在影响着我们的意识，人类能够建立一个世界是多么伟大和欣喜的一件事情，什么时候这些世界统一了，人类就走到一起来了。伟大的人总是能建立人类肉体的俗尘世界和灵魂的精神世界，并且让人们相信自己，相信自己的教义。他们能用意志力建立各种各样的俗尘规则和精神羁绊，让人们信服并且膜拜自己，以此让人们相信自己就是神灵。伟大的人总是能建立一个世界，并且能够引领人们进入这个世界。当我研究耶稣的时候，我是基督徒，当我研究释迦牟尼的时候，我是佛教徒，当我研究穆罕默迪的时候，我是伊斯兰教徒，当我研究王权的时候，我就是凯撒，我研究他们，但是我并不供奉他们，如果我进入他们的世界，我将失去自己的世界，从而无法建立自己的世界。我们生活在这个世界上，要不想这个世界改变我们，我们就必须改变这个世界。有人说改变这个世界很难，是的，很难，因为人类的意识很难改变和统一，基督、默罕默德、佛陀都无法统一我们的世界，但是假如我们在一个孩子的初期就注入相同的统一意识的话，那么将来我们的这些孩子注定要走在一起。丛林法则时代，只要两个选择，吃或者被吃。契约时代，也有两个选择，遵守或者不遵守。普世文明时代，也有两个选择，普世或者不普世。不同的时代会产生不同的意识形态和个人价值。在圆形时代不可能产生方形的人，设立什么样的规则，就会产生什么样的人，这是定律。如果把全人类的道德观和价值观通过教育意识形态的灌输，提升到一个相同位置上，那么我们的世界就有可能统一。思想的统一，价值的统一，会让所有的人走到一条路上来。人类的统一，首先是意识形态和思想的统一，而不是利用武力来强制寻求统一。

当我们看到魔术师用意念折弯一个汤勺时，我们无法理解为什么意念的力量会这么大。当我们设定一个目标的时候，如何推动这一目标的运行，最重要的一点是我们需要让每一个个体明白自己所要达到目标的位置在哪里，以及每一个人的在这个目标中的作用是什么和所要达到目标的最高意义是什么。众人的呼声和意念是达成目标的首要前提。假如众人说我们建城吧，如果说众人的呼声和意念都统一的话，那么这个城池在适当的时间，适当的地点，通过适当的手段我们就可以建成，因为众人的呼声和意念是我们达成目标的前提。我们如何让众人的目标和意念形成一致性，通过滋生意识形态和呼声的器皿，教育的灌输，让众人的目标形成一致，那么我们就可以建城了。如果意念的力量可以传承的话，那么随着人类新陈代谢自然生息的运作，将来这些孩子一定可以统一我们的世界，或者说这些孩子将会促使那些权力者统一我们的世界，因为众人的呼声在此，众人的意识在此，众人的统一在此，无论是那些基督徒或者反基督者，无论是那些穆斯林以及伊斯兰教徒，无论是佛陀，还是那些生活在世俗王权之下的人们，都无法阻挡人类建立一个统一的世界和意识之城。

我的长大

　　我记得小时候，记得我大概七、八岁的时候，那是一个冬天，很冷很冷的冬天，不知道怎么传来一个消息说，在铁路那边冻死了一个人，那时候的我们就跑过去看，我站在人群中，看着那挖的四四方方的废弃的坑洞里蜷缩着一个人，我们看不到他的样子，当然他的年纪也不是很大。那时候的我并没有惧怕，有的是隐隐的惊奇和兴奋，就像我们第一次看动物园里的狮子、猴子一样，我也是第一次看死人，或者是即将死的人。我记得那天很冷，因为观看的人很多，所以也很热闹，那种热闹的场景有点像鲁迅《社戏》一文笔下的场景一样，很是热闹。我们站在冻的硬邦邦的坑洞上方，朝下凝望，就像是在凝望深渊，我们兴奋的窃窃私语，四周有很多人，有大人，有小孩，有老人，有妇女，当然也有七、八岁的我们，但是没有任何人跳到坑洞里，去看一下那人，大家纷纷裹紧自己的衣服，嗡嗡议论着说，那人快冻死了，冻死了。我不知道人在死前，或者即将死前，他的世界，他的思想、他的意识在思考一些什么？？他蜷缩在深渊里，也蜷缩在死亡里，但是我想假如那人在深渊里微微抬抬头朝上凝望，凝望我们的话，或许他看到的是一群兽性的人，一群兽性的大人、小孩、妇女、老人，当然其中也有七八岁的我们。其实那人在深渊里，我们也在深渊里，那人在死亡里，我们也在死亡里，因为人性死后，活着的人就只剩下兽性了。

　　我记得小时候，记得我们十一二岁的时候，因为是农村的户口，家里的地在铁路北边，我们总是需要跨过铁路去地里，在经过铁路的地方有一个时常干枯的桥洞，哪里经常扔一些死去或者被遗弃的小孩子，或许会有一些野狗在那里吧，当然我没有看到过，但是有时候我会看到一些包裹的严严实实花花绿绿的小被子扔在那里。不管我是否看到还是看不到，每一次走到哪里，我都会害怕，都会飞快的跑过。不为什么，就是感觉很是恐惧和害怕，每一次路过，都是飞快的跑，心脏"通通"的跳着。人的生命竟然可以随便丢弃，而死亡却是离我们如此之近，近到深渊里死亡的灵魂气息可以贴近我们的脸颊。当然这种场景对于人类而言是恐怖，对于那群游荡在附近的野狗而言，却是疯狂的饕餮聚餐了。我还记得2002年之后，经常在大街上送货，那个被父母遗弃的，经常睡在华联超市门口或者体育场的那个肥胖的小孩；我还记得我初进医院门诊大厅，那个白发苍苍，满眼浑浊，蜷窝在地，手拿瓷盆乞讨的老人。我还记得，在我上小学回家的那条路沟的水坑里，有很多即将干涸渴死的鱼，我那时着急忙慌的从家用瓷盆端水去倒进水坑里，当时的心情应该是很满足，很满足吧！可是在第二天的放学，从那条路沟经过，里面的小鱼还是全部死去。当然我们还记得很多很多的人和事物，很多，在我的记忆中……………但是我为什么要说"我们"？？因为我们每一个人都看到了这一切，但是我们每一个人都假装没看到，原来我们都是兽性的活着。人类从树上跳下来，是要做"人"的，但是没想到我们还是"兽"。是人性促使我们从树上跳下来，直立行走，但是兽性依然让我们生活在树林里，生活在深渊里。美国911事件中，我们也曾经为美国遭遇到恐怖袭击，而兴高采烈，其实那是对生命的亵渎，假如我们的眼中还区分美国人、英国人、德国人、中国人、韩国人、俄罗斯人、日本人的话，那么我们还是生活在意识形态之中，永远不要仇恨任何人，包括你们的敌人，你之所以认定敌人是我们的敌人，是因为你的意识形态还没有消散，敌人也是人，是人都具有人性，同样的都具有喜怒哀乐，他们同样的都是和你一样在生活、在生存，只要是有细胞构成的物种都会有痛感。假如我们庆贺他人失去了生命，那么只能说明我们的意识形态出现了问题。有时候感觉到很难，不是自己难，而是看这个世界很难，看这个世界的每一个人都很难，我像杞人一样感觉难过，但是自己又无能为力。我感觉人生很空虚，没有意义，因为我们改变不了这个世界，改变不了他人的生活，无法让他人生活的更好。所以我们看到人杀人也会很漠然，看到他人受罪，我们也会很冷然，原来不知不觉我们从小时候长大到现在，我们不知道什么时候就丢失了人性。任何人都没有权力把人性从某一个体身上进行剥离，人类存在的唯一价值就是人性，偏离这一价值人就是兽性的。我们爱一个人不能先看他是哪国人，才决定去爱他，或者说存在历史恩怨，或者说存在种族杀戮，但是不能因为"昨天"的事，而影响"未来"的发展。在人类的历史发展长河中，根据达尔文弱肉强食的丛林法则来看，每一个种族手上都绝对存有鲜血，没有沾染鲜血的种族，已经被屠戮殆尽，消失在历史长河中，全世界今天存在任何种族，手上或多或少都有"他人的血"，所以今天我们很难说那一个人是好的，那一个人是坏的，哪一个种族是应该被消灭的，哪一个国家是应该被灭亡的。

人会长大三次。第一次是在发现自己不是世界中心的时候。第二次是在发现即使再怎么努力，终究还是有些事令人无能为力的时候。第三次是在，明知道有些事可能会无能为力，但还是会尽力争取的时候。在古代帝王们热衷于用铁与血征服这个世界的时候，但是他们的帝国都纷纷消融于历史长河中，不露一丝痕迹。我信奉佛教的"人是苦的，是空的"，我信奉基督教的"人是发光的"，我信奉伊斯兰教的"人是规则的"。人是苦的，所以我们需要救助他人，人是空的，空虚的，弱小的，孤单的，所有我们需要信仰。人是发光的，或许我们无法理解，意思是人类的光是通过眼神的明亮，心灵的纯洁，散发出来的，也只有善良的人才能会发光，所以人需要善良。人类要讲规则，不管是签在羊纸皮上的规则，还是签在心灵上的规则，都要遵守，动物的秩序性和人的秩序性同样重要。规则，法律都是衍生秩序的。人的自由秩序。我梦想未来有一天依靠思想来征服这个世界，而不是依靠铁与血。我的梦想或许及其幼稚可笑，就是希望达成全世界人民的和解和世界和平，我想建立众人之城，我想建立一个自由平等的世界，我可以把全世界所有的权力者关进牢笼，当我们背着自己的行囊走遍这个世界的时候，每一个权力者见到我们，都会微微向我们鞠躬致意。

人一定要长大吗？更多时候我们所谓的长大，无非指为了挣得衣食住行而适应这个世界。但长大不该是泯灭童心、不该因背负了别人的期望而像行尸走肉一样活着。所以最幸运是不用长大，最痛苦的是不得不长大。我不希望让任何人死于不公，死于黑暗，死于恐惧，死于非命。我希望让所有的人自由，自由呼吸，自由生活，自由活着。愿我们能陪着爱的人，做喜欢的事，不忘初心，生活的像个孩子。一个人在精神上足够成熟，能够正视和承受人生的苦难，同时心灵依然单纯，对世界依然怀着儿童般的兴致，这完全是可能的。我不认为麻木、僵化、世故是成熟，真正的成熟应该是保持童心的生长能力。儿童的可贵在于单纯，因为单纯而不以无知为耻，因为单纯而又无所忌讳，这两点正是智慧的重要特征。《圣经》里说："你们如果不回转，变成小孩子的样子，就一定不得进天国。"帕斯卡尔说："智慧把我们带回到童年。"童年是灵魂生长的源头。我甚至要说，灵魂无非就是一颗成熟了的童心，因为成熟而不会再失去。圣埃克絮佩里创作的童话中的小王子说得好："使沙漠显得美丽的，是它在什么地方藏着一口水井。"始终携带着童年走人生之路的人是幸福的，由于心中藏着永不枯竭的爱的源泉，最荒凉的沙漠也化作了美丽的风景。

在荒野中，李尔王问眼睛瞎了的格罗斯特伯爵："你是如何看世界的？"盲人格罗斯特伯爵答道："我满怀情感地去看"，充满情感的去看。我曾经见过钟摆，钟摆在机械定理的驱动之下，左右的摆动，而时间就在摆动之间过去了。有时候我就认为"人"就是这世间的钟摆，我们向左摆是一个世界，向右摆是一个世界，而这个世界就在我们左右摆动之间远去了。我感觉这个世界最困难的一件事就是抉择，因为我们的抉择将决定我们这一生的命运和命数，同时也决定我们会在这个世界留下一些什么？？无论我们在摆动中遇到了谁，放弃了谁，选择了谁，可能都会改变自己一生的世界、那人的世界以及整个世界。一只小小的蝴蝶的蝶翼微小的振幅，都有可能会引发一场巨大的飓风。

　　我感觉人类是一个具有意识力的动物，所以我们有时候喜欢思考，有时候喜欢展望未来，生命起源衍生在水里或者是"液体"里，人类从古猿进化成人，又从树上跳到陆地，我们所走的每一步都在人类进化史中留下不朽的足印和印记。我们从远古中走来，从蛮荒中走来，我们在陆地留下留下每一个足印，但是我们的足印将通向哪里？？我们的世界要继续走向何方？？前方的路是否是未知？？而未来的人类世界会是什么模样？？我喜欢下雨的时候，趴在窗前看那雨一滴一滴的打在玻璃上，然后慢慢的雨"丝"汇聚在一起，形成雨"点"，当更多的雨点融合在一起，它们就会在玻璃上滑过形成雨"流"，欢快的汇聚到下水管道里，然后流到院子里，通过院子的下水道，形成雨"柱"，最后奔向更广阔的未来。今天的人类世界我们同样的像那雨点一样，经过"丝"、"点"、"滴"、"流"、"柱"的过程，最后我们的世界也将奔向更广阔的未来。我们的世界最后一定会在一起，汇聚起来，形成一个统一的雨"点"，未来的人类世界也必定会形成一个"大而一同"的世界，即我认为在不久的未来人类社会会迎来一个世界大一统的"雨点"轨迹中。这种大一统不是指那种地域、地理、领土、疆域的统一，而是指人类世界意识形态的大一统。

　　未来的人类世界将会有一个大而统一政治机制，它具有司法独立、行政独立、立法独立的政治属性，具有军队"国家"化,舆论监督特点。这个国家实现三权分立有一个总统,分管人权、自由、民主、人文教育认知、人文居住环境,以及相关紧急军事授权权限等等;这个国家有一个议长,分管系统内各种人事组织系统具有选举权限、立法权限、质询和弹劾权限;这个国家有一个律法委员会和独立法院,主管拥有最终的司法律法裁定权;这个国家总统之下再进行三权分立,这个国家有三个总理,分别独立分管行政、经济、军事。所以我们不必担心这个国家会变成独裁,因为国家宪法在主导者内部的分权和制衡。假如我们把这个世界看成一个国家的话,那么在这个国家中,有一个议长,职责是选举、立法、质询;有一个独立法院,职责主管司法;有一个总统,职责是保障人权、教育、人文思想自由及居住环境、以及有限军事主导权限;总统之下实现三权分立,一权为政理会总理,职责为主管政治行政;一权为经理会总理,职责为主管经济行政;一权为军理会总理,职责为军事协调操作;总统不干预总理的职权操作,总理只对总统及议长负责。这是一种三权之下的次三权分立内部的分权制衡机制,在外部之外有一个人民的喇叭,而不是权力者的喇叭——国家独立舆论新闻司,以通过大众的"目的眩晕性"来监督政治权力者的权限;还有一个独立国际工会,以通过大众的"行为的眩晕性"来推翻政治权力者的权限。在这个国家宪法之中,国家的章程之中必须写明"人民具有言论自由,言论聚焦的自由;人民具有抗议、游行、推翻暴政的自由;人民具有从合法程序,合法权限(工会)拥有武器的自由"。在人民的教育体系之内,任何权力者都不能以自己集团或者政党的意识形态介入教育体系,给人们洗脑。要注重把人们培养为对权力者的监督者，而不是服从者，教育的目的就是为了打造不屈的灵魂和尊重生命。这个国家的教育实行公民公知教育，每一个孩子都是一个个体"国家"，他们尊重生命质疑权力，所以每一个孩子的个人身份证或者卡片上都写有"我尊重他人的生命胜于尊重自己的生命；我天生质疑权力者的权力，绝不后退一步；我是一个国家，没有任何人的意识可以强加于我的意识之上，因为我是一个国家，我的名字叫 xxx 国"。（参见尹尚玥《神曲——最后的审判之路》一书"众人的孩子"）

在这个大而统一的政治机制之外，我们根据当前现行国家进行区域联盟或联邦机制，分亚洲区、欧洲区、北美洲区、南美洲区、非洲区。在板块区域内实行联邦或联盟政治机制，加强区域内的政治、经济、军事（有限军事）的联系。经济方面各个区域内实行"区域货币"，即区域内每个国家只拿出一个货币面值，组成区域货币。加强对货币量化的控制管理和监督，通过货币控制稳定区域内的经济物价稳定；另外区域货币有利于减少区域国之间的军事战争争端，因为在区域国内引发战争和暴乱，将会让自己的货币贬值，物价膨胀。政治方面各个区域国之间加强沟通、交流、对话、合作等等。军事方面各个区域国组建联合军事，协同维护区域内国家安全。

人性的养成

人类有两个东西，不可以过分依赖和相信，但是人类又不能完全的丢弃它。一个是人类精神上所要依靠的神灵，另一个是人类肉体上所要依托的国王。我把神灵视作人类不可依靠的扶手，但是人类又不能失去这个扶手，虽然夜空中"遥远的星星"对于我们来说并没有什么实际的意义和作用，但是如果整个夜空没有星星的话，那么人类也会变得疯狂。如果人类过分依靠神灵，就会被奴役和控制。我认为人类是从树上掉下来的，并不是让人类放弃宗教，放弃神灵，我只是让人类在失去神灵的庇护和宗教的慰籍后，可以坚强自己内心的信仰和内心向善的力量，应该认识到神灵不再帮助我们，人类的强大需要依靠自己和依靠和自己一样的人。人类也不可过度依靠国王，如果人类依附于国王，就会失去自由，被国王以秩序的借口控制。人类不能过分依靠任何事物，因为任何外因外在的事物都会对人类造成束缚，人类唯一可以依靠和依赖的是人性，人类的本源固有的人的感情性情。但是人类的人性却具有劣根性，如果有良好的自由制度保障，人类的劣根性可以得到控制，注意是控制，而不是根绝，人类永远无法摆脱自己的有尾时代。在自由民主的制度保证下，人类的道德，良知，公理，正直都可以得到体现。如果可以通过教育灌输，无限的提高人类的良好的人性意识形态，努力实现人的自治和自我管理，未来有一天人类可以摆脱国王和国家的出现，当人人都实现自我秩序的时候，国工就成为多余。如果说把政府这一主体去掉，如果人类在失去这一强制性维护秩序之后，能够达到自我秩序的话，代表着人类已经战胜国王凯撒。如果人类在失去这一强制性秩序以后，其精神灵魂，能够自我守护和佑护的话，预示着人类已经可以斜斜的站在神灵的肩下和怀抱中。

宗教神灵是维护人类精神灵魂秩序的鞭子，而国王国家是维持人类俗世肉体秩序的另一道鞭子。当强制性消失之后，人们的自我秩序能够自我运行的话，那么人类世界文明将会达到一个同化的时代。消除战争和暴力的唯一方法，就是让人人都变得感性，众神的天堂里住的都是感性的人，而理性的人只能在人间做王。如果人类是感性的话，看到一朵花，一滴露珠，一朵雏菊都会立即生出对生命的热爱和尊敬以及呵护，把时间万物像对待信仰，有生命的信仰一样去热爱它，那么我们还会不会发生战争。但是我们的世界同时也需要有理性的人，理性的人需要在民主的制度下，可以更客观的掌控律法、行政和立法等等，我并不是说感性的人不适合，但是理性的人更客观，更适合做人间的王，那么就让感性的人做神吧！无论是感性，还是理性，人类世界的意识形态都需要人性的引导和发展，人类人性意识的无限提升，或者说人类有可能也可以建立一个众神的世界。

要通过教育来引导人类世界的精神家园和文明，什么是文明？文就是指文字，明就是明白。那么究竟明白了什么才算文明呢？夏桀商纣商鞅，秦始皇算文明吗？食人族哥萨克，希特勒算文明吗？大多人会同意他们不算！文明应该从人类产生了"坟"，有别与动物，有了灵魂意识，懂得了对生命的敬畏，抛弃了野蛮才是文明，只为自己的利益漠视一切，肯定不是文明！智慧，正义，勇气，爱，是灵魂的基本要素，也是人类世界存在得以继续延续的精神底蕴，人的一生应该这样度过，学习完善自身对抗邪恶，以博爱之心面对芸芸众生，这才是人的本质。我希望将来在这个世界上可以建立一百所大学，二百所大学，那种公立大学，渗透了人文主义气息的大学。因为这个世界还是需要启蒙。有人说，今天的世界已经属于一个信息时代，在这根超高速的线上，所有的信息人类可以在第一时间进行共享，那里还需要启蒙什么。在今天的世界人类人文主义名校，高校，比比皆是，牛津大学，哈佛大学，剑桥大学，耶鲁大学。。。。。

　　我想说的是人类的信息时代是一致的，但是不代表人类的意识形态人性意识是一致的，由于不同的人类历史国家发展，民族轨迹和宗教信仰，以及人类对自我权力和人权的认识不清和对自由的理解不一致，人类无法驯服凯撒的王权以及神所处人类内心位置的不恰当，更深层次的是人类根本没有意识到自己的头顶有"阴影"，这些都导致我们当前的世界意识形态四分五裂，从而导致人的民主无法进步、人的自由无法实现，所以这些所有的问题需要启蒙。愚昧是统治一切之基础，只要黑暗人们才会认为自己是光明的，统治者才是伟大的，黑牛非牛，当人们处于黑暗之中时，是意识不到那头牛是黑牛，还是白牛的。是的，人类有名校，有高校，但是今天我们的牛津大学，哈佛大学，剑桥大学，耶鲁大学。。。。。只是具有单纯的人文意识而已，他们都是在一个单一的国家内，进行单一的学术思想教育。他们共同忽略了一个事情是，人是一个"跨桥、跨界"迁徙动物，而它们的学术思想并没有产生"跨桥、跨界"研读和思索。简单的说，它们只是培养美国人才，或者培养美国总统，但是他们不培养马丁路德，甘地，修女特蕾莎。。。那些具备国际视野，倡导世界和平主义，消除国家暴力和民族仇恨，以及奉行新信仰人文主义的人，他们不培养。他们宁愿培养一些政客，也不愿意培养一位人们的领袖。他们只讲我们的人民，从来不讲我们的敌人。从另一方面来说，人类作为一种政治动物，对于国家，对于民族，对于信仰，对于人的自由，人的权利，他们思索的还是不够，或者说他们根本就不顾及这些。教育要告诉人们，人是一种什么动物，人所拥有的权利是什么，人和神灵的关系，人和国家，民族的关系，如何控制人性中的恶，如何放大人类的善良，如何制约凯撒和神权等等。我们如何培养跨越国家，民族，宗教的人，今天的所谓世界名校，高校，谁能告诉我他们做到了。

当我说我想改变这个世界的意识形态，把人类的意识统一到一个人性的轨道上时，就会有人找各种不同的理由，解释这件事情的困难性，诚然人类由于不同的文明历史发展源头，不同的国家制度结构，不同的民族地域特点，不同的宗教体系信仰，不同的风俗历史文化，这些东西经过几千年或者上万年的意识浸染和熏陶，导致人类从一出生开始就散发出浓浓的古董的味道。很难，确实很难，但是我只确定两点，第一，人类的人性是相同的，这个是永远贯通，无法改变的。第二，你当前的意识形态古董意识来自那里，如果是你天生就具有和具备的，那么我无话可说，如果你的意识也是经过灌输而来，那么我们就能改变你，我们可以从你一出生开始，就灌输你人性的统一意识，大同的统一思想，对权力的警惕，对生命的热爱，对信仰的尊重，或者说我们可以用五十年甚至一百年的灌输去改变你，或者改变你的下一代。在今天人类的大脑中还有黑暗，被野蛮所统治。所以我才说这个世界需要启蒙。人是万物的主宰，万物我指的不是天道，而是国家，民族，宗教，人是国家的主宰，人是民族的主宰，人是宗教信仰的主宰。这是启蒙的原因。这个世界只有意识统一，才能让我们站在同一条路上，虽然艰难，但是我们还是需要前行。套用一句话来说，沿着基督的宝血，继续前行。那么就让人类沿着自由的路，民主的路，信仰的路，继续前进吧！我认为我永远对人类报有希望，只是我对两件事有点费解困惑，第一，我们的时间还有多少，人类的现有资源可以让我们支撑多久。第二，人类历史上独裁国家，宗教独裁或者权力极权国家，如何摧毁他，融化他的意识，千万不要低估独裁者的邪恶和黑暗，这些人的兽性完全有能力毁灭全世界，这些国家都是以意识形态来绑架和捆绑他的人们和大众的，那么有多少人又是苏醒的呢？？所以启蒙、启蒙、启蒙。。。。什么时候我们的人性的意识苏醒了。我们的世界就有希望了。

　　人类的恐惧和畏惧意识形态会带来想象中的障碍。告诉我是谁毁了这个世界，是意识形态，人类的意识形态。告诉我谁能拯救这个世界，是意识形态，人类的人性的意识形态，出自本性的人性思想。人性就是从人的性情中流露出来的原始本性，在母体中已经孕育出来的，在千万年人类基因进化中培育出的，具有劣根性和良性的双重性情。简言之，从心窍中流淌出来的，没有经过任何国家民族宗教的修饰和雕琢，只保留了先天的性情，而无后天的影响，而且还处于自由状态，就是人性。但是如果没有制度的去恶，人类的人性又不可能向善。人是自然性与社会性的综合体，人类的文明进步不是体现在改变人性上，而是体现在对人性的优劣善恶及其规律的深刻认识和因势利导上。一个好的制度应该是利用人的规律，使人不断向善的制度；反之，违背人的规律、蔑视人的尊严、放纵权力、助恶抑善，使人贪婪残暴冷漠淫乱，一定是人类最坏最邪恶的制度。我一直相信人类的人性中有一个丛林，在这个丛林中只有自由，而没有奴役，适合人的生活和生存，这是人类最后的丛林，也是最适合的丛林。它必然超脱达尔文的丛林，走到人类社会的顶端，因为人性常在。世界最好的发展是适合人性，适合人性意识的发展。世界最好的状态就是要人生活和生存，而不是其他。

　　我梦想这个世界上有一天可以出现一个亲近子民、不贪图权力，勇於接受信仰和人性引领的世界政府。我们的责任是努力把这个世界变成一个更美好的地方，并为之奋斗。我们的信仰因着人性的推动力而革新，前进。这个世界所有的战争都是意识形态战争，神和神的，神和王的，王和王的，民主的和独裁的，当所有的人性的意识形态趋于一致的时候，我们将会获得和平，而且是永久的。我希望看到一个不再有战争的世界，可是人性贪婪、自私总是存在，那么需要依托信仰，理念，教育来启蒙人类人性中的善，抑制人性中的丑恶。真正生命的延伸，善是良知的再现，我坚信我们的世界将来有一天一定会统一，人类一定可以和睦的生活在一起，没有意识形态，只要人性，平和的人性。而所谓的世界密码就在那里，就在"人性"两个字里。

人类的有些事情写写容易，但是做起来很难，而且是非常的难。我知道很难，或许这十年很难，二十年很难，三十年很难，但是当我们用基础教育，社会教育，人文教育，以及整个大时代的历史教育下，将人类的意识形态统一到一个轨道上来，统一到一个人性的意识形态上去，那么人类就能改变这个世界。现在非常难，但是人类必须得找一个目标而前进，就是微乎其微的目标，也是人类的方向。我们为什么而活着，我们不是单单为了自己而活着的，人类应该是为了目标方向而活着，我们需要为了一个统一的民主自由的世界而活着的。谁也无法阻挡人类的光明和自由，统治的时代一定会过去，黑暗和奴役一定会结束，自由一定会属于人类。人类最重要的目的就是活着，生活，不是不择手段的存活，而是有人性的存活，有善心有良知的生活。至于人类的信仰问题，那是死后灵魂的事情，和人类的肉体无关。人类存在的唯一目的就是生活，不是宗教，国家，民族。我从来没有想到控制人类的思想，我只是把他的人性激发出来，人类的人性被国家主义，民族主义和神灵主义所淹没。但是人类的人性由于劣根性的原因，并不是都是好的，所以对于人性中的恶我们需要控制和引导，对于人性中的善，我们需要宣扬。人始终是自己的主人，而不是其他。

浮生一日和人类的未来

纪录片《浮生一日》（又名同一天的生活），记录世界各地的人们在 2010 年 7 月 24 日这一天的生活片段。突出感觉是，这个世界实在是太大了！怎么会同时有这么多不同的人在生活着，怎么每个都如此不同，怎么会有这么多样的生活方式和观点，真是太奇怪了。全世界各角落一天的记录，有些平淡里的感动，喜怒哀乐构成人类的一天。生命是多么的精彩，世界是多么的美丽，生活都是在一天天中积攒而成，生亦何哀，死亦何苦。你已经不需要预设什么主题，活着就是最好的主题。这里有爱和恐惧，有喜悦也有悲伤，每一天它们都在上演。

　　2010 年 7 月 24 号，这一天 60 多亿的你我，从睡梦中醒过来开始新的一天。每一天的我们以不同的方式醒来，却都为实实在在的生活而脚踏实地。因为生活，所以一切喜怒哀乐都是快乐的样子。即使地域不同，宗教差异，文化迥异，每一个人的生活却是同样的迷人。有人颠簸流亡，有人对抗癌症，有人去超市偷早饭，有人挤死在音乐节拥挤的隧道里；也有人骑行在异国他乡，有人做饭有人跑酷有人陪孩子、坐车、买卖等等，所有琐事会在一起显得那么精彩。深夜里你结束了一天的周末加班坐在车里不知道自己是谁觉得生活好无望，正抱怨着却突然发现其实生活好像充满希望，发现痛苦之日正是涅槃之时。这普通一天里拥有了很多：围绕爱，围绕恐惧，围绕生命的奇迹，围绕琐碎的点滴，源自世界各个角落的小光点在一部电影中得到汇聚，同一天的片段叠加着活着的重量，每一份平凡都笼罩着迷人的光环，浮生若梦，为欢几何，片刻即永恒。看这部电影仿佛过了一把做上帝的瘾，拿着遥控器坐在云端观察着芸芸众生。同一天的生活，不同的人，做不同的事情，有着不同的态度，拥有、失去、爱、仇恨、喜欢、恐惧，这也许就是生活，普通的生活。生命，实在是太过美好，因为一切都是最真实的模样。

　　人类，是一种既伟大又渺小的生物。地球只是一些脆弱生命的家。众生相，就如这一天一天的活着享受的生命的历程，这是个婆娑的世界有喜有悲，每天日子不像期待的那样有大事或者外星人来访，不会出现电影中的跌宕起伏，我们应该平静，看着这些，平静的享受这些过程，才是最重要。这部由千万网友完成的纪录片终于解答了我多年来发呆时常常思索的一个问题：在我做事的当下，这个世界的其他人在干吗？工作、生活、家人、朋友、种族、信仰、冲突、恐惧、思索，展现了这个世界性的多元意识，我们真的生活在同一片蓝天下，像个童话。

　　有时候这个世界理想永远是丰满的，但是让人更深思是骨感的现实。我们每个人都有一个世界，我自认为我的思想和文字中，没有任何一句是鼓吹杀人的，我想表达的意义是关于人和人性以及制度方面的思索。我只希望我的思想可以对未来我的世界，我们的世界，我们孩子的世界提供一些有益的思考。我的思考出自人的本性，本意，不带不具有任何外界的关联性的他人的意识和思想的影响，超脱万物以及他人意识的羁绊的细微思想。人类的思想是一种能量，它能够透过欲望而移到外在世界的客体。如果思想跟欲望结合在一起，它就变成了枷锁；如果思想没有跟欲望结合在一起，如果思想能够免于欲望，那么思想就能够被当成一个工具而达到最终的人人解放。当有一天全人类解放的时候，不知道那是一个什么样的场景，不知道那又是一个什么样的世界？？？？

人在俗尘，心在天上，如果有一天我们三岁或者五岁的孩子，背着包袱独自一人去环游世界，他兴高采烈并且毫发无损的回来，给我讲述外面的世界，让我这不喜欢远行，容易路迷的老人心驰神往，迷恋不已。我的孩子给我讲述世界的权力者都微微向他鞠躬，世界的神的使者都给予他守护，人人都心存良善和感情，笑容满面，动物们没有受到伤害，全世界的自然环境优美纯净，人人像天上的神一样，品德高洁，我会想把我的孩子交给这样的世界我才会安心老去，我会让全世界的权力者在一个三岁的孩子面前，或者在百岁的老人面前跪下，驯服全世界的王权和神权，这样的世界才是我所追求的。就像小时候我们在沙滩上用沙子堆砌自己的城堡，自己的世界，然后告诉别人说我就是这个城堡的国王，我就是这个世界的主人。其实明明知道在下一秒这个城堡，这个世界就会被海浪淹没，但是我们还是得意的炫耀我就是这个世界的王。当有一天我建立了这样的世界，就是死亡我也是高兴的，不后悔的。那一天我骑着破旧的单车，看路边的风景，这小小的城市，在傍晚夕阳的余晖照耀下，像五彩斑斓的弹珠。什么时候，微风吹过，我肆无忌惮穿过人墙走出去，用我的信念，用我的意志力，向着我的目标走去，一直走到这个世界的尽头，走出一个新的世界。或者看着这川流不息的人群，我像一只小蚂蚁一样穿过人群，像小蚂蚁一样抱着一粒白米，在这个小小的城市里，生老病死，度过一生。又或者我会让你们生活的更好，让全世界所有的人生活的更好，我会给所有的人全世界。可是这一切谁又能知道呢？生命无常，时间永恒！

今天我在这个时代写的所有文字，都不是写给这个时代的人们看的，只是因为这个时代人们的意识形态还停留在 1 而已，而我是建立在 2 的意识形态，进行思想拓展描述的。毫无疑问，这个时代我将没有盟友，没有朋友，没有理解，没有鲜花，没有掌声。那些质疑我的人啊！那些谩骂我的人啊！请静下心来读读我的文字，看看我的思想，你在有生之年或许会明白一些事情。或许在这个时代，我也只能收获那些谩骂，质疑，诋毁吧！但是毫无疑问，这个时代将是我思想意识形态的见证，我也请求这个时代为我见证，让我们踏过黑暗，踏过空虚，踏过迷茫，踏过一切未知，和我共同见证，看未来人类是在黑暗中毁灭，还是在光明中新生。无论是晚安，我的世界，还是早安，我的世界。神灵都在不远处，和我们一同见证。鉴证黎明或者黄昏。

关于当前人类社会多余的"人"若干方面的思考

人的出现

地球生命的进化文明均由低级生物阶段进化到高级生物阶段的过程，在生命的进化过程中，物质和意识是生命进化的能量源泉，没有物质和意识，也就没有生命创生的根基，也没有生命进化文明的历程。生命物质是贯穿于生命演化过程中的外部，自然环境是生命存在形式的生物圈，是生命的外因机制，是宇宙运动变化的产物。约 6500 万年前，一颗宽度约 16 公里的陨石撞击到了今天墨西哥的尤卡坦半岛上，造成巨大灾难，当时地球上包括恐龙在内的三分之二的动物物种消亡灭绝，爬行动物的黄金时代结束，原始哺乳类动物逃过劫难，经过漫长岁月存活下来，之后迅速进化。

约 5000 多万年前，灵长类动物呈辐射状快速演化，从低等灵长类动物原猴类中，又分化出高等灵长类动物（即猿猴类，如猕猴、金丝猴、狒狒与猿）。人类进化起源于森林古猿，从灵长类经过漫长的进化过程一步一步发展而来。经历了猿人类、原始人类、智人类、现代人类四个阶段。人类进化是查尔斯·达尔文提出进化论后，逐渐发展起来的一种理论，认为人类和类人猿都起源于森林古猿。和其它由进化理论发展出来的理论一样，这一理论同样面对很多挑战和难以解释的现象。至此，人的出现，预示着我们居住的星球，有了意识，有了语言，有了活力和痕迹。

让我们拉近时间的镜头，1987 年 7 月 11 日，南斯拉夫的萨格勒布市的一名叫特伊加斯帕尔的男童降生了，这事引起全世界的特别关注，连当时任联合国秘书长的德奎利亚尔先生也专程赶到医院探望。事情的关键并非由于这个男童自身有什么独特之处，而是因为，他是地球上的第 50 亿位居民。50 亿今天看也许算不得什么惊人的天文数字，但对地球来说，不亚于足球场上亮出一枚黄牌，50 亿人口，对地球生物圈环境而言，却是洪钟般的警告。到了 1997 年，人类的人口已近60，那么到今天人口接近突破 70 亿。据联合国环境规划署等机构预测今后 50 年内，世界人口可能翻一翻，大大突破百亿人口大关，这意味着人类将面临生存与毁灭的严峻挑战。人类的增长也意味着物质、意识领域的同步均衡增长，以及意味着资源的损耗和消费。今天人类通过更大规模的开发利用地球自然，掌握更高的能量，支配自然从而满足人类不断增长的人口数量。但地球是一个相对封闭的生物圈，无法承受源源不断人类掠夺性的野蛮破坏。乐观人士相信，由科学文明所带来的问题，还需由科学文明的进一步发展的方式来解决，人类不能舍弃目前的生活方式，不能舍弃我们赖以生存的现代科学文明技术。笔者认为我们固然能指望科学通过进一步的发展来消除它所带来的一切已知的危害，但谁能保证，它不给我们带来未知的更严重的灾难？如果科学的每一步发展，每一次解决旧问题的能力的提高，都以危及人类地球生物的生存根基为代价，那么人类的科学文明及生活方式确实应该改变，以及人类的意识观念发展方向也应该改变了。如果按过去的工业发展模式和人口增长模式，一成不变的发展下去，用不了几十年，世界将出现极端的环境生态危机，人类和生物的生存根基将被彻底地氧化殆尽，人类生存的地球将不再是一个山清水秀的乐园，而是一个又黑又脏，空气令人窒息和恐怖的星球。地球是一个相对封闭和有限的空间，人类社会的人口爆炸和技术爆炸以同样极端愚昧的物质、意识形态，危害着地球根基，动摇着人类和生物进化文明的生存底线。摆在人类面前可供人类选择的是二个截然不同的结局，选择黑暗的毁灭，还是光明的延生。所以今天决定地球生命进化文明历程的人类，该如何调整人类自身的世界观、方法论呢?这是摆在人类面前，特别是各国政府面前的最首要的议题和政策....

在世俗和资源的损耗

宗教作为一种人的精神依靠，由其界定人类的灵魂价值和行为能力规则，但是人类的存在首先是依靠肉体的存活，精神和灵魂才能依托存在的。而人类的存在首先需要依靠什么，也就是说人类作为腔肠类动物，人类需要依靠什么进行生存的，依靠神灵，或者国家、民族，或者是这三者的意识形态进行生存？？假如我们能看到复活节岛上那最后的一棵树，会明白一些问题，会知道人类需要依靠什么东西了。

复活节岛的悲剧——谁砍倒了岛上的最后一棵树？复活节岛位于南太平洋，它是地球上人类居住过的最与外界隔离的地方，东边离南美洲有 3700 公里。此外离它最近的有人住过的太平洋岛屿也在 1800 公里开外。1722 年荷兰海员在复活节这天发现了这个小岛，因此命名为复活节岛。它只有约 160 平方公里大，当时有大约一两千居民，他们处于石器时代，靠种植红薯芋头等为生。早期从外界来到岛上的人，首先注意到和感到震惊的一定是岛上巨大的人形石像，它们遍布整个岛屿，为数共有近千。中等大的有 4 米高，15 吨重，最大的有 21 米高，180 吨重。其他一些奇怪的现象是，岛上没有一棵树，因此居民也无法造船出海。岛上没有大的动物。因为没有树，连鸟也很少，唯一多的动物是鸡。对此情景，人们实在无法想象这么多巨大的石像是怎么建成的。后来的地质和考古发现告诉我们一个令人扼腕的悲剧故事。

现在基本公认的复活节岛历史是这样：在约 4000 年左右，一些其他太平洋岛屿的居民经过长期漂流，乘着大独木舟来到了复活节岛。最初的居民估计不到 100 人。那时候复活节岛上是遍布着高大的树木的。在随后 1300 年中，居民们和外界都没有接触。复活节岛仿佛是个小小的天堂，提供了人们生息繁衍所需的一切。当时他们能够出海捕鱼，也有很多禽鸟可食。这个小小的文明于是不断成长，也发展出组织严密的多级社会，宗教和一种独特的象形文字。人口最多的时候可能达到过 7-8 千或 1-2 万。岛上的石像代表氏族的首领和祖先，是复活节岛早期宗教的中心。最初的石像不很大，到了后期，可能是各个氏族相互竞争，石像越造越大。我们现在很难想象当时的人们是怎么移动和树立起这么大的石像的，近年来有人做过实地实验，发现用当时具备的工具，人们确实是做得到的，但是需要很多人力，和很多树。相对于岛上很有限的资源来说，造这些石像的代价是非常高昂的。随着人口和石像数目的不断增长，岛上的主要自然资源－树木－不断减少。终于，岛上的最后一棵树也倒下了。树木的绝迹导致水土流失和其他农作物减产，工具退步，燃料不足，鸟类不能寄居，人们不能造船出海捕鱼。于是岛上的文明一下子到了崩溃边缘，人口锐减，氏族之间相互战争，甚至有人吃人的现象。而且，因为没有办法造船，人们即使想再象祖先那样冒险远航也不可能了，他们只能在这个小岛上挣扎。我们可以想象这是怎么样的一幅绝望的人间地狱图景。岛上的人口最低时下降到了可能只有几百人，整个社会发生了根本变化。比起硕大无当的图腾石像或我们这个文明世界经历过的核子和太空竞赛，这种竞赛或许得算是很聪明的，但是我禁不住从它感到一种悲哀的无奈和渺小。

　　复活节岛的生态悲剧之后是一段更为悲惨和丑恶的人为悲剧。在1722年荷兰海员来到复活节岛的时候，在新的环境下，岛上的元气已略为恢复，人口又开始回升。但是后来，西方人重新光临复活节，掠夺了岛上唯一对他们还有些价值的资源－人口。居民多数被运到南美卖作奴隶，剩下的人也因为传染病死亡怠尽。之后传教仕们来拯救苦难的岛民，又把岛上的文化遗迹破坏怠尽，尤其是复活节岛独特的象形文字，因为只留下很少的记录，至今未被解读。有的学者认为现在已经无法找到一个纯正血统的复活节岛原住民。岛上的文化传承如历史，文字，宗教和传说基本上是全都失落了。现在我们知道的事多是根据遗迹，地质发掘和早期来过复活节岛的西方人的记录推断的。

　　一个文明的覆灭，源于最后一棵树的倒下？"想象一下是谁砍倒了岛上的最后一棵树。这个岛是这么小，在一个晴天，从岛上的火山上，他可以把全岛看得清清楚楚。他应该知道这是最后一棵树，他当然应该知道这最后一棵树的倒下对他和全岛人的后果，他应该感到很害怕。可他还是挥动手中的石斧，砍倒了这棵树。"最后一棵树的命运是整个复活节岛悲剧的缩影。或许最后一棵树的确不是人砍倒的；或许当岛上还剩一小片树林时，人们意识到了即将来临的灾难，但是为时已晚，岛上生态遭到的破坏已经太深，这一小片树林没能存活。又或许砍倒最后一棵树的人就是没有意识到这是最后一棵。复活节岛虽小，据考证也分为十几个氏族，他们时而相互争战。这个人或许就是不知道岛上其他地方的情况，以为总还能找到下一片树林。更有可能的情况是，这个人的确知道这大约是最后一棵树，但是他需要这棵树来生存，他管不了那么多；他觉得即使他不砍别人也会砍，这棵树已经注定要倒。

复活节岛上发生过的这些事，在整个地球范围内也都有可能发生，只是时空尺度更大，资源结构更复杂。我们或许就正在砍着最后几棵树。现在是不是已经太晚了呢？希望还不是。我们是不是看到了可能来临的灾难呢？至少我们是在小心地看了，也有很好的能力，把我们居住的这个小小星球看得相当清楚。但是我觉得最大的危险是，人类作为一个整体，或许有能力看到和认识到即将来临的环境灾难，却未必能控制我们的群体行为，来避免这种灾难。因为我们分为小群，相互争斗。我们每个人，每个民族，国家，首先需要生存。我们面临的争斗经常是你死我活，让我们管不了那么多。

我们的问题是现代不同的意识形态让人类的意识太分散了，全体人员像温水中的青蛙而不自知。复活节岛始终处在石器时代，但最终也面临资源耗尽。他们如果不造石像，可能会持续得久一些，但是最后一棵树多半还是有一天会倒。一个技术不发达，通讯观测差、思考能力弱的社会，群体自律的能力一定是弱的。一个资讯能力强的社会，也有可能因为内部争斗，而同样没有群体自律能力。但是如果他们能认识到这个问题，至少还有解决它的基本能力。所以我认为，人类如果只是被动地尽量不触动自然的"奶酪"的话，那么人应该主动做点什么？人类作为自然的一部分存在，和自然的其他部分发生相互影响是免不了。在叹惜复活节岛的悲剧的同时，我们也应该从中吸取教训，因为复活节岛就是地球的缩影。

就像复活节岛，我们的地球也是茫茫宇宙中一个孤独的岛屿，而我们也在一点一点地、越来越快地破坏着地球的资源。在可预见的未来，我们不可能发现并搬迁到别的更适于居住的星球。地球是我们唯一的家园。你也许会说，我们不会像复活节岛人那样愚蠢，连最后一株大棕榈树都不懂得保留，还要砍掉。不，古复活节岛人并不比我们更蠢。岛上大棕榈树（以及森林）的灭绝不是一夜之间发生的，而是一个经历了几十年、上百年的好几代人的缓慢的不知不觉的过程。当最后一株大棕榈树被砍倒的时候，大棕榈树早已稀少得失去了经济意义，没有人会觉得保留它有什么价值，它的灭绝对岛上居民来说并不是什么重大事件，甚至很可能绝大部分人都不会注意到。我们对地球的破坏也是缓慢地不知不觉地发生的，整个过程要比复活节岛上所发生的缓慢得多，历时也长得多。有多少人意识到，就在今天，无比珍贵的热带雨林正以每年20万平方公里的速度在消失，被砍伐、焚毁转变成农场和牧场？又有多少人知道，我们正以每年大约5万个物种的速度消灭着独一无二的物种？地球的庞大并不能使她天然避免复活节岛的命运，因为地球再大，也是有限的。在地球有限的无法再生的资源面前，很显然人类是一种资源消耗动物，今天人类世界以及人类文明科技文化历史进步日新月异，人类可以漫步太空，翱翔宇宙，但是人类无法复制资源，再生资源，而人类作为一种资源消耗物种，随着人类个体分子的越来越多，我们只能消耗资源，而无法让资源增加，假如人类失去赖以为生的地球资源会怎么办？？我们会不会灭亡？？今天的地球资源就相当于南太平洋复活节岛上的最后那一棵"树"，离开或者失去最后一棵树的人们会走向哪里？？？

　　我们有没有可能避免让地球重演复活节岛的悲剧？有人说可以避免，并且还列举了许多的实证。但是我需要提醒大家注意的一点是，根据物质的守恒和定量原则，我们的资源并不是守恒不变的，而是逐步减少和损耗的，而人类的个体量化几何复数却是一直在膨胀。一方面是资源的衰竭，一方面是人的量化增加，那么谁能告诉我，我们怎么去避免，除非人类不依靠任何资源而存活下去。破坏地球资源和任意消耗资源的行为，就相当于人类亲手掐死自己的孩子。所有的人类都生活在复活节岛上，但是毫无疑问的是复活节后，人类不要妄想再一次复活。

人一生消耗多少矿物资源

　　自 20 世纪 80 年代以来，人类对自然资源的消耗量已经超出了地球的再生能力。美国研究人员近日在公布这一结果时警告说，如果人类不控制过度消耗自然资源的行为，地球可能会陷入"生态破产"的境地。《2002 年地球生态报告》显示，人类若依照目前的速度继续消耗地球资源，那么所有的自然资源会在 2075 年前耗尽。这份报告除评估全球生态系统现状外，还根据每个国家人口数量和各国自给自足能力的平衡关系，计算各国的"生态脚印"大小。换言之，也就是各国消耗资源时对自然环境造成的冲击程度。阿拉伯联合酋长国是在地球留下最大"生态脚印"的国家。想象一下没有了灯火的都市，就知道今天人类的生活对能源的依赖。

　　目前全世界使用的能源有百分之九十取自化石燃料，即煤炭、石油和天然气。从探明的储量分析，现在地球上的石油、天然气和煤炭的总储量分别为 1 万亿桶、120 万亿立方米和 1 万亿吨。按照目前全世界对化石燃料的消耗速度计算，这些能源可供人类使用的时间大约还有：石油，45～50 年；天然气，50 一 60 年；煤炭，200—220 年。马里昂·金·休伯特是壳牌公司一位传奇的地质学家。在 1956 年的一次大会上。他做了关于美国石油储备的调查研究报告，向与会者们呈示了他的"休伯特曲线"。预言美国的石油开采将在 1971 年到达顶峰。然后开始走下坡路。休伯特的预言遭致一片愤怒的反对声。但被现实证明是正确的。1970 年后，美国的石油产品开始逐年递减。国际能源机构经济主管法提赫·比罗尔回答了令人棘手的问题：那些石油国家所提供的石油储备报告的可信度到底有多大？"我没有官方的根据，说这些报告是不可信的，"比罗尔说，"但是我们有权知道，按照国际标准，有多少石油是我们还能利用的。"现在，很多人都开始意识到。石油作为最重要的燃料。在短短几代人的时间里就被耗去了大约一半。

　　人是自然的产物，但人类的发展却是在毁灭自然中进行的。地球诞生大约 45 亿年，地球生命发生大约 35 亿年。人类的出现不过 300 万年历史。人类有文字记载的文明不过6000 年。在 300 年以前的人类发展历史长河中，人类与自然基本上能够和谐相处。但在工业革命以来的 300 年，人类对自然的掠夺和破坏已经接近自然对人类生命的支撑极限。今天，环境和生态危机已经充分显现：南极臭氧层空洞在不断扩大；全球气候变暖，温室效应在使海平面不断上升；工业生产带来的大气污染、海洋与淡水污染、土壤污染、化学污染相当严重；森林覆盖率大幅锐减、土地沙化荒漠化日益严重；人类疾病发病率在上升，物种灭绝在加速，等等。总之，地球资源在骤减、生态环境在恶化，人类在以物质为中心的飞速发展中，再发展、持续发展的条件却在不断丧失。在地球上，天南地北的环保问题不计其数，这只不过是一小部分而已。 但另一部分环境问题是因为人类过度开发、不合理利用资源、破坏生态环境，且不及时采取对资源的保护措施而导致了资源流失造成的。

　　人类的一切活动都离不开环境。随着科学技术的发展，人类对环境的影响越来越大，影响程度越来越深，对环境的污染和生态的破坏也日益严重。同时，环境的反作用已使全球的环境问题渗透到我们日常生活的方方面面。人类进入工业文明时期以来，科学水平迅速提高，人口急剧膨胀，经济实力空前提高，人类对自然资源开展了前所未有的大规模开发利用，由此带来了一系列环境问题，其中包括全球气候变暖，臭氧层的破坏、大气污染与酸雨。人类对石油和煤等矿产资源过度开采，就象大量吸取了地球体内的营养一样；人类大量制造垃圾和过度砍伐树木，造成的土地沙漠化，不断地蚕食地球的肌肤；工业生产和人们生活产生的污染水源让地球的血液里充斥了病菌；汽车排出大量废气，使全球变暖，让地球高烧不退；种种噪音，使我们很难听到小鸟的歌唱。对于重病缠身的地球，我们能做的就是：节能减排！节能减排指的是减少能源浪费和降低废气排放！工业革命以来，人类大量的燃烧矿物燃料，如煤、石油、天然气等。向大气排放了大量二氧化碳等温室气体，由此增强的温室效应会加剧气候变暖，全球气候变暖的一个直接后果是冰川消融和海水受热膨胀，导致海平面上升。随着气温加速上升，预计未来，一些沿岸低地和沿海大城市以及一些岛国将面临被淹没的威胁，海平面上升还会加剧风暴潮和洪涝灾害，造成城市排污系统失效；海水倒灌则导致土地和农田盐渍化。

地球只有一个，它的资源并不是取之不尽、用之不竭的。所有的不可再生资源都在用一分少一分。地球已经不堪重负了。地球表面虽然 2 / 3 被水覆盖，但是 97％为无法饮用的海水，只有不到 3％是淡水，其中又有 2％封存于极地冰川之中。在仅有的 1％淡水中，25％为工业用水，70％为农业用水，只有很少的一部分可供饮用和其它生活用途。然而，在这样一个缺水的世界里，水却被大量滥用、浪费和污染。 森林是人类赖以生存的生态系统中的一个重要的组成部分。地球上曾经有 76 亿公顷的森林，到 20 世纪时下降为 55 亿公顷，到 1976 年已经减少到 28 亿公顷。由于世界人口的增长，对耕地、牧场、木材的需求量日益增加，导致对森林的过度采伐和开垦，使森林受到前所未有的破坏。据统计，全世界每年约有 1200 万公顷的森林消失，其中占绝大多数是对全球生态平衡至关重要的热带雨林。

当前，以全球变暖为主要特征的气候问题日益显现，极端天气事件增多、生态系统失衡加剧、农业生产减收严重……这一切，给人类的生存和发展带来重大危机。环境的破坏，资源的损耗，是人类在自掘坟墓，人类还是为了满足自己，对环境大加破坏，甚至是不可逆转的破坏。不久的将来，我们将不再拥有美丽的地球，我们将不再拥有赖以生存的环境。这不是战争，但是比战争更可怕，我们在不知不觉中，挖掘了自己的坟墓。环境的变化是短时间内看不到的，甚至是我们所意识不到的，等到人类无法生存的那一天，也许会说一句死前的善言，但是一切都已经晚矣。日益浪费的我们是在糟蹋我们的生命，自然给予我们生存资源，而我们知识一味的追求更好的生活，没有想过赖以生活的自然已经被我们破坏的不行。与人类社会的发展相比，其形成非常缓慢，与其它资源相比，再生速度很慢，或几乎不能再生。人类对不可再生资源的开发和利用，只会消耗，而不可能保持其原有储量或再生。其中，一些资源可重新利用，如金、银、铜、铁、铅、锌等金属资源；另一些是不能重复利用的资源，如煤、石油、天然气等化石燃料，当它们作为能源利用而被燃烧后，尽管能量可以由一种形式转换为另一种形式，但作为原有的物质形态已不复存在，其形式已发生变化。另外，如果不注意保护、任意取用，可再生资源也有可能变成不可再生资源。比如对某种野生动物来说，一旦它的生存环境被破坏，其物种数量减少到一定程度后，它就不可能再维持自身的繁衍，只能灭绝。据统计，1600 年以来，有记录的高等动物和植物已灭绝 724 种。经粗略测算，400 年间，生物生活的环境面积缩小了 90%，物种减少了一半，其中由于热带雨林被砍伐对物种损失的影响更为严重。

　　地球环境的破坏，归根到底是由于人类对大自然的过度的开发，说确切一点，应该是人类的掠夺，滥用自然资源和大自然的力量的恶果。把地球形成以来几十亿年积累下来和各种天然宝贵资源，在几百年间挥霍过度，面临枯竭，如此下来，很可能在一两百年，甚至更短的时间内就毁于自己手中。　人类如果不控制对自然资源的过度消耗（费），地球可能陷入"生态破产"的危境。人类的飞速发展却让我们的地球极快的"老化"。值得我们深思的是我们将要如何看待我们地球上的未来。其实，我认为每个人心里深处都有着共鸣的思想，那就是要人类永远生存下去，地球永远的存在，这是值得的深思的问题。

人类和资源关系

　　我们应该从那说起呢？从我们的一生来看，我们一生最重要的任务，就是摄取足够热量以维持生存。襁褓期的热量来自牛奶，我们一生喝的牛奶，再加上茶、麦片、咖啡里加的牛奶，总量是 7200 多公斤，够惊人吧。这些数据来自英国，我们以英国人为例，探讨人们对周遭世界的影口向。两岁半前我们还不会自行如厕，都用纸尿布，这段时间要用掉多少纸尿布呢？3800 多片！虽然纸尿布方便了带孩子的父母，却给环境造成莫大负担。除了在制造过程中必须耗费石油、树木、能源，一年被丢弃的几百亿个纸尿布，成为垃圾掩埋场里最多的物品之一。此外，纸尿布中防漏的塑料，得过 500 年才能被自然分解。所以，发达国家的两岁儿童所排放的二氧化碳就已经超过坦桑尼亚人一生的排放量。我们不会永远包尿布、喝牛奶，很快就得开始摄取固态食物。大部分人会选择食用某种肉类。我们一生会吃掉 4 头牛、21 只羊、15 头猪、1200 多只鸡，还要吃 13345 个鸡蛋。我们每天。还要摄取大量碳水化合物，一年平均吃 55 个面包，因此终生会消耗 4283 个面包。除了碳水化合物和蛋白质外，人类还要吃适量的蔬果，每天吃 5 份似乎合情合理，如此，一生将会吃掉 5272 个苹果、10866 个胡萝卜。人们更喜欢加工处理好、削了皮的、用保鲜膜密封好的蔬果，它们被以更高的价格出售，而且包装材料越积越多——我们每个人一生将丢掉 8.5 吨的食品包装材料。有了入口的东西，就有排出体外的。我们一辈子会用掉 4239 卷卫生纸。按每天至少排便一次算，一生排便总量有 2865 公斤。但与一生食用的 50 多吨食物相比，排泄量意外地少。人体是多么有效率的一部机器！处理每天排出的粪便并不困难，但是处理所有人的排泄物却非同小可。安全排放污水是文明的一大进步，否则世界各大城市在几天内就会成为疾病肆虐的沼泽。每人每天送往各处理中心的污水平均为 155 升。然而经过处理的不只是粪便和尿液，还有每天几百万个卫生棉条、卫生护垫、保险套。以上就是我们食用又排出的东西，这是我们在地球上留下的第一个足迹。

　　摆脱童稚，进入成年，就会萌生其他欲望。人类对地球最重要的影响就是人际关系，从学校到家庭，从公司到酒吧，我们要结交朋友。随着青春期到来，荷尔蒙开始作祟，我们便会努力与某些人发展更亲密的关系。不过如果你臭气熏天，即便你舌灿莲花也无法提高配对几率。每个人终生大约洗 7163 次澡，耗费近几十万升水，还要用 656 块香皂，198 瓶洗发液，272 瓶体香剂，276 管牙膏与 78 把牙刷，411 个扩肤产品，35 管发胶，37 瓶香水，25 瓶指甲油，21 支口红，女性还得加上，1.1 万个卫生巾，此外还会用掉五六瓶防晒霜。将身体改造得气味宜人后，就开始装饰作业了。平均每人一生洗头 1.15 万次，头发每年长出 12 厘米，以助人体调节体温，一生头发总长有 942 厘米（如不剪的话），用来解救高塔中的公主很有用。男人的胡子生长速度稍快，较头发长得晚，因此胡子的总长只有 915 厘米。如果终生不剪指甲，就会长到令人毛骨悚然的 286 厘米。某类东西在现代被列为必需品，比如电脑。制造一台个人电脑至少需要 240 公斤的化石燃料、22 公斤各类化学物品，消耗 1.5 吨水。未出厂的电脑所耗的物质总量已经相当于一部汽车，但是问题不只出在制造过程，丢弃不用之后如何处理也是一大难题。前面我们说过被丢弃的食品包装，其实重头戏还在后面呢。每个人一生丢到垃圾掩埋场的垃圾有 40 吨。

我们一生所拥有的车辆，起初是三轮车和自行车，接着是汽车，每人平均拥有 8 辆，最后再回归到较缓慢的交通方式——轮椅，所以人类有办法行千里路。平均每人每年步行 310 公里，一生则是 24742 公里，刚好可以从英国往返印尼巴厘岛。这些数字与车行距离相比便小巫见大巫，我们一年搭车行进 9225 公里，终生就是 72.426 万公里，接近地球到月球的距离，还是来回双程。现代人即便足不出产也能知晓天下事，除了消耗具体商品外，我们还消费大量的资讯、文化，这里最大的功臣就是电视。除了书籍，我们每天还看报纸了解天下事，我们终生会看 2455 份报纸，重达 1.5 吨。印制你一生所读的书和报纸要砍伐 24 棵树。我们看到人一生消耗的食物、人体排泄物，看到你认识的所有人，终生讲的所有话，人如何费尽苦心讨人喜欢，甚至得到挚爱，看到你为了阻止死神所服用的药丸……这就是你对地球的影响，这就是你在地球上留下的印迹。我们赤裸裸来到世上，身后也不该带走任何东西，在地球出现生命的 38 亿年间，洲陆数次形成又消失，只有海洋亘古不变，大海是生命旅程的起点与终点。

南非摄影家凯·卡特的镜头里：奄奄一息的瘦小身影仿佛是荒野中野兔的尸体，身后赫然站立着凶猛的秃鹰，等待下一秒钟即可享用的猎物。触目惊心的画面以最直白的方式表现人性在饥饿中的颠覆，这是整个非洲大陆最凝炼的绝望写照。甘地曾表述过这种观点，他说大自然能满足人类的所有需求，但不能满足人类的所有欲望，尤其是在漫无节制的消费主义恶性膨胀的时候。一个实验：在固定的空间里，两只小白鼠面对充裕的食物和空间相安无事，于是再增加小白鼠的数量，空间和食物不变，出现了焦躁，再增加，出现了争斗，再增加，出现了撕咬，再增加，所有的小白鼠都疯狂了，这是我们的未来的缩影，我们就是那些小白鼠。

我们很容易就能发现，食品问题最大的推手一是人口密度，二是人们的欲望。人类一直在经历这样的循环：丰年——人口增加——荒年——人口饿死。可能是在粮食问题出现曙光的那一刹那，事情变了。人们的欲望燃烧了，有钱人希望吃更多肉，穷人希望生更多孩子，中产阶级希望食物更便宜。于是更多的粮食被生产出来，拿去喂牛、造廉价食品、填多出来的嘴。人们吃多少肉都觉得不够，食品变得多便宜都想买更便宜的，还有人生多少孩子都觉得不够。粮食一直在增产，可是全球范围内，从来没有够用过。这本来就是错误的，让人类想吃多少就吃多少，是绝对错误的。问题是，随着人口爆炸，以自然方法生产的食品已经不能满足人们的需求。此外，不断扩张的高尔夫球场、别墅和公路，也大大占用了原本用于生产食品的土地。所以，工业化生产方法实际上是个无奈的选择，因为人要吃东西。

当美利坚的山姆大叔躺在巨大的游泳池中，悠闲的喝着清凉的啤酒和可口可乐时，而南非的马扎赫一家还在高高举着破烂的有缺角的瓦罐在举步维艰的接着山崖下渗出的雨水，发达国家的公民现在能享受到前所未有的财富和舒适，但他们这样的生活并不仅仅是得益于技术事业。同样不可缺少的是，他们不但利用了过去已贮藏几百万年的有限矿物能源，而且以矿石、表土和地下水的形式支用了未来的资源。我们今天之所以生活得很好，是因为我们不久前学会转化和消费过去和未来的资源。然而在这样做时，我们便在生态账户上不断地赊账，这生态环境是自古以来大自然对我们的恩赐，但是未来我们不能继续无限土地享受这种恩泽。1993 年的苏丹陷入了令人恐怖的大饥荒之中，荒凉的土地上除了枯黄的杂草就是饿死的累累白骨。苏丹南部已经被战争和饥荒折磨得惨不忍睹，国际人道救援机构在苏丹境内建立了"苏丹生命线组织"，但还是无法面对这么庞大的饥民群。一个虚弱的站不起来的饥民，爬进一个紧急避难所，他完全是一副活着的骨头架。一家农民在极度饥饿困境中苟延残喘，他们已经没有了站起来的力量和信心，只是静静地坐着。躺着或半躺着，醒着，睡着或半睡者；他已经没有力气挪动一下，哪怕是眨一下眼皮，伸一下手指，动一下嘴角都显得力不从心；他们的眼神里投射着鬼魂般阴冷的光芒，几乎是"回光反照"了；他们已经仅仅剩下一张皮和一副骨架，死神，已悄悄地向他们走来了。活在感恩中的我们，无法想象别人的痛苦，因为不是发生在我们的身边，但请不要勿略它的发生及存在，当地球资源耗尽时，也许下一个就会轮到我们。

　　文明毁灭的时候，人吃人不是个比喻，而是个事实，那时候的人类需求非常简单：食物和水，死尸可以提供，而且就近。曾经听过这么一个说法：人肉必定是又酸又难吃的。因为在这个弱肉强食的世界，凡是食肉动物的肉都不会太美味。仔细想想平日的鸡鸭牛羊鱼猪就知道。有时候想想人类，作为食物链顶端的王者，应该为无人窥视其食用价值而感到庆幸。在这里我们可以先预见性的提出一个课题：最后一个文明世纪我们的生活会怎样？我们的技术、知识和财富能否拯救我们自己？我们人类社会真的会崩溃吗？据世界许多顶级科学家认为，答案是肯定的。美国广播公司新闻频道将播放长达2小时的有关《地球2100》的生动专题片。在此专题片中，全球最伟大的头脑将集合一起，从2100年倒计时开始，告诉我们得怎样做才能幸存到下一个世纪。与此同时，他们还预告我们，如果我们不这样做将会发生什么。太平洋学院院长彼得·格雷克表示"这个世纪将决定人类是死亡还是活下来的一个世纪，也是决定我们是否是一种可持续发展的物种的世纪。当人口继续增长时，当我们的资源消耗增加时，我想我们越来越接近灭绝的边缘。"专家表示气候的极端变化，再加上资源减少，还有饥荒、战争和疾病的频繁爆发，可以在100年之内有潜力创造一个"盘古开天"后的世界。美国哈佛大学气候学家约翰·霍尔德斯表示，我们不能继续朝同样的路线前进。"如果我们继续按往常一样生活，我们将看到更多的水灾，更多的旱灾，更多的热浪，更多的森林火灾，更多的冰融化，水平面上升更快。我们得在10年之内开始纠正我们的生活方式。如果我们还将放慢我们的步伐，人类，全人类将会走上绝路"有时候我们会疑惑为什么我们从上帝的园子中走出来，会走到这里来，一条绝路上面？？？

　　地球的环境遭受严重的破坏，全球变暖、物种灭绝这些都只是表面现象，其本质是人类选择了一种毁灭性的生活方式——消费膨胀主义。物欲和人口不断膨胀，再多的资源、再先进的生产力也无法满足。最后导致的是资源的枯竭，人类为争夺稀缺的资源进行战争。人口增长还会继续，但是地球并不会随着人口增长的速率而扩张，地球资源只会越来越贫乏，雾霾、飓风、各种可怕的气候灾难只会越来越频繁！人类有一天会灭绝，但是地球不会，因为地球拥有的时间是无穷无尽的，而人类拥有的时间却是有限的……人类只是过客，我们应该更加善待这颗孕育了我们的蓝色星球。气象灾害、地质变动、温室效应、传染病肆虐等画面是真实而深刻的，人们努力去找寻造成这一切的现象的原因，最终找到了处于生物链顶端的我们人类的身上。

　　显而易见，人类给这个星球上的生态系统带来了灾难性的冲击。因为我们还在等待，因为我们忽视了大自然的警告，因为我们的政治和企业的首脑不谋而合地对压倒性的科学证据置若罔闻。人类将更难以应付面临的挑战。不管你喜欢与否，我们处于一个环境问题的时代。当我们强调人类是高于自然的一个部分的时候，我们就从被动依赖自然转向主动改造自然。不过，当我们改造自然的行为超过了某种程度，其影响将会显现为：自然界原有结构不断崩毁，而且无法恢复到原有平衡状态。此时，人类将会发现，其发展壮大将再次受制于自然界提供给他们的赖以生存的环境。我们应该在清楚地认清自己的本质的前提下，来对我们的自然观、价值观进行一次革命性的改造。并使之适应于我们在今后的改造自然界和自我改造的时候，能够找到一种清晰的、和谐的方法。

　　人类的存在不过是一直在自杀，做一切可以想象和超越想象的事，来提高自杀的成功率，同时陶醉在我们加诸在整个世界上的影响，可是结果也无非是这样，我们成功的消亡了，而世界仍在继续。是不是我们拥有技术、智慧，只要有观念上的转变，我们就可以改变现状、扭转局势？不过我不是很乐观，因为欲望、利益而错失生的机会，不正是人类的历史不断重复告诫却又重复上演的事吗？

人类的共同生路就在这个"可持续"上。但我很悲观，因为人性是这样的，首先它是贪婪的，其次，不见棺材不落泪，而大自然的惩罚，向来是不给你任何讨价还价的余地的，你见到了大自然给你预备的棺材，落不落泪都得爬进去！所以，我们面临两条道路：要么就学路易十四：我死后，哪怕洪水滔天！要么，一点一滴的去拯救地球——这话听起来特矫情，特造作，特虚假，好像是什么狗屁宣言和笑话，可是，这真的是真理——所以，我还是觉得，人只能自己毁灭自己，才会给几万年后的新智慧生物腾空生存空间，是我们体内的自私和贪欲帮助了它们。以上文字也许只是一个小小的备忘录，也许是亿万年后某些废墟的墓志铭，夹杂着人类特有的忧患意识和优越感。是的，万物都有自己的思想和轨迹，都有自己的时空感觉以及对时空中临近事物的感觉。所以，如果我们对子孙后代、甚至对我们自己即将面临的、甚至对正在发生的事件，没有一点察觉和紧迫感，我一点儿也不会感到惊讶。

人类文明迟早会毁灭，这是自然界自我调节的方式，地震、海啸、冰川融化、洪水、火山喷发、飓风、战争、瘟疫只要是发生在地球上，这一切都是顺利成章的、符合自然法则的。地球自我调节生态平衡的能力远远超过人类自己，人类文明不过是地球漫长发展史上的短短一瞥，多少文明在历史的长河中滋生、成长、成熟、败坏我们都不得而知，唯一亘古永恒的存在只是地球本身。如果真的到了末日，请不要再自责也不要指责任何人，攫取资源是生物本性；但是环境报复的同时也掠夺生命，是地球平衡。所以我们与自然彼此是公平的，我们的放纵让地球的审判提前到来，所以不要抱怨，人类的末日来临的时候，不要那么自私、怕死，为地球献上生命就好，我们当前已经处于一个(危险的)边缘。显而易见，人类已经给这个星球上的生态系统带来了灾难性的冲击而不自知。因为我们还在等待，因为我们忽视了大自然的警告，人类将更难以应付未来面临的挑战。不管你喜欢与否，我们处于一个极度危机的时代。可是，对于无能为力的我们，未来又会怎样呢？

人类的繁衍和多余的"人"

　　人类两性在行为模式、认知能力、价值观和偏好上表现出的性别差异与生俱来，而且男性和女性有着截然不同的本性，两性生而不同。确切的说人类是一种动物——高级动物，而动物具有动物的本能和属性。在动物的生物本能规则中诠释了，"雄性播种，雌性守护成果"的自然进化规则。雄性播种范围不会仅仅只局限于一个，有时候会非常广，而雌性守护的只是雄性播下的种子（幼崽）。人类进化和心理问题，只是从以前猴子的时候的一夫多妻制，转化为如今社会的一夫一妻制了，这是大自然通过几千几万年的道德束缚而繁衍进化的结果。从动物本能来说，配偶一方面是为了哺乳类动物的生物本能需要；另一方面是为了繁衍生息，延续生物种族的需要。对于已经进化为高级动物的人类来说，我们今天还是和动物一样，我们需要配偶一方面是为了性需要，另一方面还是为了繁衍生息，延续种族。但是毋庸违言，自然界和人类方面，还是存在多重配偶现象，但是多重配偶的出现是由什么导致和决定的？？配偶的形式的形成其决定性因素是生产力的发展水平和经济利益决定的。在某些地方，一妻多夫或是一夫多妻是很常见的。在贫穷国家，大约有六分之一的女人是分享丈夫的。实际上，几乎所有的社会都存在某种程度的一夫多妻制，有些显而易见，有些比较隐蔽。

　　为什么一些雄性动物同时会独占数个雌性呢？其原因有三。第一，可能是成年雄性数量相对较少；第二，可能是这些雄性拥有良好的基因；第三，相对于成为一个拥有很少资源的配偶，选择共享一位拥有较多资源的配偶会使雌性过得更好。婚姻家庭的各种矛盾早以不是简单的本能或者道德的问题，本质是利益问题，说到底还是生产力及经济利益决定的。研究发现，第一，总人口中男性数量相对较少，则一夫多妻婚姻就多。第二，那些男人可以垄断财富（以金钱的形式或是可耕种土地的形式）的国家，存在有更多共享一夫的女人。所以在对一夫多妻现象成因方面，人类和动物基本相同。

阿拉伯国家：一夫多妻源自宗教信仰。伊斯兰教国家：在现代社会，公然维持一夫多妻制的伊斯兰教国家，其目的在于繁衍子孙、造成血亲的集团，至于享受更丰饶的性快乐，那倒是其次，最重要的是生育男子，使之成为战斗力堡垒，奠定权力与强大的基础。穆罕默德，这位沙漠神子在《可兰经》中启示人们："一夫多妻原则，也是为了繁衍种族"。

南非德班：一夫多妻是财富的象征。德班是南非的第三大城市，也是全非洲最大的港口，在全世界列第九位。在祖鲁语中，"祖鲁"是天堂的意思，因此祖鲁人也自称为"天民"，至今他们还保持着一夫多妻制的传统。祖鲁人认为一夫多妻这是财富和勇气的象征。

印度一个家庭可能是全世界最大的家庭。67岁的印度男子锡安纳拥有39名妻子、94名子女、14名媳妇和33名孙子女，最厉害的是，这181人口全部住在一起，尽管家中已有上百个房间，大家还是住得拥挤。锡安纳是世袭的查那教派教主，该教允许一夫多妻制，他也相信有一天这个教派可以发扬到全球。锡安纳说，他的父亲共有7个老婆，他自己第一次娶老婆则是在17岁，也曾在1年内和10个女人结婚，去年又娶了1个，"据齐奥纳称，他的第一任妻子扎西安基已经 69 岁高龄，二人在他 17 岁就已经结婚。而从那之后，齐奥纳就不停地娶回更多妻子。齐奥纳曾在一年之内娶了至少 10 名新妻！而他最年轻的 39 房妻子胡莎格哈奇只有 30 岁———她在 2006 年嫁给齐奥纳，并为齐奥纳生下一名 4 岁的儿子。齐奥纳最大的儿子奴帕里阿纳已经 48 岁左右，甚至比他最年轻的"小妈"胡莎格哈奇大了 18 岁。他说："我的爸爸共有 39 名妻子。但我们所有人都很快乐，并过着安全的生活。我的弟弟妹妹人数多得数不过来，照顾她们是很艰巨的任务"。锡安纳和家人住在一个有 100 个房间的楼内。他的妻子轮流和他过夜。做一顿饭要 30 只整鸡。锡安纳先生告诉媒体："今天我感觉自己是上帝的特殊之子，上帝送来这么多人让我照顾。我觉得自己有幸成为 39 位女士的丈夫，掌管着世界上最大的家庭。"这个大家庭几乎是靠军纪管理起来的，年纪最大的妻子 Zathiangi 组织其他妻子来做家务事，如打扫卫生、清洗物件和做饭。做一顿晚饭她们要拔掉 30 只鸡的鸡毛、要给 120 斤的土豆削皮，还要焖 200 斤大米。锡安纳先生还是他们宗派的领头人，他们的宗派允许其成员想娶多少就娶多少。锡安纳先生的宗派有 400 名成员，他说他从来没有停止过寻找新的妻子。他说，"为了扩大我的宗派，我甚至愿意去美国娶妻。"他的一个儿子认为，锡安纳先生和村子里最穷的女人结婚是为了能够照顾她们。

　　目前仍然一夫多妻制的国家：塞内加尔、乌干达、利比亚、斯威士兰、埃及、苏丹、埃塞俄比亚、也门、阿联酋、卡塔尔、巴林、约旦、伊拉克、沙特阿拉伯、阿曼、摩洛哥、索马里。阿联酋到现在还保留着一夫多妻制，允许一个男人娶四个老婆，尼日利亚一夫可娶四妻。从 1804 年世界人口达到 10 亿算起，世界人口总数的增长不断加快：用 123 年的时间增加到 20 亿（1927 年），用 33 年时间在 1960 年使人口数增加到 30 亿，用 14 年使之增加到 40 亿（1974），1987 年世界人口数达 50 亿，花费了 13 年；而至 1999 年世界人口总数达到 60 亿，仅仅只有 12 年。对下世纪人口变化，他的预测是，世界人口的增长可望有所减缓，将在 14 年后增加另一个 10 亿，2013 年 70 亿，2028 年 80 亿（15 年），2054 年 90 亿（26 年）。

联合国人口基金会今年的《世界人口状况报告》统计显示，目前世界总人口为 64.647 亿，人口增长率是 1.2%。其中发达国家人口为 12.113 亿，增长率是 0.3%；发展中国家人口为 52.535 亿，增长率是 1.4%。全球平均每个妇女生 2.6 个孩子，发达国家只有 1.5 个，发展中国家为 2.8 个。联合国人口基金会人口与发展研究发现，过去 10 年中，世界人口增长率已呈下降趋势，到 2050 年，全球总人口将达到 91 亿，大大低于此前估计的 100 亿。但由于基数庞大，全球每年增加的人口数量仍很可观。2004 年，全球净增 7600 万人，其中 95%都在发展中国家。按照这一趋势发展，到 2050 年，发达国家人口将停留在 12 亿左右，而发展中国家将达到 79 亿。值得注意的是，目前全球人口结构呈菱形，即老人和孩子少，中青年多，其中十几岁的年龄段人口最多，大约有 13 亿。这预示着接下来的 10 年，全球人口仍面临一个生育高潮。人，这一经过地球岁月洗礼而慢慢进化起来的物种，似乎已经成为一个"多余的人"。

　　人类既是感性的，也是理性的，人类是一切、一切问题的根源。从人类文明被创造出来开始，从人类从树上跳下陆地开始，从人类具有第一个思维意识形态开始，人类的问题就出来了。人是腔肠类动物，也是一种饮食、消化、排泄动物，无论是第一需求还是第二需求，所有的需求都要建立在一个点上，一个"既有"的点上，也就是说人类的所有需求必须承载在"既有"的基础上。国家需求只是一种调控第一需求和第二需求，以及满足政府自我需求的行为。无论所有的需求，都会出现一个"度"问题，即需求消耗结束或者完竭的地步。从人类的衍化和生息来看，假如地球不灭亡，人类的需求永远不会结束，但是满足需求的"既有度"则有可能损耗结束殆尽。那么为了延缓"既有度"，提高需求的使用，一般都是国家或者政府针对自然资源消耗（费）实行政策调节，增设自然资源消耗（费）税费的方式。但是第一需求还是必须得进行消费，而第二需求还是有能力进行消费。当然高额的需求或许能减缓资源的损耗和浪费，但是很显然作为最大的资源消耗"人"，不进行人的问题的解决，就永远无法解决资源损耗的问题。

　　从某种意义上来说，伟大的爱因斯坦和居住在某个不知名岛屿上的乞丐没有什么两样，因为双方都是资源消耗者，双方都同样无法让资源增加，或许谁的生命活的长一点，那么谁消耗的资源就会更多一点，而所谓的伟大在地球资源面前没有任何意义。爱因斯坦的伟大是在于他的相对论，还是在于他在核武方面的发展推动，那么假如我们不懂相对论会如何？？假如我们的世界没有核武又会如何？？当然我并没有丝毫贬低爱因斯坦伟大的意思，我只是从人类的资源消耗层面来讲解"伟大"的定义，人类资源无法再生，我们谈不上谁是伟大的。或许有人认为我们推动了社会经济发展，我们敛取了一生享之不尽的财富等等，但是人在经济社会只能是一种货币动物，而货币是什么？？货币只是一种在世界范围内被承认的一张废纸，根据质量守恒定律而言，人所创造的所谓价值，只是一种"废纸"效应的量化反应，而废纸不可能为社会、为国家、为某一星球带来任何增益性，而人所消耗的星球资源价值往往是一种"永远"不可能再生、再生长、再复制的"缺口"资源。人一生所消耗的资源往往都是从星球中用"废纸"换取的，人类的衣食住行都是和这个星球的资源息息相关。当人类用自己所创造的"废纸"拼命索取不可再生的星球资源的时候，那么无疑人类在进行一种集体式慢性自杀行为，这个自杀倾向在我们这一代可能会显现不出来，但是在我们的下一代、下下一代。。。。。，在我们的子子孙孙中将来有一天会凸显出来，那就是地球末日的到来。有很多的人想当然的认为地球末日就是所谓的地球爆炸或者陨石撞击式的星际反应，其实，在我认为地球末日就是地球资源被消耗殆尽的那一天既是。那么在今天我所得出的结论就是：人所创造的价值远远小于它所消耗的价值，而它所消耗的资源价值又大于它的货币价值，那么人类应该怎么办？？？今天在这个世界上有那个人类可以站出来说：自己可以创造资源？？注意是创造，而不是生产，资源的创造者只有一位，就是我们的地球，资源的创造手段只有一种就是时间，资源是地球经过上亿年的光阴在其地层、地核中创造出来的，今天我们的饮水、石油等等都是如此。是的，人类可以创造金融、货币、经济、文明、体制等等，但是人类本身却是地球创造而出的，而人类本身就是一种资源消耗动物。

我们是资源动物，我们的孩子还是资源动物，假如现在我们悲观一些，将来我们的孩子就可以乐观一些，如果现在我们乐观一些，那么未来我们的孩子可能就会悲观一些。因为谁都无法保证人类在未来一定，绝对能找到替代资源。如果说人是一种"资源"动物，那么由人类构建的社会就是一个资源社会。人类赖以生存的基础底蕴就是物质"资源"，无论我们的居住环境，还是人文道德伦理资源都是建立在"资源"消耗之上的，在资源社会中，保障资源的持续供给，是延续人类持续存在和繁衍生息的底线。

事实上，我们真的需要改变我们的一些习惯了，根据质量守恒定律，地球是固定的，地球资源是固定的，而人口却是递增的，在没有出现第二星体之前和第二星体资源之前，其包容的资源内涵会越来越少，在今天没有任何人能确切的告诉我们地球能承载的人口数量到底有多少，也没有任何人能确切的预知地球的资源在什么时候几点几分几秒后会枯竭。现在我的问题是当有一天我们发现资源衰竭或者不足以让人人进行生活和生存的时候，我们应该先杀谁？是先杀老人，还是先杀小孩，或者先杀女人，通过剥夺他们的生命，让我们继续存活吗？？是不是？？

当我们还是猴子的时候，人类在树林里采摘野果、香蕉等等进行饮食所需，树上的"香蕉"是维持我们人类种族繁衍生息的必定"资源"。假如没有这些必备资源，很显然人类的进化第一步就无法维持，所以我们可以认定人类是一种依靠消耗资源而维持生存的"资源动物"。根据达尔文的弱肉强食进化论观点来看，要想保持自我种族的昌盛，雄性就需要依靠多重的性行为来繁衍种族，而雌性则需要把雄性的种子守护成型。假如我们的森林够大，香蕉够多的话，抛开人类的感性情感思维的话，那么人类一夫多妻制无可非议。但是作为一种资源动物，假如我们森林在逐渐缩小怎么办？？假如我们的香蕉逐渐萎缩怎么办？？可是现在我们的"猴子"却是布满整个森林。现在没有任何红线显示我们的我们的森林和香蕉减少了多少，但是我们的"猴子"却是无限递增了。那么现在我们的森林该怎么办？？杀猴子吗，不行，""猴子是一种感性、理性、有思想、有认知的动物。所以我们需要控制他们的性行为和多重配偶出现。在一个森林里，雄性的比例和雌性的比例是呈起伏变化的，但是总体来说雄性要大于、多余雌性，假如雄性占有的雌性较多，那么很显然有一部分雄性将无法占有雌性这一资源，而有许多的雌性被某一特定雄性占有而处于闲置状态。当然我只是从动物合理资源配置方面来阐述，忽视了人类的感性激素和心理情感特征，或许雄性占有多重雌性，是一种多重之爱；或许雌性自愿接受雄性的多重性行为。但是我想说明的一点是，资源配置的倒置性，将决定种族繁衍生息的倒置和坍塌，将会对整个森林资源带来冲击，也将直接影响人类种族继续延续的过程。控制多重性行为和多重性配偶的出现只是一种资源配置的合理导向，我们还需要理念的深入和指导，繁衍是人类的天性，也是动物本能，但是我们没有理由在一夫一妻制或者一夫多妻制中出现的多重"播种"出现，就像前文中印度男子锡安纳的多重生育现象，当然他是一种宗教式的多重生育行为，但是我们需要注意的是"人"的出现，占有和损耗了过多的有限资源。今天我们需要加强"资源、播种、种族延续"之间的多重关系的理念宣扬，不强制禁止人们的"播种"多重性行为，但是一定要宣扬这种"多重播种导致的结果"。提倡人们的跨国界、跨种族、跨信仰的收养、领养行为，提倡人们的跨国界、跨种族、跨信仰通婚，以达到资源的合理配置和人类种族的合理延续繁衍。

　　应该注意到今天我们的世界资源损耗和资源破坏以及资源恶化的出现，首先是"资源动物"的介入———"我们"的出现导致的，要想控制和放缓资源损耗，首要前提就是"减少和减缓资源动物的出现"，人类一生所创造的价值全部都是循环可再生资源，无论是多么伟大，都无法创造出"不可再生资源"，因为不可再生资源是地球在演化几亿年形成过程中释放和压制而出的，也就是说非再生资源是地球用"时间"创造的。人类作为一种资源动物和资源损耗动物，我们需要控制人类的 N 平方出现，所以一夫多妻制多重配偶制我们不应该提倡，多重生育机制也不应该过分提倡，我们所提倡的是人类资源的合理配置以及人类本身的合理配置。那么"性"资源的合理配置的前提，就是人口的自由流动。我们像水滴一样从这边滑到那一边，不能因为"界限"的问题，而禁止滑动。从另一方面讲，我们应该大力提倡收养，收养那些因历史原因和资源相对衰竭国家和地区的儿童和婴孩，制定全球人口自由流动的法律和全球收养法等等。只有减少人的问题，才有可能减少资源损耗的问题，人类的欲望是无穷尽的，深不见底的，因为人类才是资源消耗的主体动物，人类的存在就代表资源的损耗和自我的损耗和逐步死亡。

今天人类世界最大的敌人，不是别人，而是人类本身，人类本身带有的意识形态，是人类世界最大的敌人。人类是高级的动物，人类妄想统治整个世界，人类肮脏的思想是毁灭自身的根源，未来，毁灭人类的一定是人类自己，人类才是世界上最邪恶的动物。而人类的邪恶在于权力者手中的权力不可控性，以及人类的自我道德天空坍塌后的丑恶灵魂。人类是一堆垃圾，因为人类产生垃圾，而人死后其身体也会被腐化为垃圾，但是最重要的是把这些垃圾放在那里，把人类放在那里，合理的配置垃圾和人类才能显示出来人类的合理性。我不喜欢人类，人类只会破坏，环境，破坏资源，人类最擅长的是破坏，而不是建设，但是作为人类的本体一员，我们还是需要继续衍活和存在，一直到人类自己把自己杀死为止。我知道人类一定会灭亡，一定会，当有一天我们赖以存在的资源衰竭枯竭后，在人类找不到替代资源之前，人类社会一定会进入末日。再造一艘诺亚方舟来抵制冰川的溶解吧，可是已经没有上帝再施与我们了，或许人类还有一小时的时间，除了用来思考这个美丽的蓝色星球之外，还能做些什么呢？幸存的会是自然，而不是我们。

从玛雅、古罗马到复活节岛，一个个毁灭了的人类文明的残骸告诉薰薰然的我们：贪婪必死！秦人不暇自哀而后人哀之，后人哀之而不鉴之，亦使后人复哀后人也。这个不就是人性么。怀着生的希望，做着蚍蜉撼树的迷梦，迎来宿命的结局，这是历史上通常会发生的，也是应该发生的，也是我喜欢的结局，公平合理。我们说拯救地球实际上是不对的……我们却总觉得自己是这个世界的主角，我们总以为自己可以力挽狂澜留住一切，其实没有我们的贪婪和自以为是，地球原本一切都很好，在我们未出现和进化之前。

1 废除一夫多妻或一妻多夫，整合"人类社会人种资源"多源配置之下的资源损耗

2 提倡、鼓励丁克婚姻意识，不强制

丁克一词是从西方先流行起来的，后来在上个世纪 80 年代在中国国内逐渐兴起。丁克，是指夫妻俩都拥有稳定收入，但是选择不要孩子，现在许多年轻夫妇，主张过更有质量的、自由自在的"二人世界"生活。不再像传统的婚姻生活那样，主张传宗接代。这种生活方式被称为丁克。人是社会性动物，始终离不开社会中的人而作为个体独立存在。丁克观念在中国人的传统观念中显得格格不入，因为这和中国人的传宗接代繁衍意识背道而行，但是在倡导自由观念以自我为中心的西方人眼中，丁克却大行其道。这一点和人类不同的生活态度及意识有很大的关系。如果我们站在客观立场之中，用上帝的视角凝视人群，从资源损耗的观念来观看世界的话，那么我们需要积极提倡，倡导，鼓励人们进行丁克婚姻意识，以减少社会资源的损耗。当然站在自由意识观点的立场上，我们只鼓励，提倡人们进行丁克意识婚姻，但是对此不强制。

3 提倡晚婚，晚育，只生一个意识，不强制

人的量化，从自然中来，也应该回到自然中去，减少人群梯次增加的方法，就是避免人类在某个时间节点上大批量的爆发生育点，所以从另一方面我们需要鼓励，倡导人们晚婚，晚育，只生一个意识。人口的增长会对资源、环境和社会发展产生巨大的影响，为了控制人口数量和提高人口素质，所以我们需要要求进行晚婚、晚育。

4 提倡婚姻，婚检，少生、优生，加强人类基因质量

加强人类婚前医学检查。一般来说，包括病史询问、体格检查、男女生殖器检查等。如果双方有某方面的家族病史，医师应根据该疾病在遗传中显隐性遗传，来建议之后要不要宝宝的选择。体格检查主要是看看双方的健康情况，包括心肝脾肺肾等器官的视触叩听，以及全身体格的发育情况检查。当然，生殖器检查主要是检查生殖器发育是否正常。一般直系血亲和三代以内的旁系血亲，以及患麻风病未经治愈，或患其他在医学上认为不应当结婚的疾病，禁止结婚。这一规定的基本目的就是为了有先天遗传疾病婴儿的出生，以便生育身心健康和聪明智慧的下一代。优生优育排查。了解双方的是否存在血缘关系，通过询问家族史、调查家系、分析族谱并结合体检部分的结果所得。医师可以对一些可能存在的遗传缺陷作出科学判断，推断出在下一代中的风险程度。从而给结婚双方一个有关下一代的建议，避免和减少不适合的婚配和有遗传病后代的出生。

世界每四年一次的 2 月 29 日，是国际罕见病日。罕见病

是当今最复杂的健康科学难题之一，在美国，每种患病人数少于 20 万人的疾病定义为罕见病。在台湾地区，发病率低于万分之一的疾病统称为罕见病，我们通常使用这一标准。"先天性四肢切断综合症"，又名"海豹肢症"，是一种罕见疾病。患者天生就缺手缺脚，是一种罕见的肢畸形，这些畸形婴儿大多没有臂和腿，或者手和脚直接连在身体上，很像海豹的肢体，故称为"海豹肢畸形。该综合症会在身体各部分造成严重畸形，包括心脏、面部、头部、神经系统、骨骼及生殖系统。很多情况下，患者的肺部发育不全，使患者呼吸困难甚至完全不能呼吸。

少生、优生。优生是指生育身心健康的婴儿，促进人类在体力和智力上优秀个体的繁衍。优生是也是提高一个国家和民族的人口素质的重要措施。人口素质的高低决定于先天的遗传和后天的培养教育。现代遗传科学证明，遗传因素对婴儿身心健康有着重大影响。提倡优生就是防止遗传疾病和先天畸形儿的出生。

5 提倡、鼓励领养、抱养

建立健全国际求助和人们领养、抱养法案，在适当的范围内，将一些资源密度低区域及由人类意识形态之下产生的动乱区域下儿童，进行转移和领养。同时提倡无国界运动，进行难民转移，加强人口均衡流动，避免封闭空间之下沙丁鱼罐头和复活节岛悲剧。提倡一些地广人稀国家，在国际社会的公证下进行领土短期二次转租，以承接人口流动和转移。

6 加大资源昂贵率，提高税赋

一瓶水，河里灌的，免费；自来水，几分钱；超市里买，一两块；KTV里买，十块；机场买，二十；酒吧里买三十五；沙漠里，就是无价之宝……这是怎么了呢，水的质量发生变化了吗？同样是水，不是，是水处的环境，人也是如此的放到不同地方价值就不同。位置决定价格，价格表现价值在不同社会形态里情况是不一样的。价值判断和价值选择会因时间、地点和条件的变化而不同，在资本条件下，价值规律自发地起调节作用，价格更多地受市场供求关系影响而无限放大或者缩小。钻石的珍贵不在于它的品质，而在于它的稀少，稀少决定了它的价值，同理昂贵决定了它的珍贵。人都喜欢对贵重的东西用心，而低贱的纸张都是随手抛弃的。控制资源损耗和消耗的主要手段，当然不是加大它的普及率，而是加大它的昂贵率。只有不可再生资源的昂贵，人们才会重视。如果能以国家税率、税赋起征点上来考量的话，我们可以提高对不可再生资源的税率起征点，同时降低可再生资源的附加价值，通过对不可再生资源的提高和可再生资源的降低，以寻求收支平衡。加大对环境资源的保护，提高环境附加税以及资源保护利用。对于资源的保护我们并没有更好的办法，只有提高、提高、再提高。。。。当人们意识到某一样东西自己有可能消费不起的时候，那么人们就会去保护和珍惜自己仅有的东西了。

人类对于资源的索取，要做到奢俭有度。讲到节约，德国人的"半杯水"节约理念值得提倡？在德国人的认知中：钱是您的，但是资源是大家的、全社会的。

7 支持"细胞无意识"之下的堕胎

在国外普遍认为，自卵子受精的那一刻，生命就开始了，堕胎相当于谋杀，因此西方普遍禁止堕胎。之所以存在这样的差别主要有三个方面：宗教方面：基督教或天主教的教义给人们许多束缚，他的道德准则中就禁止了堕胎。所以很多宗教信仰国家认为，人的"灵魂"是在卵子受精后 14 天时进入胚胎的，此时胚胎就是"人"，此后杀死胚胎就相当于谋杀。尽管世界上很多宗教，对此过程有不同的解释。但是所有的宗教信仰对于"堕胎"，都是持质疑和反对态度的。另外对于法律方面而言：许多国家有法律规定，凡介绍堕胎、提供堕胎或无外科医生执照而为他人施行堕胎者，而触犯刑法，必须承担刑事责任。堕胎只能在抢救怀孕妇女生命的前提下才能进行，其余都是非法的。生命权方面：欧洲国家对堕胎还有一些限制，考虑到胎儿的生命权及自我意识形成原因，限制或者禁止后期堕胎。胎儿是有生命的，也是有人的权利的，不能由于他/她不能说话或只是生命的初级形式就可以随意杀死他 / 她。

有时候人类就是这样有意思，他们宁可信神，信法律，也不会相信自己，神灵只承受人类的灵魂，而对肉体不感兴趣；凯撒的律法只关注人类的行为是否合乎社会秩序，其余法无禁止。女性处理自己的身体是天生的权利，包括性和生育的自由，这是一种自然生态体系，就像大地一样，所以宗教信仰和凯撒都无权去干涉人的自由和大地的生成。当然剥夺一个细胞的自由生长，是一件很严肃也是一件很沉重的事情，所以我们需要慎之又慎，我认可和提倡"细胞无意识"之下的堕胎行为，因为谁都没有权力让一些具有罕见疾病例如"海豹人"的生命出现，因为那不仅仅是社会的负担，是资源的负担，是神灵和凯撒的负担，更是其本人一生的痛苦和眼泪，而且这种痛苦和眼泪地球承担不起。

8 支持安乐死

人从黑暗中走来，又将回到黑暗中安息，或早或晚，都将归于神灵的怀抱安息。人类由神灵用尘灰黏成，它必将也归于尘灰。安乐死（thanatos 衍生自死神塔那托斯），有"好的死亡"或者"无痛苦的死亡"的含意，是一种给予患有不治之症的人以无痛楚、或更严谨而言"尽其量减小痛楚地"致死的行为或措施，一般用于在个别患者出现了无法医治的长期显性病症，因病情到了晚期或不治之症，对病人造成极大的负担，不愿再受病痛折磨而采取的了结生命的措施，经过医生和病人双方同意后进行，为减轻痛苦而进行的提前死亡。

安乐死是人类个体死亡过程的一种理想状态，其实质是无痛苦地、安乐地渡过死亡过程。其希腊语原意为"无痛苦的、幸福的死亡"或"无痛致死术"。安乐死是一个须人工干预或控制的死亡过程，涉及一系列医学伦理和社会道德问题，历来存在争论。好死不如赖活"这观点我认为非常的不符合常理，安乐死与道德没有冲突。首先明确回答安乐死是一种将死亡过程文明化、科学化的死亡状态。安乐死是一种无可奈何的选择，谁不热爱自己的生命？我们的人生命的价值在于它对社会的贡献，面对那些痛苦万分的绝症患者，如何维护他们死亡的尊严，如何给他们临终前一个安详？如何让她们"幸福"地死亡，安乐死无疑是一种理智的选择。

当前积极安乐死只在荷兰和比利时合法。瑞士和美国俄勒冈州的法律则允许间接或消极安乐死。无疑，安乐死涉及一系列医学伦理和社会道德问题，特别是宗教信仰国家认为，自杀是一种对神灵的亵渎、不洁，同时也是一种犯罪。但是如果神灵是仁慈的，他就不会忍心让供奉他的灵魂忍受肉体的痛苦，而得不到解脱。人不应该为了他人的眼泪而承接延续自己的痛苦。生命是一种意愿，是一种供奉，如果一个人愿意提前将自己的灵魂奉献给神灵，那么在俗世的人群为什么还要喋喋不休呢？现代研究日益强调，死亡是人类自身生产的重大环节，也应和出生一样日益科学化、文明化；避免痛苦、享得安乐，是死亡过程文明化的一项基本要求；法律上应赋予每个人要求死得安乐的权力；医学上可提供使人死得安乐的方法；安乐死应该成为人类社会进一步文明化的一个新的要素。生命是无价的人应该尊重生命，同时也应该接受死亡，人生老病死这是很正常的事，死亡作为一种自然规律，自古以来，人类始终追求着一种善始善终"，"安然去世"的生命理念。那么既然死亡不可避免，为何不在适当的时间选择一种更有价值、有尊严、更安宁的死亡方式呢？所以安乐死应该成为对死亡的一种告慰，对生命的一种回归，对神灵的一种告慰。

从自然资源观点出发，安乐死可以让更多的有效医疗技术和资源施与更需要帮助的人群，人的减少，可以避免让更多的资源无形之中不被浪费。当前人类文明社会，我们不可能通过战争或者暴力激烈，残忍手段进行人类"全盘刷屏"，因为不人道，同时人类进化到今天也不是那种毫无责任心，同情心的畜生。可是时间延伸到今天中国的 2019 年 12 月，新冠病毒的全球爆发，不知道这是不是上帝对人类社会的一种"全球刷屏"的一种警示。当前社会一方面是穷人苟且的死去，另一方面是富人却因病疼毫无尊严的活着，在生与死的界限，原来是人类人为的毫无意义的戏弄了魔鬼和上帝。

　　这让我想起了 2019 年全球头号网红，瑞典"环保少女"格蕾塔·通贝里，这个今年只有 16 岁的女孩正是上高中的年纪，在 19 年 9 月乘坐一艘"零排放"帆船横渡大西洋，从欧洲来到美国纽约，大闹联合国气候峰会会场，倡导她的环保理念，真是让人啼笑皆非。但是很奇怪的是整个西方社会，对她是趋之若狂，仿佛她的理念可以拯救整个人类世界。其实一个很浅显的道理就是，人这一主体，是资源损耗和消耗的，最大、最主要推手，不从人类这一主体寻找原因，任何先进思想和理念，都无法拯救人类本身。在毫无节制"人群"出现之后，在固定有限的资源和多重人类面前，我知道人类社会一定会灭亡，作为悲观主义者，我相信人类社会在崩溃消亡之前，其餐桌之上，一定有一盘鲜美的人肉汤！！

　　莎士比亚的《哈姆莱特》中这样说，人类是一件多么了不得的杰作！多么高贵的理性！多么伟大的力量！多么优美的仪表！多么文雅的举动！在行为上多么象一个天使！在智慧上多么象一个天神！而伯特兰特·罗素这样说过，有时候，在恐怖时刻，我总要怀疑是否有理由希望人这样的动物继续生存下去。或许人类社会该谢幕的时候快到了吧，黄昏或迟或早，注定会来，不知道明天会怎么样？？？

　　古代主要根据天色把一昼夜分为若干段。一般地说，日出时叫旦、早、朝、晨，日入时叫夕、暮、昏、晚，太阳正中叫中日，将近中日时叫隅日，太阳西斜叫做昃（zè，太阳偏西）。日入之后是黄昏，黄昏以后是人定，人定以后是半夜，半夜以后分别是鸡鸣和昧旦，这是天将亮的时间。此后是平旦、平明，这是天亮的时间。我之所以将本章名为"昧旦"，因为我并不确定人类在昧旦之时，到底是一梦不醒，还是继续"昧旦晨兴"！而这一切谁又能告诉我呢？？？

www.ingramcontent.com/pod-product-compliance
Lightning Source LLC
Chambersburg PA
CBHW062110020426
42335CB00013B/914